História Digital

Dados Internacionais de Catalogação na Publicação (CIP)
(Câmara Brasileira do Livro, SP, Brasil)

Barros, José D'Assunção
História Digital : a historiografia diante dos recursos e demandas de um novo tempo / José D'Assunção Barros (org.). – Petrópolis, RJ : Vozes, 2022.
ISBN 978-5713-438-2
1. Escrita 2. História social 3. Historiografia I. Barros, José D'Assunção.

21-95051 CDD-907.2

Índices para catálogo sistemático:
1. Historiografia 907.2

Maria Alice Ferreira - Bibliotecária - CRB-8/7964

JOSÉ D'ASSUNÇÃO BARROS (org.)

História Digital

A Historiografia diante dos recursos e demandas de um novo tempo

Petrópolis

Rua Frei Luís, 100
25689-900 Petrópolis, RJ
www.vozes.com.br
Brasil

Editoração: Fernando Sergio Olivetti da Rocha
Diagramação: Sheilandre Desenv. Gráfico
Revisão gráfica: Nilton Braz da Rocha
Capa: SGDesign

ISBN 978-65-5713-438-2

Este livro foi composto e impresso pela Editora Vozes Ltda.

Sumário

Prefácio

A História – aqui compreendida como um campo de saber – tem mostrado a sua persistência ao longo de toda a aventura humana, acompanhando esta logo a partir das primeiras civilizações. Já na civilização acádica e na antiga Babilônia, assim como no Egito, vemos as suas primeiras realizações – seja em tabletes de argila ou na parede de templos e pirâmides. Surge ali uma História escrita, embora ainda não tenhamos notícia dos primeiros historiadores nomeados, como aqueles que aparecerão pela primeira vez na Grécia antiga a partir de nomes como o de Heródoto e o de Tucídides. Desde então, a História (historiografia) desenvolve-se de muitas maneiras, acompanhando os diferentes tipos de sociedades que foram surgindo a cada tempo. Metódicos na sua pesquisa, e criativos na sua escrita, historiadores vários se ocuparam de registrar por escrito um discurso sobre a história (campo de acontecimentos). As Histórias, ao longo do tempo, também podem ser percebidas como várias, se enfatizarmos as diferentes funções predominantes que já desempenharam nas várias sociedades que as acolheram: da exaltação das dinastias à memória dos eventos, da formação de identidade à escrita de entretenimento, da função didática e exemplar à história científica – e ainda muitas outras funções – a História foi sendo escrita, a cada época, em sintonia com a sociedade que as envolve.

Neste novo milênio – na verdade a partir já da última década do século passado – vivemos já, literalmente, uma nova Era. Ao contrastarmos os anos 90 e os anos 80 do século XX, já podemos perceber que se trata de dois mundos diferentes. O mundo da Guerra Fria, da civilização industrial levada ao auge, dos computadores que apenas começavam a se tornar acessíveis para o uso amplo das pessoas comuns, dos telefones fixos – e de tudo o que se tornou típico das sociedades industriais –, parece ir sendo superposto por outro: o mundo da intercomunicação imediata, da telefonia celular, dos computadores portáteis da globalização irrestrita, dos mais avançados recursos digitais. A este mundo – que não substitui o antigo em todos os aspectos, mas que certamente se superpõe a ele com suas inovações tecnológicas, novos padrões culturais, novos modos de fazer política e novas formas de sociabilidades – é o que chamamos de sociedade digital.

A questão central deste livro – que acolhe ensaios de dez historiadores – relaciona-se às novas formas de interação que podemos já perceber entre a História (historiografia) e a sociedade digital. Se a História é sempre um produto da sua sociedade contemporânea – sendo oriunda desta e interagindo com esta, já a modificando –, podemos nos perguntar de que maneiras a historiografia está mudando ao mesmo tempo em que a sua sociedade se transforma? Como os historiadores de hoje trabalham para prosseguir devolvendo à sua sociedade as realizações que ela demanda? Como podem os historiadores se valer mais eficientemente da tecnologia digital que se desenvolveu vertiginosamente nas últimas décadas? Como interagir com as novas formas de sociabilidade, e qual o lugar da História entre elas? Que funções importantes aguardam os historiadores neste novo milênio? Como extrair, do mundo social que os cerca, novas possibilidades de fontes e novos objetos de estudo para a análise histórica? De que novos tipos de suportes textuais, para além do formato livro, poderão se valer os historiadores a partir dos últimos anos?

Aspectos mais gerais como estes, mas também mais específicos – como o uso historiográfico de aplicativos, sua interação com os novos arquivos digitais, seu uso de plataformas como o YouTube ou de enciclopédias interativas como a Wikipédia – são explorados pelos autores que elaboraram os diversos capítulos deste livro. Neles, pretendemos tanto discutir a sociedade que vivemos como o tipo de historiografia que pode hoje ser feita, dando prosseguimento à grande longevidade da História como campo de saber, mas já trazendo novas especificidades.

José D'Assunção Barros

Primeira parte

NOVA SOCIEDADE,
NOVA HISTORIOGRAFIA

1

Revolução digital, sociedade digital e História

José D'Assunção Barros

1.1 O que é a sociedade digital?

A sociedade digital pode ser delineada, antes de tudo, como aquela que emerge planetariamente da revolução digital iniciada na última década do século XX – sendo oportuno observar, desde já, que só podemos considerar que adentramos efetivamente uma sociedade digital quando os recursos tecnológicos e informáticos difundidos pela revolução digital passam a atingir de formas diversas, e de maneira espraiada e decisiva, a maior parte das populações do planeta e em todos os níveis sociais. Isto ocorreu de fato a partir de meados dos anos de 1990, com a Internet livre, com a extraordinária expansão da telefonia celular e outros recursos de comunicação, e com a disponibilização de uma tecnologia digital de fácil uso a preços acessíveis a amplas faixas da população.

Este novo mundo que podemos enxergar como uma nova forma de sociedade, além disso, tem a sua própria fisionomia. São típicos da paisagem das sociedades digitais – ao menos no que se refere ao modelo de civilização digital que se estabeleceu em nosso planeta nas últimas décadas – os celulares e computadores interconectados, o ambiente de Internet com todos os seus desdobramentos, as novas formas de comunicação e entretenimento que exploram a tecnologia digital, e assim por diante. As chamadas TDIC – Tecnologias Digitais de Comunicação e Informação – definem o patamar tecnológico que precisou ser alcançado para atingirmos esta nova fase da história da humanidade que nós aqui denominaremos como a Era Digital.

Ao examinar uma fotografia tirada ao acaso em uma das cidades modernas, por exemplo, será muito provável que possamos identificar visualmente estes elementos básicos, logo a um primeiro olhar, a começar pelos celulares que provavelmente estarão sendo utilizados por alguns dos passantes no momento de uma foto. A sociedade digital apresenta uma paisagem própria, além de instaurar novas formas de sociabilidade e possibilidades várias relacionadas a informação e comunicação. No mundo digital, os indivíduos não possuem mais somente uma existência presencial; tão importante quanto esta é a sua existência virtual. A sociedade digital é também a sociedade da exposição. Da-mo-nos a conhecer a pessoas que nunca nos encontraram fisicamente, e também passamos a conhecer pessoas com as quais, em muitos casos, só travaremos contato através de computadores. Além disso, a tecnologia, a informação e a comunicação que conformam este novo mundo afetam todas as dimensões da vida humana acomodada em uma sociedade digital: sua cultura, economia, política, modos de pensar e de sentir, relações sociais e vida material. Elas também redefinem o público e o privado, esboroando as fronteiras entre um e outro e introduzindo novas formas de identidade. A tecnologia, informação e comunicação possibilitadas pelo mundo digital afetam, por fim, a própria historiografia – ou o conhecimento histórico produzido por historiadores e não historiadores –, sendo este um dos principais temas deste livro.

Antes de abordarmos esta questão mais específica, contudo, será importante compreendermos historicamente o advento da civilização digital em nosso planeta. Postulamos, neste texto, que a melhor maneira de compreender a sociedade digital é apreendê-la como resultado global de uma das grandes revoluções tecnológicas que afetaram nossa civilização. Para a questão que estudaremos neste livro, cremos que seja particularmente interessante visualizar o desenvolvimento da humanidade a partir das grandes modificações que ocorreram no arco maior do desenvolvimento tecnológico humano, definindo novas eras a partir das sucessivas revoluções planetárias que são bem conhecidas por todos – senão conceitualmente, pelo menos em seus efeitos: a revolução agrícola, a revolução urbana, a revolução industrial e, finalmente, a própria revolução digital. Iremos longe nestes parágrafos iniciais, mas esta visão panorâmica da história humana nos permitirá sustentar que efetivamente vivemos em uma Nova Era.

1.2 Breve história das várias revoluções tecnológicas

A humanidade habita o Planeta Terra desde 2,4 milhões de anos atrás, através das diversas espécies humanas que já existiram. O *Homo sapiens*, de sua parte, constitui a única espécie humana que sobreviveu até os dias de hoje, uma vez que espécies anteriores – como a do *Homo erectus* e a dos homens de Neandertal – já se extinguiram há muitos milhares de anos. Os *Homo sapiens* existem há 350 mil anos. À parte as singularidades desta espécie, os seres humanos de todos os tipos que já existiram compartilham um aspecto que os faz diferirem dos demais animais. Eles produziram, ao longo da sua história, diferentes tecnologias que lhes permitiram mudar radicalmente o mundo à sua volta. Deste modo, se é nota característica do acorde humano o intelecto altamente desenvolvido (o fator *sapiens*) – ao menos quando o comparamos aos demais animais presentes em nosso planeta –, o fator *faber* é outra das notas mais importantes da singularidade humana. Os seres humanos são capazes de construir instrumentos e desenvolver tecnologias, bem como de transformar radicalmente o ambiente à sua volta ao criar um mundo onde natureza e artificialidade se entrelaçam. Por outro lado, é sempre importante se ter em vista que as notas *sapiens* e *faber* do acorde humano se interpenetram: produzem uma relação, ou um "intervalo" [1]. A percepção de que o intelecto, a inventividade e a habilidade prática se entrelaçam em uma relação dialética é já antiga. O filósofo Anaxágoras, da Grécia antiga, já mostrava se dar conta desta interpenetração quando afirmou: "somos inteligentes porque temos mãos"[2].

---

1. Em *O Uso dos Conceitos – Uma abordagem interdisciplinar* (2021), D'Assunção Barros desenvolve a proposta de que cada espécie animal pode ser compreendida a partir da visualização de um acorde formado por muitas notas. O acorde humano compartilha algumas notas importantes com os demais mamíferos, e, dentro destes, com a ordem dos primatas, à qual pertence a espécie humana. A partir de certo ponto, porém, podemos reunir algumas singularidades que, combinadas, conformam a tônica diferencial do animal humano. O telencéfalo extraordinariamente desenvolvido quando comparado com a ampla maioria dos animais do planeta, e o bipedalismo ereto com a concomitante liberação das mãos para o desenvolvimento da capacidade de construir artefatos e manejá-los – entre outras notas que se destacam no acorde humano, tais como a capacidade de abstração e de desenvolver linguagens simbólicas – transformaram os seres humanos no gênero *faber* (construtor) por excelência. A progressiva conquista de tecnologias destaca-se ao longo do desenvolvimento histórico da espécie.

2. O texto *Sobre a natureza*, que incluiria esta célebre frase de Anaxágoras, não chegou ao nosso tempo. Entretanto, muitos autores antigos citaram ou transcreveram trechos de Anaxágoras em suas obras, de modo que já há trabalhos de recuperação de parte relevante da obra de Anaxágoras a partir do que nos chegou por via indireta. A frase citada nos chegou através da obra *Partes dos animais*, de Aristóteles (687). / Também é interessante acompanhar a distinção entre as meras inovações técnicas, que apenas aprimoram elementos de uma linha que já foi estabelecida, e a inovação tecnológica propriamente dita, capaz de nos fazer pensar em verdadeiras revoluções: "As primeiras [inovações técnicas] pressupõem um aperfeiçoamento numa linha estabelecida de energia e de materiais – como ilustraria o desenvolvimento da navegação a vela; as segundas [as inovações tecnológicas] implicam saltos qualitativos, pela introdução de recursos energéticos e materiais novos – assim, na arte de navegar, o aparecimento dos navios a vapor e depois os movidos por combustíveis fósseis e por energia nuclear" (PARIS, 2002, p. 119). / Para uma discussão densa sobre o conceito de tecnologia, cf. PINTO, 2005.

Neste ensaio, vamos entender *tecnologia* de uma maneira ampla: ela não se refere apenas à construção de artefatos, instrumentos e, posteriormente, máquinas mais avançadas, mas também aos diversos conjuntos de procedimentos e técnicas que têm permitido que os seres humanos exerçam um controle cada vez maior do espaço-tempo à sua volta, proporcionando ainda o progressivo controle da energia e das forças básicas da natureza. Do mesmo modo, o desenvolvimento de uma tecnologia implica um desenvolvimento correspondente e específico na capacidade de pensar e compreender as coisas. Por fim, uma tecnologia – se ela de fato não foi uma mera inovação técnica agregada às linhas já existentes – costuma demandar junto a si a configuração de uma nova prática social, fomentando novos modos de agir e oportunizando novos padrões de sociabilidade.

Quando as primeiras espécies humanas começaram a elaborar instrumentos de pedra, esta capacidade *faber* representou uma conquista tecnológica que os colocou em nítida vantagem em relação aos demais animais. A técnica de produzir fogo com a fricção de pedaços de madeira, por outro lado, também pode ser considerada tecnologia, assim como a sua aplicação à possibilidade de cozinhar alimentos. Estes três acontecimentos tecnológicos escolhidos como meros exemplos – a invenção de instrumentos simples de pedra, a técnica de produzir fogo, e a aplicação deste último ao preparo de alimentos – interagiram cada qual à sua maneira com o intelecto humano de cada indivíduo, produzindo novos desdobramentos no desenvolvimento da espécie[3]. Ao mesmo tempo, estas tecnologias implicaram novas práticas sociais. Caçar em grupo com armas de pedra,

---

3. Exemplo já clássico é o da técnica de cozinhar alimentos. Esta permitiu que os seres humanos não apenas diversificassem sua alimentação, como também passassem muito menos tempo digerindo-a. Aqui entram interessantes desdobramentos. Precisando de menos tempo e energia para digerir, o trato intestinal pôde ser encurtado. Sabe-se que um organismo precisa direcionar muito da sua energia disponível para manter um intestino mais longo, da mesma maneira que, mais ainda, um cérebro muito expandido também consome demasiada energia (nos humanos modernos, quando em repouso o cérebro consome 20% da energia disponível para o corpo inteiro). A partir do momento em que menos energia precisou ser direcionada para o sistema digestivo-intestinal – já que o fogo passou a fazer grande parte do trabalho de preparo e transformação do alimento – o organismo humano pôde redirecionar mais energia para manter um cérebro ainda mais expandido. Além disso, há estudos na área de história da nutrição que postulam que a expansão cerebral foi igualmente beneficiada pela assimilação de certas substâncias proporcionadas pela diversificação da nova dieta alimentar – esta última reconfigurada não apenas pelo uso do fogo, mas também pela oportunidade da caça. Destaca-se, deste modo, uma relação importante entre as mudanças nos hábitos alimentícios – possibilitadas pelo fogo e pelas armas de caça – e a expansão cerebral. Todos estes elementos formam um "acorde" no qual as diversas notas interagem reciprocamente, produzindo relações uma sobre a outra e cada uma com o todo. Sobre esta noção expandida de acorde, para além da Música, cf. BARROS, 2021.

aquecer-se comunitariamente em torno do fogo e alimentar-se de alimentos preparados ao fogo introduzem novas formas sociais de relações entre os indivíduos de uma mesma comunidade. Mais adiante veremos que também a tecnologia digital – ao ser disponibilizada coletivamente – terminou por introduzir tanto novas formas de pensar como novas práticas sociais. Portanto, ao mesmo tempo em que produz tecnologia, o ser humano modifica-se neste processo.

Gradualmente, no decurso de sua história, os seres humanos foram construindo objetos diversos e desenvolvendo técnicas para atividades várias, como a caça ou o preparo de alimentos, a construção de moradias, e assim por diante. Em alguns momentos, todavia, são nítidos na história humana certos saltos tecnológicos. Para o período que remonta há 40.000 anos antes da era comum, por exemplo, os registros fósseis revelam significativos saltos tecnológicos entre os *sapiens*, os quais se mostram em um aperfeiçoamento ainda mais intenso de instrumentos e artefatos, mas também no desenvolvimento de uma crucial linguagem simbólica coligada a saltos equivalentes na sua capacidade de abstração. As linguagens, conforme veremos, também podem ser consideradas como parte da tecnologia[4].

Quando há um salto muito relevante em uma época do desenvolvimento humano, podemos falar em revoluções – ou mais propriamente em revoluções civilizacionais que ampliam o potencial humano de domínio do mundo à sua volta. As revoluções transversais costumam mudar a face do planeta. Elas não modificam apenas uma pequena localidade ou comunidade nacional, mas transformam a vida humana de maneira generalizada, estendendo-se menos ou mais rapidamente pelo planeta inteiro[5]. Em comparação com o desenvolvi-

4. Jared Diamond, em *O terceiro chimpanzé* (1991), vale-se da expressão "Grande salto para frente" para se referir ao desenvolvimento tecnológico e social mais acelerado que parece ter ocorrido, entre os chamados Homens de Cro-Magnon, há 40.000 anos. Alguns autores também tratam este processo como uma "revolução cognitiva" (HARARI, 2015, p. 28).

5. Em obra anterior, discuti o conceito de "revolução", chamando atenção para duas ordens diferentes de revoluções (BARROS, 2015, p. 127-136). De um lado, temos as *revoluções sociais*, que se referem a sociedades específicas, tais como a "revolução francesa", a "revolução russa", a "revolução mexicana" e a "revolução chinesa", entre outros exemplos. Estas revoluções transformaram completamente a vida, o mundo político e a cultura das sociedades que as engendraram, mas obviamente permaneceram no interior destes limites nacionais. De outro lado, e atuando em um âmbito mais amplo, temos as *revoluções transversais*. Estas são aquelas que ultrapassam os âmbitos nacionais mais restritos – que apenas redefinem a estrutura político-social de comunidades nacionais específicas como a França, Rússia, México, China – e se estendem por faixas populacionais muito maiores do que as unidades nacionais. Há revoluções artísticas e científicas, p. ex., que redefiniram os parâmetros artísticos e científicos em continentes inteiros, senão no próprio mundo. A revolução artística da Arte Moderna é um exemplo, pois abarcou a Europa e as Américas já a partir de fins do século XIX. Entrementes, um nível ainda mais amplo

mento gradual que costumamos ver sempre, as revoluções parecem ser muito rápidas – desde que tenhamos em vista que o tempo é relativo. Por exemplo, a primeira grande revolução transversal a toda a espécie humana conhecida foi a chamada revolução agrícola. Esta revolução mudou rapidamente a própria aparência do planeta. Ela ocorre entre 10.000 e 8.000 anos em diversas partes do mundo, mas este intervalo de 2 mil anos não nos deve iludir: comparado com os 2.400.000 anos em que a humanidade foi nômade e praticava uma economia apropriativa, os 2 mil anos de espraiamento da revolução agrícola representam uma duração muito curta.

O que foi a revolução agrícola senão uma ruptura tecnológica que pôde alçar o mundo humano a um novo patamar de domínio sobre o mundo e sobre as forças da natureza? Com a revolução agrícola, ocorrida no período neolítico e deixando para trás a era paleolítica, os seres humanos passaram não mais a se apropriar espontaneamente do que a Natureza oferecia, mas a planejar o crescimento da própria natureza em certas direções, de modo a favorecer a sua alimentação. De igual maneira, os bandos de seres humanos do período neolítico deixaram de precisar seguir os animais em sua atividade nômade de caçadores que antes praticavam a economia apropriativa, e passaram a domesticar animais – seja para abatê-los para alimentação, seja para se valerem de sua força animal de modo a realizar trabalhos diversos como o auxílio no cultivo da terra ou o transporte. As tecnologias do cultivo e da domesticação de animais – ao lado da produção de novos instrumentos próprios à agricultura, tais como os vasos de cerâmica de todos os tipos – demarcam, deste modo, este grande processo que é conhecido como revolução agrícola.

As novas Eras conduzidas pelos desenvolvimentos tecnológicos também costumam trazer progressivamente um novo patamar de controle de energia

---

de revoluções transversais é aquele que abarca o planeta inteiro, terminando por conformar verdadeiras revoluções civilizacionais, em escala global. Aqui, temos o exemplo de quatro grandes revoluções transversais civilizacionais que mudaram efetivamente a face do planeta: a revolução agrícola (10.000 a.C.), a revolução urbana (4.500 a.C.), a revolução industrial (séculos XVIII e XIX) – sempre considerando que podemos falar em uma primeira e em uma segunda revolução industrial – e a revolução digital (década de 1990 e.C.). De todo modo, à parte esta distinção possível que se pode fazer entre as "revoluções sociais" localizadas e as "revoluções transversais" em nível civilizacional, podemos lembrar que todas as revoluções apresentam um conjunto de características e atributos: a rapidez processual com a qual se desenvolvem, a ruptura efetiva que produzem no universo que atingem, a abrangência de seus efeitos a todas as faixas da população humana, a transformação radical e intensa que introduz algo realmente novo na vida humana, e, de algum modo, uma certa violência envolvida no processo, pois toda revolução acaba gerando os seus vencidos ou desajustados. Enfim, as revoluções são rápidas, radicais, abrangentes, transformadoras, intensas, inovadoras.

para os seres humanos. Se um dia, como qualquer outro animal, os humanos contaram apenas com a energia produzida pelos seus próprios músculos, ao criarem instrumentos como lanças e clavas, no decorrer do Paleolítico, puderam agregar uma nova extensão de força aos seus braços e punhos. Da mesma forma, com a revolução agrícola os humanos passaram a manipular, a seu favor, a energia animal. E novas conquistas de patamares energéticos ainda viriam[6].

Estabelecida a sociedade agrícola, já entre 4.000 e 3.000 a.C. assistimos a uma nova revolução importante no desenvolvimento da espécie humana. Chamamos habitualmente a este grande processo de revolução urbana – pois o seu aspecto mais visível é o surgimento das primeiras civilizações assentadas em cidades –, mas esta grande revolução trouxe consigo muitas outras conquistas tecnológicas, entre as quais o desenvolvimento da escrita e a invenção da roda. O próprio surgimento da História – discurso que se constrói sobre o passado para finalidades diversas – pode ser incluído neste mesmo conjunto. De alguma maneira, a narrativa histórica é também uma espécie de conquista tecnológica, a qual permitiu aos seres humanos um maior domínio sobre o seu espaço-tempo imaginário e sobre a memória coletiva para finalidades diversas.

Algo interessante de observarmos, quando avaliamos as grandes revoluções tecnológicas, é que uma revolução não costuma cancelar as conquistas das revoluções precedentes, mas se sobrepõe a elas e as incorpora. Assim, o

6. O físico Michio Kaku elaborou uma interessante leitura da história do desenvolvimento tecnológico humano. Para ele, a humanidade foi ampliando seu controle energético e seu domínio sobre as forças da natureza ao longo da sua história. O homem que conta apenas com a sua própria força animal parte de cerca de um oitavo de cavalo-vapor. Quando ele começa a inventar instrumentos manuais, ele amplia a força dos seus membros e o seu rendimento energético dobra para um quarto de cavalo-vapor. Com a revolução agrícola a energia disponível para um ser humano médio eleva-se para um cavalo-vapor. Com o escravismo trazido pelas primeiras civilizações da Antiguidade, um único senhor de escravos podia controlar a energia de cem homens. Embora brutal e desumano, teria sido esse acúmulo de energia que possibilitou o surgimento das primeiras cidades, erguidas a muitos braços. Mas com a revolução urbana também surgem novos dispositivos – novas tecnologias – como as alavancas e polias. Com a revolução industrial, e todo o seu maquinário a vapor – inclusive aplicado às locomotivas – os seres humanos se assenhoreiam da força da gravidade e das leis do movimento decifradas por Newton e, por assim dizer, passam a dominar uma das grandes forças da natureza. O desenvolvimento da metalurgia em larga escala também se torna possível com um maior controle da energia térmica. O ganho energético médio passa a centenas de cavalos-vapor. Em tempos mais recentes, ao final do século XIX, viria o controle da força eletromagnética, decifrada por Maxwell, e a vida humana torna-se eletrificada através de inúmeros novos dispositivos e aparelhos. Depois, a partir da formulação das equações de Einstein, viria o perigoso controle da energia atômica. Todo este quadro nos dá apenas o início da conquista energética, pois as civilizações poderiam se desenvolver depois em novos patamares com a exploração da energia das estrelas e das galáxias. No patamar de uma civilização muito avançada, seríamos capazes de dobrar o espaço-tempo em viagens estelares (KAKU, 2000, p. 297-298).

mundo humano após a revolução urbana, demarcada por cidades que começavam a mudar mais uma vez a face do planeta, não eliminou o mundo trazido pela revolução agrícola, mas o incorporou. As sociedades humanas prosseguiram sendo sociedades agrícolas, embora agora também fossem – em pontos importantes do espaço habitado – sociedades urbanas. Na verdade, a revolução urbana não teria sido possível sem a revolução agrícola. Podemos entender a sucessão e coexistência das duas a partir de uma imagem musical: Contrapondo-se ao mundo nômade do Paleolítico, a revolução agrícola do Neolítico introduz uma nova forma de organização social – baseada em aldeias sedentárias, exigidas para a prática da agricultura, como se fosse uma melodia que começa a soar na história humana por volta de 10.000 a.C. e dali se estende para o futuro. Mas entre 4.000 e 3.000 a.C. surge uma nova melodia que a esta se sobrepõe – a melodia introduzida pela revolução urbana – e que passa a compor com a sociedade que já existia antes uma nova música[7].

Figura 1.1 A Era Urbana sobrepõe-se à Era Agrícola

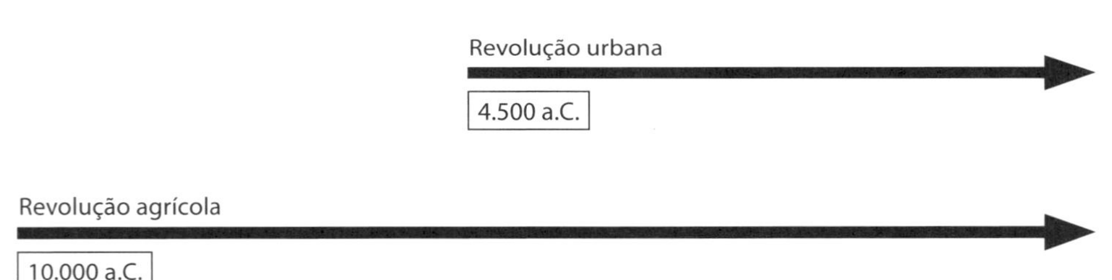

---

7. As próprias práticas típicas do Paleolítico, de sua parte, não desaparecem com o novo mundo social e tecnológico que se estabelece no alvorecer do período Neolítico. Ainda evocando a metáfora da polifonia, podemos observar que os homens daquela nova era continuariam caçando, pescando, e coletando, como se este fosse um persistente baixo melódico herdado de tempos anteriores. E toda uma sorte de tecnologias que haviam sido desenvolvidas no Paleolítico vai ser incorporada pelos períodos que se seguem, a exemplo dos instrumentos de caça, que alternativamente assumem novas funções como armamento necessário para defender as sociedades sedentárias dos animais selvagens e dos próprios grupos humanos rivais. De igual maneira, esta tecnologia bélica iniciada no Paleolítico segue adiante e desempenhará um papel importante também no mundo que assiste ao surgimento das primeiras cidades, já que estas precisam ser defendidas dos invasores. Depois, a história da tecnologia bélica, iniciada na Idade da Pedra Lascada (período Paleolítico), continuará pelos séculos afora, atingindo a Idade Industrial com o desenvolvimento de armamentos cada vez mais mortíferos, até culminar com a bomba atômica e com a bomba H. No mundo digital, com armamentos que se associam a satélites que orbitam a Terra, esta funesta prática coletiva que é a guerra segue adiante, testando os limites de uma humanidade que desde a explosão da primeira bomba atômica, em agosto de 1945, adquiriu a capacidade de aniquilar a si mesma e ao planeta inteiro.

Os inícios da sociedade agrícola, demarcáveis em torno de 10.000 a.C., e a eclosão de cidades a partir da revolução urbana que ocorre entre 4.500 e 3.500 a.C., foram tão renovadores para a vida humana no planeta inteiro, que podemos dizer que estes grandes processos introduzem efetivamente novas Eras. As revoluções transversais que afetam a humanidade como um todo apresentam de fato esta característica de praticamente mudar a face do planeta, distinguindo um *antes* e um *depois*, e é por isso mesmo que podemos nos referir a elas como revoluções. Das cisões revolucionárias surge, por exemplo, a necessidade de nomear um novo período, e é neste sentido que a grande história da humanidade, anterior ao surgimento das primeiras cidades e civilizações, passa a ser seccionada em um período Paleolítico e um período Neolítico, este último também conhecido como Idade da Pedra Polida para distingui-lo de todo o grande período anterior – a Idade da Pedra Lascada – quando os instrumentos feitos de pedra ainda não tinham a precisão que teriam a partir da sociedade agrícola instituída com a revolução neolítica[8].

Uma nova era tecnológica, como a das sociedades agrícolas do Neolítico, não é obviamente caracterizada apenas pela concretude dos instrumentos materiais, mas por toda uma tecnologia igualmente abstrata, por toda uma

---

8. O período da história humana que abrange o Paleolítico e o Neolítico era até bem pouco tempo chamado, e ainda o é hoje por muitos, de "pré-história". Tal designação apoiava-se basicamente na ideia de que, para o período anterior à invenção da Escrita – que se dá mais decisivamente a partir do surgimento das primeiras civilizações urbanizadas –, mostrar-se-ia muito difícil encontrar fontes históricas que permitissem uma narrativa historiográfica de maior precisão. Para o período então chamado de "pré-histórico" os historiadores precisavam contar basicamente com fontes fósseis. Entrementes, precisamente a partir da Era Digital, as fontes para análise dos períodos Paleolítico e Nolítico ampliam-se extraordinariamente: não apenas passamos a contar com mais fontes fósseis – capazes de revelar corpos, objetos e vestígios da presença humana em maior quantidade – como os próprios corpos humanos atuais tornam-se fontes históricas que nos permitem compreender fatos da vida neolítica e paleolítica. O que possibilitou esta revolução historiográfica capaz de estender um novo olhar sobre o período anterior às civilizações da escrita foi a pesquisa genômica. O desvendamento da estrutura do DNA e uma maior compreensão dos registros genéticos, aliada ao uso de computadores interconectados mundialmente a partir dos anos de 1990, permitiu que se desenvolvesse o Projeto Genoma, capaz de identificar todos os genes humanos a partir de pesquisas envolvendo amostras de inúmeros grupos da população mundial. O projeto tinha por objetivo principal o favorecimento da medicina e farmacologia, mas acabou beneficiando também a História. Através das análises proporcionadas pelo Projeto Genoma, os cientistas conseguiram obter informações precisas sobre fatos do Paleolítico como o surgimento e a extinção das diferentes espécies humanas, suas diferenças e intercruzamentos, suas migrações entre diferentes regiões do planeta, e assim por diante. Com o cruzamento de informações genéticas e registros fósseis, o passado humano pré-civilizacional tornou-se mais claro e, pode-se dizer, a "pré-história" converteu-se em história. O desvendamento mais aprofundado da vida humana no Paleolítico e Neolítico, deste modo, também foi algo que somente se tornou possível na Era Digital.

capacidade cognitiva que é introduzida e da qual os instrumentos são apenas a face mais visível. Os humanos neolíticos não são apenas construtores de instrumentos afiados e precisos de pedra polida e de vasilhames aptos a guardar os grãos produzidos pela prática agrícola. Eles desenvolvem novas capacidades, como a de compreender os processos cíclicos e naturais e, a partir daí, tornam-se aptos a aplicar uma nova capacidade de planejamento que envolve a semeadura, o cultivo e a colheita. Os humanos da sociedade agrícola são dotados de novas virtudes que se tornam imprescindíveis para a mobilização dos novos recursos tecnológicos que foram desenvolvidos, como a virtude da paciência de aguardar e respeitar os ciclos da natureza, e a empatia necessária para transformar lobos em cães.

De maneira análoga, os humanos que teriam a incumbência histórica de criar as primeiras civilizações urbanizadas precisarão estar aptos à divisão de trabalho, a uma multiespecialização que incluía funções diversas a serem desempenhadas por diferentes grupos como os dos guerreiros, comerciantes, artesãos, sem contar a permanência daqueles que seguiriam desempenhando as tarefas agrícolas típicas da era anterior. Era ademais um mundo que exigia grandes aglomerações e impunha trabalhos coletivos, muitas vezes obtidos de forma compulsória com a introdução do sistema escravocrata. Viver em cidades, ademais, traz novas implicações, e um contraste possível entre a cidade e o campo. As moradias distanciadas do campo passam a ser confrontadas por um novo padrão de sociabilidade instituído por habitações urbanas próximas umas das outras. Ter um vizinho de porta requer outras habilidades sociais e estratégias de bem-viver que não a dos camponeses, que podem residir a léguas da família vizinha. Ademais, os espaços mais abertos dos campos passam a ser contrastados com os muros que se tornam necessários nesta nova forma de sociedade tipificada pelas cidades. A própria cidade, aliás, precisa ser alimentada pelo campo e estimula neste último a produção de excedentes agrícolas, de modo que podemos ver como se retroalimentam as duas melodias, a que canta as singularidades de um antigo mundo agrícola já estabilizado na era anterior, e a que faz ressoar os novos acordes das civilizações urbanizadas da Antiguidade. Por fim, há muitas práticas que fazem a ligação entre as duas eras: o uso dos metais – primeiro o cobre, depois o bronze e por fim o ferro – é introduzido ao final do Neolítico, mas se tornará realmente imprescindível para as civilizações urbanizadas.

A terceira grande revolução transversal ocorreu bem mais tarde, já no século XVIII d.C. Também ela mudaria a face do mundo. A revolução industrial é habitualmente referida a dois movimentos sucessivos: uma primeira revolução industrial que ocorre na segunda metade do século XVIII, em especial a partir da

Inglaterra, e uma segunda revolução industrial que se afirma já na segunda metade do século XIX. As duas podem ser compreendidas como instituidoras de uma nova era – já industrial – e também podem ser pensadas em relação às tecnologias através das quais os humanos se assenhoreiam respectivamente de duas das forças fundamentais da natureza: a força da gravidade e a força eletromagnética.

A primeira revolução industrial é aquela na qual os humanos tomam partido de uma compreensão mais adequada da força da gravidade, das leis do movimento, e da possibilidade de converter energia térmica em energia cinética. Podemos entendê-la como a revolução mecânica por excelência (ou como a revolução termomecânica). É a revolução dos transportes a vapor – barcos ou locomotivas –, da mecanização, da rápida passagem das manufaturas às primeiras fábricas, da substituição do tear manual pelo tear mecânico. As novas tecnologias introduzem, como nunca, a possibilidade do trabalho em série, e requerem novos tipos de trabalhadores a serem explorados por novos tipos de patrões. A primeira revolução industrial traz consigo seu nível científico correspondente: o das descobertas de Isaac Newton (1643-1727) acerca da lei da gravitação universal e das leis do movimento. Além disso, o entendimento em nível maior de precisão acerca das leis da termodinâmica, que se dá no decurso do século XIX, mas que já vinha sendo intuído desde o século anterior, passa a habilitar os cientistas e engenheiros a compreender e mesmo quantificar as trocas de energia, inclusive no que se refere às possibilidades de conversão de energia térmica em energia mecânica[9]. O domínio intelectual destas forças e elementos da natureza – a força da gravidade, o movimento e a energia térmica – proporcionará toda uma sorte de novas invenções aptas a explorar o trabalho mecanizado e desenvolver novas possibilidades de transporte[10].

---

9. O desenvolvimento da termodinâmica como campo de estudos e aplicações práticas deve-se a nomes como o de Sadi Carnot (1796-1832), que em 1824 desenvolveu uma teoria que explicava o rendimento de uma máquina (ou seja, quanto de calor podia se transformar em trabalho). O princípio da conservação de energia também foi mais bem compreendido na mesma época, e em 1840 o físico James Joule (1818-1889) quantificou a energia mecânica equivalente a uma caloria. Em 1850, Rudolf Clausius (1822-1888) e Lord Kelvin (1824-1907) esclareceram a primeira e a segunda leis da Termodinâmica – a saber, a que trata da "conservação da matéria-energia" e a que aborda a questão da "dissipação da energia", registrando a "inevitável tendência ao aumento da entropia em qualquer sistema fechado" (a *entropia* é a medida da desordem de um sistema).

10. A difusão da invenção do motor a vapor foi aplicada simultaneamente ao transporte marítimo e ao transporte terrestre. O barco a vapor proporcionou a possibilidade de mover grandes embarcações sem depender dos ventos. Enquanto isso, a primeira locomotiva a vapor foi construída pelo engenheiro inglês Richard Trevthick, e fez o seu primeiro percurso em 1804. Antes disso, o motor a vapor desenvolveu suas aplicações em engenhos que favoreceram a exploração de minas de ferro e carvão, assim como as fábricas de tecido. De certo modo, a primeira revolução industrial representou a conquista da *velocidade* (no transporte e na produção industrial).

Conforme veremos a seguir, o complemento deste primeiro movimento da Era Industrial viria em seguida, em uma nova fase, com a compreensão e domínio de outras forças físicas (em particular a eletricidade). Também aqui devemos visualizar estes dois movimentos da revolução industrial como superpostos polifonicamente. O primeiro movimento da revolução industrial não se interrompe quando se inicia o segundo. Podemos dar o exemplo dos automóveis. Um automóvel moderno, por exemplo, baseia-se em um motor de combustão interna. Este tipo de motor pode ser compreendido como uma das muitas máquinas térmicas, capazes de transformar a energia proveniente de uma reação química em energia mecânica. Toda a variedade de transportes que utilizam os vários tipos de combustíveis – e o petróleo será apenas um deles – é tributária da conquista termodinâmica proporcionada pela primeira revolução industrial[11]. Não obstante, os primeiros automóveis de combustão interna a gasolina surgem no último quartel do século XIX (portanto na mesma época em que já adentramos a segunda revolução industrial, ou o segundo movimento da revolução industrial, tal como propomos). De todo modo, a novidade do domínio da energia térmica – e sua conversão em energia mecânica – é claramente da alçada da primeira revolução industrial. Ou seja, as linhas tecnológicas inauguradas pelo primeiro movimento da Era Industrial continuam a se desenvolver, produzindo novas invenções e conquistas tecnológicas, inclusive depois que ocorre o segundo feixe de inovações tecnológicas que já caracteriza a segunda revolução industrial (a revolução elétrica, por assim dizer). Entre as heranças da revolução termomecânica estão as várias linhagens de transportes movidos a propulsão química[12].

---

11. Se os barcos e locomotivas se beneficiaram desta primeira revolução industrial, outros meios de transporte também se tornaram possíveis. Assim, ao final do século XVII e no século XVIII, em perfeita sintonia com a fase termomecânica da nova revolução industrial, já surgem experimentos para a construção de carros a vapor. Já os automóveis com motores de combustão interna teriam de esperar mais um pouco. O primeiro motor a explosão – para álcool combustível, gasolina ou gás – foi desenvolvido em 1876 pelo engenheiro alemão Nikolaus August Otto (1832-1891). A partir daí a indústria automobilística iria se impulsionar (cf. nota a seguir).

12. No que concerne aos automóveis, um dos primeiros modelos de combustão interna foi construído por Karl Benz em 1885, iniciando a sua produção em série em 1888. No ano seguinte, Daimier e Mayrbach desenvolvem o seu próprio protótipo. Eles mesmos já haviam inventado em 1885 a primeira motocicleta de combustão interna. Também nesse ano foram construídos os primeiros automóveis de quatro rodas propulsionados a petróleo. Por outro lado, em 1902 inicia-se a produção de automóveis em larga escala e a preços acessíveis. Depois, em 1914, Henry Ford inicia sua decisiva intervenção na indústria automobilística. A partir daí, a indústria automobilística tem uma história que se superpõe à própria Modernidade. Conforme vemos, o

A segunda revolução industrial, complementando a revolução mecânica e termodinâmica trazida pela compreensão da gravidade e pelo domínio das leis do movimento e da energia térmica, é a revolução da eletricidade. O seu componente intelectual pode ser tipificado pelas leis de Maxwell, que demonstram pela primeira vez que a força magnética e a força elétrica são na verdade uma coisa só: a força eletromagnética. Com as invenções decorrentes deste novo estágio da compreensão das forças físicas, o mundo se eletrifica. As cidades se iluminam, não mais com chamas de lampião, mas com luz elétrica. Em breve o cenário da sociedade industrial será invadido pelo rádio, pelos meios de reprodução fonográfica, televisão, aparelhos de telefone, eletrodomésticos de todo tipo[13]. Não tardará a surgir o próprio computador eletrônico – invenção que se torna possível a partir da revolução elétrica da sociedade industrial, mas que logo ocupará o lugar de um dispositivo central para a futura revolução digital.

Com a eletromagnetização do mundo humano, o processo de industrialização iniciado na Inglaterra, no alvorecer da primeira revolução industrial, também se generaliza, e espalha-se por toda a Europa e pelas Américas, depois por outras partes do planeta. Há também um novo modelo de exploração do trabalho que se fortalece, e não é à toa que surgem também as resistências a esta exploração, concretizada em movimentos sociais que envolvem as classes trabalhadoras. Entrementes, mais uma vez podemos compreender que a industrialização é apenas uma nova melodia que vem se sobrepor às melodias já instituídas ancestralmente pela revolução agrícola e pela revolução urbana:

---

automóvel é oriundo do feixe de tecnologias decorrentes da primeira revolução industrial, o que não impede que ainda seja um elemento central na paisagem urbana das nossas sociedades digitais de hoje. Ou seja, sempre precisamos enxergar polifonicamente o entremeado de revoluções tecnológicas, conforme já mencionamos anteriormente.

13. A lista de invenções trazidas pela revolução elétrica é grande. Em 1875 Graham Bell inventa o telefone. A primeira lâmpada incandescente comercializável é construída em 1879 por Thomas Edson, que também inventa o primeiro fonógrafo em 1877. Já o primeiro motor elétrico – capaz de transformar energia elétrica em mecânica – é inventado em 1886. Enquanto isso, o rádio é criado no final do século XIX por Nicola Tesla, e a primeira transmissão radiofônica é realizada em 1906. A primeira transmissão televisiva, ainda em preto e branco, é realizada em 1936; mas logo depois da Segunda Guerra Mundial o uso de aparelhos de TV expande-se consideravelmente; já a primeira transmissão a cores ocorre em 1954. O forno de micro-ondas é idealizado em 1945. É também no período da Segunda Guerra que surgem os computadores aparentados aos que temos nos dias de hoje, como já veremos.

Figura 1.2 A Era Industrial sobrepõe-se à já bem-estabelecida combinação entre o mundo rural e o mundo urbanizado

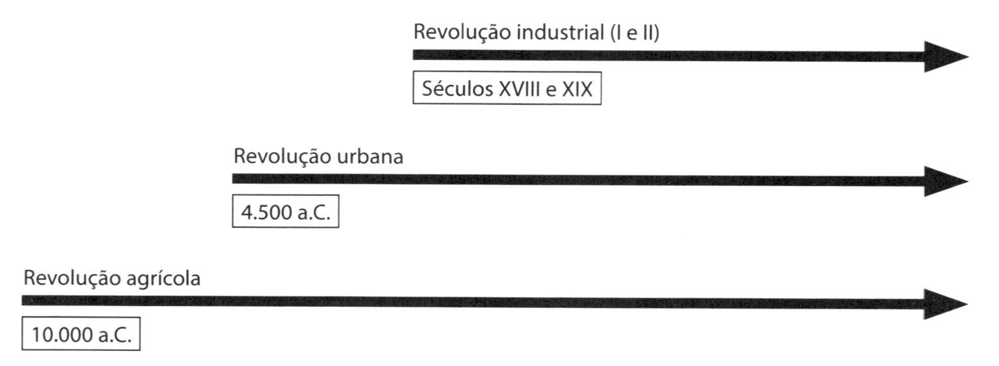

Até aqui, a polifonia de revoluções vai se completando e se entrelaçando de maneira a integrar estes três ambientes – o rural, o urbano e o industrial – ao mesmo tempo em que adentramos decisivamente esta que ficou conhecida como Era Industrial. Por outro lado, sempre é preciso se ter em vista que a introdução de uma nova revolução no cenário do desenvolvimento tecnológico humano não cancela de forma alguma as revoluções anteriores. Ao contrário, uma nova revolução transversal até costuma impulsionar as linhas relacionadas às revoluções anteriores em novas direções. Assim, os desenvolvimentos da revolução industrial no século XIX renovaram em novas bases a velha revolução agrícola, pois trouxeram a mecanização ao campo – tanto sob a forma de invenção de novas máquinas, como os tratores (1890), como através da produção de novos insumos e materiais, como os fertilizantes[14], sem contar a dinamização do comércio e abastecimento agrícola que se tornou possível a partir dos novos meios de transporte proporcionados pelo desenvolvimento industrial. Da mesma forma, os efeitos da violência imposta pelas transformações da revolução agrícola são reeditados em novas bases pela agricultura mecanizada das sociedades industriais, incidindo sobre suas mais tradicionais vítimas: os animais[15].

Enquanto isso, esta mesma revolução industrial também permitiria que a revolução urbana se reeditasse em novas bases. As cidades se redefinem no mundo industrial: tornam-se extraordinariamente populosas, ampliam-se até

---

14. O pioneiro no estudo dos fertilizantes foi o químico oitocentista Justus Von Liebig (1803-1873).

15. As galinhas, para somente dar um pequeno exemplo, passaram a ser inseridas em linhas de montagem e a viver comprimidas em pequenas jaulas como máquinas de produzir ovos, e não tiveram melhor sorte outros animais como os porcos e as vacas.

o limite das conurbações. Concentradoras de gentes – e particularmente de trabalhadores –, elas interagem muito apropriadamente com o emergente mundo das indústrias. Os trabalhadores são convidados a habitar as áreas periféricas menos valorizadas ou os guetos de todos os tipos; as fábricas encontram seu espaço no centro, na periferia ou no espaço de intermediação com o campo, de acordo com o que produzem e com suas demandas específicas de matéria-prima e de trabalho humano. A violência da revolução urbana se redesenha: as cidades industriais abrigam agora multidões de trabalhadores vivendo em condições ainda mais questionáveis do que nas cidades antigas, medievais ou da primeira modernidade.

Além disso, se as sucessivas revoluções tecnológicas reajustam as anteriores quando surgem, integrando-as em uma nova trama polifônica que as aprimora em novas direções, pode-se dizer que o mesmo também ocorre com as inúmeras tecnologias e inventos que já existem e que vão surgindo a cada nova Era. Apenas a título de exemplo, podemos seguir a trajetória dos relógios como invento constantemente readaptado. As civilizações mais antigas já conheciam relógios ou marcadores de tempo – como os relógios d'água, relógios de sol, ampulhetas e meridianas. A necessidade de marcar o tempo no interior de uma cidade, de modo a regular as inúmeras atividades que nela se diversificam, é uma demanda da Era Urbana, principalmente se considerarmos que na Era Agrícola – na qual a atividade básica era a agricultura – bastava seguir o tempo natural que estava sempre à mostra para agricultores e pastores que, nos seus ambientes mais abertos, interagiam diretamente com o clima, com as estações, e com as oscilações visíveis dos dias e noites. De igual modo, certos comportamentos animais funcionavam como sinalizadores do tempo, a exemplo do célebre canto do galo.

A revolução urbana introduz, entre os ambientes abertos que continuam a existir, uma série de ambientes fechados, afastados da contemplação mais imediata dos fenômenos naturais; além disso acrescenta, à agricultura, várias outras atividades que não mais se valem do contato direto com a natureza. Neste novo contexto, os marcadores de tempo adquirem uma função importante. Entrementes, na longa Era Urbana que se inaugura com as civilizações, o primeiro relógio mecânico apenas seria inventado no século XIII, na Europa medieval. O tempo deste relógio mecânico passa a regular a vida das pessoas que habitam estas sociedades urbanas desde então – pessoas que passam a ouvir, do relógio da corporação de ofícios e das badaladas do sino da igreja, a convocação para o trabalho ou para a missa. Contudo, cada cidade possui o seu tempo próprio. Um relógio mecânico, em cada cidade, podia ser ajustado de acordo com o movimento aparente do Sol que se mostrava visível nos seus horizontes, e em um mesmo momento duas cidades distintas, ainda que próximas e situadas no mesmo país, marcavam horários diferentes nos seus relógios. Mas veio a Era Industrial, e com ela inventos como o telégrafo (1835), as locomotivas (1804) e outros transportes que reduziram muito o tempo de percurso entre uma cidade e outra. Estes novos inventos – relacionados às tecnologias de transporte e comunicação que surgem com a primeira revolução industrial – impunham o ajuste dos relógios entre as diversas cidades, até onde isto fosse possível. Para isso foi criado o atual sistema de fusos horários, que vigora até hoje[16]. Assim, tentava-se ajustar o tempo sincronizado que era requerido pela sociedade industrial com o meio-dia local de cada cidade, e a partir de 1883 espraiava-se pelo mundo uma nova prática de marcação do tempo e de sincronia relativa de todos os relógios mecânicos (depois eletrônicos). Esta prática, que tanto permite calcular a conversão do tempo de uma cidade para outra mais distanciada, como cria homogeneidade horária dentro de uma mesma região, é acordada mundialmente, sendo a que utilizamos até hoje em nossas sociedades contemporâneas, mas agora com nossos relógios digitais[17].

---

16. A imediatez do telégrafo obriga a que situemos em relação recíproca e precisa os tempos que demarcam os dois lados de uma mesma troca de mensagens. Os horários ferroviários não podem ser adequadamente organizados se tivermos estações regidas por tempos muito distintos uns dos outros.

17. Poderíamos continuar examinando esta trajetória tecnológica. O invento *relógio*, para além destes ajustes, segue adiante em sua instigante aventura pelos novos momentos na grande série de desenvolvimentos tecnológicos que caracteriza a Modernidade. Irá interagir com novas invenções, ser atravessado por novas revoluções tecnológicas, e ser assimilado aos novos tipos de sociedade gerados por estas últimas. Se por volta de 1500 já havia os relógios de bolso, em 1904 Santos Dumont demanda a invenção do relógio de pulso para ajustá-lo ao manuseio de seu novo invento, o avião, já que precisava simultaneamente olhar as horas e manter as duas mãos no controle da aeronave. Mas logo surgirá, em 1933, o relógio de quartzo, e em 1949 surge o primeiro relógio atômico, um dos produtos de uma nova onda tecnológica: aquela que permite o controle da energia nuclear (esta que só não é ainda uma nova revolução, segundo nossa proposta de definição, já que suas conquistas ainda não se espraiaram pelo mundo inteiro, embora já tenham permitido a invenção do mais pernicioso de todos os inventos: a bomba atômica). Para o invento *relógio*, entretanto, a nova tecnologia permite a possibilidade de uma nova marcação do tempo, com precisão nuclear, e em 1967 o *segundo* passa a ser definido pela radiação do Césio 133. Assimilados à nova onda termonuclear de tecnologias, depois os relógios serão aprimorados de novas maneiras, já atravessados pela revolução digital. Tornam-se então *relógios digitais*, e alternativamente também passam a ser atraídos pela multifuncionalidade dos celulares e computadores, onde estão até hoje. Mencionamos o exemplo da aventura tecnológica do relógio para mostrar como um simples invento também vai sendo redefinido, a cada momento da história, pela polifonia das revoluções tecnológicas. Poderíamos seguir a história de diversos outros inventos-chave da Modernidade, para mostrar que uma boa parte deles não é descartada, mas sim

Mencionamos o exemplo do relógio para mostrar que, ao surgirem, as novas tecnologias e inventos vão reajustando muitas das tecnologias anteriores e integrando-as em uma nova trama polifônica. Oportunamente, veremos que isto acontecerá com os computadores que são inventados no auge da Era Industrial, mas que passarão a ser integrados de uma nova maneira com as sociedades digitais. Começamos agora a nos aproximar do nosso principal tema neste livro: a sociedade digital. Conforme vimos até aqui, uma revolução transversal – capaz de transformar a maior parte das sociedades humanas no planeta – não cancela ou se substitui à sociedade revolucionada pelas linhas tecnológicas anteriores, mas a elas se sobrepõe e as integra. Isso também ocorrerá com a sociedade digital. Trata-se de um mundo efetivamente novo. Não obstante, este novo mundo, introduzido por uma nova revolução, agrega-se ao que já existe e redireciona as conquistas trazidas pelas revoluções anteriores com vistas a novas possibilidades.

A revolução digital se apresenta como uma nova melodia na grande polifonia das revoluções transversais que afetaram de maneira generalizada a civilização planetária. O principal invento que a possibilita – na verdade, um invento ainda elétrico e *industrial* – é o computador[18]. Mas o nível científico que a torna efetivamente possível é o da mecânica quântica, uma vez que, sem esta, não teria sido possível o vasto e extraordinário conjunto de tecnologias proporcionado pela microeletrônica, o que inclui tanto o aprimoramento dos computadores de uso pessoal como uma extensa gama de novos dispositivos eletrodomésticos, sem contar os relacionados à telefonia celular (aspecto indispensável para a nova sociedade digital).

De fato, a mecânica quântica permitiu que as versões industriais de diversos aparelhos – como os rádios, as primeiras TVs e os próprios computadores – fossem aprimoradas em direções surpreendentes, e que seu peso e tamanho se reduzisse cada vez mais, especialmente no caso dos computadores. O dispositi-

---

reassimilada de novas maneiras. O teclado da máquina de escrever mecânica (depois elétrica) será transferido para o teclado dos computadores e celulares; as telas de televisão evoluem do tubo ao plasma, dos cristais líquidos às telas de Oled, ao mesmo tempo em que os televisores tornam-se *Smart-TVs*, já nas sociedades digitais. No futuro, teremos as bolhas de televisão.

18. A revolução digital apoiou-se materialmente neste invento típico da fase elétrica da Era Industrial: o computador. Desse modo, podemos dizer que de alguma maneira as revoluções engendram-se umas às outras. Umas nascem das outras. E as que nascem retroagem depois sobre as anteriores, redirecionando-as, fortalecendo-as, delas se apropriando, mas também se oferecendo como fontes de recursos para a continuidade e aperfeiçoamento dos caminhos que já vinham sendo trilhados.

vo básico utilizado nas primeiras TVs, por exemplo, eram as válvulas. Da mesma forma, os primeiros computadores, como o Eniac, também funcionavam à base de válvulas e pesavam de 20 a 30 toneladas. Então surgiram os transístores, que exerciam a mesma função das válvulas com um tamanho bem menor e sem o inconveniente de esquentarem tão rapidamente. Logo foram desenvolvidos chips que passaram a conter centenas ou mesmo milhares de transístores. Os microprocessadores comerciais começam a surgir a partir da década de 1970 e, na década de 1980, são aprimorados a tal ponto que permitem o surgimento e aperfeiçoamento dos computadores pessoais – fáceis de carregar e com capacidade invejável para desempenhar uma multiplicidade de funções. Nos anos de 1990 estes se disseminam ao se tornarem acessíveis a faixas mais amplas da população. Retomaremos, em um item posterior (1.4), os esclarecimentos sobre a passagem dos grandes computadores típicos do auge da Era Industrial para os computadores que prenunciam a revolução digital. Mas por ora queremos destacar que foi a mecânica quântica – com sua nova compreensão sobre o movimento dos fótons e elétrons – que permitiu a criação do primeiro transístor e todos os seus desenvolvimentos posteriores.

A própria tecnologia de emissão e recepção de sinais por satélites – que torna possível a interconexão necessária aos celulares e eleva a interconexão de computadores a um novo nível, já que não mais dependente da fiação telefônica fixa e tradicional – é decorrente da física quântica e da compreensão do elétron simultaneamente como partícula e como onda probabilística. Ao lado disso, o outro alicerce de compreensão científica necessário à tecnologia de interconexões através de satélites é o da Teoria da Relatividade Geral de Einstein (1915). Esta teoria geométrica da gravitação aprimorou a compreensão de que não existe um tempo único e absoluto, mas sim diversos tempos locais interferidos pela velocidade e posição de cada objeto, sendo esta última afetada pelos efeitos da gravidade. Para a transmissão de sinais via satélite, o cálculo de uma posição de transmissão ou recepção na Terra acarretaria erros de muitos quilômetros se fossem ignoradas as previsões da relatividade geral com relação às variações e distorções de cada tempo local em função da velocidade e da altura do objeto conectado, o que inviabilizaria a eficácia da comunicação da telefonia celular, os sistemas de navegação de alta precisão, e o sistema de localização GPS[19]. Com estes e outros exemplos importantes que poderiam ser

---

19. O sistema de posicionamento global (GPS) fornece a qualquer receptor móvel, independente das condições atmosféricas, a sua posição e horário (ou seja, define com precisão o seu espaço-tempo) – desde que o receptor esteja no campo de visão de pelo menos três satélites GPS. É mais uma vez interessante observar que o espraiamento para toda a sociedade – para além

dados, pode-se dizer que a revolução digital se torna possível a partir do nível de conhecimento atingido por duas revoluções científicas paralelas, e ainda não unificadas: a física quântica e a física relativística.

Sintetizemos este grande movimento entre os diferentes patamares de conhecimentos científicos que demarcam o caminho da Era Industrial à Era Digital. Com o nível científico alcançado pelas leis de Newton e pelas leis da termodinâmica – e, mais tarde, com a revolução eletromagnética que se tornou possível a partir das leis de Maxwell – vimos que a compreensão e controle do mundo cotidiano havia se expandido admiravelmente, abrindo os portais para a Era Industrial com suas duas revoluções, a mecânica (ou termomecânica) e a elétrica. Mas com o nível alcançado pela combinação entre a física quântica e a física relativística, na primeira metade do século XX – portanto ainda no auge da Era Industrial –, pôde-se agregar a isto tanto a compreensão do universo de escala microscópica dos elétrons e átomos como uma melhor compreensão do universo de escala macroscópica das estrelas e galáxias. Este novo limiar abre os portais para a possibilidade de adentrar a Era Digital que iria se instalar décadas depois, em meados dos anos de 1990. Para todos os casos, é sempre muito interessante observar como os desenvolvimentos de conhecimentos científicos e inovações tecnológicas produzidos em certa Era tanto ajudam a entretecer a sociedade típica de sua época como abre determinados caminhos e portais para a Era seguinte. A Era Digital não teria sido possível sem o franco desenvolvimento da Era Industrial, e esta dependeu de desenvolvimentos que ocorreram nas Eras que a antecederam. Os elos e saltos tecnológicos permitem que os historiadores da ciência desfiem uma história polifônica na qual algumas melodias se desdobram de outras e todas terminam por interagir entre si, sendo importante lembrar que os progressos tecnológicos não correspondem necessariamente a concomitantes progressos sociais ou espirituais. As guerras mundiais,

---

de um circuito específico como o dos meios militares ou quaisquer outros – é o que introduz efetivamente uma dada revolução tecnológica nos quadros que tornam possível uma revolução social transversal de impacto planetário, como foi o caso da revolução digital. O sistema *GPS* estadunidense e o *Glonass* (versão russa do GPS) eram a princípio de uso exclusivamente militar. Constituíam uma tecnologia que surgiu em decorrência da corrida armamentista e espacial típica da Guerra Fria – portanto do ambiente político internacional que envolvia a última fase da Era Industrial. Mas, no decorrer da consolidação da sociedade digital, estes sistemas foram disponibilizados para uso civil gratuito. Causa estranheza saber que, em caso de guerra, a função civil deste sistema – ainda controlado por governos nacionais – poderia ser revogada para que o GPS voltasse a ser um recurso exclusivamente militar. A entrada em cena de outros dois sistemas – o *Galileo*, controlado pela União Europeia, e o *Compass*, controlado pelo governo chinês – pouco muda este quadro. Isto mostra que, embora isto seja improvável, as conquistas tecnológicas espraiadas por uma revolução transversal podem retroagir para um circuito mais fechado.

e seu último desfecho com a explosão das duas primeiras bombas atômicas, permanecem como alertas para uma humanidade que pode não sobreviver ao seu próprio desenvolvimento científico. De todo modo, para o que nos interessa neste momento, a revolução digital não teria sido possível sem a combinação e desenvolvimento paralelo da física quântica e da teoria da relatividade[20].

Figura 1.3 A Era Digital sobrepõe-se à já bem-estabelecida combinação entre o mundo rural, o mundo urbanizado e o mundo industrializado

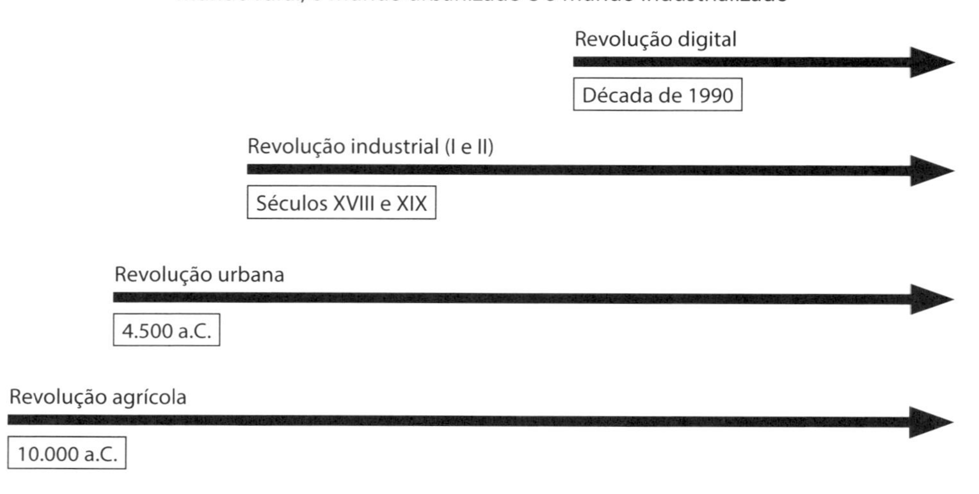

Com a Figura 1.3 sintetizamos a polifonia formada pelas sociedades regidas pelas revoluções que, relacionadas a distintos desenvolvimentos tecnológicos (e sociais), afetaram e beneficiaram a civilização a ponto de se afirmarem como fenômenos planetários acessíveis a grandes faixas da população e em cada país. Conforme podemos ver no esquema, ao invés de se sucederem uma à outra, as novas eras vão se *sobrepondo*, e, nesta operação, a que veio por último termina por redefinir as revoluções anteriores e o conjunto de suas consequências, de modo que o mundo agrícola adquire um novo sentido ao ser intercalado pelos ambientes urbanizados, e ambos adquirem novos sentidos na Era Industrial, da mesma maneira que as indústrias e o rural/urbano também irão se apresentar com novas facetas na Era Digital. Mais adiante, veremos por

20. Com relação à contribuição de Einstein, devemos lembrar ainda que esta é realçada por dois momentos geniais, separados por uma década. A tecnologia termonuclear tornou-se possível com o nível de compreensão atingido pela Teoria da Relatividade Restrita (1905), que gira em torno da conversibilidade "matéria-energia". Mas as tecnologias que acabamos de comentar só se tornaram possíveis com a Teoria da Relatividade Geral (1915), a qual permite a compreensão dos efeitos da gravidade sobre o espaço-tempo. O uso adequado dos satélites artificiais não seria possível sem ela.

que, embora os computadores tenham sido inventados em meados do século XX – e a Internet (ou o seu equivalente) tenha sido criada ainda na década de 1960 –, é só na última década daquele século que podemos falar mais propriamente de uma sociedade digital[21].

1.3 Pontos de partida e vocabulário básico para entender a revolução digital

Neste tópico, precisaremos estabelecer alguns aspectos importantes para a plena compreensão sobre o que é a sociedade digital. A primeira coisa a entender é que a mera invenção de tecnologia digital está longe de ser o mesmo que a revolução digital, e mais longe ainda de implicar necessariamente uma sociedade digital. Veremos mais adiante que a revolução digital, para ser concretizada, precisou de fato ter como uma das suas condições de realização a invenção das tecnologias digitais; mas não apenas isso, já que dependeu ainda de outros fatores. Além disso, as invenções de tecnologias digitais poderiam ter perfeitamente acontecido sem que tivesse ocorrido mais tarde uma revolução digital.

---

21. Com relação à trama polifônica das revoluções planetárias, muita coisa mais poderia ter sido acrescentada para mostrar a sua complexidade. Além de cada uma destas revoluções estar relacionada à conquista de um novo patamar de compreensão do mundo e de controle das energias e forças da natureza, outros aspectos poderiam ser mencionados. Apenas para dar um exemplo, cada uma das quatro revoluções demandou, ou só se tornou possível, com o desenvolvimento de um novo patamar matemático. A revolução agrícola tornou-se viável com o desenvolvimento de uma matemática elementar, capaz de prever e gerenciar os ciclos da natureza (a contabilização do tempo de semeadura e colheita para cada tipo de produto, p. ex.). Para controlar a energia animal, em um estágio mais rudimentar, as operações matemáticas são simples: precisamos calcular a força necessária para o boi mover o arado, e a quantidade de alimento que deve ser oferecida ao boi para que ele desenvolva a capacidade para realizar tarefas como esta. Mas para se edificar cidades – com suas grandes construções, templos, fortalezas e castelos –, e para mantê-las em pé, foi necessária uma matemática mais sofisticada nos âmbitos da Geometria e Aritmética. De sua parte, a primeira revolução industrial – a revolução termomecânica beneficiada pela elaboração das Leis de Newton e das Leis da Termodinâmica – também não teria sido possível sem o cálculo diferencial. Seguindo adiante, poderíamos mostrar que os demais patamares científicos e tecnológicos também não teriam sido alcançados sem correspondentes desenvolvimentos matemáticos. A Geometria de Euclides – e outras equivalentes que lidam apenas com o espaço plano e tridimensional – havia permitido a construção de cidades; mas a Teoria da Relatividade não teria se desenvolvido sem a geometria curva e multidimensional de Riemann. De fato, matemáticos oitocentistas como Bolyai, Lobachevsky e Riemann preparam o caminho para as conclusões físicas de Einstein, no século XX. E serão estas, ao lado da igualmente imprescindível mecânica quântica, que sinalizam a possibilidade tecnológica da revolução digital, na última década daquele mesmo século. A própria mecânica quântica, de sua parte, depende da matemática das probabilidades. Deste modo, não é difícil de perceber que o desenvolvimento da matemática também se integra à trama polifônica das revoluções planetárias. Raciocínios análogos poderiam ser elaborados para outros fatores.

É importante termos em vista que o que efetivamente caracteriza uma revolução digital é o *espraiamento* – por amplos setores sociais e pelo planeta inteiro – da tecnologia digital, de suas linguagens e novas formas de comunicação, da circulação da informação e da produção de novos modelos de sociabilidade que se tornaram possíveis com os recursos digitais. Mas a invenção de tecnologias digitais precede a revolução digital – em alguns casos por algumas décadas –, e poderia não ter necessariamente conduzido a ela. Quanto à sociedade digital, esta é aquela que se estabelece a partir de uma revolução digital, e que se ergue sobre os patamares e possibilidades que se tornaram viáveis com a revolução que a instituiu. O que gera a civilização digital não é propriamente a tecnologia digital (ou não somente isto), mas principalmente o seu espraiamento – este sim, podendo ser considerado como um fator capaz de revolucionar toda uma sociedade. Deste modo, se a revolução digital institui a sociedade digital, por outro lado as sociedades não digitais podem coexistir perfeitamente com tecnologias digitais sem serem revolucionadas por elas. De fato, logo veremos que as tecnologias digitais foram, na verdade, invenções produzidas no próprio seio da sociedade industrial.

Além disso, conforme vimos no item anterior, uma revolução transversal – aqui entendida como aquele tipo de revolução que beneficia o planeta inteiro e termina por transmutá-lo radicalmente – não elimina os patamares atingidos pelas revoluções anteriores, mas sim os incorpora, sobrepõe-se a eles, acrescenta-lhe novos sentidos. Deste modo, a sociedade digital que foi instituída pela revolução de meados da década de 1990 não fez com que desaparecesse o ambiente industrial, assim como este último não havia implicado que desaparecesse o ambiente rural/urbano anterior. Na sociedade digital as fábricas se informatizaram, e também o agronegócio; de sua parte, as cidades adquiriram novas feições, e a própria vida que nelas pulsa se digitalizou, informatizou-se, assumiu novas possibilidades de interação, sociabilizou-se de uma nova maneira. A história, conforme postulamos em nossa metáfora musical, pode ser comparada a uma polifonia formada por muitas melodias que se entrelaçam, respondendo umas às outras.

Fixemos, à partida, um vocabulário inicial para apoiar o caminho a ser trilhado neste capítulo. *Internet* é a rede mundial de computadores interconectados. Antes dela, conforme já veremos, ocorreram outras experiências de redes de computadores, embora não mundiais e ainda direcionadas exclusivamente para finalidades específicas, tais como a utilização militar ou a formação de redes específicas de pesquisa científica. A mundialização da rede de computadores, e o seu amplo e irrestrito acesso, é o que caracteriza mais propriamente a Internet. Nos dias de hoje, a Internet recobre o planeta. Além disso, a Web deve ser entendida como a totalidade do conteúdo que circula ou é produzido através desta rede mundial de computadores interconectados. Assim, a Web – ou World Wide Web, simbolizada pela sigla www – é o sistema hipertextual que opera através da Internet. Web e Internet são conceitos articuláveis, mas não são sinônimos um do outro. Simplificando: a teia (Web) estende-se sobre a rede (net).

Esta complexa trama de documentos em hipermídia que são interligados e executados pela Internet pode se expressar através de hipertextos, vídeos, sons e imagens. Nestas formas básicas, e articulando-as, a Web disponibiliza as informações que podem ser acessadas através dos programas de computador que denominamos *navegadores*, tais como o Internet Explorer, o Mozila Firefox, o Google Chrome, o Microsoft Edge, entre outros[22]. São programas como estes que estão aptos a descarregar as páginas que são disponibilizadas pelos servidores Web ("sítios"), de modo a mostrá-las na tela do usuário (o "utilizador")[23].

Cria-se aqui uma nova forma de espacialidade, já não mais física, mas sim virtual, sendo esta geradora de um novo modelo de "movimento", através do qual o usuário se desloca sem sair do seu lugar ancorado no mundo físico. Como os vários documentos ou páginas da Web estão articulados e interconectados através de hiperligações (links), o usuário – também referido como "internauta" – pode "navegar" entre os vários documentos dispostos na Web, da mesma forma que, se esta possibilidade estiver disponibilizada para cada

22. O primeiro navegador foi criado, em 1990, pelo físico britânico Timothy Berners-Lee, que também foi um dos pioneiros no uso do hipertexto como forma de compartilhar informação. A princípio, esse navegador foi chamado World Wide Web (www), mas não devemos confundi-lo com a própria rede da Web, e foi por isso mesmo que o seu criador trocou depois o seu nome para Nexus. Este navegador tinha propósitos específicos de ser instrumentalizado para a pesquisa nuclear.

23. Um site, habitualmente, consiste de várias páginas Web ligadas de maneira coerente. Assim como um livro possui diversas páginas de papel que se ajustam de maneira coerente em função do texto que veiculam, o site também pode ser compreendido como uma coleção de páginas Web interligadas através de uma determinada coerência. Os arquivos de texto que constituem a base de uma página Web são escritos em linguagem HTML (Hypertext Markup Language) – esta que é a linguagem de marcação utilizada nas páginas da Web. Um *navegador* é mais precisamente um tipo de programa que habilita seus usuários a interagirem com documentos HTML hospedados em um servidor da rede. Assim, quando o usuário insere a URL que identifica a página da web, os elementos desta página são baixados do servidor Web que a hospeda e o navegador os transforma em uma representação visual interativa no dispositivo do usuário.

caso específico, é possível enviar informações de volta ao servidor de modo a produzir interação com os vários conteúdos. Além disso, diálogos *on-line* de ida e volta podem ser estabelecidos, tal como ocorre nos chats, sendo ainda frequente a comunicação através dos painéis que são expostos nas redes sociais. Deste modo, os conceitos de "tempo" e de "diálogo" – para além da nova noção de "espaço virtual" – são redefinidos através da Web, já que um novo modo de lidar com o tempo pode ser costurado através de um diálogo no qual dois ou mais usuários conversam através de mensagens que se respondem umas às outras em momentos distintos. Uma vez que estes diálogos ficam registrados nos painéis provisórios dos chats ou nos registros menos impermanentes das redes sociais, é possível depois ler de uma só vez o diálogo que foi produzido por dois interlocutores no interior de um tempo esgarçado.

Tudo isto – estas múltiplas possibilidades de utilizar o espaço e o tempo virtual, bem como as várias formas de interação e sociabilidade que se tornam possíveis a partir dos recursos digitais – faz do sistema Internet/Web não apenas um simples meio para disponibilizar e acessar informação, mas também um ambiente múltiplo de comunicação e interação social. Em tempo: quando ressaltamos a possibilidade de entender a Internet e a Web como partes de um sistema maior que terminou por se formar, queremos enfatizar que foi apenas com o casamento entre estas duas ordens tecnológicas – a Internet e a Web –, e com a sua disponibilização pública, que se tornou possível a revolução digital. O anúncio do físico Tim Berners-Lee, em 30 de abril de 1993, de que a World Wide Web seria livre para todos, sem custos, é o evento crucial nesta revolução – ou metaforicamente a sua "tomada da Bastilha". Podemos apenas especular como seria um mundo contemporâneo com a tecnologia digital bem desenvolvida, mas com o sistema Internet/Web apenas limitado a grupos específicos – mas é certo que, neste mundo, não teríamos uma sociedade digital como hoje temos[24].

---

24. Além da declaração que fez do sistema Internet/Web um ambiente livre e sem custos gerais no que concerne à utilização pública da rede (o que não quer dizer que a comunicação digital saia de graça para todos os usuários, já que é preciso ter aparelhos digitais e energia para acessar este ambiente), outro ponto de virada é assinalado pela introdução do *Mosaic* – o primeiro navegador a ser usado no Windows – o qual contribuiu para popularizar extraordinariamente a web já que, por ser um navegador gráfico, era muito mais amigável para o usuário comum do que os antigos navegadores de texto. Como isto também ocorreu em 1993, este pode ser considerado efetivamente o ano que demarca a revolução digital no sentido de espraiamento digital que estamos atribuindo a esta expressão. Também é importante ressaltar que o Windows, ao criar uma linguagem de ícones, permitiu que o uso de computadores fosse facilitado para usuários comuns, não especializados. O barateamento de computadores, para já falarmos do hardware,

Subjacente ao que vimos até aqui, o *ciberespaço* pode ser definido como este lugar virtual onde a Web se apoia (ou flutua) com seus fluxos e fixos[25]. Neste caso, exemplos de fixos virtuais típicos são os blogs, sites, redes sociais de todos os tipos, navegadores e sites de busca, arquivos e bibliotecas digitais disponibilizados aos que percorrem a rede, os *stands* digitais de produtos através dos quais podem ser realizadas operações de compra e venda. Enquanto isso, os fluxos são as trocas de e-mails, a interação dos chats, as mensagens trocadas nas redes sociais, as idas e vindas dos usuários da Internet ao exercerem as novas formas de sociabilidade e a circulação da informação que é proporcionada pela sociedade digital. A peculiaridade da espacialidade digital é que os fluxos deixam registros gravados, que podem ou não ser apagados menos ou mais rapidamente. Ao contrário da conversa presencial no mundo físico, que depois de proferida desaparece no ar a não ser que seja gravada, os diá-

---

também trouxe a sua contribuição imprescindível para que uma sociedade digital pudesse se estabelecer, já que a partir daí os computadores podem ser trazidos para dentro das residências e dos ambientes privados. Para além disso, a tecnologia da telefonia também vinha sendo desenvolvida, até culminar com os celulares e smartphones. O primeiro produto a combinar as funcionalidades de celular e PDA – computadores de dimensões reduzidas mas dotados de grande capacidade computacional – foi o IBM Simon, lançado em 1992, de modo que também aqui nos aproximamos do limiar proposto para a revolução digital. Mas é oportuno ressaltar que a invenção do primeiro modelo de telefone móvel também remonta à sociedade industrial, já que se deu em 1947. A primeira geração de celulares comercializáveis, ainda analógicos, deu-se em 1983. Mas a segunda geração – já digital – novamente nos aproxima dos anos de 1990, o que confirma mais uma vez aquela década como o marco da revolução digital.

25. Os conceitos de *fluxos* e *fixos* foram elaborados pelo geógrafo brasileiro Milton Santos para a compreensão dos espaços geográficos. Os fixos remetem a uma certa permanência, e os fluxos ao movimento que entre os fixos se estabelece. Em uma cidade, p. ex., serão fixos os prédios de todos os tipos, as residências, bancos, lojas e edifícios que proporcionam serviços públicos os mais variados, mas também as redes viárias onde pedestres e veículos podem se movimentar. E os fluxos são os movimentos que se estabelecem entre estes fixos e através deles: a eletricidade que corre na fiação elétrica, mas também as mensagens que são trocadas através de uma rede de telefonia, as transações monetárias que se realizam no interior dos bancos, as cartas que são enviadas e recebidas através dos correios, o trânsito que flui nas vias públicas, os fluxos de trabalhadores que voltam para casa na hora do *rush*, e assim por diante, sendo que as próprias ações humanas que se encadeiam através de muitos agentes também constituem fluxos. Propomos a aplicação deste par conceitual ao ciberespaço, mas chamando atenção para que neste os fixos podem se dissolver mais facilmente do que no espaço físico geográfico, da mesma forma que os fluxos podem encontrar uma permanência ao serem registrados e ficarem expostos à observação. No mundo digital, fluxos e fixos tendem a se entrelaçar, e a criar relações mais complexas de permanência e transitoriedade. / Com relação ao uso deste par conceitual na Geografia de Milton Santos, a proposição do espaço como conjunto dos fixos e fluxos já aparece em *Por uma Geografia Nova* (1978). Cf. tb. SANTOS, 2013, p. 155; SANTOS, 2007, p. 142; SANTOS, 2008, p. 102. Além disso, Santos compreende o espaço como um sistema de objetos e ações (SANTOS, 2013, p. 34-35). Uma síntese do sistema proposto por Milton Santos pode ser encontrada em BARROS, 2020b.

logos que ocorrem na Web ficam registrados e podem ser lidos por outros – a não ser que seus interlocutores os apaguem (e ainda sim, por vezes ficam registrados na *Deep Web*). São, portanto, fluxos que podem se tornar fixos. Deste modo, pode-se dizer que, no mundo digital, os fluxos e fixos tendem a se confundir um pouco, pois as mensagens que caracterizam uma conversa podem permanecer públicas e se fixarem, ao mesmo tempo em que os blogs e sites podem ser apagados ou transformados, ora se mostrando como fixos, ora manifestando-se como fluxos.

Este mundo – onde "tudo o que já não é sólido se desmancha no ar"[26] – tem atrás de si uma história que o definiu e redefine todos os dias. Antes de ocorrer uma revolução digital, por destoante que isto possa parecer ao primeiro olhar, foi preciso se desenvolver uma tecnologia digital ainda no seio da sociedade industrial. Da mesma forma, o ambiente da Internet e a realidade digital não poderiam ter de fato surgido se a montagem de redes de computadores interconectados – embora ainda não imersos em um ambiente mundializado – não tivesse se realizado para outras finalidades nas últimas décadas da Era Industrial. Por fim, ao lado da intensividade de suas conquistas tecnológicas, a sociedade digital só pode surgir com a extensividade destas conquistas (seu acesso a amplos setores da população mundial). Tudo isto tem uma história. Ao melhor compreendê-la, poderemos entender em maior grau de aprofundamento a sociedade digital, e como os historiadores interagem com ela. A sociedade digital foi engendrada a partir da sociedade industrial – da mesma forma que tecnologias digitais já começam a ser desenvolvidas a partir da revolução elétrica trazida pela segunda revolução industrial. Por isso, é na sociedade industrial que podemos buscar os começos da sociedade digital.

1.4 As tecnologias digitais antes da revolução digital

Os computadores são máquinas originadas na Era Industrial, particularmente na crista da segunda onda tecnológica que trouxe o controle da eletricidade ao mundo industrial. São produtos da confluência entre uma nova linguagem tecnológica – expressa em uma lógica binária apta a formular algoritmos de todos os tipos – e a linha tecnológica de máquinas e dispositivos eletrônicos

26. Parafraseamos aqui a famosa frase de Marx e Engels, inserida no *Manifesto comunista* (1948): "Tudo o que era sólido se desmancha no ar, tudo o que era sagrado é profanado, e as pessoas são finalmente forçadas a encarar com serenidade sua posição social e suas relações recíprocas" (MARX; ENGELS, 2010, p. 43).

produzidos durante a segunda revolução industrial. Nesse sentido, os computadores implicam simultaneamente *softwares* (programas escritos na linguagem computacional) e *hardwares* – que se referem ao aparelho eletrônico "computador", propriamente dito, que pode ser compreendido como um conjunto de componentes eletrônicos capazes de executar algoritmos de vários tipos.

O potencial multifuncional dos computadores é surpreendente: executam com ganhos inúmeras atividades mais simples – como a de produção e edição de textos (o que terminou por transformar as antigas e tradicionais máquinas de escrever mecânicas em meras peças de museus), até tarefas mais complexas de armazenamento e processamento de dados, cálculos realizados em larga escala e com grande velocidade, produção de realidades virtuais, execução de jogos de todos os tipos, edição de imagens fixas ou de imagens-movimento. Ligados às Intranets das décadas que preparam a revolução digital, os computadores se transformariam ainda em poderosos instrumentos de comunicação e de trocas de informação em sociedades que em breve seriam globalizadas, incorporando adicionalmente funções de telefonia e intercomunicação oral ou escrita. Ao lado disso, tornaram-se cada vez mais *multimodais*, pois são capazes de trabalhar com textos, imagens, sons, números, e com tudo isto junto. O aspecto mais notável é que os computadores evoluíram das grandes estruturas, que pareciam destinar originalmente os computadores a serem máquinas de grande porte que deveriam habitar as grandes instalações de empresas, às máquinas portáteis e pessoais – mais tarde incorporadas aos celulares – o que tornou os computadores uma tecnologia impulsionadora da revolução digital[27]. Mas va-

---

27. O PC é o computador pessoal de pequeno porte, ainda fixo, e o laptop é o computador portátil, que pode ser facilmente transportado e levado a diferentes lugares. Ambos se tornariam parte da paisagem típica das sociedades digitais. A passagem da geração de computadores de grande porte às sucessivas gerações de computadores cada vez mais reduzidos em seu tamanho – embora cada vez mais potentes e multifuncionais – tornou-se possível com a invenção de dispositivos e recursos diversos, como os microprocessadores e a fibra ótica. Depois, já na Era Digital, a aplicação das conquistas da teoria quântica proporcionaram novos aprimoramentos com as telas planas e a associação dos computadores a *Smart-TVs*. Tudo foi confluindo para transformar os computadores em objetos da vida privada e funcional das pessoas comuns, sendo este aspecto um traço típico da sociedade digital. Associados a objetivos fonográficos, os computadores e smartphones da Era Digital também empurraram para segundo plano uma grande gama de dispositivos eletrônicos associados à escuta de música, como os aparelhos de CD e outros tantos. Assumindo as funções fotográficas e de filmagem, a exemplo dos recursos computacionais dos celulares, as câmeras fotográficas e filmadoras também foram sendo empurradas para segundo plano. Tudo, enfim, parece ser possível de ser feito pelos computadores e smartphones da era digital. O computador, incluindo os seus pequenos formatos facilmente transportáveis, parece destinado a substituir um grande número de máquinas que compunham nas décadas anteriores as paisagens da Era Industrial.

mos entender o seu surgimento como máquinas elétricas de grande porte, ainda nas primeiras décadas do século XX.

Embora a ideia de máquinas programáveis – que constituem essencialmente o que é um computador – tenha produzido inúmeras experiências anteriores, a invenção do computador pode ser ancorada, de forma mais simplificada, nas primeiras décadas do século XX[28]. Os primeiros computadores de uso geral remontam às décadas de 1930 e 1940 do século XX. Mas foi John Von Neumann (1903-1957) quem de fato conseguiu transformar os meros calculadores eletrônicos em "cérebros eletrônicos", concebidos à imagem de um sistema nervoso central. Ao mesmo tempo, a memória que antes ficava exclusivamente armazenada em cartões perfurados passa a ser internalizada no próprio computador, abrigando tanto os programas como os dados. A linguagem binária, baseada em *zeros* e *uns*, também é assumida pela programação computacional. A arquitetura de Von Neumann ainda é a base dos computadores até hoje. Com isto, podemos perceber que a tecnologia digital básica, fundada com estas máquinas *programáveis* que são os computadores – e que exatamente neste aspecto se distinguem das máquinas comuns –, já estava perfeitamente madura no auge da segunda fase do mundo industrial.

É importante chamar atenção para o fato de que os computadores não se tornaram possíveis apenas em decorrência do controle da eletricidade que se tornou viável com as conquistas científicas da segunda revolução industrial. Além de serem aparelhos eletrônicos, elaborados através de uma sofisticada engenharia, os computadores são resultado de desenvolvimentos matemáticos. Eles combinam tecnologia com uma nova linguagem matemática, e, mais recentemente, com a possibilidade de traduzir essa linguagem matemática em uma linguagem multimodal que lida com imagens, palavras e sons. O computador é simultaneamente uma construção eletrônica, matemática e semiótica. Matematicamente, a história dos computadores se inicia quando a matemática inglesa Ada Lovelace (1815-1852) publicou em 1843 um diagrama numérico que

---

28. Em 1801, p. ex. – portanto ainda no esteio da onda tecnológica proporcionada pela primeira revolução industrial – foi inventado por Joseph Marie Jacquard (1752-1834) um tear mecânico com uma leitora automática de cartões perfurados. Mais tarde, em 1837, Charles Babbage (1792-1871) imaginaria uma máquina de calcular controlada por cartões. Tinha aqui já um calculador analítico. Estes protótipos – embora muitas vezes não realizados na prática – são precursores dos primeiros computadores de uso mais geral, construídos no final dos anos de 1940. De todo modo, a primeira revolução industrial ainda seria território de máquinas mecânicas de somar, a exemplo das máquinas registradoras que foram usadas no comércio até a revolução digital, que termina por substituí-las por computadores propriamente ditos.

na verdade já era o primeiro algoritmo computacional. Da mesma forma, antes de montar um dispositivo eletromecânico durante a Segunda Grande Guerra, com o objetivo de decifrar códigos secretos dos inimigos alemães, o matemático inglês Alan Turing (1912-1954) já havia elaborado dispositivos imaginários que ficariam conhecidos como "máquinas de Turing". A partir de sua contribuição, em 1936 foi adotado formalmente o termo "algoritmo" para designar um conjunto de instruções simples e precisas que são descritas através de um número finito de símbolos. Percebe-se aqui que, se o *hardware* do computador é uma obra de engenharia eletrônica, o *software* é uma realização da lógica e da matemática[29].

O destino dos computadores criados na Era Industrial, por outro lado, ainda estava por se escrever e traria novas surpresas. Ninguém poderia suspeitar, por exemplo, que um dia os computadores invadiriam a vida privada e a dimensão da vida pessoal, o que já nos coloca no cerne da sociedade digital. Tanto é que John Von Neumann, que vimos ser um dos pioneiros da moderna computação, fez uma previsão após a Segunda Grande Guerra que lhe parecia configurar um desenvolvimento lógico dos acontecimentos. Ele previu, equivocadamente, que no futuro os computadores seriam tão gigantescos e caros que apenas grandes corporações, ou mesmo governos de países ricos, poderiam ter o privilégio de possuí-los.

O imaginário futurista dos computadores gigantescos é típico da Era Industrial: suas utopias e distopias descrevem mundos com cidades populosas, poluídas e computadores gigantescos. Estas elaborações imaginárias que aparecem nos filmes e obras literárias escritas no auge da última fase da Era Indus-

---

29. A máquina de Turing foi apresentada pela primeira vez em um artigo de 1936. Anos depois de sua morte, a comunidade científica reconheceu a importância fundacional dos dispositivos imaginários criados por Turing, e atribuiu a este matemático inglês o título simbólico de "pai da computação". O artigo de 1936 sugere uma infinidade de possíveis máquinas de Turing, cada qual correspondendo ao seu algoritmo – aqui compreendido como um conjunto finito de instruções bem definidas que poderiam ser interpretadas e executadas por um processo mecânico. Neste sentido, a partir das formulações matemáticas propostas pelas máquinas de Turing, os computadores já estavam prontos para emergir, apresentando-se como máquinas simples capazes de executar quaisquer tarefas bem definidas, desde que especificadas por um programa apropriado. O princípio básico, proposto e demonstrado pelo matemático inglês, era que para qualquer sistema formal existe uma máquina de Turing que pode ser programada para imitá-lo. No limite, haveria um sistema formal genérico capaz de imitar qualquer outro sistema formal. Esta conclusão, aliás, abre espaço para o desenvolvimento futuro da inteligência artificial. Com relação à sua contribuição para os primórdios da tecnologia digital, em abril de 1936, Turing mostrou suas proposições a John Von Neumann, e este as aproveitaria nove anos depois para transformá-las em uma realização concreta.

trial fizeram previsões acertadas, com exceção do tamanho que previam para os computadores. O que ocorreu foi precisamente o contrário: com a invenção de microprocessadores, circuitos integrados e fibras óticas, os computadores foram diminuindo a cada geração de tamanho. Tornaram-se bem acomodáveis em pequenos apartamentos, transportáveis em discretas maletas e, por fim, atingiram a possibilidade de caberem na palma da mão, integrando-se aos celulares[30]. Ao final deste processo de progressiva redução e rápida expansão social dos dispositivos computacionais, o indivíduo comum passaria a ter ao seu dispor, a um simples toque dos dedos, todas as multifuncionalidades de um computador e de um celular, além de outras como as de máquinas fotográficas digitais e microcâmeras de vídeo, além da concomitante integração à rede mundial de computadores[31].

Sem esta evolução surpreendente dos computadores para gerações de computadores pequenos, móveis e ajustáveis à vida comum, além de hiperconectados em uma rede mundial, a sociedade digital não teria sido possível, e ainda

---

30. Isto não quer dizer, é claro, que não existam mais os supercomputadores ocupando um grande espaço. Ainda hoje, no momento em que escrevemos a primeira versão deste livro (2021), existem alguns supercomputadores no mundo, tal como o IBM Sequoia, o maior deles neste momento. O Sequoia ocupa 280m² em uma sala no Livermore National Laboratory, sendo utilizado para pesquisas nucleares nos Estados Unidos. Muito habitualmente, os supercomputadores são direcionados para pesquisas específicas. O Mira, do Argonne National Laboratory, nos Estados Unidos, ocupa-se atualmente de pesquisas e cálculos relacionados ao esclarecimento do movimento das galáxias. A copresença de supercomputadores dedicados a tarefas complexas, longe da vida comum, também faz parte da paisagem tecnológica da sociedade digital. Por outro lado, a própria rede mundial de computadores interligados em um grande sistema difuso – a Internet – não deixa de conformar também uma espécie de supercomputador de novo tipo: um computador formado por todos os computadores. Por fim, resta dizer que a aventura tecnológica iniciada pela tecnologia digital está longe do fim. Breve teremos os supercomputadores quânticos. Esta será uma nova linha revolucionária de computadores: enquanto a linguagem binária dos computadores movimenta-se entre os dois bits nos quais se baseia a língua da máquina – o "zero" ou o "um" – o computador quântico lida com o qubit, reconhecendo a possibilidade de lidar com o "zero" e com o "um" ao mesmo tempo. Esta tecnologia já prepara uma nova Era.

31. A incorporação digital da fotografia – invento característico da primeira revolução industrial, demarcado em 1826 e patenteado em 1835 – é um exemplo e sintoma claro da reassimilação criativa das tecnologias anteriores pela nova era tecnológica, no caso a sociedade digital. Em duas décadas os antigos e custosos processos fotoquímicos trazidos pela revolução industrial e perpetuados na sociedade por ela instituída foram rapidamente substituídos pelos processos eletrônicos e digitais. Tal como mostra a Figura 3, a sociedade digital não se substitui propriamente às eras anteriores, mas se sobrepõe a elas, reassimilando-as e adaptando-as às novas possibilidades tecnológicas e condições sociais. O exemplo das fotografias é apenas um entre tantos. Também os rádios e TVs, inventos típicos da revolução elétrica da segunda fase da Era Industrial, são assimilados recriativamente, e já estão dentro dos microcomputadores e celulares, sob o formato de *podcasts* e mídias alternativas, além da possibilidade de retransmitirem tudo o que já é transmitido pelas mídias tradicionais.

seríamos apenas uma sociedade industrial, embora com grandes, poderosos e sofisticados computadores nas mãos dos governos e grandes corporações. No novo mundo digital, temos dispositivos menores, mais rápidos, mais baratos, mais multifuncionais, mais inclusivos – mesmo que as desigualdades sociais estejam tão longe de ser resolvidas quanto estavam no mundo industrial.

Além do seu novo perfil tecnológico e social, a sociedade digital não se define apenas pelo que já conquistou em termos de tecnologias, mas também pelo que está prestes a conquistar. Estamos no limiar da possibilidade de desenvolvimento da inteligência artificial (AI). Os computadores poderão ainda se tornar autônomos e adquirirem um corpo capaz de se movimentar, aliando os avanços computacionais à conquista da robótica, e quem sabe aos desenvolvimentos da genômica[32]. Ao mesmo tempo em que computadores autonomizados e os robôs estão prestes a invadir o seu mundo, os humanos também estão a ponto de invadir o mundo artificial através de programas que poderão transportar suas mentes para universos virtuais. No auge das sociedades digitais, poderemos não apenas nos comunicar através de celulares, mas projetar holografias e conversar com nossos interlocutores distantes como se estivéssemos presentes de corpo e alma. Poderemos passar as férias em uma realidade virtual simulada, talvez construída por literatos aptos a criar mundos inexistentes ou por historiadores capazes de simular criteriosamente um tempo passado. Os filmes aos quais assistiremos em breve serão muito naturalmente em 3D. Reuniões de negócios poderão ser cada vez mais realizadas em telepresença, enquanto aguardamos a próxima revolução transversal, que talvez nos traga o teletransporte, a regularização das viagens espaciais tripuladas, ou mesmo a exploração do tempo através de máquinas capazes de nos levar a

32. A robótica começou a se desenvolver nos anos de 1960, na última fase do apogeu da Era Industrial, e oscilou entre experiências bem-sucedidas e experiências interrompidas de aplicação de robôs nas indústrias (o primeiro robô industrial instalado em uma fábrica – a Ford M.C. – foi o Unimate, em 1961). Nas residências, já são regularmente utilizados pequenos robôs rudimentares para tarefas como a de limpar a poeira. Mas um mundo efetivamente atravessado pela robótica em todas as esferas, introduzindo entre nós seres programáveis que constituirão uma nova população, certamente impactará o nosso planeta como mais uma revolução transversal, ou então como uma fase mais avançada da sociedade digital. As conquistas mais aperfeiçoadas e espraiadas da robótica nos introduzirão em uma nova era? O mesmo pode-se perguntar acerca da clonagem humana. Além disso, a possibilidade da combinação de materiais orgânicos com estruturas robóticas introduz neste cenário a figura do androide. Haverá no futuro uma nova era, na qual a própria população será partilhada entre seres humanos naturais, clones, androides e robôs, fora os programas de computador com inteligência artificial altamente desenvolvida? Até o momento este cenário faz parte das obras de ficção científica.

outras épocas ou enxergá-las através de aparelhos tão fáceis de manusear como os aparelhos de TV de hoje em dia.

1.5 As tecnologias da interconexão

Vimos no item anterior que, para que se tornasse possível uma sociedade digital, foi preciso que antes surgisse, nas décadas anteriores, uma complexa tecnologia digital – o que nos remete à invenção dos computadores, aqui compreendidos como dispositivos que são simultaneamente aparelhos elétricos tornados possíveis pela segunda revolução industrial e dispositivos lógico-matemáticos. Esta interação entre *hardware* e *software* (entre a dimensão física da máquina e a sua dimensão programática) vai acompanhar os computadores ao longo de toda a sua história passada e futura. Ao mesmo tempo, vimos que a sociedade digital não teria sido possível se a tecnologia dos computadores não fosse beneficiada por um rumo inesperado, que não foi imaginado por seus pioneiros: a redução de tamanho dos computadores, que além de se tornarem cada vez mais velozes, eficazes, multifuncionais, e dotados de maior capacidade de memória e armazenamento de dados, foram se tornando também cada vez menores, fáceis de transportar e se integrar à vida cotidiana das pessoas comuns. Por fim, é o que veremos agora, a sociedade digital também não seria possível se não viesse se juntar a estas condições um terceiro fator: a interconectibilidade.

Se apenas tivéssemos a tecnologia digital e a sua adaptabilidade à vida comum de um número cada vez maior de pessoas, isso seria importante; mas ainda não teríamos uma sociedade digital. Uma sociedade digital precisa alcançar um nível extenso de conexão entre usuários de todas as partes do planeta e de modo instantâneo, o que significa simultaneamente revolucionar as relações de espaço e tempo tradicionais. Essa condição foi alcançada através de uma terceira onda de progressos tecnológicos associada aos computadores. Depois de sua invenção e aperfeiçoamento como máquinas elétricas e lógicas (1), e de sua redução de tamanho e adaptabilidade à vida comum a partir da tecnologia dos microprocessadores e circuitos integrados (2), surgiu a possibilidade da interconexão de computadores, unindo a informática à intercomunicação (3). Aproximamo-nos aqui do advento da Internet. Entrementes, o que veremos a seguir é que também a tecnologia de interconexão de computadores precedeu a revolução digital. Somente quando esta interconexão abandonou seus limites estreitos – os meios militares e científicos –, para atingir a sociedade mais amplamente, é que pudemos assistir à plena emergência da sociedade digital. Além disso, a Internet, além da sua abrangência social, traria as características de ser aberta, supranacional, descentralizada e colaborativa, proporcionando aos seus usuários a possibilidade de interferirem na sua construção com conteúdos e inovações de todos os tipos. A Internet, tal como a compreendemos hoje, é livre não apenas no que concerne ao acesso aos seus conteúdos, mas também no que se relaciona à própria construção dos seus conteúdos.

Nos anos de 1960 não tínhamos ainda a Internet, mas certos meios muito específicos já começaram a dispor de uma Intranet que pôde desenvolver a ideia básica da interconexão de computadores[33]. Estamos então na última fase da Era Industrial. A política internacional está acomodada ao jogo de alinhamentos entre as duas superpotências dominantes – os Estados Unidos e a União Soviética – estabelecendo o que passou a ser conhecido, desde a reordenação do mundo posterior à Segunda Guerra, como *Guerra Fria*. A corrida armamentista – com a busca incessante de tecnologias bélicas pelos dois polos da Guerra Fria – e a corrida espacial, que trouxe aos russos uma primeira vitória com o envio do primeiro cosmonauta ao espaço, demarcam esse período. A tecnologia nuclear foi impulsionada neste contexto, unindo-se à aplicação militar desde a explosão da primeira bomba atômica em 1945. A tecnologia voltada para as viagens espaciais, da mesma forma, remete a esta bipolarização política.

33. A "Internet" disponibilizada apenas a usuários específicos – como ocorria necessariamente nas redes de computadores exclusivamente utilizadas nos meios militares, laboratórios de pesquisa e meios acadêmicos entre fins da década de 1960 e os primeiros anos da revolução digital – permite-nos falar em uma Intranet para estes casos. Mas só depois, em 19 de abril de 1995, o termo foi cunhado por Stephen Lawton, na *Digital News e Reviews*, já para se referir a uma rede de computadores privada que também se assenta sobre a suíte de protocolos da Internet (ou seja, o termo foi cunhado para se referir às Intranets que existem no tempo da Internet). A Intranet gera ambientes de intercomunicação exclusivos de um determinado local, como, p. ex., a rede de uma corporação que só pode ser utilizada pelos seus colaboradores internos, ou como as Intranets das diversas universidades ou instituições de pesquisa nos dias de hoje. Rigorosamente falando, a própria Internet, nos dias de hoje, configura um conglomerado de redes locais, só que interconectadas, de acesso irrestrito e espalhadas pelo planeta inteiro em um grande sistema. Quando temos uma rede fechada – como as utilizadas no mundo corporativo e pelas agências de governo – podemos falar de forma mais específica em Intranets. Com a devida licença da palavra, entre os anos de 1970 e 1990 – quando ainda não havia Internet –, o que tínhamos era de fato uma grande Intranet, embora não com este nome. / É ainda interessante notar que o mundo fechado das Intranets pode gerar tensões diversas com o mundo aberto da Internet. Exemplifica esta tensão a insurgência, em 2013, de Edward Snowden, ex-técnico da CIA que divulgou a espionagem secreta que os Estados Unidos realizam contra todos os usuários da Internet.

É sintomático que, como resposta ao lançamento soviético do Sputnik, o governo estadunidense tenha criado duas agências ligadas ao seu Departamento de Defesa, de modo a responder simultaneamente à corrida espacial e à corrida armamentista. A primeira deveria ser enfrentada pela Nasa[34]; a segunda estaria na alçada da Arpa[35]. O projeto mais interessante desta segunda instituição governamental foi precisamente a construção de uma rede de computadores capaz de circular dados e informações entre computadores distanciados. Esta rede recebeu o nome de Arpanet. Enquanto isso, o National Physical Laboratory vinha desenvolvendo a sua própria rede, de modo que podemos dizer que a ideia de uma rede conectando computadores – ainda limitada a grupos de usuários e voltada para atividades específicas e monodirecionadas – ocorreu tanto nos meios militares como nos meios científicos. Além disso, a Arpanet – ainda que oriunda de um programa militar – começou a atrair para o seu projeto, em 1969, universidades estadunidenses, e em 1972 foi realizada a primeira demonstração pública dessa rede.

O passo seguinte no caminho para uma futura rede mundial de computadores – ideia que não era proposta ainda, mas como que surgia gradualmente do desenvolvimento dessa tecnologia – era a interligação de diferentes tipos de redes. Em 1986, a criação de um protocolo único estabeleceu a NSFNET, que interligou diversas universidades. Esta rede estadunidense também começou a atrair gradualmente instituições acadêmicas de outros países. Em 1991 a NSFNET expandiu-se para usos comerciais e para públicos extra-acadêmicos. E aqui já estamos aos portais de uma verdadeira rede mundial de computadores, praticamente com a declaração de que o acesso à Internet seria livre e sem custos em 1993 pelos desenvolvedores da Web.

A partir daí, já estamos na Era Digital, e tudo caminha muito rápido. A Web – a teia de conteúdos que passou a se apoiar na Internet – vai se desenvolvendo em várias direções integradas. Por um lado, torna-se cada vez mais um campo discursivo multimodal, no sentido de lidar com imagens, palavras e sons. Por outro lado, vai deixando de ter um conteúdo estático e desenvolve cada vez mais formas de interação entre o usuário e os sites, até chegar à interação dos usuários entre si. A Internet torna-se um espaço onde podem ser realizadas transações comerciais, mas onde também podem ser realizadas pesquisas e buscas de informações. A multimodalidade e a interatividade, ao lado da abrangência de usuários, tornam-se suas características determinantes.

34. National Aeronautics and Space Administration.

35. Advanced Research Projects Agency.

Em outro momento, o próprio usuário é convidado a criar conteúdos e sites, de modo que a partir de 2004 os blogs criados pelos usuários tornam-se fixos bastante característicos na Web. Os fluxos aumentam extraordinariamente, e os usuários passam a trocar entre si não apenas mensagens, mas a postar fotos, vídeos e músicas. Com o tempo, todo usuário da Web torna-se um programador em potencial, cada um lidando com o seu nível de possibilidades. Surgem as redes sociais, como o já extinto Orkut e os até hoje bem-sucedidos Facebook e Twitter – comunidades virtuais mais generalizadas e abertas a múltiplos interesses –, assim como também redes sociais voltadas para finalidades ou grupos específicos, como o LinkedIn, que apresenta uma proposta de privilegiar interligações profissionais, ou o MySpace, rede social que atrai muitos dos internautas interessados em música. Os sites de relacionamentos de todos os tipos multiplicam-se, destinando-se a favorecer encontros amorosos ou de amizade. Os chats voltados para assuntos e temáticas diversas abrem-se como possíveis espaços de comunicação ou de encontro. Podemos compará-los, ao contrapor o mundo virtual ao mundo físico, às praças e locais de cultura e entretenimento – fixos típicos de uma cidade física. Os *stands* virtuais e sites de produtos podem ser comparados às lojas e estabelecimentos comerciais. O mundo virtual tem ainda as suas bibliotecas públicas, a exemplo da Wikipédia e dos sites que hospedam textos digitalizados. Sessões de cinema ou música – livres ou pagas – são oferecidas pelo YouTube[36], que também expõe a sua galeria de conferencistas de todos os tipos. As próprias universidades e instituições de ensino – fixos presentes nos dois mundos – oferecem seus cursos a distância.

Se no espaço geográfico e físico tradicional os fluxos são as correntes de informação, a correspondência transportada pelos correios, os trânsitos de pessoas e veículos, a eletricidade que pulsa nas fiações, os líquidos que atravessam tubulações, e as próprias ações humanas que se desenvolvem na vida social, econômica e política, o ambiente virtual também traz fluxos similares. Uma peculiaridade é que os fluxos no mundo digital da Internet podem ficar registra-

---

36. O YouTube foi fundado como uma plataforma de compartilhamento de vídeos pessoais em 2005; tal foi o seu sucesso já em seu primeiro ano que, em 2006, terminou por ser vendido por uma cifra bilionária para o Google. A Wikipédia foi fundada em 2001. O projeto desta última é o de produzir uma enciclopédia de conteúdo livre que possa ser editado por todos os que se interessarem. É interessante lembrar que ela surgiu como complemento da Nupédia, uma enciclopédia com características similares que já havia sido fundada em 2000, mas já envolvendo especialistas na elaboração de seus artigos e um plantel de editores bem criteriosos e qualificados. Com o incomparável sucesso da Wikipédia já desde os seus anos iniciais, a Nupédia acabou encerrando as suas atividades em setembro de 2003.

dos, ao contrário do que acontece com os fluxos da existência física, a não ser no caso em que as câmeras filmem a passagem de pedestres e automóveis pelas ruas, ou nas situações em que as companhias telefônicas gravem as conversas privadas e situações similares. Assim, no mundo virtual as conversas que se dão nas redes sociais podem ficar registradas em painéis e são expostas ao público. Quando os internautas navegam por estas vias públicas que são os navegadores, e por estas ruelas que são os links que os conduzem aos fixos virtuais de todos os tipos, as suas ações ficam registradas e os tentáculos do comércio e da propaganda se apoderam destes rastros para elaborar um perfil de cada usuário, a partir do qual certas informações passam a lhes ser direcionadas, produtos são oferecidos, e inserções políticas são postuladas.

Podemos discorrer ainda sobre as novas formas de sociabilidade e inserção social. No mundo virtual disponibilizado à sociedade digital, as identidades podem se reconstruir. Um mesmo indivíduo pode frequentar chats e ambientes de interação oculto por trás de diferentes avatares, se desejar. Podem ser criados personagens falsos (*fakes*), sem mencionar os chamados "robôs", que são personagens criados diretamente por programas de computador, mas que podem participar de diálogos virtuais, como se vivos fossem, e concomitantemente espalhar *fakenews* ao mesmo tempo em que são difundidos discursos para favorecer certos agentes políticos ou econômicos. A multiplicidade de identidades do mundo virtual, deste modo, interage com identidades múltiplas que caracterizam os indivíduos contemporâneos na sua própria vida cotidiana. Sobrepondo-se à realidade concretamente vivida, o mundo virtual percorrido pelo internauta pode ser um mundo à parte: uma outra realidade na qual o usuário se reinventa. Ou o usuário pode ligar os dois mundos – o virtual e o real –, fazendo do primeiro uma extensão do segundo e daquele se valendo para ampliar as suas relações pessoais na realidade vivida. Tudo se abre como possibilidade.

A sociedade digital também gera as suas formas próprias de comunicação. Primeiro havia surgido o correio eletrônico, a princípio restrito a usuários específicos, ainda nos tempos em que a Internet ainda era uma Intranet[37]. Depois,

37. O correio eletrônico (e-mail) foi inventado em 1978, por Ray Tomlinson (1941-2016), ainda no âmbito da Arpanet. Este novo sistema de comunicação instantânea também teve a sua evolução própria, pois do envio de mensagens muito simples logo progrediu para a possibilidade do envio de mensagens mais longas. Com a revolução digital, nos anos de 1990, os e-mails generalizam-se. Primeiro são necessariamente pagos ou limitados aos associados de um provedor. Depois, surgem os e-mails gratuitos, a começar pelo Hotmail, criado pelo indiano Sabeer Bhatia (n. 1968), mais tarde assimilado pela Microsoft de Bill Gates. Além de um recurso para troca de mensagens, os e-mails também foram assumindo a função de transferir arquivos digitais entre diferentes usuários.

com a interligação cada vez mais íntima entre a rede mundial de computadores e os celulares – eles mesmos já convertidos em computadores de bolso – surge o WhatsApp. As novas modalidades instantâneas de comunicação deixam algo para trás. Não cancelam o mundo das cartas enviadas e recebidas através dos correios, mas certamente o empurram para um segundo plano.

1.6 Sociedades em rede

Falamos até aqui da tecnologia digital, e de como os usuários do mundo virtual e digital podem interagir com ela. Neste item, vamos nos aproximar de questões pertinentes à sociedade digital propriamente dita – ou seja, a sociedade viva, que existe fora do mundo virtual, mas que se deixa interferir – no seu dia a dia de homens e mulheres, e nos seus projetos de longo prazo – por todos estes recursos digitais que delineiam o mais recente patamar tecnológico em que nos apoiamos na atualidade. Como esta sociedade se organiza na sua vida efetiva? Como a política, a economia, a cultura, as relações sociais se estruturam a partir desta nova sociedade, e dos desafios que lhe são colocados? Como os usuários do mundo digital – que também são cidadãos reais de uma sociedade qualquer, vivendo uma vida concreta e cotidiana com suas demandas econômicas, funções profissionais, atribulações políticas, lugares sociais, escolhas culturais e modos de agir, sentir e pensar – atuam no mundo real não virtual a partir dos limites e possibilidades que a sociedade digital lhes proporciona? Podemos até nos perguntar como aqueles que não são propriamente usuários de computadores e dos serviços da Internet – ou então aqueles que só utilizam estes serviços mais lateralmente – têm as suas vidas interferidas pela nova sociedade digital da qual fazem parte, quer queiram ou quer não queiram. Como, enfim, é este novo mundo social no qual concretamente vivemos?

Uma primeira observação importante pode ser feita sobre este mundo no qual as mídias se multiplicaram abundantemente sob a forma de múltiplas tecnologias, formatos e especificidades. Nos dias de hoje, à TV aberta tradicional somam-se as TVs fechadas a cabo e a satélite; os veículos clássicos de imprensa invadem a Internet, mas só para ali já encontrar novas formas alternativas de imprensa; os livros impressos precisam conviver com livros digitais e virtuais; as rádios coabitam com os podcasts, os computadores cabem no bolso e são interconectados; e, por fim, as redes sociais e aplicativos estão por toda parte e a todas as horas do dia, retransmitindo em ritmo instantâneo e acelerado as palavras, informações, imagens e vídeos que nos chegam ou partem de nós.

Neste mundo multimidiático todo indivíduo comum também terminou por se transformar, ele mesmo, em uma mídia atomizada, pois tem à mão um celular que grava, filma, fotografa, e transmite *on-line* cada uma destas operações. Deste modo, se as mídias multiplicam-se nas suas possibilidades e formatos, também se atomizam e fazem de cada cidadão um ator ou diretor midiático, capaz de produzir de forma imediata conteúdos que irão ser postos a circular instantaneamente ao lado dos conteúdos que são veiculados pelos grandes impérios de comunicação.

Neste novo universo social, onde o poder midiático estende até o indivíduo comum os seus últimos terminais – não mais terminais meramente passivos, mas também criadores, recriadores, capazes de distorcer informações, desfocar imagens e inventar *fake news* –, não é de se estranhar que a própria sociedade da exposição desça das nuvens e das redes sociais e venha a ter agora à materialidade contemporânea. As brigas e violências de todos os tipos são filmadas nas ruas e residências, os amores proibidos são denunciados por imagens incontornáveis, os preconceitos são disseminados despudoradamente através de imagens que mostram as ações humanas em um cotidiano que está exposto como se fosse uma ferida aberta. Cada passante das ruas tornou-se diretor de cinema neste grande espetáculo, ao mesmo tempo em que é também ator e espectador. Desnudada a sociedade no seu dia a dia, o próprio cidadão comum passa a ser um dos convidados a ocupar o centro do palco. Não é por acaso que uma das grandes novidades em termos de espetáculos televisivos exclusivamente típicos da Era Digital tenha sido o *Big Brother*, ao lado de outros *realities shows*. O primeiro surgiu em 1999, na Holanda; ao Brasil, os *realities shows* chegaram em janeiro de 2002[38].

Os radicalismos também invadem brutalmente a vida comum, em boa parte sob a motivação da sociabilidade virtual. Uma situação bastante peculiar é a da formação virtual das "bolhas" que determinam círculos fechados de inserção

38. Foi em 1999 que John de Moll – magnata bilionário da mídia holandesa – teve a ideia, logo posta em prática, de que pessoas comuns fossem selecionadas para o convívio confinado em uma mesma casa que seria vigiada 24 horas por dia. Este novo tipo de entretenimento expõe claramente duas facetas do indivíduo típico da sociedade digital: o desejo de se expor e de olhar para a vida alheia, levando até às últimas proporções o que Sigmund Freud tinha um dia chamado de pulsão escópica (1915). O nome do programa, depois exportado para versões específicas em um amplo número de países, é extraído do personagem *Big Brother* presente no livro *1984* de George Orwell. O *Big Brother*, ou Grande Irmão, é um ditador que, invisível, governa, observa e controla a sociedade inteira, particularmente através do uso obrigatório de grandes teletelas nos ambientes privados e públicos. Nada escapa à sua observação, e os mínimos movimentos da vida das pessoas comuns são vigiados diariamente.

política e social. O racista torna-se mais racista; os conservadorismos se apoiam; os ódios às minorias se fortalecem. Ao lado disso, é claro, os comportamentos progressistas e de esquerda também geram as suas próprias bolhas. A explicação é técnica. Para manter as pessoas nos seus sistemas por mais tempo, empresas como o Google e o Facebook oferecem ao usuário de mídias digitais cada vez mais conteúdos que confirmam o que já foi detectado como uma tendência sua de gosto ou de opinião. Ou seja, um tanto paradoxalmente, pouquíssima alteridade termina por ser oferecida ao usuário através destes canais, e muita confirmação daquilo que ele já acredita ou aprecia de antemão lhe é ofertada. A Internet, que poderia ser utilizada como uma abertura para a variedade e para a disponibilização de diversos pontos de vista, termina por se transformar, em muitos casos, em uma janela para o mesmo e em uma rede que se fecha apertadamente em torno dos caminhos já percorridos. Tudo isso se projeta de alguma maneira no mundo vivo, e não fica restrito ao universo virtual.

O racista – ao ver todos os seus correligionários reunidos na mesma bolha digital pela facilidade de congregação que é oferecida pela Internet – passa a acreditar que o mundo inteiro compartilha seus preconceitos, a não ser por uma pequena minoria que ele acredita que precisa ser combatida ferrenhamente. O terraplanista começa a acreditar que apenas uma minoria de pessoas ainda não compreendeu que a ideia de uma terra esferoide foi criada e mantida há séculos por governos, instituições e cientistas mal-intencionados que compõem a trama de uma conspiração mundial que se estende pelo espaço e pelo tempo para enganar a todos. As vacinas não funcionam; além disso, os médicos desejam secretamente implantar chips que poderão controlar a humanidade inteira para atender aos poderes governamentais e aos interesses das grandes corporações, ou aos planos secretos da ordem oculta dos *Iluminatti*. O mundo não sofre riscos ecológicos reais, pois esta posição alarmista – conforme dizem os que estão em algumas das mais patéticas bolhas de conservadores – faz parte também de uma trama conspiratória.

Este radicalismo desce das nuvens e invade o mundo político, produzindo seus efeitos. Em muitos países, as segunda e terceira décadas do século XXI assistiram ao fortalecimento de grupos, pensamentos, comportamentos e atitudes conservadores, de direita ou extrema-direita. Certos preconceitos e desigualdades, em alguns lugares do planeta, parecem ter recrudescido. Desigualdades persistentes no sistema capitalista, mas também herdadas de modelos mais antigos – como os preconceitos e xenofobias residuais do sistema colonial, e certos aspectos herdados das já milenares práticas do patriarcalismo, como a misoginia, o sexismo e os preconceitos de gênero –, reocupam muitas vezes o centro do cenário social (gerando, é claro, as devidas resistências). A velocidade da informação e a circulação instantânea dos discursos – além da visibilidade que estes adquirem – colocam na mesma mesa digital tanto as atitudes progressistas e de luta contra as desigualdades de todos os tipos como as atitudes e pensamentos conservadores, regressistas, antidemocráticos.

Os paradoxos e ambiguidades não são nada incomuns nas sociedades digitais contemporâneas, nos vários países do planeta. Um deles se refere a uma inusitada convivência entre dois movimentos opostos: a extraordinária familiaridade intercultural, proporcionada pela Internet e pela sociedade globalizada, parece contrastar com o estranho recrudescimento da xenofobia e dos preconceitos contra a alteridade que têm aflorado a olhos vistos nos tempos recentes. Por um lado, a globalização – fortalecida pela constituição consolidada de um mercado mundial, pela acessibilidade e aceleração dos transportes, e pela instantaneidade e abrangência das telecomunicações – favorece a diminuição do sentimento de estranhamento em relação ao outro, incluindo o estrangeiro. Cada vez mais entramos em contato com outras culturas e modos de vida – particularmente através dos recursos digitais –, e também temos mais oportunidades de trazer visibilidade às nossas próprias práticas culturais. Ou seja, abrem-se muitas oportunidades para que o "outro" seja cada vez menos radicalmente estranho a nós, da mesma forma que nos são oferecidos caminhos para que nós sejamos cada vez menos estranhos aos outros.

Não obstante, surge aqui o curioso paradoxo. Com o já mencionado recrudescimento dos radicalismos conservadores nas várias partes do mundo, e com a formação de "bolhas" em várias redes sociais, também se têm fortalecido as ideologias xenofóbicas – particularmente nas antigas metrópoles que, no passado, conduziram processos de exploração colonial. Por fatores vários – que incluem as guerras, as radicais flutuações políticas, os desastres ambientais, as pandemias, as misérias coletivas, e mesmo o simples desejo de mudança – os fluxos imigratórios têm se afirmado cada vez mais recorrentemente no planeta. Entretanto, as fronteiras legais têm se fechado cada vez mais. Multiplicam-se, nas periferias e interiores invisíveis de muitas das sociedades digitais, os grupos de migrantes clandestinos que se escondem nas metrópoles mais desenvolvidas, assim como os acampamentos de refugiados que são mantidos do lado de fora, sem contar os preconceitos dirigidos contra os estrangeiros já residentes.

O mesmo mundo que viu a formação da União Europeia – um esforço transnacional que visou superar antiquíssimas rivalidades nacionais através do projeto de unificação dos cidadãos europeus – assiste ao rigoroso fechamento de fronteiras contra os imigrantes oriundos das antigas colônias, ou de sociedades vizinhas em crise. Outros paradoxos mais poderiam ser mencionados. Nas sociedades digitais, os direitos da mulher adquirem progressivamente maior visibilidade, ao mesmo tempo em que as agressões contra as mulheres são cada vez mais denunciadas. A mulher fortalece mais e mais a conquista de seu espaço político, econômico e cultural; não obstante, em muitas sociedades digitais parece ter recrudescido o sexismo.

Seguem-se muitas outras ambiguidades típicas da sociedade digital, como a curiosa dialética entre *informação* e *desinformação*. O cidadão comum, nos dias de hoje, tem ao seu dispor muita informação: rápida, barata, funcional, instantânea. Mas também é sufocado pela desinformação, pelas deformações discursivas, pela manipulação e *fakenews*. Tudo isto passa a ser utilizado politicamente, por vezes contra ele mesmo e sem que ele perceba. Conquistas que os trabalhadores alcançaram na Era Industrial retroagiram na Era Digital, em diversos países, e com a anuência passiva de uma população de trabalhadores que não conseguiu perceber que seus antigos direitos ao bem-estar social, às políticas públicas e à segurança contra o desemprego estavam se dissolvendo no ar. Nas grandes cidades, um caso típico é o do trabalhador que facilmente abriu mão do seu emprego ou da luta pelo direito de emprego para aderir ao conto do *empreendedor* – o modelo dos motoristas de *uber* que acreditam que os aplicativos lhes trarão uma segurança sempre renovada pela constante oferta de clientes[39].

A temática dos serviços proporcionados pelos aplicativos de *uber*, e outros análogos, traz-nos uma boa oportunidade de comentar mais um aspecto. Os meios de transporte e os veículos, na sociedade digital, são basicamente os mesmos que já existiam na sociedade industrial. De fato, não ocorreram mui-

39. A Uber Technologies Inc – empresa estadunidense que foi fundada em 2009 para prestar serviços eletrônicos na área do transporte privado urbano – utiliza um aplicativo que permite a busca de motoristas disponíveis colocando o usuário em conexão com os prestadores de serviço que agregaram o seu automóvel ao sistema. Não foram raros os trabalhadores que, face ao desemprego ou à carência de oportunidades de trabalho, abandonaram a busca de trabalho nas diversas áreas e migraram para este sistema de prestação de serviços que compete com os serviços oferecidos pelos táxis. Ao otimizar o tempo de busca do motorista e de encontro do passageiro por este último – poupando quilômetros rodados neste interstício – os serviços baseados no Uber podem ser oferecidos por um preço menor que o dos táxis que buscam livremente seus passageiros nas ruas. Além disso, a empresa estipula a oscilação de seus preços com base na análise, a cada instante, da relação entre a oferta de motoristas e a demanda de usuários. Assim como outras empresas que fazem a intermediação eletrônica entre o prestador de serviços e o beneficiário ou comprador, a Uber introduz uma nova figura no sistema. Ela não é o empregador, mas apenas o intermediário que disponibiliza o aplicativo e gerencia eletronicamente o serviço prestado. O trabalhador-motorista, neste caso, passa a se ver como um empreendedor autônomo que se associa a este serviço. Com isto, deixa de ter quaisquer benefícios trabalhistas.

tas mudanças na máquina automobilística de modo mais geral, a não ser os já esperados aprimoramentos que, com o tempo, vão sempre ocorrendo em todas as linhas tecnológicas pertinentes aos mais diversos aparelhos e produtos. Não obstante, os automóveis agora também estão interconectados, e esta é a diferença fundamental entre estas duas eras. O sistema GPS permite que cada motorista se localize, e ao seu destino, através de um sistema de satélites que só se tornou possível com a revolução digital. No caso dos serviços de *uber* e de táxis interconectados, torna-se possível a um motorista não apenas saber a sua localização e a de seu destino com precisão – entre outros dados como o tempo efetivo que precisará despender para se deslocar de um ponto a outro –, como também identificar e encontrar o lugar no qual se acham os possíveis beneficiários de seus serviços. O exemplo, entre outros tantos que poderiam ser dados, mostra que a possibilidade da interconexão agrega-se, nesta sociedade, a um número indefinido de tecnologias que já existiam anteriormente.

O comércio, de sua parte, foi igualmente revolucionado pela possibilidade da interconexão. Embora as lojas e *shopping centers* ainda povoem as paisagens urbanas – neste aspecto pouco diferindo dos cenários que já se desenhavam nas sociedades industriais –, nos dias de hoje uma parte extremamente significativa das transações comerciais pode ser realizada exclusivamente pelos recursos digitais. O indivíduo que habita o mundo digital pode adquirir praticamente qualquer produto pela Internet, e depois recebê-lo, pelos correios ou por qualquer outro sistema de entrega, diretamente em sua própria residência. Tudo se dobra à "interconexão" nesta nova sociedade: o comércio, o transporte, as operações bancárias, o mercado de serviços e muitas outras esferas da atividade humana. Na esfera da Educação, há mesmo uma proliferação de cursos a distância, e o próprio sistema universitário abre-se desde as últimas décadas à possibilidade do Ensino a Distância. Dependendo do poder aquisitivo do usuário, torna-se viável realizar a segurança de uma residência a distância. Os celulares interconectados e o uso de aplicativos especiais podem ajudar até mesmo no cuidado das crianças de colo, anunciando os momentos em que elas despertam e monitorando o seu período de sono. Talvez se possa dizer que uma das características mais proeminentes da sociedade viva que se beneficia da dimensão digital seja a possibilidade de agregar o recurso da interconexão a cada ramo de atividade, a cada produto tecnológico já existente, a cada necessidade ou demanda. A interconectibilidade é um atributo central nas sociedades digitais.

Quando refletimos sobre a interconectibilidade do mundo nos dias de hoje, nos seus planos mais gerais e nos seus mínimos detalhes, percebemos que a Internet – a rede mundial dos computadores – é apenas o recurso tecnológico mais admirável da sociedade digital, mas não é somente ela que dá a tônica ao padrão de interconectibilidade que atravessa toda esta sociedade. A ideia de "rede" – uma imagem que remete integradamente a dois fatores que interagem reciprocamente: os "nós" e as "conexões" – pode ser aplicada a muitos modos de organização em nossas sociedades atuais, com ou sem a Internet. Os seres humanos modernos organizam redes em todos os momentos, nas mais diversas atividades e nas mais variadas esferas de práticas sociais e culturais. Eles se transformam em "nós" e geram, reciprocamente, variadas "conexões". A ideia de rede, por outro lado, confronta-se com a imagem da pirâmide, uma estrutura mais rígida que estabelece preponderantemente confluências para um único ponto. Em uma rede, mesmo que estendida sobre um sistema ainda hierarquizado de acordo com os parâmetros mais tradicionais, as conexões podem ser estabelecidas de muitas formas entre os "nós" que participam da "rede". Este padrão de *organização em rede*, que se fortalece cada vez mais na sociedade em que vivemos, é uma característica central das sociedades digitais – e a Internet é apenas o seu produto tecnológico mais refinado.

Alguns dos aspectos que comentávamos anteriormente – como aqueles pertinentes à emergência dos radicalismos políticos e à formação de "bolhas" que repelem a alteridade – reforçam esta ideia. Uma "bolha" é apenas uma rede fechada sobre si mesma, encerrando todos os que pensam de uma mesma maneira em um novelo que de longe poderia se assemelhar, metaforicamente falando, a um buraco negro do qual nenhuma luz escapa. A bolha é a rede que se curvou a partir da desproporcional e poderosa atração de um único centro de gravidade. No interior da bolha, os indivíduos conformam "nós" e "interconexões", mas o sistema deixa de se comunicar com o exterior; e os radicalismos então se formam, assim como as patologias, ou as hiperespecializações fechadas sobre si mesmas. Vivemos em um mundo social constituído por redes e bolhas, sendo que estas últimas também não deixam de ser redes fechadas em si mesmas.

Continuamos a conviver, é claro, com todas as já conhecidas estruturas centralizadas que estão à nossa volta – muitas delas demandadas pelo mundo do trabalho –, mas agora as redes dialogam, contrastam, contrapõem-se e alternam-se com estas estruturas. Conforme já vimos, uma revolução não cancela as anteriores. Os padrões centralizados de organização foram típicos das sociedades que se estabeleceram a partir da revolução urbana, e se fortaleceram mais ainda nas sociedades industriais. Mas agora temos um novo mundo que se superpõe a estes anteriores, e que os integra de uma nova maneira.

Resta dizer que, tal como vimos até aqui, o corpo vivo da sociedade digital é constituído multidimensionalmente por uma soma de corpos coletivos, uns se superpondo e se integrando aos demais. Se esta sociedade possui um corpo virtual – ou uma dimensão fantasmagórica da qual um número significativo de seus cidadãos participa mais diretamente através da navegação na Internet e do convívio em suas redes sociais –, este *corpo virtual* se superpõe ao *corpo industrial*, ao *corpo agrícola*, à *sociedade urbanizada*. Os satélites regem a distância a indústria, a agricultura e a vida urbana. Negócios e agronegócios tramitam pela Internet. A política recobre tanto o espaço como o ciberespaço. Para onde olhemos, poderemos perceber que as grandes revoluções transversais, que afetaram o planeta desde o início da aventura humana, terminaram por se entrelaçar umas às outras, e é esta polifonia complexa e sofisticada que constitui o que, hoje, podemos compreender como uma sociedade digital.

Por fim, esta sociedade configurada transversalmente ou polifonicamente por alguns corpos coletivos sobrepostos e integrados – corpo virtual, corpo industrial, corpo urbano, corpo agrícola – é obviamente composta por gente de carne e osso: pessoas com seus corpos individuais, com suas circunstâncias psicológicas, com sua inserção cultural e política específica; pessoas que exercem trabalhos ou funções, que interagem umas com as outras em um mundo vivo, que se divertem ou se entretêm de diversificadas maneiras, e que agem dentro de um sistema cuja carne é formada por elas mesmas.

1.7 Os historiadores: da sociedade industrial à sociedade digital

A História, durante todo o período de três séculos relacionados à Era Industrial, adquiriu feições próprias. Por um lado, a História – como gênero específico de literatura ou discurso que entretece uma reflexão ou narrativa sobre o passado – já existia desde a Antiguidade. Nas suas diversas facetas, bem distintas conforme as épocas e sociedades que a acolheram, a História foi filha da revolução urbana, surgida com as primeiras civilizações. Em tempo: a história – campo de processos e acontecimentos que expressa a aventura humana com tudo o que lhe aconteceu – já existe desde os primeiros momentos em que os seres humanos começaram a caminhar sobre a terra. Os homens paleolíticos e neolíticos fizeram história ao inventar seus instrumentos e ferramentas, ao desenvolver tecnologias como aquela que eclodiu com a revolução urbana, ao se empertigar cada vez mais até atingir a postura plenamente ereta, ou ao desenvolver a capacidade de expressão e a linguagem simbólica. Hoje, com os recursos disponíveis em nossa sociedade digital – a começar pela combinação da pesquisa genômica e da análise de fósseis que pode ser potencializada pelo armazenamento de dados em computadores – podemos estudar esta história que não deve mais ser vista como uma pré-história, mas como uma primeira fase da história humana.

Se a história (campo de acontecimentos) já existe desde o princípio da aventura humana, a História – compreendida como discurso sobre a história dos seres humanos – é produto da revolução urbana. Ela surge com a escrita – com a possibilidade de registrar para as gerações seguintes o que aconteceu em uma época ou nas épocas anteriores. Este discurso sobre a aventura humana no tempo – seja a que interesses ou demandas tenha atendido ao longo das diversas sociedades que o produziram e acolheram – tem a mesma origem da escrita, das cidades e das primeiras civilizações. Já vemos discursos históricos (discursos sobre a história ocorrida ou imaginada) nas tabuletas sumérias ou nas paredes das pirâmides egípcias. Onde começam as civilizações começam os discursos historicizantes – e é só neste sentido que ainda poderíamos falar em uma pré-história para períodos anteriores, se lembrarmos que os seres humanos do Paleolítico e Neolítico não podiam escrever uma História (ainda que tenham feito história). A figura do historiador – o intelectual não anônimo que resolve elaborar um discurso histórico e assiná-lo embaixo – já é um pouco posterior à própria invenção da História, pois é com os gregos que conhecemos os primeiros historiadores, entre os quais se destacando a figura de Heródoto.

Com tudo isso, se a História é filha da revolução urbana, podemos reconhecer ainda que, no período da revolução industrial, a História se reinventa como um novo tipo de saber. Particularmente a partir do trânsito do século XVIII para o século XIX, o discurso histórico elaborado por historiadores passa a ser proposto como um conhecimento de tipo científico. Na plenitude do novo mundo industrial, já veremos a História conquistar suas cadeiras na Universidade, a começar por países europeus como a Alemanha, França e Inglaterra. Surgem também as primeiras revistas científicas de História. Os historiadores se especializam – tal como ocorre com os praticantes dos demais saberes científicos – e agora veremos um novo tipo de intelectual se dedicar exclusivamente à elaboração de um discurso historiográfico, em contraste com os intelectuais iluministas que se dedicavam a muitos tipos de elaborações intelectuais ao mesmo tempo. Ou seja, começa a se formar uma comunidade historiográfica de tipo científico.

A base deste trabalho científico também é reforçada, pois surgem os grandes Arquivos nacionais – nos quais pode ser encontrada a documentação a partir da qual a ciência histórica desenvolve a sua base empírica –, ao mesmo tempo em que, nos diversos países, surgem grandes coleções de documentos e fontes históricas. Como uma ciência que se refunda no trânsito do século XVIII para o XIX, a História começa a desenvolver as suas teorias e metodologias, bases para qualquer saber de tipo científico. As fontes, e multiplicação de metodologias apropriadas para o trabalho sobre cada tipo diferenciado de texto – bem como a compreensão de que as fontes não contêm apenas informações, mas principalmente discursos a serem analisados – tornam-se a base do seu método. O uso crítico e consciente dos conceitos, reconhecendo que as próprias palavras e o historiador que as enuncia também estão articulados a uma história, torna-se a base da sua teoria. Amparada em uma metodologia crítica e em uma teoria consciente de si mesma, a História torna-se científica.

Essa, enfim, é a História científica nascida e impulsionada na Era Industrial, e dela são tributários os historiadores de hoje, uma vez que a matriz disciplinar da História nada mudou em relação ao conjunto de aspectos atrás mencionado. Baseada metodologicamente em fontes, e amparada teoricamente em problemas, a História dos nossos dias se diversificou na sua variedade de fontes e objetos, bem como nos seus diálogos interdisciplinares, mas ainda é essencialmente a mesma história comprometida a produzir criticamente um conhecimento verdadeiro (embora sem a ilusão positivista de atingir a verdade definitiva e imobilizada sobre quaisquer dos seus temas de estudo)[40]. Incorporou, é verdade, no auge da segunda revolução industrial (primeira metade do século XX), a possibilidade de enxergar de novas maneiras o espaço e o tempo – em interessante sintonia com a perspectiva científica trazida pela teoria da relatividade, de Albert Einstein[41]. Um exemplo eloquente da relatividade no tratamento do tempo histórico é a obra de historiadores como Fernand Brau-

40. Esta ilusão, aliás, já era criticada por uma parte significativa dos historiadores dos primeiros tempos industriais, a exemplo dos historicistas e dos materialistas históricos.

41. A teoria da relatividade restrita (ou especial) foi formulada por Einstein em 1905. Ela introduz o conceito de espaço-tempo como uma entidade geométrica unificada, composta de quatro dimensões. A ideia de que a luz é a única instância absoluta (não relativa) também é aqui fortalecida (embora esta ideia, a definição exata da velocidade da luz, já fosse dedutível das equações de Maxwell). Além disso, Einstein introduz a ideia de que matéria e energia são mutuamente conversíveis uma à outra, de modo que, além da entidade unificada espaço-tempo, também podemos falar em matéria-energia como dois estados de uma mesma coisa, tal como se pode ver na famosa fórmula $E = mc^2$. Em 1915, Einstein tornou pública, ainda, a Teoria Geral da Relatividade, na qual os efeitos da gravitação são considerados e surge a noção de curvatura do espaço-tempo.

del, que explora uma dialética de diferentes durações na qual o tempo histórico avança com diferentes velocidades de acordo com a escala de observação e com a especificidade do fenômeno histórico analisado[42].

A historiografia do século XX assumiu ainda a possibilidade de examinar o mundo histórico a partir de novas perspectivas, como a da História Vista de Baixo, a exemplo das realizações da Escola Inglesa do materialismo histórico. Além disso, a partir de contribuições como a da Escola dos *Annales*, a História tornou-se mais interdisciplinar, dialogando sobretudo com as demais ciências humanas. Entrementes, apesar de todos estes aprimoramentos, o que os historiadores produzem nos dias de hoje é essencialmente a mesma História científica trazida pela revolução industrial, se considerarmos os elementos centrais que constituem a matriz disciplinar da História. Em que aspectos, então, poderíamos pensar mudanças na feitura da História nos novos tempos da sociedade digital?[43]

Conforme já vimos, os recursos disponibilizados pela nova sociedade digital trazem características como a sua abrangência social, a diversificação cultural, uma discursividade multimodal (não apenas discursos construídos com palavras, mas também com imagens e sons), a instantaneidade na comunicação, uma maior visibilidade através do mundo digital, novas formas de sociabilidade, invejável eficiência no armazenamento de dados e recursos mais eficazes para a sua análise. Todos estes aspectos, e outros mais, compõem a cultura digital. Podemos nos perguntar agora: Em que estes fatores trazem novas colorações ao modelo historiográfico já conhecido? Vamos discutir isso a partir de agora, de modo a compreender não só os novos papéis que podem ser

---

42. A teoria da relatividade de Einstein fortalece a já antiga percepção científica de que referenciais distintos produzem diferentes perspectivas de uma mesma realidade. Na ciência histórica, este princípio já vinha sendo aplicado desde as proposições do Historicismo no século XIX. Estas proposições são intensificadas no século XX. A possibilidade de um mesmo historiador examinar determinado objeto histórico a partir de diferentes perspectivas, no que concerne ao tempo e ao espaço, é exemplificável com a célebre obra *O Mediterrâneo e o mundo mediterrânico na época de Felipe II*, de Fernand Braudel (1949).

43. Conforme Barros (2011, p. 57), a matriz disciplinar da História pode ser definida como uma configuração que inclui (1) o estudo de realidades humanas no tempo; (2) uma forma de conhecimento produzida pela figura subjetiva do historiador profissional, já inserido em uma comunidade científica de historiadores; (3) uma investigação racionalmente conduzida; (4) uma metodologia apoiada em fontes históricas; (5) a intenção de produzir um conhecimento verdadeiro; e (6) uma exposição (problematizada ou não) em forma de relato ou de análise. Embora a historiografia do último século e de hoje tenha se enriquecido em novas direções e possibilidades, podemos dizer que estes aspectos centrais ainda permanecem como a base do tipo de conhecimento que a História produz.

assumidos pelos historiadores na Era Digital, como para esclarecer os novos recursos que lhes são disponíveis[44].

1.8 O produto do trabalho historiográfico: do livro às novas possibilidades

Um dos traços mais marcantes da historiografia produzida até hoje – e este traço já presente na historiografia da Antiguidade seria reforçado com a invenção da imprensa do início da Idade Moderna e sua potencialização na Era Industrial – é o seu produto final tradicional: um livro de História. O historiador desenvolve a sua pesquisa, utilizando a metodologia adequada, e elabora a sua análise a partir de uma perspectiva teórica com ela sintonizada. Em um determinado momento, porém, precisa elaborar e apresentar o seu produto final. Pode ser uma conferência ou um artigo de menores proporções – ou ainda um relatório com determinadas finalidades –, mas vamos simplificar este aspecto pensando no produto final do trabalho do historiador como um livro. Afinal, a conferência se apoia em um texto, e ao fim da sua realização também vai ser publicada sob a forma de um texto. Os artigos podem ser reunidos em livros, ou relacionados a um único autor ou congregando, em uma coletânea, diversos autores. Os relatórios também são, via de regra, apresentados textualmente, e muitas vezes também terminam por ser publicados. O livro, enfim, pode ser indicado como um produto típico do trabalho de um historiador. Vamos compreender as características destes livros até hoje, e verificar se elas continuam sintonizadas com as sociedades digitais que estamos nos empenhando em compreender.

Um livro, acima de tudo, é o texto que o anima. Assim como um computador é uma máquina lógico-matemática, se pensarmos nos algoritmos que regem seu funcionamento – e só depois disso deve ser visto como uma estrutura físico-elétrica que conforma o seu *hardware*[45] –, o livro-texto deve ser

44. Estes aspectos serão abordados em maior profundidade nos capítulos específicos deste livro, cada um tratando de possibilidades como a da diversificação de fontes no mundo historiográfico digital; as novas possibilidades de escrita a partir das tecnologias digitais; o uso de recursos como a Wikipédia e o YouTube; a multiplicação de arquivos digitais disponíveis aos historiadores e as metodologias e aplicativos que podem ser utilizados para abordá-los. Mas aqui os reuniremos em uma visão de conjunto, considerando ainda a abrangência e diversidade de públicos que a nova historiografia pode alcançar nestes tempos digitais.

45. Pode ser, inclusive, que no futuro alguma civilização mais avançada que a nossa (ou mesmo no presente, em outro planeta) tenha inclusive desenvolvido computadores que sejam verdadeiras nuvens eletrônicas, e que ainda assim realizem, e até melhor, as tarefas algorítmicas desencadeadas pela programação lógico-matemática. Os suportes dos computadores do futuro

compreendido inicialmente pelas palavras, signos e sentidos que o percorrem e se estabelecem, comunicando ideias e gerando emoções e respostas no leitor. Ao longo da sua história, o livro esteve de fato ligado a um suporte material, manuscrito ou impresso, mas este suporte físico não é obrigatoriamente necessário, como demonstra o advento dos livros digitais e virtuais, e ainda dos audiolivros.

Tenhamos em mente, entretanto, a longuíssima existência do livro com seu suporte material. A história do livro-objeto (que contém dentro de si o livro-texto), remonta mais uma vez às primeiras civilizações, e, portanto, ao mundo instituído pela revolução urbana. Isso porque é esta revolução que também traz consigo a escrita. É verdade que não está totalmente excluída a hipótese de que a escrita (e o livro) possa ter uma história um pouco anterior ao surgimento das cidades, mas isto de todo modo é uma conjectura que não foi provada. Os primeiros livros concretamente localizados através de vestígios datam das primeiras civilizações. Os livros sumérios, por volta de 3.200 a.C., tinham ainda como suporte tabletes de argila, e depois surgirão os livros que terão como suporte rolos de papiro e, por fim, cadernos de papel de algum tipo, sendo este o formato com o qual estamos mais familiarizados. Podemos pensar, bem antes disso, em livros que estivessem escritos nas paredes de monumentos ou nas rochas. Mas se pensarmos na *portabilidade* como um dos atributos principais do livro, podemos fixar os tabletes, rolos de pergaminhos e agregados de folhas de papel como os primeiros suportes do livro que o conduziram à forma atual: uma encadernação de muitas folhas de papel sobrepostas que podem ser viradas progressivamente para que a leitura do conteúdo possa ser feita página a página. Outras características logo vieram se juntar ao livro, como uma capa contendo um título e anunciando o seu conteúdo, muitas vezes feitas ou de papel mais consistente ou de material mais duro, como o couro. As páginas, com o tempo, passaram a ser numeradas; a certo momento foi acrescentado um sumário resumindo o conteúdo e indicando a página que inaugura no livro

---

poderão ser constituídos de poeira artificialmente inteligente, ou talvez de luz. Talvez sejam linhas de força que se materializem no ar a partir da manipulação de grávitons, ou seus suportes possam ser plasmados a partir de um sistema que lida com matéria e antimatéria. Deste modo, o computador, se colocarmos nossa imaginação em movimento, pode prescindir perfeitamente de materialidade ou deste tipo de materialidade com a qual estamos tão acostumados. Mas ele não pode prescindir da sua organização lógico-matemática no modo algorítmico. Enfim, o computador pode um dia deixar de ser uma máquina eletrônica feita de materiais físicos na sua dimensão *hardware*, mas o que ele não poderá nunca deixar de ser é uma máquina matemática e lógica, como aliás já o era quando Ada Lovelace publicou o primeiro algoritmo (1843) e Alan Turing construiu matematicamente as suas primeiras "máquinas de Turing" (1936).

um novo capítulo ou tipo de conteúdo. Práticas como o diálogo do texto central com notas de rodapé passam a ser adotadas a certo momento da história do livro, assim como índices onomásticos ou remissivos.

A história dos livros já dotados de portabilidade tem dois grandes movimentos. No primeiro, os livros eram manuscritos, e por isso – por mais que incessante fosse o trabalho dos copistas – os livros-objeto relacionados a um mesmo livro-texto restringiam-se a poucos exemplares, de modo que se tornavam objeto de luxo, os quais poucos tinham o privilégio de possuir além de instituições como os templos religiosos, casas régias e bibliotecas. No segundo movimento da história dos livros, estes passam a ser impressos. Isto amplia extraordinariamente o número de exemplares que podem ser produzidos de um mesmo livro, a rapidez com a qual eles podem ser produzidos, e a amplitude de sua divulgação. Os livros aprimoram ainda mais a sua portabilidade: dos grandes volumes que em muitos casos tinham de ser lidos em apoios de mármore, passam aos volumes facilmente carregados em viagens ou na vida cotidiana. Nosso objetivo não é recuperar, nestas poucas linhas, a história do objeto-livro, ou mesmo do livro-texto[46]. Queremos apenas

46. Em obra anterior (BARROS, 2020a, p. 70-76), analiso a história da textualidade através de uma abordagem polifônica similar à que aqui utilizamos para entender a superposição progressiva da Era Agrícola, Era Urbana, Era Industrial e Era Digital. No que concerne à história dos textos – mensagens e conteúdos transmitidos através da linguagem verbal – podemos considerar quatro eras que vão sendo superpostas a seu tempo. Há no princípio a Era da Oralidade, que se estabelece desde os inícios da conquista humana da fala. Provavelmente a fala humana começa a se desenvolver há mais de 300.000 anos, ressalvando-se que talvez esteja associada à "revolução cognitiva", registrada nos fósseis dos Homens de Cro-Magnon (40.000 a.C.), a origem mais específica de uma linguagem simbólica – uma linguagem capaz de sinalizar não apenas o que está presente, mas também para o que está ausente, ou mesmo de evocar aquilo que pode apenas ser imaginado. A Era da Oralidade continua a fluir até hoje, mas passa a ser encoberta pela Era dos Manuscritos a partir da invenção da Escrita – a qual, como vimos neste texto, é inaugurada com a própria revolução urbana das primeiras civilizações, entre 4.500 e 3.500 anos a.C. A Era dos Manuscritos prossegue até hoje, uma vez que ainda lidamos cotidianamente com a prática de escrever textos manualmente. Entrementes, a partir do início da Modernidade – com a invenção da Imprensa por Gutenberg no século XV –, a Era dos Impressos adentra o cenário polifônico da história da textualidade. A Era dos Impressos – que passa a conhecer os livros e impressos de todos os tipos – perdura até hoje, mas desde a última década do século XX passa a ser superposta pela Era Digital (que corresponde à sociedade digital que estamos estudando neste livro). Os recursos digitais podem tanto transmitir digitalmente textos escritos (manuscritos, impressos, ou elaborados *on-line*) como também podem transmitir através dos recursos da moderna telefonia celular a verbalização oral. Por isso é que podemos dizer que a Era Digital da textualidade apenas recobre, mas sem eliminá-las, a Era da Oralidade, a Era dos Manuscritos e a Era dos Impressos. O que virá ainda em termos de novas formas de transmissão da textualidade? A telepatia, talvez?

ressaltar que é neste suporte mais tradicional – o dos livros manuscritos ou impressos – que se desenvolve a escrita historiográfica na sua longa permanência desde as primeiras civilizações até os tempos digitais. É somente neste momento mais recente, o da Era Digital, que surgem novas possibilidades de suporte para o livro historiográfico, embora o suporte material tradicional prossiga com todo o vigor.

Além de ter as características físicas pertinentes a todos os livros – um conjunto de páginas interligadas e encadernadas, as quais transmitem um conteúdo textual coerente através de uma linguagem verbal-escrita que pode ser lida pelos leitores –, o que mais é um livro de História? Por um lado, temos a questão da autoria. Assim como boa parte dos livros (a ampla maioria, na verdade), os livros de História costumam ter um autor. Isso ocorre desde Heródoto e os primeiros historiadores da Grécia antiga[47]. A historiografia, deste modo, traz desde seus princípios a marca da autoria, em geral uma autoria única. O historiador desenvolve a sua pesquisa, elabora a sua reflexão, e a apresenta sob a forma de um relato, narrativo ou analítico. Isso não mudou desde a historiografia antiga, e é levado adiante pela historiografia científica que se estabelece a partir da primeira revolução industrial.

Como todo livro impresso, uma vez publicado o livro de História atinge a sua forma e conteúdo definitivo, e não pode ser mais modificado, a não ser em edições posteriores (mas mesmo isso também não pode ocorrer se não discretamente, por razões editoriais e relacionadas à economia de produção de um livro). O livro impresso, deste modo, apresenta uma autoria declarada, geralmente individualizada, ao lado de uma forma textual fixa e imobilizada no momento de sua publicação. Já veremos que, entre as possibilidades oferecidas pela sociedade digital, os livros historiográficos podem ou não conservar este padrão, já que também podem ser coletivos, sem autoria declarada e impermanentes na sua forma. Os livros autorais e de textualidade fixada, é claro, permanecem; mas surgem outras possibilidades.

Como gênero textual específico, podemos dizer que o livro de História é um texto desdobrado sobre si mesmo. O historiador-autor constrói o seu discurso sobre a história, usando suas próprias palavras e conceitos, mas ele precisa abrir dobras no seu texto para trazer este outro que são as vozes de

---

47. Podemos indicar Hecateu de Mileto (546-480 a.C.), Heródoto (485-420 a.C.) e Tucídides (460-400 a.C.) como primeiros representantes da historiografia grega, e da historiografia como um todo.

outras épocas. Como o trabalho do historiador faz-se através de fontes históricas oriundas dos espaços-tempos que ele examina – e a partir de análises críticas dos discursos relativos a personagens que viveram efetivamente nesses espaços-tempos –, o texto do historiador é elaborado através deste ir e vir no tempo. O historiador desenvolve todas as suas análises históricas ancorado em sua própria época, mas o que ele analisa é um outro mundo: uma outra época que também lhe traz as suas próprias palavras. O trabalho do historiador é também trazer estas palavras e pensamentos de outra época para o seu leitor, ao mesmo tempo em que as analisa[48]. Em decorrência desta dialética entre a análise historiográfica e as suas fontes, desde a história científica inaugurada no período da primeira revolução industrial – e mesmo antes –, o texto do historiador é por isso mesmo muito pontilhado por citações de fontes, frequentemente referenciadas nas notas de pé de página. É esta sinalização rigorosa, a qual indica que tudo o que está sendo dito apoia-se em fontes históricas, o que traz ao texto historiográfico um matiz científico. Este padrão textual segue adiante na sociedade digital: um texto desdobrado sobre si mesmo, que traz para a sua superfície as fontes situadas em uma outra época, alternando-as com a análise desenvolvida pelo próprio historiador. Predomina também o texto autoral, escrito pelo historiador individualizado que atua como um cientista que investiga outras épocas. E cada palavra ou conceito importante também precisa ser bem-esclarecido para o leitor, ao mesmo tempo em que as fontes históricas e os diálogos que os historiadores estabelecem com outros analistas precisam ser muito bem-indicados em referências. Este rigor costuma distin-

48. As fontes históricas têm a sua própria linguagem. Ainda que um historiador esteja analisando fontes escritas em sua própria língua – i. é, ainda que a língua da análise historiográfica e a do texto original das fontes pareçam coincidir –, temos sempre dois conjuntos linguísticos diferentes, uma vez que relacionados a dois tempos históricos diferenciados. Um historiador brasileiro contemporâneo, ao analisar fontes do Brasil-Colônia, trabalha com o idioma português nas duas pontas do seu trabalho: na análise que ele desenvolverá e na sua leitura das fontes. No entanto, a língua tem a sua própria história: as palavras e conceitos mudam com o tempo. Uma mesma palavra comum ao português falado no Brasil contemporâneo e ao Brasil-Colônia pode apresentar sentidos diferentes nestas duas épocas. E mesmo que tenha sentidos próximos, uma mesma palavra impactou de uma certa maneira a sociedade de sua época e, nos tempos atuais, impacta esta sociedade de novas maneiras. O passado, já se disse, é como um país estrangeiro. Com os conceitos essa dialética de duas temporalidades – a da época do historiador e a da época do objeto histórico – é ainda mais evidente. Há certos conceitos que se ajustam bem à análise de certas realidades históricas do passado, mas há também determinados conceitos de hoje que simplesmente não funcionam quando aplicados a certas realidades passadas, pois a deformam. Este é o clássico problema do *anacronismo*, contra o qual os historiadores precisam se precaver.

guir os historiadores dos diletantes que se aventuram a escrever história sem se aproximarem adequadamente das regras deste saber[49]. Entrementes, vejamos como este tipo de padrão textual pode ser apresentado de novas maneiras a partir dos recursos digitais. Veremos também como o tradicional "livro-fixo", que dominou exclusivamente as eras anteriores, poderá vir a conviver com o "livro-fluxo" na Era Digital.

1.9 Variedade de suportes[50]

A historiografia dos novos tempos – bem sintonizada com as características da Era Digital – tende a se tornar cada vez mais variada e abrangente. Falar em "variedade" para a historiografia dos novos tempos remete a muitos caminhos e possibilidades de reflexão. Há certamente a variedade de expectativas-leitoras e demandas sociais, bem como de pontos de vista autorais que precisamos considerar em uma sociedade que se deseja cada vez mais democrática – ou que, ao menos, encontra esta demanda democrática em uma Internet que apresenta acesso livre e a possibilidade de abrigar muitos discursos diferenciados. Há a variedade nos novos modos possíveis de se apresentar a História, em especial com relação aos próprios suportes e recursos que se disponibilizam para o texto historiográfico. Há a variedade de modos de escrita, de estilos e experimentos literários que podem ser mobilizados para se tratar de aspectos como o tempo, a diversidade social, o fluxo narrativo, entre outros.

Falemos da variedade contemporânea de modos de apresentar a História, com relação aos diferentes tipos de suporte que estão se tornando cada vez mais disponíveis aos historiadores, o que também remete à necessidade crescente de uma consciente apropriação historiográfica das novas tecnologias que se tornaram possíveis após a revolução digital. Já discutimos como a revolução digital deu-se na história, e como ela terminou por instituir em todo o planeta um novo tipo de sociedade: interconectada, informatizada, beneficiada pela Internet e por formas instantâneas de comunicação, aberta às novas tecnologias digitais, dividida ou integrada entre um mundo real e um mundo virtual que se

49. A especificidade do texto historiográfico foi discutida por D'Assunção Barros no capítulo "Os Conceitos na História", do livro *Os Conceitos – Seus usos nas ciências humanas* (2015, p. 139-191). Também foi discutida por Michel de Certeau em "A operação historiográfica" (2011, p. 5-111).

50. A reflexão desenvolvida neste item apoia-se em um dos meus livros anteriores: *Desafios para a Historiografia no Novo Milênio* (2019, p. 63-76).

articulam ou se separam, conforme cada uma de suas práticas – mergulhada, enfim, em uma cultura multimodal que envolve palavras, imagens e sons. Neste mundo, diferentes grupos sociais e formas de identificação encontram sua expressão e podem se fazer reconhecer através da visibilidade proporcionada pela Internet e dispositivos vários. Esse é o mundo que nos foi legado pela revolução digital dos anos de 1990. A questão que se coloca agora se refere àquilo que os historiadores poderão fazer com esta revolução, no sentido de ampliar, enriquecer e modificar os seus modos de fazer História.

Diante das novas possibilidades franqueadas pela cultura digital, podemos nos perguntar desde já se a História deverá estar sempre e inevitavelmente atrelada ao modelo de apresentação textual em forma escrita – e particularmente no tradicional formato de livro impresso – ou se, ao contrário, poderão os historiadores se utilizar cada vez mais de outras linguagens para apresentar o seu trabalho. Poderá o historiador desta e das próximas décadas se valer, como recurso expressivo ou como suporte, do Cinema, da Fotografia, dos meios Midiáticos, ou mesmo da própria Música? Como poderão os historiadores se beneficiar da informática e da tecnologia digital no que se refere aos modos de apresentar os resultados de sua pesquisa? Será possível, ao lado do modelo autoral individualizado que conhecemos até hoje, desenvolvermos construções historiográficas coletivas e colaborativas, no estilo das chamadas wikipédias *on-line*? Como, enfim, as tecnologias digitais poderão ajudar a enriquecer os modos de apresentação de resultados das pesquisas historiográficas? É preciso reconhecer que há algumas modalidades de textos virtuais que já são uma realidade muito presente e imediata, tais como os livros digitais que assumem a forma de download de livros comuns, ou como aqueles já construídos como um gênero virtual em si mesmo, aberto à interatividade do usuário.

No quadro abaixo (Figura 1.4), reunimos algumas possibilidades de novos suportes para o texto historiográfico, algumas delas já em pleno vigor, outras que se apresentam como sugestões possíveis. No hemisfério direito, reunimos possibilidades mais diretamente relacionadas com a computação e recursos digitais, e no hemisfério esquerdo acrescentamos possibilidades que, embora não exclusivamente dependentes dos recursos digitais, também se afirmam como caminhos importantes para a expressão da historiografia na sociedade digital.

Figura 1.4 Antigos e novos suportes historiográficos

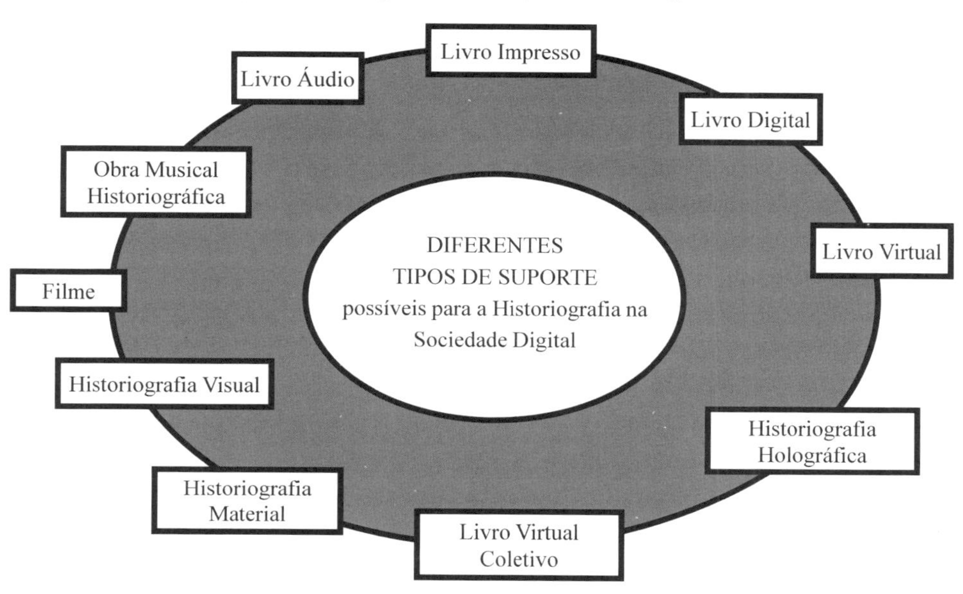

O *livro impresso*, obviamente, é o modelo de produção textual que, como vimos, herdamos de uma longa tradição livresca que conhecemos desde a criação da Imprensa no século XV. Também vimos que este modelo da obra historiográfica impressa pôde se fortalecer cada vez mais com a Era Industrial, uma vez que o amplo domínio das forças mecânicas e da eletricidade, alcançado durante as duas revoluções industriais, puderam aperfeiçoar ainda mais os engenhos de produção de livros em série que já passam a existir desde a primeira modernidade. Com os recursos digitais e computacionais, entrementes, as possibilidades de editoração para produzir o livro impresso se aperfeiçoaram ainda mais. Havia um tempo, por exemplo, em que era necessário produzir um fotolito para iniciar o processo gráfico. Nos dias de hoje, computadores comandam o processo editorial do livro impresso. Deste modo, podemos mesmo dizer que a produção do objeto-livro se aperfeiçoou na sociedade digital.

É interessante pensar em uma sociedade digital na qual o livro impresso tradicional não desapareceu, e até se fortalece. Quando os recursos digitais desenharam-se no horizonte da sociedade digital – seja com a Internet e sua ampla disponibilização de textos *on-line*, seja com os novos aparelhos digitais que, a exemplo dos tablets, podiam oferecer novos suportes de leitura textual em contraposição ao que se tinha tradicionalmente – muitos pensaram que os livros físicos (cadernos de páginas que viramos manualmente já há cinco milênios) poderiam até mesmo desaparecer um dia. Tal não ocorreu. Os livros se fortaleceram, e convivem bem com estas outras possibilidades. Na verdade, os mercados dinamizados pela Internet até ampliaram a possibilidade de compra e venda de livros, bem como as formas de um leitor localizar mais facilmente os livros que estão disponíveis. Agora, não são só as livrarias físicas que vendem livros, mas também as livrarias virtuais o fazem. Apesar dos novos recursos de compra e venda virtual de livros físicos, as livrarias também não desapareceram.

O prazer tátil de ler um livro e de lidar com este objeto que acompanha a humanidade já há mais de cinco milênios – se considerarmos tanto a Era dos Manuscritos como a Era dos Impressos – parece habilitar o livro físico a seguir adiante, compartilhando o mundo dos leitores com outras possibilidades, como a dos livros digitais e livros virtuais. Por isso, o livro impresso faz parte ainda do quadro de possibilidades para suporte de textos historiográficos na sociedade digital. O livro-objeto, destarte, convive com outras possibilidades. Podemos lembrar inicialmente os já bem presentes modelos dos livros digitais e dos livros virtuais. Podemos entender o *livro digital* como o livro digitalizado. Temos aqui o texto de um livro já existente na sua forma impressa que foi digitalizado, e passa a circular na Internet sob a forma de texto em pdf, ou a ser vendido sob a forma de e-book.

O *livro virtual* pode ser compreendido como aquele que já é elaborado no ambiente virtual – e não transferido para ele – e que conta na sua elaboração com a linguagem digital e virtual. É o livro que pode se valer de links, por exemplo, e abrir ao internauta a possibilidade de uma viagem. O autor ou os autores de um livro virtual podem lidar com os recursos da virtualidade, e criar novas formas de leitura, interativas, por exemplo. Pode ocorrer mesmo que o livro virtual se apresente como "livro-fluxo" – modificável. Já o *livro-áudio* é também uma possibilidade. Aqui temos aquele livro que o consumidor, ao invés de ler, pode escutar. Os historiadores da sociedade digital têm a sua disposição estas possibilidades, e outras se anunciam. Ficam para um futuro não muito distante outras propostas, tal como a de uma *historiografia holográfica* que se mostrasse bem-sucedida em levar o interlocutor da obra historiográfica a interagir dentro de um ambiente histórico virtual, cuidadosamente pesquisado e preparado por historiadores. O desafio maior é o de trazer oportunidades para que se desenvolva o livro virtual coletivo – uma obra já sem autor individualizado, já sem a fixidez dos livros impressos ou digitalizados, uma vez que poderia ser reelaborada a cada momento por uma multidão de historiadores unidos em uma prática colaborativa. Comentaremos no próximo item esta possibilidade.

Além das antigas e novas formas de apresentar o livro-texto – o livro impresso, o livro-áudio, o livro digital, o livro virtual –, sugerimos caminhos importantes, para além da já tradicional História Escrita, realizados consoante aquele padrão textual tão conhecido e onipresente na história da História até hoje. Poderíamos ter, por exemplo, a História Visual – a história construída através do discurso imagético, seja a partir da animação, da pintura, da fotografia, ou mesmo de uma linguagem simultaneamente visual e verbal como a dos quadrinhos. Se unirmos ao visual a materialidade, poderíamos ter ainda a História Material, que corresponderia a uma narrativa que lidasse com a exposição – visual e tátil – de objetos materiais, evocando-se aqui as importantes interdisciplinaridades com a arqueologia e com a museologia.

O visual, que há muito já vem frequentando a palheta dos historiadores como objeto de estudo e como fonte histórica, poderia passar a ser incorporado – é disso que aqui se trata – como meio de expressão e suporte, como recurso através do qual se produz o próprio discurso historiográfico. Com esta finalidade, o discurso historiográfico visual poderia passar a se situar no mesmo plano que o discurso escrito, o qual tem sido o meio dominante há séculos de escrita historiográfica. Uma História Visual, deste modo, seria uma das alternativas que poderia se contrapor ao grafocentrismo que tem caracterizado quase todos os saberes e não apenas a historiografia – a qual, diga-se de passagem, traz em seu próprio nome (historiografia) o indício do padrão logocêntrico e grafocêntrico que recobre o universo de saberes que alcançaram um *status* acadêmico. A "palavra escrita" e o "número" praticamente têm monopolizado o universo expressivo dos diversos saberes acadêmicos. Não haveria possibilidade de trazer para uma ciência como a História outras formas de conduzir o discurso, tais como a Imagem, o Som, a Materialidade?

Certamente que, para almejar a possibilidade de explorar uma História Visual – assim como outras possibilidades que mencionarei –, seriam necessários enriquecimentos no currículo das disciplinas que devem fazer parte das graduações de História, pois desta maneira o historiador em formação poderia ter meios de adquirir conhecimentos mais sólidos de fotografia, programação visual, cinema, ou mesmo música, para o caso mais específico da incorporação da sonoridade. De todo modo, aprende-se uma linguagem não apenas nos bancos da universidade, mas trabalhando com ela. Uma vez que os historiadores já se têm familiarizado cada vez mais com fontes ligadas a outros suportes que não o textual, não será possível a eles mesmos, na produção de seus próprios textos, incorporarem esta linguagem que a eles vai se tornando cada vez mais familiar através da pesquisa e de suas análises historiográficas? Estudar imagens – e estudar através de imagens – é já um passo para a possibilidade de se comunicar através de imagens. O mesmo pode ser dito do som.

Uma argumentação similar também pode ser evocada para o Cinema. Se o historiador vinha se valendo deste como objeto e fonte histórica, queremos acrescentar agora que, para completar com plenitude a relação Cinema-História, será preciso que os historiadores também se apropriem do Cinema como um "meio" ou como um novo tipo de suporte para apresentação de seu trabalho, análises e resultados de pesquisa. Por isso, incluímos o *filme* como uma possibilidade de suporte importante para a historiografia na sociedade digital.

É fácil constatar, por um lado, que os cineastas já se apropriaram com grande eficiência da História, e já contam nas suas equipes técnicas com historiadores quando estão empenhados em produzir filmes históricos, ou mesmo filmes de ficção que se projetem de alguma maneira no passado real ou imaginário trazido pelos enredos de diversos tipos. Mas não estariam abertos, neste novo milênio, os caminhos que convidam não apenas a que os cineastas se apropriem da História, como também a que os historiadores se apropriem do Cinema? Não poderiam os historiadores tomar a si o caráter diretivo de grandes trabalhos historiográficos que tragam como suporte o Cinema, e, nesta perspectiva, não seria o caso de trazer o cineasta para a equipe técnica do historiador, e não o contrário? Que tal pensarmos, ainda, em futuras teses de história que poderiam ser defendidas não mais em formato-livro, mas em formato-filme?

O mesmo pode ser pensado com relação a outros recursos de visualidade, tais como a Fotografia. Imagino, por exemplo, neste mundo no qual o meio ambiente sofre aceleradas transformações, a interconexão possível entre uma História Visual produzida pelas fotografias e uma História Ambiental preocupada com os desenvolvimentos dos ambientes dentro dos quais se dá a vida humana, ou com os quais esta interage. Não deveria o historiador – trabalhando também em um registro para a produção da Memória – comandar a produção sistemática de fotografias do meio ambiente, já escrevendo através destes registros da visualidade a sua própria leitura histórica do meio ambiente nas suas mudanças através do tempo, mas também disponibilizando fontes visuais importantes para gerações futuras de historiadores? Todas estas possibilidades são promissoras. Pode-se também pensar em uma História dos Sons, e uma História através do Som, sem mencionar possibilidades que ficam a depender da confluência dos talentos historiográfico e musical, como aquelas que poderiam ajudar a configurar, como um novo gênero, uma espécie de *obra musical-historiográfica*[51].

Empresa igualmente instigante corresponderia ao tipo de História Material que os historiadores, mais frequentemente do que já ocorre, poderiam elaborar em parceria com museólogos – organizando exposições fixas ou temporárias que materializassem a discursividade histórica através da cultura material. Ao invés de uma narrativa escrita ou de uma análise textual, também a visualidade e a materialidade poderiam se unir e vir a se tornar elementos-chave ou mesmo condutores para o discurso crítico e analítico do historiador. De igual maneira, a parceria com arquitetos poderia confluir para a produção historiográfica de maquetes de cidades projetadas para representar formações urbanas relativas a certos períodos do passado, ou mesmo – para retomar a conexão com a história ambiental e ecológica – poderia se pensar também no registro material de ambientes não urbanos.

Conforme se vê, abrem-se aos historiadores muitas alternativas para desenvolverem os seus trabalhos, para além da tradicional obra publicada em livro-fixo ou da conferência transmitida oralmente em academias. Já de imediato, temos as *lives*, *podcasts* e demais alternativas virtuais, e ainda a possibilidade de trabalhos historiográficos apresentados através de imagens, fotografias, filmes, maquetes, museus. Em breve, talvez alguns historiadores produzam ambientes holográficos para as suas pesquisas históricas.

1.10 O livro-fluxo: autoral ou coletivo

O livro-fixo, que foi tão soberanamente característico da vasta era dos manuscritos e impressos, poderá conviver cada vez mais, nas próximas décadas,

51. A obra musical-historiográfica exigiria a ação intelectual do historiador-músico, ou do músico-historiador, ou então a confluência destas duas ordens de sujeitos – historiadores e músicos – em uma parceria plena e complexa. Não seria (não necessariamente) uma obra narrativa sobre acontecimentos históricos que viesse acompanhada por música. Deveria ser, para estar sintonizada com a historiografia de nossa época, uma obra analítica sobre algum problema histórico, que contasse com a interação de ambientes sonoro-musicais que ressoassem ao mesmo tempo que a(s) voz(es) do narrador historiográfico. Não seria, obviamente, uma ópera ou poema sinfônico com temática ou fundo histórico, pois estes gêneros já existem na arte musical e nada têm a ver com a presente proposta. A obra musical-historiográfica deveria ser um gênero historiográfico novo, que se vale do recurso da música.

com os *livros-fluxos* que se mostram possíveis com os variados recursos virtuais proporcionados pela sociedade digital. Falamos aqui de livros que – ao invés de trazerem os seus textos fixados de uma vez por todas pelos processos tradicionais de edição – podem ter o seu conteúdo reatualizado na Internet ou modificado de tempos em tempos, ou mesmo no dia a dia. Com o livro-fluxo, o autor torna-se um permanente reelaborador de seu próprio texto. Ele também pode modificar sua obra, inclusive a partir de respostas parciais dos seus leitores diante do que já escreveu. E pode modificar o saber exposto no livro à luz de novos conhecimentos adquiridos. Ainda estamos falando aqui de obras monoautorais permanentemente reescritas no ambiente da Internet, mas os historiadores, nas próximas décadas, poderão se valer destas modalidades fluidas de texto tanto para suas realizações autorais individuais como para realizações coletivas, a muitas mãos.

A ideia de realização do livro virtual coletivo refere-se à possibilidade de ultrapassar o já tão familiar modelo do texto historiográfico autoral-individual, que depois de produzido por um autor único imobiliza-se nas páginas fixas de um livro. Neste ponto, acreditamos que seja oportuno evocar a promissora confluência do atributo da "abrangência" – tão típico das sociedades digitais que multiplicam os lugares e oportunidades de fala – com as potencialidades que nos são oferecidas nestes novos tempos pela instalação de uma sociedade digital. A inter-relação da História com os mais modernos recursos informáticos, virtuais e computacionais – no contexto da rede mundial de computadores – não seria capaz de abrir uma possibilidade alternativa que se estendesse para além daquela quase exclusividade do habitual modelo de obra historiográfica com autoria individual, e em forma fixa no suporte-livro? Poderíamos passar do livro-fixo ao livro-fluxo; e, além disso, do livro autoral ao livro multiautoral?

Conhecemos, nos dias de hoje, a chamada *Wikipédia* – que basicamente é configurada por um conjunto de textos construídos a muitas mãos (ou a muitas teclas), sem autoria declarada e submetidos a permanentes alterações que podem ser implementadas por qualquer participante da rede mundial de computadores. No que tange mais especificamente ao conhecimento histórico, a Wikipédia apresenta eventualmente textos muito bem fundamentados, mas também um número ainda maior de textos que não têm uma maior utilidade historiográfica porque nem sempre foram produzidos por historiadores profissionais ou confiáveis, e tampouco foram elaborados dentro dos critérios aceitos pela historiografia científica.

Nossa proposta é que – conformando uma ação coletiva da comunidade de historiadores – poderia ser construída uma Enciclopédia Historiográfica Virtual a cujo sistema só tivessem acesso, como autores, os historiadores que comprovassem sua formação ou conhecimento historiográfico. Inseridos no sistema e animados pelo espírito de uma cultura colaborativa, uma multidão de historiadores poderia trabalhar a elaboração espontânea de grandes textos virtuais, multiautorais, sobre os diversos temas pertinentes à historiografia dos vários períodos. Todos os hipertextos inseridos nesta *Cliopédia* Virtual Multiautoral – à qual teriam acesso todos os frequentadores da Internet – seriam certamente confiáveis e legítimos em face de suas exemplares condições de produção de um ponto de vista estritamente historiográfico, e poderiam ser checados regularmente por equipes específicas de historiadores para verificar a precisão de suas informações e a validade de suas análises.

Apresentamos esta ideia como uma sugestão para os que puderem realizá-la. Em caso de sua viabilização, estaríamos nos colocando diante das possibilidades de criação de um projeto que abriria caminho no interior de uma nova modalidade historiográfica, a qual estaria relacionada com a História Virtual, e que, através da sua realização, estaria questionando a obrigatoriedade da fixidez textual e da autoria única como aspectos estritamente necessários da escrita da História. Neste caso, teríamos de fato um texto construído a muitas mãos e produtor de inclusão para inúmeras vozes, concretizando a possibilidade de uma verdadeira "polifonia historiográfica" entretecida a partir da ação colaborativa de diversos autores. O livro-fluxo de autoria coletiva toma aqui a sua forma mais abrangente de possibilidades, sem sacrificar a especialidade e legitimidade do conteúdo científico por ele encaminhado.

O empreendimento coletivo da Cliopédia permitiria algo novo no que se refere a duas das características que têm sido apresentadas pela História desde sempre – ou pelo menos o tipo de História que se escreveu no decorrer da história da civilização ocidental. A História, até os dias de hoje, parece ter mantido incólumes dois traços muito fortes de identidade: a "autoria declarada e única" (um autor singular e específico que escreve o texto) e a "fixidez textual" – ou seja, o fato de que aquilo que foi escrito em certo momento fica imobilizado para ser lido sempre da mesma maneira. Mas será necessário que sempre e em todos os momentos seja assim? A produção de um grande texto coletivo, sem autoria definida, mas escrito com seriedade pelos membros atuantes na comunidade historiadora – um texto capaz de se desdobrar através de uma variedade de assuntos e de ser refeito através de reatualizações permanentes –

esta é a proposta que gostaríamos de deixar como sugestão para as futuras gerações de historiadores neste momento em que pensamos o seu papel na nova sociedade digital.

A linguagem virtual e digital possibilita ainda muitos outros recursos que podem tanto contribuir para a maior abrangência de autores como para uma abrangência maior de leitores. Pode-se citar, ainda, o aproveitamento da estrutura de "chat" para a criação de textos dialógicos, que depois poderiam ser transformados em livros (livros tradicionais ou livros digitais). Conforme já foi mencionado, os progressos em termos de simulação holográfica ou de projeção do usuário no interior de um ambiente virtual – à maneira das possibilidades que foram bem-ilustradas pelo filme *Matrix* e tantos outros – podem também vir a proporcionar um campo inesgotável de criação para os futuros historiadores. O ambiente interativo proporcionado pelos recursos digitais e pela Internet, enfim, certamente ainda reserva muitas surpresas para a escrita da História, sem contar as possibilidades que já vão sendo bem-exploradas a partir da utilização da informática e do computador como instrumentos auxiliares importantes para a feitura da História.

1.11 Arquivos e fontes

Quando caracterizávamos a pesquisa e a escrita historiográfica, em momento anterior, havíamos ressaltado o óbvio: os historiadores trabalham com fontes históricas, e são elas que permitem a sua viagem metodológica pelo espaço-tempo, dando-lhes a oportunidade de descrever sociedades e circunstâncias que já desapareceram e de analisar processos que já se encerraram no passado (ou que deram origem a outros processos no presente). Além deste diálogo obrigatório com as fontes, os historiadores também dialogam muito com seus pares e demais cientistas humanos e sociais, seja para neles se apoiarem, para confrontá-los ou para rever antigas posições, ou mesmo simplesmente para delinear o atual estado da questão e se posicionarem diante da produção de conhecimento que já existe relativamente a certo tema. O outro historiográfico (ou o outro científico) também faz parte do seu campo de diálogos. Deste modo, há dois grandes "outros" que são trazidos para o texto do historiador: o "outro" das fontes e o "outro" historiográfico. O trabalho dos historiadores depende destes dois diálogos. Por isso, é muito importante para a comunidade historiadora a disponibilização de *Arquivos* de todos os tipos – aqui entendidos como quaisquer instituições ou lugares que guardem fontes de todos os tipos – e também o acesso a *Bibliotecas*. Vivemos em uma época em que os grandes arquivos e bibliotecas que existem no mundo físico avançaram bastante na digitalização de seus acervos. A um toque de dedos, no ambiente da Internet, podemos acessá-los.

Se no passado os historiadores precisavam viajar para outros países, nos casos em que as suas fontes estivessem nesses lugares e não tivessem sido publicadas, hoje é possível fazer uma boa pesquisa historiográfica de qualquer parte do mundo ligada à rede, sobre qualquer temática histórica relacionada a qualquer outra parte do mundo. Trabalhar com arquivos digitais, e consultar bibliotecas também digitais, é uma realidade para os historiadores de nosso tempo. Há os arquivos e bibliotecas digitais, que geralmente são instituições físicas que já existem – como o Arquivo Nacional, as bibliotecas públicas ou quaisquer outras –, os quais disponibilizam fontes que também existem no seu formato físico. E há arquivos que são criados diretamente no ambiente da Internet. Bibliotecas como o *Domínio Público*, disponibilizado pelo governo federal do Brasil, conservam um acervo exclusivamente digital ou virtual de livros e documentos que foram digitalizados em programas e padrões textuais como o pdf. Tudo isto – as instituições preexistentes que digitalizaram os seus acervos físicos, ou as instituições que foram criadas no próprio ambiente da Internet com o intuito de inaugurar arquivos digitais ou virtuais – está hoje à disposição dos historiadores na sociedade digital.

No que concerne às fontes históricas franqueadas pela Internet, uma divisão parecida pode ser pensada. Temos, de um lado, as *fontes digitais*; e, de outro, as *fontes virtuais*. Podemos distinguir o primeiro grupo do segundo com a ideia de que as fontes digitais são digitalizações de fontes que existem no mundo físico (p. ex., oriundas de uma instituição que digitalizou ou microfilmou o seu acervo, e o tornou acessível na Web). Ou, ainda, estão incluídas nas fontes digitais aquelas digitalizações que já circulam na Internet no formato pdf, ou através de e-books que apresentam versões digitais de livros impressos, e outros tipos mais. Já as *fontes virtuais*, mais propriamente ditas, são aquelas já nascidas no ambiente da virtualidade. Há uma variedade muito grande delas: os blogs, sites, chats, e-mails, redes sociais com suas postagens, plataformas de compartilhamento de vídeos como o YouTube, e todo o vasto universo de fluxos e fixos que contribuem para configurar o ciberespaço. Estas fontes propriamente virtuais também podem ser trabalhadas pelos historiadores, no caso para a compreensão e análise de nossa própria época, através de uma História do Tempo Presente.

Para compreendermos de um novo modo a variedade de "fontes virtuais" a ser encontrada no ciberespaço pelos historiadores, vamos retomar aqui uma clássica conceituação que foi empregada na geografia humana e física por Milton Santos – geógrafo brasileiro que propôs examinar o espaço-tempo relacionado a uma paisagem geográfica como um sistema de fixos e fluxos[52]. Podemos entender uma coisa a partir da outra, pois estes conceitos conformam um par dialético. Os fixos são aqueles ambientes e estruturas de todos os tipos – sejam naturais ou artificiais – entre os quais, ou dentro dos quais, circulam, surgem ou desaparecem fluxos diversos. Os fixos mais óbvios são os edifícios, ambientes de todos os tipos e estruturas viárias: os prédios nos quais funcionam instituições e firmas; as montanhas e morros que a natureza oferece, mas também os túneis que os atravessam, as ruas de uma cidade. Os fluxos são as trocas e processos os mais variados que acontecem entre os fixos e dentro dos fixos: a rede elétrica (que é também um fixo) transmite eletricidade (que é um fluxo), da mesma forma que o fixo "rede de telefonia" promove a circulação de um fluxo de mensagens. A instituição dos *Correios*, bem-estabelecida nos seus fixos e a partir das ações de seus agentes – os funcionários e carteiros –, promove a circulação de cartas. Os Bancos – instituições financeiras que também têm como fixos as várias agências bancárias – fazem a mediação entre os fluxos financeiros e a circulação de moeda corrente na sua forma papel ou contábil.

Os fixos constituem aquilo que a nós – que vivemos dentro de um sistema – parece-nos mais ou menos permanente, embora também os prédios possam ser demolidos e as lojas serem substituídas umas pelas outras. Eles, os fixos, podem conter outros fixos e muitos objetos, mas principalmente se tornam os ambientes dentro dos quais circulam ou são gerados os fluxos de todos os tipos. Dentro de uma perspectiva relacional – e apenas relacional – os fixos assumem uma maior permanência (as ruas de uma cidade não mudam todos os dias, e um mesmo prédio não é demolido a cada semana), e são já movidos pela transitoriedade os fluxos, que expressam a vida em todas as dimensões e os processos que circulam dentro do sistema de fixos.

No entanto, devemos lembrar que enxergar a realidade como um sistema de fixos e fluxos configura sempre uma perspectiva relacional. Rigorosamente falando, de algum ponto de vista o universo é feito somente de fluxos, mesmo

52. Já nos referimos, em nota anterior, às obras do geógrafo Milton Santos nas quais podem ser encontradas as referências ao par conceitual dos fluxos e fixos. Um estudo deste sistema de análise da realidade geográfica também foi desenvolvido por Barros (2017). Cf. tb. BARROS, 2020b, p. 493-504.

nas coisas que o bom-senso entende claramente que são fixos. Uma estrela, ao viver bilhões de anos, será sempre um fixo para os seres humanos que a observarão ao longo de muitas civilizações. Não obstante, é possível imaginar um ponto de vista que partisse da formação de uma estrela e percebesse, como fluxo, o processo termonuclear que levará cada estrela a se intensificar, expandir-se, contrair-se e a se extinguir. O próprio indivíduo humano, com seu corpo e seus pensamentos, não é mais que um complexo processo de muitos fluxos que interagem de modo a que se torne possível essa relativa permanência que lhe dará uma identidade e uma existência física sustentável (um sistema aparentemente "fixo") – mas logo já percebemos, mais uma vez como "fluxo", o indivíduo humano (ou qualquer outro ser vivo), quando de uma perspectiva mais distanciada acompanhamos seu nascimento, desenvolvimento e morte[53].

No mundo físico e social em que vivemos (por oposição ao mundo digital do qual já falaremos), esta distinção entre fixos e fluxos é muito mais imediata e apreensível pelo senso comum. Os nossos fluxos na vida presencial e física costumam logo desaparecer assim que cumprem suas funções: os fluxos de mensagens que trocamos uns com os outros no dia a dia, sob a forma de conversas, desaparecem no ar; a eletricidade corre nas redes, mas se transmuta no trabalho necessário para mover este ou aquele eletrodoméstico, e não a vemos a olho nu. O fluxo de trânsito atravessa permanentemente as redes viárias, mas não pode ser percebido senão como um processo, e se esvai na mesma medida em que os automóveis e pedestres se deslocam entre os fixos viários. No mundo digital – onde se configura este novo tipo de espaço que poderemos entender como um ciberespaço – veremos que os fixos podem se mostrar menos permanentes e os fluxos podem deixar rastros ou se fixarem de muitas formas. Mas ainda assim podemos fazer uma distinção primária entre fixos e fluxos também para o mundo virtual, sendo esta a proposta que desenvolveremos a seguir.

São grandes fixos as redes virtuais, que estão ali nos seus endereços da Web, e que dentro delas têm outros fixos que são os blogs e microblogs nas quais elas se organizam para acolher as ações e fluxos dos seus usuários. Os

---

53. "Na escala do universo, ou em outro regime de tempo, a montanha que se formou e se transformará lentamente em outra coisa é um fluxo. Do ponto de vista humano, a montanha não pode deixar de ser senão um fixo; mas pode-se apreciar o desabrochar, maturação e morte de uma flor como fluxo. Enquanto isso, para os pequeninos insetos que as polinizam, as flores poderiam ser vistas como fixos. Um ciclo de vida de apenas dois meses obriga a que as abelhas vejam as coisas de uma outra perspectiva que não é a dos humanos" (BARROS, 2017, p. 85).

sites de busca são fixos que nos aguardam, à espera de que o usuário digite uma referência para que eles o levem a uma lista de atalhos que o conduzirão a outros sites que se mostrarem coerentes com a busca realizada. Os grandes sites de venda de serviços e produtos – à maneira de grandes *shopping centers* virtuais – são fixos que se desdobram, virtualmente, na sua diversidade de lojas e *stands* onde serão oferecidos os mais variados produtos. Ao localizarmos um produto em um destes *stands* virtuais, desde que apreciemos o preço e as condições, poderemos iniciar um processo de compra que configurará um fluxo. Os chats disponibilizados por muitos sites são fixos (de manhã, se quisermos voltar a eles, estarão ali). Mas as conversas que neles se estabelecem a certa hora do dia, entre os diversos usuários que o frequentaram naquele momento, são fluxos. Compreendido isto – o que são os fixos e fluxos se adaptarmos esta terminologia conceitual ao ciberespaço – poderemos voltar ao nosso tema para compreender quais tipos de fontes os historiadores têm diante de si quando exploram o universo virtual.

Entre os *cyberfixos* e *cyberfluxos* que podem se apresentar como fontes particularmente promissoras para os historiadores estão as redes sociais de todos os tipos, a exemplo do Facebook e Twitter – neste caso redes sociais mais gerais, utilizadas para as mais diversas esferas de atividades – ou a exemplo ainda daquelas que já se declaram como especializadas em uma esfera específica, como o LinkedIn, rede social lançada em 2003 com a proposta de estabelecer relações profissionais de vários tipos[54]. Podemos até mesmo ter redes sociais especializadas em uma única profissão, especialidade científica ou prática social. Durante alguns anos, no Brasil, tivemos por exemplo duas redes sociais inteiramente especializadas em historiografia: o *Café História* e a *Rede Histórica*[55].

---

54. A primeira rede social foi o Friendster, em 2002, criada pelo estudante canadense Jonathan Abrams. A rede teve grande popularidade mas não conseguiu administrar o enorme número de usuários que adquiriu em pouco tempo, e o projeto terminou por perder espaço para outras redes que vieram logo depois, como o MySpace, criado em 2003. O LinkedIn também surge neste mesmo ano, apresentando-se como uma rede social dedicada aos negócios e ao mundo do trabalho, e trazendo oportunidades específicas, como a de promover uma espécie de currículo *on-line* que poderia ser postado por profissionais e consultados por empresas. Em janeiro de 2004 surgiu o Orkut, que encontrou especial sucesso em dois países: o Brasil e a Índia. Ao final de 2004 viria o Facebook, e em 2006 seria criado o Twitter – uma rede específica para *microblogging* (mensagens curtas).

55. O *Café História* existiu na forma de rede social entre 2008 e 2016. Foi fundado pelo historiador Bruno Leal Pastor de Carvalho, atualmente professor da UnB. Esta rede – na época hospedada na plataforma *ning*, a qual tem como objetivo instrumentalizar seus usuários para criarem diferentes redes sociais dentro da plataforma – agregava internamente blogs dos vários historiadores que se tornavam seus usuários, além de outros ambientes, serviços, e painéis, funcionando

A ideia de "rede social" pode ser bem compreendida a partir dos dois componentes básicos que organizam esta metáfora. Toda rede tem os seus "nós", e as "conexões" que são estabelecidas entre este nós. Os estudiosos da sociedade digital têm acordado em atribuir o papel de "nós" aos agentes sociais de todos os tipos, sejam indivíduos, grupos ou instituições, enquanto as "conexões" passam a designar as relações que se estabelecem[56].

Nas "redes sociais gerais" – seja com relação ao seu tratamento como objeto ou como fonte – os historiadores podem encontrar materiais relacionados a todas as dimensões da vida social. Isto porque elas têm sido utilizadas, por usuários com vários tipos de perfis, para as mais variadas finalidades. De interesse da História Política, chamam atenção os pronunciamentos políticos que têm sido registrados em redes como o Twitter e Facebook – a exemplo de comunicações de presidentes e políticos de países diversos – e devemos lembrar ainda o uso decisivo destas redes nas revoltas de 2011 que ficaram conhecidas como Primavera Árabe[57].

Além da História Política, que pode encontrar nas redes sociais desde protestos a pronunciamentos oficiosos de governantes e seus opositores, a História Econômica pode encontrar muitas fontes ou objetos para análise, já que as redes são utilizadas amplamente pelo comércio, formal e informal, além de expressarem pontos de vista de consumidores, para não mencionar as relações de trabalho e microempreendimentos que aí se expressam. Enquanto isso a História Social – seja para o estudo de movimentos sociais, seja para a análise das pequenas esferas de sociabilidade – pode encontrar materiais igualmente

---

também como um portal de divulgação científica. Na mesma época também existia uma rede análoga, chamada *Rede Histórica*. Ambas, infelizmente, foram descontinuadas. Mas a partir de 2017 o *Café História* prosseguiu em um novo formato – agora como site historiográfico – sendo ainda administrado por Bruno Carvalho.

56. As redes sociais, desta forma, configuram "um conjunto de dois elementos: atores (pessoas, instituições ou grupos; os nós da rede) e suas conexões (interações ou laços sociais). Uma rede, assim, é uma metáfora para observar os padrões de conexão de um grupo social a partir das conexões estabelecidas entre os diversos atores" (RECUERO, 2009, p. 24). Cf. tb. CASTELLS, 2009, p. 45.

57. As revoltas da Primavera Árabe começam a ocorrer a partir de 18 de dezembro de 2010. O primeiro dos países árabes em revolta a manifestar essa nova tendência de utilização das redes sociais pela resistência política foi a Tunísia, depois seguindo-se Egito, Bahreim, Síria, Líbia, Jordânia, Marrocos, Argélia, Iêmen, Omã e Djibuti. Além do Twitter e Facebook, o YouTube – site de postagem de vídeos – foi igualmente importante no conjunto dos acontecimentos. É ainda interessante notar que boa parte das motivações para estas revoltas foram decorrentes dos descontentamentos diante das revelações que haviam sido feitas pelo WikiLeaks, site de denúncias de irregularidades e corrupções praticadas por governos no mundo inteiro, e responsável pelo vazamento de inúmeras informações confidenciais, conforme comentaremos mais adiante.

vastos. Nas redes sociais são convocados protestos e passeatas e se expressam os vários pontos de vista políticos e sociais, mas também ocorrem os relacionamentos interindividuais, os perfis sociais e demográficos podem ser levantados, as formas de entretenimento são expostas, as relações de gênero se revelam na sua plenitude, os gostos culturais se confrontam. A História das Instituições ali encontrará as imagens que as diversas empresas querem projetar de si mesmas; mas também não será difícil localizar as contraimagens que são interpostas pelos consumidores insatisfeitos, pelos trabalhadores excluídos, pelos ecologistas e defensores de direitos humanos que denunciam suas ações contra o meio ambiente e os desprivilegiados sociais.

A História da Ciência e da Arte também ali encontrará mensagens de divulgação de obras diversas. As redes também se tornam arquivos vivos para coisas que aconteceram no passado na esfera cultural e política, pois os seus usuários também compartilham materiais de todos os tipos, como videoclipes, filmes, músicas, trechos de livros, filmagens de eventos políticos. As universidades e museus mantêm páginas em redes como o Facebook, disponibilizam vídeos-aula no YouTube, difundem suas realizações através do fluxo de mensagens do Twitter, apenas para exemplificar com três das redes mais célebres. Para pesquisadores – com textos confiáveis e outros não tão confiáveis – a Wikipédia se estabeleceu como um dos empreendimentos colaborativos mais interessantes dos últimos tempos: uma enciclopédia produzida coletivamente com textos em permanente reescrita.

Nas redes sociais, os poderes e micropoderes encontram espaço de expressão. Os preconceitos afloram, e também as resistências contra eles. As lutas de identidades se estabelecem, os gêneros negociam seus espaços sociais, os grupos sociais fragilizados lutam pela igualdade. Nas redes sociais que abrem espaço para a fundação e manutenção de grupos ou comunidades específicas, um grande panorama se estabelece, indicando profissões, instituições, posições políticas, expressões religiosas, fã-clubes, preferências relacionadas ao cinema, música e desportos. Serviços são estabelecidos e redes de solidariedade se configuram. Os usuários mostram-se excitados, solidários, indignados, coniventes, indiferentes em relação às mais diversas postagens em todos estes campos. Não é difícil perceber o vasto e diversificado material que aqui se abre aos historiadores.

Com as redes sociais – principalmente com o sistema de postagens de vídeos introduzido pelo YouTube, mas também com os fluxos de mensagens em painéis como os que são encaminhados no Facebook e Twitter – surge a figura de um novo tipo de agente histórico particularmente importante: o *influenciador*. Estes são aqueles indivíduos muito eficazes no discurso midiático específico das redes sociais – e que por isso se mostram capazes de amealhar um maior fluxo de interações com o grupo social que em torno dele se forma. A ordem de grandeza numérica que alça alguém à categoria de influenciador, todavia, é relativa. Há os que vão amealhar milhares, ou até milhões de seguidores ou de visualizadores dos conteúdos por eles disponibilizados. Mas como a Web é também uma teia formada por diferentes nichos sociais de tamanhos diferentes, pode ocorrer um conjunto menor de seguidores e visualizadores que já seja suficiente para posicionar um ator como influenciador relevante, nos limites daquele grupo específico.

A importância dos influenciadores é crescente, particularmente demarcada pela sua influência direta nos meios políticos dos tempos recentes. Eles também ditam modas, redirecionam os gostos de determinados tipos de público, oferecem-lhe uma base discursiva e formam legiões de seguidores. Passam a se beneficiar de lucros significativos com as redes sociais, e atraem investidores e propagandas de vários tipos. Pelos seus seguidores – principalmente quando são adolescentes – passam a ser tratados como celebridades do mundo virtual. Mas a sua fama acaba se expandindo também para os veículos tradicionais, como as revistas, jornais, meios televisivos e programas de rádio.

Entre os influenciadores, surge até mesmo uma nova profissão: a dos youtubers. Há alguns extremamente competentes e habilidosos nas suas esferas de saber ou práticas mais específicas, mas há outros que parecem ter emergido de uma pequena multidão de aventureiros virtuais sem nenhum tipo de conhecimento específico ou talento que não a capacidade de encontrar o tom certo para cativar aqueles que se inscrevem nos seus canais. Eles discutem de tudo. Sem nenhuma exigência de especialização em nutrição, anunciam regimes; sem formação científica, falam sobre física quântica e, para preocupação dos historiadores, de História. A pseudociência também encontra entre eles os seus defensores, e os tempos recentes assistiram ao surpreendente retorno daquela crença que não se via já há alguns milênios: a Terra tornou-se novamente plana para uma parcela significativa. As vacinas tornaram-se nocivas e grassam as teorias da conspiração. Bobagens impressionantes são declamadas em tons solenes. Tudo isto oferece um vasto campo de estudos para os historiadores das mentalidades, do comportamento, da vida cotidiana, e da cultura de maneira geral. Ao mesmo tempo, surge a demanda e a necessidade de que os historiadores – e cada cientista em seu próprio campo – tomem a si a tarefa de esclarecer a sociedade sobre temas que já se pensava fazerem parte da obviedade. Torna-se necessário aos historiadores tomar a palavra para esclarecer que não tem sentido dizer que "nazismo é de esquerda" ou que os "golpes militares não podem ser compreendidos como revoluções", a não ser que satisfaçam algumas condições bem definidas como o alcance social efetivo, a transformação radical de um padrão anterior e a sensação de que se passa a viver alguma coisa realmente nova, e não a mera restauração conservadora ou uma prática contrarrevolucionária que foi estabelecida precisamente para impedir um novo caminho social que se anunciava.

Quando chamamos atenção para a parcela de desinformação, de conhecimento não legítimo, ou mesmo de alienação social que pode terminar por ser trazida por certos canais do YouTube – assim como por outras redes também muito procuradas pelos influenciadores, tais como o Instagram e o Twitter –, não estamos desqualificando o uso desta rede e nem ignoramos conteúdos científicos e sociais sérios que a plataforma abriga. Tampouco queremos dizer que não haja influenciadores importantes, sérios, responsáveis por divulgar informação e conhecimento em alto nível e por prestar grandes serviços sociais com a sua atuação. Na verdade, a plataforma precisa ser utilizada cada vez mais pelos comunicadores honestos, legítimos nas suas áreas de atuação e que trabalhem com responsabilidade social. A capacidade de interação proporcionada pelo YouTube, Twitter e Instagram precisa ser bem aproveitada por todos aqueles que têm algo a dizer[58]. As universidades precisam ocupar as redes; a ciência precisa combater a pseudociência nas mesmas plataformas nas quais esta última prolifera. Cientistas, artistas, escritores e historiadores precisam participar cada vez mais das redes sociais para ampliar o alcance de seus trabalhos de qualidade.

Combater a desinformação, mas também aproveitar a oportunidade gerada pelos novos meios de comunicação e pela sociedade em rede para divulgar pes-

---

58. O YouTube, Twitter e Instagram trazem algo em comum que os qualifica de maneira especial para atrair a ação dos influenciadores: eles proporcionam ferramentas que terminam por aproximar os criadores de conteúdo dos seus seguidores, estimulando em muitos casos uma identificação entre estes dois polos. No YouTube, p. ex., o usuário que assistiu ao vídeo pode avaliar o conteúdo declarando com um simples toque se o apreciou ou não (i. é, dando *like* ou *dislike*). Ao mesmo tempo, há a aba de comentários na qual os criadores de conteúdo e os espectadores do vídeo podem conversar. As postagens do Twitter apresentam uma estrutura semelhante, assim como o Instagram. Ao mesmo tempo, em vista de sua limitação de mensagens a 140 caracteres, o Twitter é uma das redes mais ágeis do sistema Internet/Web. Esta capacidade ímpar para transmitir com rapidez as informações – enviando-as também para a rede de telefonia celular – fez do Twitter o recurso que foi utilizado de maneira decisiva pelos revoltosos da série de episódios relacionada à Primavera Árabe, em 2011.

quisas sérias – além de abraçar a tarefa de abordar temas mais complexos com uma linguagem mais acessível e envolvente – passa a ser tarefa da chamada História Pública. Na sociedade digital, historiadores são conclamados a compreenderem que ela é tão importante quanto a pesquisa de ponta que se faz nas universidades. Para levá-la a efeito em um nível de maior penetração é preciso que o próprio historiador também se transforme, eventualmente, em um comunicador. Sua escrita também precisa se renovar, se diversificar, se direcionar ora a diferentes tipos de público, ora a uma faixa ampliada da população, ora aos já tradicionais pares acadêmicos.

1.12 Metodologias

Como dizíamos em momento anterior, a metáfora da "rede", ou mesmo a da "teia", implica a ideia de que existe uma articulação envolvendo "nós" e "conexões". Os nós são os agentes, individuais ou coletivos. No entanto, os estudiosos da sociedade em rede têm chamado atenção para o fato de que a dinâmica entre os nós e conexões termina por fazer com que alguns dos nós adquiram centralidade. Eles se tornam centros de referência na rede. Os influenciadores da Internet, por exemplo, ocupam este papel, mas não apenas eles, como também os grupos e instituições que atuam com maior destaque e receptividade na mídia. Conforme propõe Manuel Castells – sociólogo espanhol que estudou a sociedade digital e a Internet em obras importantes –, os nós que se tornam mais relevantes podem ser denominados "centros"[59]. Os principais fluxos, em maior escala, passam a girar em torno deles. O estudo da rede humana na Internet, de como a teia se entretece e adquire vida, de como se dão as práticas na Web, de como são geradas representações através dos materiais virtuais – das inúmeras temáticas que podem ser examinadas neste vasto universo de conteúdos que é a Web –, implica compreender como a rede cria as suas hierarquizações nos diversos subconjuntos que nela podem ser encontrados.

Por isso, faz parte da metodologia do historiador que analisa redes sociais, ou que as toma como fontes, identificar os "centros". Caso contrário, pode se perder em um labirinto de nós e conexões. Mas, um alerta já familiar à historiografia tradicional: o que define a importância deste ou daquele discurso, fluxo ou fixo para uma pesquisa é o problema historiográfico que se tem

59. CASTELLS, 2009, p. 45. Entre as obras de maior destaque de Castells para o estudo e reflexão sobre a Internet, estão *A galáxia da Internet* (2001) e *A sociedade em Rede* (2006).

em vista. Pode ser que os "centros" definidos pela hierarquia da Web sejam o que de fato interessa ao historiador em uma pesquisa – por exemplo, se ele estiver estudando os influenciadores, o impacto da rede na grande política, a avenida principal de estabelecimentos comerciais que se disponibiliza na rede, ou assim por diante. Mas pode ser que o seu problema específico o leve a estudar exatamente os "nós" sem maior importância, as pessoas comuns que não adquiriram tanta visibilidade, o comportamento cotidiano, a História da Internet Vista de Baixo.

As abordagens que se oferecem ao estudo do espaço físico tradicional também se projetam na Web. Podemos realizar uma micro-história voltada para problemas que se tornam visíveis no mundo virtual. É possível seguir, por exemplo, a pessoa comum – não o grande influenciador ou a celebridade, mas exatamente a pessoa comum, sem importância, que se tornou um "nó" na rede, como tantos outros, mas que está longe de ser um "centro". Ou seja, a consciência acerca de onde estão localizados os "centros" no que concerne a determinadas questões, e a sua distinção em relação à multidão de nós que os cercam, é parte fundamental da metodologia de trabalho dos historiadores com os conteúdos da Web. Mas depois virão as decisões, diante de nossos problemas historiográficos específicos, sobre se o que nos interessa são os "centros" ou os "nós".

Por exemplo, digamos que pretendemos estudar o comércio de certo produto (legal ou ilegal), ou os grupos digitais de extrema-direita, ou a prática de poesia concreta na Web, ou o universo dos apreciadores de determinado gênero musical ou fílmico nas comunidades virtuais. Estes ou quaisquer outros temas que possamos definir – a princípio como um assunto mais amplo, e depois já recortando problemas mais específicos – requerem que identifiquemos a rede de cada um destes problemas. Trata-se, então, de buscar a rede dentro da rede (o universo mais restrito dos apreciadores de um gênero musical dentro do multiuniverso da Web, p. ex.). Depois de definir o "recorte de rede" que será estudado, deveremos visualizar as conexões e nós, e dentro destes os centros. Como esta rede ganha vida, e estabelece seus centros e nós periféricos? Como estabelece hierarquias (espontaneamente ou não)?

Todavia, há decisões metodológicas a serem tomadas depois de identificarmos a rede por dentro da rede (a rede específica definida pelo nosso problema historiográfico, ou o recorte de rede que buscamos dentro da vastidão internética). Após nos familiarizarmos com os nós e conexões de nosso recorte de rede através da viagem internáutica de pesquisa, e depois de proceder à identificação dos centros que se tornam polos de atração para os fluxos que o atravessam, será preciso decidir se os "centros" são mesmo o que buscamos em nossa análise, ou se desejamos trabalhar com as "periferias". Será preciso decidir se pretendemos trabalhar com as celebridades da Internet, ou com a sua população anônima. Talvez desejemos seguir micro-historiograficamente um dos muitos personagens que habitam o pequeno universo gerado pelo nosso problema de estudo[60]. Ou talvez nosso interesse seja elaborar grandes visões panorâmicas. As metodologias estão em aberto, e elas guardam semelhança – no que se refere a algumas decisões e abordagens – com alguns dos posicionamentos que os historiadores precisam tomar na historiografia tradicional e na análise de fontes comuns, não envolvidas com a Internet.

Voltando agora às fontes disponibilizadas aos historiadores pela Internet, a diversidade de matérias é imensa. Os fluxos e fixos virtuais podem ser investigados exaustivamente pelos historiadores que se tornam internautas por necessidade do método. Além disso, cada tipo de fixo ou fluxo, na Internet, pode requerer a sua combinação teórico-metodológica para a análise do conteúdo, evocando metodologias que já são familiares aos historiadores ao lidarem com a grande variedade de fontes tradicionais que já existem. Se estamos lidando com o Instagram – rede social especializada na postagem de vídeos e imagens[61] – teremos de convocar as tradicionais metodologias de análise de imagens que já fazem parte do repertório metodológico dos historiadores. Mas uma atenção deve ser dada às especificidades de muitas das fotografias que superpovoam a sociedade digital: muitas delas são *selfs*, tiradas apressadamente para registrar o momento e serem disponibilizadas instantaneamente, às vezes obrigando o distanciamento de um braço que é o do próprio portador do celular que lança mão da sua funcionalidade de câmera digital. Além de pensar como as práticas sociais interferem na produção das imagens, os historiado-

60. Como se sabe, a Micro-História é a abordagem na qual utilizamos uma escala de observação mais próxima à realidade examinada, com vistas a enxergar nesta operação um problema específico. Podemos seguir um indivíduo escolhido micro-historiograficamente e examinar as suas trajetórias de maneira intensiva, com atenção aos detalhes. A Micro-História, metaforicamente falando, procura enxergar o oceano através de uma gota d'água.

61. O Instagram foi fundado em outubro de 2010, e rapidamente granjeou popularidade, principalmente tendo em vista a sua boa adaptabilidade aos celulares e smartphones. Seu sucesso nos anos iniciais foi tão impressionante que teve uma história parecida com a do YouTube: foi vendido dois anos depois, em 2012, para uma rede social poderosa – no caso o Facebook – por cerca de 1 bilhão de dólares. Uma plataforma mais antiga de hospedagem e compartilhamento de imagens – fotografias, desenhos e ilustrações – é o Flickr, lançado em 2004. De certo modo, esta plataforma pode ser considerada como uma rede de *flogs* (i. é, blogs de fotos).

res que as analisam devem ter em vista que a manipulação da realidade imagética é corriqueira e facilmente realizável nas plataformas de imagens da atualidade. No Instagram, as fotos são editáveis em filtros; os ambientes que envolvem as figuras humanas podem ser reconstruídos; as figuras podem ser fundidas umas nas outras, serem rejuvenescidas ou envelhecidas, e toda a sorte de manipulações que muitas vezes são realizadas por diversão. Analisar uma foto de Instagram, portanto, não é o mesmo que analisar uma fotografia do século XIX ou do século XX.

Se estamos lidando com as redes sociais nas quais o centro do cenário é ocupado por textos, outras metodologias tornam-se necessárias. Mas novamente é preciso atentar para as peculiaridades de cada tipo de texto que surge na especificidade da sociedade digital: os textos de redes como Facebook – assim como os dos blogs de todos os tipos, a exemplo daqueles proporcionados pelo Wordpress ou pelo Blogger – são de tamanho relativamente livre, mas os textos do Twitter são condicionados a um tamanho que não pode ultrapassar 140 toques. Devemos analisar estes textos com a consciência de que seus autores são pressionados à elaboração de textos sintéticos em decorrência do limite de palavras[62]. A pressão dos 140 caracteres fez com que surgisse uma linguagem própria para o Twitter, com abreviações e corruptelas. A reescrita dos idiomas tradicionais na linguagem da Internet, aliás, é um capítulo à parte com o qual todos os historiadores que estudam a Web devem se familiarizar.

Podemos abordar agora outro aspecto importante em relação ao uso historiográfico de fontes virtuais. Tornar-se internauta parece ser o primeiro procedimento metodológico mais evidente quando se fala na pesquisa historiográfica em redes sociais, também podemos ter em vista as vias indiretas que registram os *cyberfixos* e *cyberfluxos*. Dependendo do seu teor, alguns destes fixos e fluxos virtuais – sejam relativos à Internet ou às Intranets – podem vir a se tornar objetos de investigação criminal, de espionagem governamental ou industrial. Quando a partir daí se convertem em peças de processos, estarão a caminho de se transformarem em fontes históricas dentro de outras fontes, passíveis de uma cuidadosa arqueologia historiográfica que um dia poderá se empenhar em ler o movimento virtual através destas fontes já tradicionais que

62. Plataforma que é condicionada por limitações análogas é o Tumblr, rede social que adentra o cenário digital em 2007. Em relação à limitação textual de palavras, situa-se em uma posição intermediária entre os textos reduzidos do microblog Twitter e os textos mais alentados dos blogs de formato tradicional, que não impõem uma maior limitação ao número de palavras que devem ser utilizadas pelo usuário.

são os processos de todos os tipos. O mesmo pode ser dito em relação às fontes jornalísticas, que também podem trazer investigações envolvendo fluxos virtuais, ou então registrar denúncias e vazamentos. Exemplo emblemático foi o conhecido caso Snowden[63].

No Brasil, escutas telefônicas e mensagens trocadas em WhatsApps têm sido reveladas frequentemente pela empresa televisiva, impressa e internética. Os rastros vão se mostrando mais permanentes e acessíveis do que nossas ilusões de segurança e privacidade parecem imaginar, de modo que os fluxos na Internet e nas Intranets mostram-se bem distintos daqueles que habitualmente caracterizam o espaço físico no qual nos movimentamos todos os dias. Enquanto, neste último, boa parte dos fluxos e as ações que partiram de nós ou que de alguma maneira desencadeamos desaparece – a não ser nos casos em que são gerados registros oficializados ou consentidos –, no ciberespaço estas ações sempre ficam fixadas de alguma maneira. O fluxo torna-se fixo nos registros de provedores da Web e em sistemas desenvolvidos para capturá-lo e utilizá-lo na política, no comércio, ou mesmo no crime. Se andarmos em uma rua asfaltada do espaço físico, nossos passos desaparecem; mas se caminhamos na Web, ali ficarão os nossos rastros, como se fossem pegadas na lama fóssil que poderão ser visualizadas pelos bisbilhoteiros do presente e historiadores do futuro.

O maior impacto em termos de revelações hackeadas até hoje ocorrido pode ser atribuído à fundação, em dezembro de 2006, da WikiLeaks – uma organização transnacional que publica postagens provenientes de fontes anônimas, documentos confidenciais, conversas sigilosas, planos secretos, e diversos tipos de textos, fotos e informações vazadas de governos ou empresas. O empreendimento foi fundado pelo jornalista australiano Julian Assange. A partir de 2010, uma quantidade significativa de informações confidenciais referentes aos Estados Unidos – superpotência dominante na Era Digital – foi

63. Em junho de 2013, E.J. Snowden, que até então havia sido analista de sistemas da CIA e da Agência de Segurança Nacional dos Estados Unidos, encontrou-se com jornalistas do jornal britânico *The Guardian* e do jornal estadunidense *The Washington Post*, com vistas a fazer denúncias e dar detalhes da vigilância global de comunicações e tráfico de informações que eram executados pelos serviços secretos americanos através de vários programas, em especial o Prism. Este programa foi mantido secreto desde 2007 até seu desnudamento em junho de 2013, através dos dois jornais citados. No caso, uma peça-chave do caso Snowden foi um *power point* datado de abril de 2013 e composto de 41 *slides* que descreviam as capacidades e funções do programa Prism, além de revelar possíveis esquemas de colaborações de grandes empresas americanas da Internet. Com estas reportagens, temos um dos muitos exemplos de como alguns dos caminhos mais secretos da Intranet podem vir a ficar registrados em jornais que poderão ser consultados por historiadores no futuro.

publicada pelo WikiLeaks, entre as quais a impactante filmagem de um helicóptero estadunidense que em 2007, durante a ocupação do Iraque, desfechou ataques mortíferos contra civis e jornalistas em Bagdá. Foi apenas o ponto de partida para a denúncia de ações militares igualmente questionáveis perpetradas pelas forças militares em outras regiões do planeta, como o Afeganistão. Da mesma forma, documentação secreta diplomática tem sido vazada pelo WikiLeaks, a exemplo da série de telegramas secretos enviados por diversas das embaixadas estadunidenses ao seu governo central. Em 2011 o WikiLeaks foi indicado ao Nobel da Paz, em atenção à sua contribuição à luta contra violações de direitos humanos e ao seu combate contra a corrupção no mundo inteiro, ao mesmo tempo em que era violentamente perseguido por aqueles que tiveram suas ações desnudadas. De todo modo, os novos sites e organizações que se dedicam à transparência e ao vazamento de informações relacionadas a ações dos grandes governos mundiais e ações dos grandes grupos econômicos, como o WikiLeaks e outros, não podem ser ignorados pelos historiadores, particularmente os que trabalham com a História Política e a História Econômica.

Por outro lado, as invasões que objetivam a captura de informações, as quais podem ser dirigidas contra grandes governos e poderosas organizações – políticas ou financeiras – também podem ser direcionadas para a privacidade de pessoas comuns. O desnudamento ou fixabilidade não autorizada dos fluxos internéticos pode trazer calafrios aos internautas que hoje utilizam os mais variados serviços proporcionados pelas grandes empresas da Internet – como Skype, YouTube, Apple, Facebook, Twitter, Google, Yahoo! e quaisquer outras –, mas tanto os dados dos usuários como os fluxos que manifestam as suas ações ficam de fato registrados por estes serviços e podem ser recuperados. Ao lado disso, os casos emblemáticos que desnudaram abusos na investigação global de dados da Internet revelaram que se encontram bem desenvolvidos muitos programas capazes de registrar e armazenar dados identificadores, trocas de mensagens e ações realizadas pelos usuários[64]. Entre estas ações que deixam rastros – apenas para citar algumas possibilidades – estão os históricos de pesquisas, conteúdos de e-mails, transferências de arquivos, vídeos, fotos, chamadas de voz

64. Entre os muitos programas que rastreiam as ações humanas que fluem através da Internet e das redes de telefonia, podemos citar o DISHFIRE, revelado ao público em janeiro de 2014, capaz de processar e armazenar mensagens SMS coletadas mundialmente; o Nucleon (trazido à tona com o caso Snowden), eficaz para analisar dados de voz; o Mystic, que foi utilizado pelo sistema Prism para interceptar chamadas de voz e mensagens telefônicas de países do mundo inteiro. O caso Snowden, além de programas como estes, revelou eficientes bancos de dados e sistemas de análises de dados como o Pinwale e o Prefer, respectivamente.

e vídeo, logins e detalhes de redes sociais. O que é o pesadelo dos internautas de hoje talvez possa fazer a festa dos historiadores ou curiosos de amanhã. De maneira direta através da paciente navegação através da Internet acessível ou de programas que podem revelar a Internet oculta, ou ainda de maneira indireta através de fontes tradicionais – como os processos e as matérias jornalísticas –, o ciberespaço pode se tornar um livro aberto às mais variadas investigações, historiográficas ou não[65].

Além dos fixos da Web que estão vivos e são dinamizados por fluxos diversos – os sites, blogs, redes sociais e instituições virtuais de todos os tipos que atualizam constantemente as suas publicações – parte da Web também é tomada por blogs abandonados, por perfis de redes sociais que foram esquecidos pelos seus antigos donos, e mesmo por verdadeiras cidades das quais seus antigos habitantes ou frequentadores já se evadiram. Um caso bem conhecido foi o da famosa rede de relacionamentos chamada Orkut, que se tornou uma das maiores redes sociais do mundo desde a sua fundação em 2004 até 2012, quando o número de usuários desta rede começou a cair vertiginosamente, ao mesmo tempo em que outras redes como o Facebook e o Twitter ascendiam. Face a este declínio, em junho de 2014 o Google – empresa que criara a rede – anunciou que iria descontinuá-la. Todavia, a partir de seu término como rede ainda viva, bem demarcado em setembro de 2014, o Orkut ainda permaneceu como uma grande cidade virtual abandonada até maio de 2017, uma vez que o Google decidiu conservá-lo como uma espécie de arquivo que poderia ser visitado por quem quisesse visualizar as antigas comunidades públicas da rede, com todo o seu variado conteúdo e registros dos antigos fluxos de mensagens. Depois desta data, os arquivos do Orkut foram sumariamente excluídos e aquela grande cidade fantasma virtual foi demolida, desaparecendo do mapa da Web.

O exemplo que acabamos de comentar constituiu um caso emblemático, e potencializado ao tamanho de uma grande rede social, mas não é nada difícil encontrar pela Web um grande número de blogs e conteúdos abandonados que ainda podem ser consultados pelos historiadores e outros interessados em pesquisar a Web. Desta maneira, podemos dizer que a Web é composta por um espaço vivo – no qual os seus fixos são administrados ao tempo em que os mais variados fluxos os atravessam – e por um espaço morto, abandonado, que também pode ser visitado pelos curiosos e pesquisadores.

---

65. É significativo o título do livro publicado pelo jornalista Glenn Greenwald, que apurou o caso Snowden: *Sem lugar para se esconder* (GREENWALD, 2014).

Além da Web conhecida e franqueada a todos, a pesquisa historiográfica pode ainda se movimentar nos limites menos visíveis da Web. Conforme vimos até aqui, a Web que utilizamos todos os dias é vasta e configurada de maneira complexa através de inúmeros fixos que produzem, através da navegação e trocas de todos os tipos, os mais variados tipos de fluxos. Mas em que pese a sua extensão aparentemente incomensurável, ela é apenas uma camada superficial da Web como um todo, se considerarmos seus outros níveis de profundidade. Quando colocamos em contraposição os três diferentes níveis da Web, podemos nos referir a esta camada superficial como a *Surface Web*.

Se pensarmos metaforicamente em um *iceberg*, a *Surface Web* – a parte da Web na qual navegamos abertamente todos os dias – é apenas aquela pequena ilha de gelo que fica visível no oceano quando nos aproximamos de um *iceberg*. Mas abaixo dela há um gigantesco bloco de gelo. Neste bloco de gelo imerso fica, metaforicamente, a *Deep Web*. E dentro da *Deep Web* – ou mais abaixo dela – há uma parte sombria, ainda mais inacessível, e habitualmente associada a atividades ilegais ou práticas que precisam permanecer ocultas. Esta camada inferior, como se estivesse repousando no mar mais profundo, é a *Dark Web*.

Tudo o que não é visto livremente na Web, a princípio poderia ser referido como *Deep Web*, o que inclui as já mencionadas Intranets. Mas a designação terminou por deslizar, nos anos mais recentes, para designar os endereços que não são indexados pelos motores de busca, como aqueles utilizados pelo Google, Bing e similares. Há uma série de dados e conteúdos que só podem ser acessíveis, na *Deep Web*, pelos internautas que conhecem os endereços ocultados do grande público e que precisam de credenciais para serem acessados. A *Deep Web* pode resguardar, nos seus meandros ocultos, conteúdos os mais diversos – como informações confidenciais de segurança nacional, registros médicos ou financeiros, mas também fixos e fluxos criados por pessoas que não desejam ser rastreadas e tampouco indexadas na *Surface Web*. Jornalistas e ativistas de causas diversas também utilizam muito estes caminhos da *Deep Web* nos quais os fluxos e as ações não podem ser a princípio rastreados. A *Deep Web* escapa àquela visibilidade que é tão característica da *Surface Web*[66].

A *Dark Web* – uma parte ainda mais encoberta da *Deep Web* – é aquela que coloca ainda mais obstáculos ao rastreamento. Seus sites e redes também não

---

66. Há navegadores, como o *Tor* (um browser que visa permitir que qualquer pessoa possa navegar na Internet de forma anônima), que podem funcionar simultaneamente como redes de proteção – aptas a não possibilitar que os acessos do internauta a sites de Intranet sejam rastreados – e que também permitem acessar o que não está na superfície. Estes navegadores são os veículos apropriados para navegar nas águas profundas da Web.

são indexados pelos mecanismos de busca. Mais do que isso, sua navegação é dificultada por códigos de todos os tipos. Seus acessos requerem *softwares*, configurações e autorizações específicas. Para começar, os conteúdos deste lado obscuro da Web precisam ser buscados através de diretórios conhecidos como *Hidden Wikis*. Atividades as mais sinistras podem estar acobertadas na *Deep Web*, do tráfico de drogas à exploração sexual infantil, e há mesmo lendas urbanas, na verdade pouco comprováveis, sobre a disponibilização de vídeos de pessoas sendo assassinadas ou torturadas *on-line*. De todo modo, no mundo sombrio da *Dark Web*, as ações criminosas são realizadas à margem da vigilância legal e acordos os mais secretos ou espúrios podem ser tratados sem maiores riscos para aqueles que os praticam. Na *Dark Net* também circulam os hackers e ativistas políticos que precisam permanecer ocultos, ao mesmo tempo em que *Camgirls* disponibilizam seus vídeos pré-gravados ou em tempo real[67]. Por fim, esta parte escura da Web apresenta entre seus fixos variadas lojas virtuais nas quais podem ser encontrados os mais exóticos produtos e serviços, e não apenas os ilícitos (neste último caso drogas, medicamentos não licenciados, anabolizantes não autorizados, serviços de elaboração de documentos falsos, vendas de informações capturadas por hackers, venda de armas físicas ou virtuais, repasse de dinheiro falso, entre outros exemplos que poderiam ser citados). Obviamente, a viagem de um internauta pela *Dark Net* está sujeita a ataques diversos, de modo que requer a proteção de programas especiais.

Os historiadores, nestas décadas iniciais da sociedade digital, mal começam a explorar a *Surface Net* como objeto histórico – ou seja, como um tema ou planetário de temas a ser estudado em suas pesquisas – e ainda há um vasto universo a ser explorado ao se tomar a Web como campo no qual florescem fontes históricas de todos os tipos, entre os diversos *cyberfixos* e *cyberfluxos* que já tivemos oportunidade de comentar. Explorar mais recorrentemente a *Deep Web* e a *Dark Net* são as próximas aventuras a desafiar os historiadores do Tempo Presente. Se tudo é história, também há uma história no mundo obscuro da Internet. Pode-se tanto historiar as atividades alternativas, secretas, obscuras e ilícitas que grassam neste lado escuro da Web – assim como os diversos tipos de agentes sociais e históricos que a perpassam – como se pode enxergar muitas coisas através deste mundo: política, cultura, economia, modos de pensar ou de sentir, assim como os lados menos visíveis de uma cultura material que vai ter às lojas da *Dark Net* em decorrência de seu exotismo, inacessibilidade, raridade, ilegalidade ou outros atributos. Existe, enfim, um vasto campo

67. Muitos hackers e crackers, p. ex., vendem seus serviços através da *Dark Web*: ou individualmente, ou em associações de hackers.

de possibilidades que se abre com o estudo da Internet como objeto ou fonte histórica, e a ultrapassagem do seu último limiar – a *Dark Net* – também é um convite aos historiadores do Tempo Presente. Essa aventura historiográfica, é claro, é muito mais perigosa[68].

1.13 Tarefas dos historiadores na sociedade digital[69]

Através dos seus inúmeros recursos digitais e de intercomunicação, a sociedade digital traz consigo inúmeras riquezas de possibilidades que podem favorecer trocas de conhecimentos, multiplicação de relacionamentos, informação disponibilizada a todos, novas formas de trabalho e entretenimento, novos meios de divulgação para a arte e para a ciência, e inúmeras outras coisas que podem tornar a vida contemporânea mais dinâmica, proveitosa, interessante. Entrementes, esta sociedade sujeita ao acúmulo de informações e à visibilidade social, mesmo nos casos em que esta não é desejada, traz também as suas armadilhas e perigos. Nos últimos tempos, ficaram bem conhecidos, na interação da política com universo digital, os inúmeros casos de *fake news*. Se a possibilidade de informação se amplia com o sistema Internet/Web, a expansão da desinformação também se torna uma possibilidade. Se a Web pode ser utilizada para favorecer a Arte, a Ciência e as grandes causas sociais, nela também podem trafegar os discursos de ódio, os convites à alienação política, os retrocessos na justiça social.

Acreditamos que os historiadores têm um grande papel a desempenhar neste novo mundo, e uma de suas principais contribuições – para combater a desinformação e os retrocessos sociais – pode estar na sua possibilidade de transferir criticidade para a sociedade mais ampla – uma tarefa que comentaremos neste item final. Os historiadores científicos, na sua trajetória de mais de dois séculos, sofisticaram cada vez mais a sua capacidade de criticar as fontes. No mundo atual – onde as massas por vezes manipuladas pelas mídias parecem não ser movidas a desenvolver uma capacidade maior de criticar o que lhes é exposto diariamente através dos jornais, TV e Internet – a historiografia poderia exercer o papel de instrumentalizar o cidadão comum com uma maior, e cada vez mais necessária, capacidade crítica.

---

68. Sobre a *Dark Net*, cf. o livro escrito pelo jornalista britânico Jamie Bartlett (2014).

69. Neste item final, aproveitamos uma discussão já iniciada no último capítulo do livro *Seis Desafios para a Historiografia no Novo Milênio* (BARROS, 2019b, p. 91-103).

Sobre o desenvolvimento de capacidade crítica, que é um dos atributos mais salientes dos historiadores, podemos exemplificar com os jornais. Os historiadores começaram a explorar mais frequentemente o potencial dos periódicos como fontes históricas nos anos de 1980. Já abordavam muito os jornais como objeto de estudo, como um tema importante a ser investigado, constituindo-se aqui um campo histórico que podemos denominar História da Imprensa. Era menos comum o uso dos jornais, entretanto, como fontes históricas, a não ser nos casos em que o objeto em estudo era a própria Imprensa.

Há evidentemente uma diferença em fazer de um tipo de texto o seu objeto de estudo ou a sua fonte histórica para temáticas diversas. O uso dos jornais como fontes históricas pressupõe a possibilidade de compreender, *através deles*, não apenas a História da Imprensa, mas uma multiplicidade de aspectos sociais, políticos, econômicos, culturais, materiais e imaginários. Pode-se estudar através do "jornal como fonte" uma série de problemas relacionados à história de gênero, vida cotidiana, expectativas humanas diante da morte e outros tantos problemas típicos da história das mentalidades. Pode-se estudar, através da fonte periódica, o poder em todas as suas manifestações – dos macropoderes políticos aos micropoderes que enredam a vida privada e que se impõem à vida cotidiana; dos poderes entranhados nos discursos aos poderes marginais exercidos pelo crime organizado. Pode-se, com os jornais, abordar a economia, a cultura, o esporte, a moda, as tendências de comportamento, a autoimagem construída pelas pessoas célebres ou os vestígios que revelam o cidadão comum, na sua vida corriqueira e nas suas lutas diárias. Com os jornais, se podemos enxergar a História vista de cima, também podemos enxergar a História vista de baixo.

Não obstante o uso apenas recente do jornal como fonte histórica, os "textos escritos" – de todas as épocas e de todos os gêneros – já vêm sendo utilizados há mais de dois séculos pelos historiadores modernos, aqui considerados aqueles que se inserem na historiografia científica desde o início do século XIX. A historiografia foi expandindo o seu universo de diferentes tipos possíveis de fontes históricas no decurso dos dois séculos que nos precederam. O século XX, por exemplo, agregou à documentação cronística, política e institucional – a qual já era muito utilizada pelos historiadores oitocentistas – novos tipos de fontes e documentos, desde a documentação corrente de cartórios e demais arquivos de registros vitais, até processos criminais, correspondências, diários, criações literárias das várias épocas, discursos políticos e uma infinidade de tipos de textos que não caberia ser exaustivamente enunciada aqui, sem contar outros tipos de fontes que são, principalmente, imagéticas, sonoras, materiais, e sem esquecer ainda as fontes imateriais que costumam ser transmitidas através da oralidade, dos costumes, dos rituais e das tradições.

Parte significativa das fontes escritas utilizadas pelos historiadores é constituída pelo que podemos chamar de discursos: textos emitidos por um autor – seja individual, institucional ou coletivo – que encaminham determinadas mensagens visando certos setores de públicos receptores ou o atendimento a determinada finalidade no seio da sociedade em que se insere o texto. Uma carta pode ser dirigida a um único leitor; um diário pode ser dirigido a si mesmo; um jornal pode visar milhares ou milhões de leitores; um edito governamental pode visar a uma população nacional inteira. Variando nos gêneros de discurso – e, portanto, nas suas especificidades e metodologias que podem ser a eles aplicados – todos esses tipos de textos, e inúmeros outros, precisam ser analisados com *criticidade* – com a capacidade de entendê-los como discursos que representam interesses, posições sociais, visões de mundo, demandas culturais, ideologias, lances circunstanciais nos jogos de poder, ambições políticas ou econômicas, esforços de enquadramento da população em sociedades disciplinares, interesses de dominação e gestos de resistência a poderes rivais.

O que mais fizeram os historiadores ao longo de dois séculos de aprimoramento de sua ciência foi adquirir capacidades de analisar criticamente os textos. Voltando ao exemplo dos jornais, quando um historiador examina uma notícia, ele não a toma meramente como fonte de informações, mas sim como discurso a ser analisado, compreendido, problematizado. Fazemos isso ao ler criticamente um jornal do século XIX ou da primeira metade do século XX: identificamos o seu polo editor, o conjunto dos seus anunciantes, as suas diferentes faixas de leitores, a polifonia de textos que estão abrigados em um dos exemplares de um jornal diário.

Ao analisar um texto jornalístico, avaliamos o seu vocabulário, bem como a escolha, nada neutra, de palavras. Deciframos o conjunto de interesses que o movem, indagamos sobre as pressões que o confrontam, identificamos as distorções e manipulações, avaliamos as informações seletivas que são oferecidas pelo texto, e os silêncios que gritam nas suas entrelinhas. Jamais examinamos um texto jornalístico apenas em si mesmo, como se ele dissesse tudo apenas com as palavras que nele estão abrigadas. Investigamos a sua intertextualidade, comparamos o texto em análise com outros, antecipamos os seus efeitos (que também foram possivelmente antecipados pelos autores do texto jornalístico). Embora um jornal de determinada época possa trazer *informações* a um historiador, são principalmente os *discursos* que nele se entrelaçam que se tornam o principal objeto de análise. Abordar com capacidade crítica os discursos (e as informações que por estes são disponibilizadas, e como são disponibilizadas) é a base da metodologia de análise de fontes da qual precisam se valer os historiadores, e que tem sido a sua grande conquista metodológica ao longo de séculos. Tudo isso corresponde ao que poderíamos sintetizar em uma palavra-chave: "criticidade". A criticidade é o produto mais refinado da História enquanto campo de saber. Dos historiadores mais ingênuos que aceitavam acriticamente as descrições depreciativas elaboradas pelos antigos senadores romanos sobre os Imperadores, seus rivais políticos imediatos, aos primeiros historicistas que situaram estas descrições nos seus contextos políticos, sociais e circunstanciais, há um primeiro salto relevante[70].

Figura 1.5 A transferência de criticidade

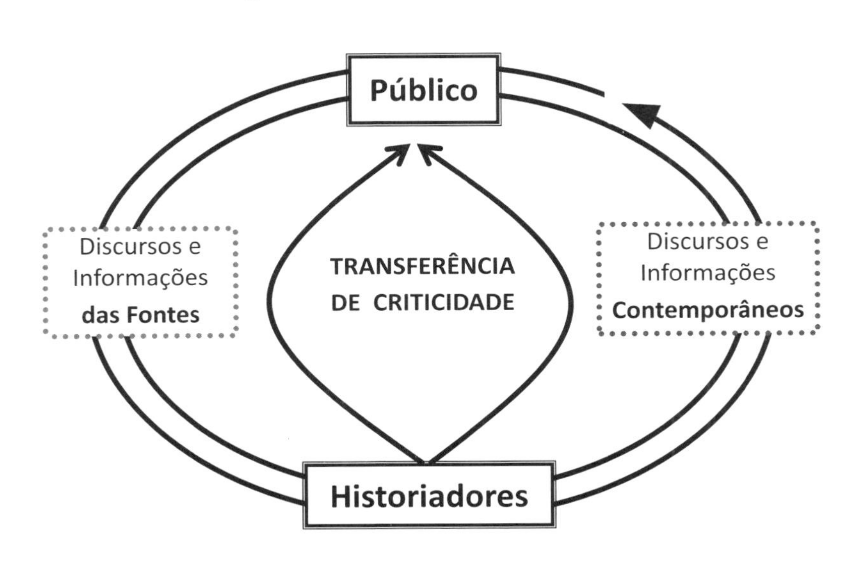

70. Exemplo notório é trazido por Suetônio (69-141 d.C.), historiador romano que traçou um perfil de cada um dos Imperadores, até a sua época, em sua obra *Vida dos doze Césares* (121 d.C.). Outros exemplos de depreciação exagerada de imperadores romanos como Calígula, Tibério e Nero podem ainda ser encontrados nas obras de senadores-historiadores como Sêneca (4 a.C.-65 d.C.) e Cássio Dio (155 d.C.-229 d.C.). Este último escreveu uma *História de Roma* em oitenta volumes, muitos dos quais chegaram até nós e reforçam as cores depreciativas com que foram pintados diversos dos imperadores romanos. Algumas das descrições negativas elaboradas pelos antigos historiadores-senadores acerca dos imperadores romanos – e também as misturas de narrativas históricas e narrativas lendárias elaboradas por Tito Lívio – foram recolocadas em suas redes de interesses políticos pela *História de Roma* (1812) escrita pelo historiador oitocentista Berthold Georg Niebuhr (1776-1831). A partir daqui, muitas destas fontes passam a ser mais examinadas como discursos sobre os Imperadores, a serem analisados e criticados, do que como documentos informativos em si mesmos.

Destes primórdios da crítica documental aos dias de hoje, nos quais os historiadores diversificaram extraordinariamente as suas técnicas voltadas para a leitura e análise de textos, temos um potencial crítico-interpretativo que se desenvolveu extraordinariamente. Analisar os discursos presentes nas fontes, diga-se de passagem, requer a mesma capacidade crítica que deve ser conclamada para analisar os discursos contemporâneos. Por esta razão, quando alguém aprende a criticar fontes históricas de períodos anteriores, desenvolve concomitantemente a capacidade de criticar textos de sua própria época. Temos a convicção de que a transferência social desta capacidade crítica é o bem mais precioso que os historiadores podem legar à sociedade que os acolhe, e que ampara a sua existência através das universidades que os abrigam e dos interesses de diversos tipos de público pelos livros de história. A Figura 1.5 procura esquematizar a dupla corrente que pode ser favorecida pela análise historiográfica: a ampliação da capacidade crítica de analisar os discursos e informações vindas das fontes históricas do passado, e a capacidade que pode ser transferida aos leitores de ler criticamente os discursos e informações vindos da sua própria contemporaneidade.

Na última década, acirrou-se a manipulação das massas pelos meios midiáticos. No Brasil, nosso lugar de observação imediato, é impressionante perceber como inúmeras pessoas recebem acriticamente as informações e discursos que lhes chegam através dos jornais impressos, televisivos e virtuais, ou mesmo através de recursos digitais de outros tipos, como as transmissões de informação através de aplicativos diversos ligados à rede mundial de computadores e à telefonia celular. Para dar o exemplo trazido ao Brasil nos tempos recentes com o Golpe de 2016, uma parte expressiva da população parece ter aceitado passivamente as investidas da mídia tradicional que buscaram apagar da memória democrática as conquistas sociais das duas décadas anteriores, das quais muitos se beneficiaram como trabalhadores e cidadãos. As notícias de TV naquela ocasião, e hoje aquelas mesmas armadilhas se renovam em novas direções, foram recebidas como fatos – não como discursos de uma emissora ou de outra que buscou agir no meio político em combinação com interesses políticos e econômicos diversos, nacionais e estrangeiros. As *fake news*, a exemplo das eleições no Brasil e em outros países nos tempos recentes, parecem ser recebidas acriticamente: viralizam no público virtual, são capazes de derrubar governos e ganhar eleições. Muitas vezes, são capazes de impor retrocessos sociais com apoio de grandes faixas da população. Pode-se dizer que boa parte da manipulação de setores expressivos da população brasileira nos tempos recentes – incluindo a apropriação, pela direita conservadora, de sua capacidade de se manifestar nas ruas e nas redes sociais – dá-se precisamente porque muitos cidadãos não sabem ler criticamente nem os jornais e nem as informações seletivas que lhes são dirigidas diariamente. As desinformações também os envolvem, relativas a todas as esferas.

Matérias de jornais, processos, relatórios governamentais, e mesmo exposições seletivas de dados estatísticos, constituem textos e documentos que se deve aprender a ler criticamente. Quando se empenham em compreender um período histórico que já se concluiu, os historiadores não têm outra receita que a de se debruçarem criticamente sobre fontes históricas como os jornais, processos judiciais, documentação de censo, e inúmeras outras fontes às quais têm acesso. Se examinam uma crônica, não é para acreditar em tudo o que diz o biógrafo de um rei, mas sim para analisar criticamente o seu discurso, ao contrário do que fizeram muitos dos leitores da mesma época em que foi escrito este ou aquele texto que se ocupou de apresentar uma narrativa heroica como fato. Os historiadores, ao longo de dois séculos de desenvolvimento de sua ciência, aprimoraram continuamente a habilidade de enxergar como "discursos" o que muitos enxergavam como fatos. Em um caminho inverso, os poderes predominantes em determinada época podem se empenhar em fazer com que as pessoas enxerguem como fatos o que são apenas discursos.

Voltemos ao mundo atual – a esta sociedade da informação que, em certos casos, também pode se transformar em uma sociedade da desinformação. Elevar a capacidade crítica da população parece ser uma das tarefas mais prementes dos historiadores neste novo século. Um mundo superpovoado de discursos, e que disponibiliza muitas informações (e desinformações) é um mundo que precisa ser enfrentado com criticidade. Somente com capacidades críticas adequadas podemos tirar proveito do vasto universo de possibilidades que nos são oferecidas pela sociedade em rede, com a abrangência de seus recursos e a imediaticidade de suas comunicações. A revolução digital, que nos alçou a novos patamares no âmbito da informação e da comunicação, precisa ser ainda complementada com uma ampliação correspondente da capacidade crítica na população que pode usufruir de todos os benefícios do espraiamento tecnológico proporcionado pela sociedade digital. Contribuir para elevar o nível de capacidade crítica de todos os setores da população planetária parece ser a principal tarefa dos historiadores na sociedade digital. A informação não acompanhada de uma dimensão crítica – informação *descontextualizada*, *exagerada*, *superestimada* ou *subestimada*, meramente *seletiva* para atender a interesses específicos e para fins de alienação ou manipulação – transforma-se em desinformação. Distorcida, a informação deixa de ser um benefício, e pode ser tão maléfica quanto a mentira, as *fake news*, a calúnia ou a infâmia. Ensinar aos leitores e receptores de discursos a arte/ciência de contextualizar as informações ou elaborações textuais, mostrar a todos como examinar a diversidade de interesses que produzem os discursos ou que neles interferem – ou como situá-los em seus complexos "lugares de produção", enfim – é aquilo de mais precioso que os historiadores podem devolver à sociedade que ainda hoje os acolhe.

1.14 Considerações finais

No capítulo que neste momento concluímos, chegamos às nossas reflexões mais diretas sobre a *revolução digital* – e sobre a sociedade singular que aquela estabeleceu a partir de meados dos anos de 1990 – mostrando que esta pode ser considerada como uma das quatro grandes revoluções transversais que nos beneficiaram desde o início da aventura humana sobre o Planeta Terra. Vimos que cada uma destas grandes revoluções – a *revolução agrícola*, a *revolução urbana*, a dupla *revolução industrial* e, finalmente, a *revolução digital* – pode ser abordada como um caminho que se tornou possível a partir de um novo patamar de tecnologia e de compreensão do mundo, alcançado pelos seres humanos no seu progressivo sucesso em entender e controlar importantes forças e energias presentes na natureza. Conforme vimos no início deste capítulo, o que foi a *revolução agrícola*, senão um caminho que pôde se desdobrar a partir de um novo entendimento humano do próprio processo vital, e de uma capacidade de controle da energia animal e dos ciclos da vida vegetal? Ao dominar a agricultura e a domesticação de animais, e ao agregar, a este patamar tecnológico, inéditas formas de sociabilidade, os seres humanos se prepararam para uma nova possibilidade: o soerguimento de grandes cidades e a coordenação de concentrados esforços humanos para a construção de grandes obras de alcance coletivo. A *revolução urbana*, conforme discutido, tornou-se possível a partir da revolução agrícola: sem o acúmulo de excedentes agrícolas as cidades não poderiam ter surgido, e também não poderiam permanecer existindo posteriormente; mas também não as teríamos sem o desenvolvimento da metalurgia, sem o aprimoramento da matemática, e vários outros fatores. A revolução urbana, de todo modo, foi uma nova melodia que se acrescentou à melodia da revolução agrícola.

A conquista ou ocupação de novos patamares de compreensão científica esteve intimamente ligada às revoluções tecnológicas a partir do período contemporâneo. Vimos que a elaboração das leis de Newton e das leis da Termodinâmica, em um primeiro momento, e das leis de Maxwell sobre o eletromagnetismo, em um momento subsequente, possibilitaram a dupla *revolução industrial*: a revolução termomecânica do século XVIII e a revolução elétrica da segunda metade do século XIX. A proposta inicial deste capítulo foi a de dar a compreender o conjunto das revoluções tecnológicas como uma *polifonia* na qual cada revolução introduziu uma nova melodia no ambiente harmônico anterior, sem eliminar ou substituir boa parte dos resultados precedentes – mas na verdade integrando-os de uma nova maneira. Foi assim que chegamos à *revolução digital* – possibilitada por um duplo patamar científico que foi atingido no século XX: a teoria da relatividade e a mecânica quântica – destacando-se nela o protagonismo do espraiamento da tecnologia dos computadores e celulares para setores efetivamente amplos da população humana.

Poderíamos nos perguntar, no que concerne a este primeiro conjunto de resultados, sobre o que ainda estaria por vir na trama polifônica das grandes revoluções tecnológicas. Provavelmente a *Teoria das Cordas* – surgida nas últimas décadas do século XX, mas ainda sem ressonância em novas tecnologias – ainda produzirá seus efeitos, abrindo possibilidades para muito além da sociedade digital[71]. Enquanto isso, algumas das teorias científicas já consolidadas e comprovadas – como a Teoria Restrita da Relatividade – mal começaram a render à

71. A Teoria das Cordas – surgida nos anos de 1960, mas chegando à sua forma mais moderna em 1984 com a chamada "teoria das supercordas" – almeja unificar a teoria da relatividade geral e a mecânica quântica. Apoia-se na ideia de que os constituintes mínimos do universo seriam ínfimas cordas vibrantes, das quais tudo o mais decorreria. As cordas seriam pequeníssimos filamentos energéticos abertos ou circulares, com dimensões da ordem de 10^{-33}cm, que estão sempre vibrando. Conforme o modo como vibram, as cordas produzem tudo o que existe. O conjunto de vibrações de todas as minúsculas cordas constitui a música do universo, por assim dizer. De acordo com a maneira como uma corda vibra, pode-se produzir um próton, um nêutron, um elétron, um fóton, os vários bósons conhecidos, e assim por diante. A teoria também sugere a existência de mais seis dimensões para além das quatro dimensões de tempo-espaço previstas pela Teoria da Relatividade. Em 1995, Edward Witten propôs um modelo para a unificação das diversas variações da Teoria das Cordas que ficou conhecido como "Teoria M", sendo que, para tal, foi necessário considerar uma dimensão adicional e admitir a possibilidade de existência de muitos universos convivendo em um multiverso. Sobre a Teoria das Cordas, cf. ABDALLA, 2005, p. 147-155. / Com relação a tecnologias que possam um dia se tornar possíveis por causa da Teoria das Cordas – da mesma maneira que a microeletrônica se tornou possível a partir da mecânica quântica, e os ajustes temporais de GPS se tornaram possíveis a partir de Teoria Geral da Relatividade – estamos aqui em um território insondável, até mesmo para a imaginação de ficção científica. Chegaremos a tecnologias como o teletransporte, às viagens através do tempo, e à comunicação instantânea entre pontos distanciados do universo?

humanidade suas contribuições tecnológicas[72]. Da mesma maneira, a própria sociedade digital ainda deverá trazer grandes novidades nas próximas décadas – como a incorporação mais espraiada da robótica (e possivelmente da clonagem) aos recursos digitais e modelos de sociedade interconectada que já existem. Todavia, aqui já estaríamos especulando sobre um futuro possível, embora talvez não muito distante.

Além da compreensão da sociedade digital como parte de uma grande trama polifônica que se iniciou já na pré-história com a revolução agrícola, a segunda contribuição deste capítulo foi a de propor um modelo para a compreensão da sociedade digital e para abordar o próprio ciberespaço por ela gerado no ambiente da Internet. Se uma dialética de *fluxos* e *fixos* – tal como aquela proposta pelo geógrafo Milton Santos – pode ser aplicada adequadamente ao espaço tradicional, por que não adaptar este mesmo modelo também para o espaço virtual? Desta maneira, no próprio ambiente gerado pela Internet poderíamos visualizar alguns fluxos e fixos específicos – desde que compreendamos que a dialética de fluidez e permanência que caracteriza este ambiente virtual é tal, que os ciberfluxos em diversas ocasiões ficam registrados e fixados, e os ciberfixos transformam-se e fluem com bastante facilidade e rapidez.

A historiografia, por fim, reapresenta-se de novos modos neste mundo surpreendente e em contínua transformação. Oportunizam-se novas e antigas fontes – estas últimas de novas maneiras, muitas vezes disponibilizadas no próprio ambiente da Internet, ensejando um mundo no qual os arquivos e objetos textuais que existem no mundo físico podem ser digitalizados e oferecidos aos historiadores para os seus mais diversos estudos. De igual maneira, fontes mais propriamente *virtuais* – como os próprios fixos e fluxos do ciberespaço – abrem aos historiadores um novo universo de possibilidades em termos de fontes históricas. Por fim, a própria escrita da História se renova. Do tradicional livro impresso – suporte habitual da historiografia já há três milênios – passamos aos livros digitais e virtuais, aos ambientes holográficos,

72. Os transportes movidos a propulsão química – uma contribuição tecnológica que veio diretamente da primeira revolução industrial (a revolução termomecânica) – já proporcionaram à humanidade várias linhagens de meios de locomoção, desde os trens, barcos e automóveis até os aviões e submarinos. Mas somente em 1956 foi construído o primeiro submarino acionado a fissão nuclear: o Náutilus, capaz de dar uma volta completa no planeta, diretamente submerso no oceano. Desde então já foram construídos muitos submarinos nucleares, e também já existem porta-aviões de propulsão nuclear. No entanto, mal começamos a dar os primeiros passos na senda da tecnologia nuclear. Tristemente, o mais impactante produto tecnológico derivado da Teoria Restrita da Relatividade foram as bombas atômicas e bombas h.

às obras de autoria coletiva no âmbito das wikipédias e similares, aos fóruns historiográficos registrados nas redes sociais de todos os tipos. Do livro-fixo ao livro-fluxo, muitas novidades se apresentam aos historiadores para a sua escrita textual. Escreve-se História, na sociedade digital, de novas maneiras, sem eliminar as possibilidades anteriores – lembrando sempre, e mais uma vez, a imagem da trama polifônica que reintegra as melodias e harmonias anteriores, ressignificando-as e reincorporando-as em novas práticas.

O papel dos historiadores, por fim, mostra-se na sociedade digital como revestido de um valor fundamental, conforme discutimos na última seção deste ensaio. Em um mundo virtual que oferece a todos um indefinido e mutável labirinto de informações e discursos – trazendo práticas que podem não apenas *informar*, mas também *desinformar*, *distorcer* e *deformar*, além de dar vazão a uma multiplicidade de discursos que precisam ser adequadamente contextualizados e analisados – é crucial dotar a sociedade de uma capacidade crítica à altura desta variedade discursiva e informacional. O que têm feito os historiadores, no decorrer de toda a história de seu saber, senão desenvolver cada vez mais esta capacidade crítica, expressa em uma habilidade gradualmente conquistada com vistas à leitura problematizada de textos, imagens, objetos, sonoridades ou fontes históricas produzidas nas mais diversas linguagens? É hora, conforme concluímos neste ensaio, de transferir aos cidadãos das sociedades digitais contemporâneas uma maior capacidade crítica, que os habilite a lidar de maneira mais adequada com os discursos e informações de seu próprio tempo contemporâneo. Os historiadores, já tão acostumados a analisar discursos de todas as épocas, serão essenciais para formarem leitores críticos para os discursos produzidos em nossa própria época. A progressiva "polifonia das revoluções tecnológicas" não nos deve iludir: progresso técnico não implica, necessariamente, progresso social e espiritual. Favorecer o desenvolvimento da consciência, da capacidade crítica e da responsabilidade social é imprescindível para que não corramos o risco de sucumbir sobre o peso do próprio progresso tecnológico que conquistamos.

Além diso, precisamos ter sempre a consciência de que a polifonia das eras estabelecidas pelas revoluções planetárias não acontece por si mesma – como um fenômeno independente das ações humanas –, e nem conduz a um único mundo possível. Ela é produto de lutas humanas, de conquistas, de liberdades incorporadas e do espraiamento dos benefícios trazidos por cada revolução para todos. A polifonia das eras é criada por todos nós, e precisamos lutar por ela, de modo a conduzir a *música* por ela proporcionada em uma direção que interesse efetivamente à humanidade como um todo, ao mesmo tempo em que a cada grupo social em particular, e a cada sociedade situada em cada país do planeta. A Internet tornou-se planetária e livre, mas isto foi uma conquista, e precisamos preservá-la a cada instante. O papel dos historiadores, pelos motivos antes elencados, é crucial nesta grande sinfonia que todos nós devemos conduzir, e por cuja existência e ressonância todos precisaremos lutar, agora e nas décadas futuras.

2

Internet, fontes digitais e pesquisa histórica

Fábio Chang de Almeida

2.1 Internet, História e Sociedade

A Internet é uma rede de alcance global que interconecta milhões de equipamentos. Nos primórdios, tais equipamentos eram, essencialmente, computadores de mesa: estações de trabalho baseadas no complexo sistema operacional Unix e servidores que armazenavam e transmitiam informações. Com o tempo, cada vez mais equipamentos foram sendo conectados à rede, como *tablets*, *notebooks*, telefones celulares, terminais de autoatendimento, televisores, veículos automotores, câmeras de vídeo etc. Todos esses equipamentos conectados à rede podem ser considerados *hosts*. Estes se interligam através de cabos coaxiais, cabos de cobre, fibras óticas, ondas de rádio, ou outros suportes de comunicação para transmissão de sinais. Os *hosts* acessam a rede através dos provedores de serviço de Internet, também conhecidos como ISPs[1]. De fato, o termo "rede de computadores" tornou-se defasado em sua aplicação à Internet[2].

Na história do seu desenvolvimento é possível identificar dois momentos fundamentais que alavancaram a popularização da Internet. Em 1990, foi criada pelo inglês Tim Berners-Lee a World Wide Web ("www", ou simples-

1. KUROSE; ROSS, 2005, p. 2-6.

2. A expressão "Internet das coisas" (*Internet of things*, ou "IoT") vem sendo utilizada para definir esse sistema inter-relacionado de computadores, máquinas, objetos, pessoas e até animais conectados através da Internet e que possibilita a transferência de informações sem a necessidade de interação direta entre pessoas ou entre pessoas e computadores. Dependendo da tecnologia utilizada para a sua implementação, a definição da *IoT* pode variar. Em essência, todas as coisas em uma *IoT* são capazes de trocar dados e, se necessário, processar dados de acordo com esquemas predefinidos (LI; XU; ZHAO, 2015).

mente *web*), um modelo de gerenciamento de arquivos que se tornou padrão. A *web* baseia-se em uma interface gráfica que possibilita o acesso a dados variados de maneira simples e intuitiva. Antes dela, eram necessários conhecimentos especializados de Unix para utilizar a Internet.

Na segunda metade da década de 1990, com a popularização da interface *web,* a Internet chegou até os usuários domésticos. A *web* é construída a partir do princípio de hipertexto. Este pode ser considerado como um documento digital composto por diferentes blocos de informações conectadas (ou *lexias*). A conexão entre os blocos de informações é realizada através de vínculos eletrônicos denominados *links*[3], que permitem o avanço para outras seções dentro do mesmo *site*, ou o redirecionamento para *sites* diferentes. O hipertexto maximizou o caráter rizomático[4] da Internet, potencializando a intercomunicação entre múltiplos pontos da rede[5].

O outro momento importante para o crescimento da Internet, que gostaríamos de destacar, ocorreu na primeira metade dos anos de 2000. Mais especificamente no ano de 2004, foi criado o termo *Web 2.0* para caracterizar uma suposta segunda geração da World Wide Web. Na prática, a *Web 2.0* significou uma mudança de mentalidade dos desenvolvedores de *sites* da Internet. A partir da aplicação de conhecimentos técnicos preexistentes, passou-se a valorizar a interatividade entre os usuários e os *sites*. Com base nessa reciprocidade, os usuários podiam colaborar de forma ativa com a melhoria, ou mesmo construção de novas páginas. Ferramentas mais simples para a elaboração de *sites* foram disponibilizadas, aumentando drasticamente o número de pessoas que se aventuravam na criação de conteúdo na Internet. A *Web 2.0*, mais do que uma tecnologia, diz respeito a uma atitude, que possibilitou e encorajou a participação dos internautas através de aplicativos e serviços abertos[6].

---

3. A palavra "atalho" pode ser utilizada como um sinônimo para *link*.

4. Podemos fazer uma analogia entre a estrutura da Internet e o conceito de rizoma. Deleuze e Guattari expõem os princípios seguidos pelo rizoma: "qualquer ponto de um rizoma pode ser conectado a qualquer outro e deve sê-lo. [...] um rizoma pode ser rompido, quebrado em um lugar qualquer, e também retoma segundo uma ou outra de suas linhas e segundo outras linhas. [...] Contra os sistemas centrados (e mesmo policentrados), de comunicação hierárquica e ligações preestabelecidas, o rizoma é um sistema acentrado não hierárquico e não significante, sem general, sem memória organizadora ou autômato central, unicamente definido por uma circulação de estados" (DELEUZE; GUATTARI, 1995, p. 15-33).

5. LEÃO, 2001, p. 15-24.

6. DAVIS, 2005.

Um exemplo das consequências dessa mudança de atitude foi a popularização dos *blogs*[7]. Estes passaram a abordar todo tipo de conteúdo e agora suas atualizações incluíam textos, imagens, vídeos, músicas etc. Em geral, os *blogs* possuem sistemas de comentários através dos quais os leitores podem interagir, deixando registradas suas opiniões acerca dos assuntos tratados. Não são necessários conhecimentos de programação para criar um *blog*. As diversas ferramentas disponíveis tornam extremamente fácil esta tarefa.

Como derivação do conceito *blog*, surgiu uma ferramenta de uso ainda mais simples, chamada por alguns de *microblog*. Existem vários serviços do tipo, que possibilitam aos seus usuários a publicação e o recebimento de mensagens curtas. O mais popular dentre eles é o Twitter, lançado em 2006, e que limita o tamanho das mensagens em 280 caracteres[8]. A ferramenta tornou-se um sucesso mundial, não só entre usuários domésticos, mas também entre instituições e políticos. Estes costumam considerar o Twitter uma ferramenta prática e ágil para comunicação com seu público.

Outro produto derivado da *Web 2.0* é a enciclopédia de construção coletiva, cujo exemplo de maior sucesso é a Wikipédia[9]. Criada em 2001, a sua proposta é constituir uma "enciclopédia livre", construída por milhares de colaboradores em várias partes do mundo. O princípio de construção da Wikipédia baseia-se no conceito de "inteligência coletiva". Conforme Pierre Lévy, esta seria

> uma inteligência distribuída por toda parte, constantemente avaliada, coordenada em tempo real, levando à mobilização efetiva das competências. Nós adicionamos à nossa definição essa ideia essencial: o fundamento e o objetivo da inteligência coletiva é o reconhecimento e o enriquecimento mútuo das pessoas, não o culto de comunidades fetichizadas ou hipostasiadas (LÉVY, 2004, p. 20).

Contudo, este modelo ideal mostra-se utópico quando aplicado na prática da Internet. A ideia de uma inteligência coletiva fundamentada no princípio do "enriquecimento mútuo" esbarra nos conflitos políticos e nos embates ideoló-

---

7. Um *blog* é um *site* da Internet atualizado com certa regularidade, onde as atualizações são dispostas em ordem cronológica inversa (iniciando pelas mais recentes). Inicialmente, a maioria dos *blogs* funcionava como "diários virtuais", onde as pessoas escreviam sobre suas vidas pessoais. Segundo alguns pesquisadores, o primeiro *blog* foi criado por Tim Berners-Lee (o mesmo criador da *web*), em 1992 (EIRAS, 2007, p. 76). Os *blogs* podem ser escritos por uma ou mais pessoas.

8. Até 2017 o limite era de 140 caracteres.

9. Disponível em http://www.wikipedia.org – Acesso em fev./2021.

gicos característicos da sociedade humana, que naturalmente são reproduzidos nas comunidades "virtuais". Inclusive, a popularidade do formato de "construção coletiva" fez com que surgissem enciclopédias eletrônicas com orientação ideológica voltada a grupos políticos extremistas (ALMEIDA, 2011).

Também são importantes no contexto de expansão da Internet os chamados *sites* e aplicativos de relacionamento, criados a partir de teorias de redes sociais, ou *social networking*. São exemplos desta categoria serviços como o Facebook[10], Instagram[11], LinkedIn[12], ResearchGate[13] e Academia[14]. De maneira geral, tais ferramentas possibilitam que seus usuários criem um perfil onde divulgam informações pessoais, revelam interesses específicos, compartilham fotografias e vídeos, enviam e recebem mensagens etc. Os usuários também podem criar redes de sociabilidade com outras pessoas, além de construir ou participar de comunidades voltadas para um determinado assunto.

Outro fenômeno da Internet, relacionado com as mudanças advindas da *Web 2.0*, são os serviços de compartilhamento de vídeos (*video sharing*). Como exemplos podemos citar o Metacafe[15] e o Dailymotion[16], mas o caso de maior sucesso é, sem dúvida, o do YouTube[17]. As ferramentas de compartilhamento, em sua grande maioria, são gratuitas e permitem que seus usuários coloquem vídeos na Internet para que sejam assistidos por um grupo restrito de pessoas – mediante a utilização de uma senha – ou em caráter público, sem nenhuma restrição. Tais ferramentas podem e têm funcionado como plataformas de propaganda política[18].

O advento da *Web 2.0* possibilitou uma curva ascendente quase exponencial no número de *hostnames* na Internet a partir da segunda metade dos anos de 2000. A tecnologia atualizou-se a partir das demandas da sociedade (e do mercado), e simultaneamente a sociedade alterou-se a partir das evoluções tecnológicas, em um processo dinâmico e complexo. Com a popularização da

10. Disponível em http://www.facebook.com – Acesso em fev./2021.
11. Disponível em http://www.instagram.com – Acesso em fev./2021.
12. Disponível em http://www.linkedin.com – Acesso em fev./2021.
13. Disponível em http://www.researchgate.net – Acesso em fev./2021.
14. Disponível em https://www.academia.edu – Acesso em fev./2021.
15. Disponível em http://www.metacafe.com – Acesso em fev./2021.
16. Disponível em http://www.dailymotion.com – Acesso em fev./2021.
17. Disponível em http://www.YouTube.com – Acesso em fev./2021.
18. ALMEIDA, 2011.

Internet, criou-se um novo espaço de sociabilidade, o "ciberespaço"[19], e uma nova cultura: a "cibercultura"[20].

Atualmente, o processo de criação de conteúdo na Internet ocorre cotidianamente, por pessoas de diversas faixas etárias (inclusive crianças). Em muitos casos, o mecanismo foi naturalizado a ponto de ocorrer de maneira mais ou menos inconsciente: através do telefone celular, quando avaliam um restaurante, curtem um vídeo no YouTube, escrevem um comentário no Facebook ou compartilham uma notícia no Twitter, as pessoas estão criando conteúdo na Internet. A Internet faz parte do dia a dia da maioria das pessoas, tanto nos centros urbanos quanto nas áreas rurais.

Feito esse breve exercício de contextualização, podemos concluir que a Internet mudou significativamente a sociedade. E a historiografia não pode se isolar da realidade que pretende estudar. É compreensível que os historiadores não acompanhem imediatamente todas as evoluções tecnológicas da sociedade contemporânea. Todavia, tratando-se de informática, as mudanças são muito rápidas, os impactos sociais extremamente significativos e a necessidade de adaptação torna-se mais urgente. Especificamente a História do Tempo Presente (HTP) teve que adaptar-se mais rapidamente às novas tecnologias da informação.

Para a HTP, não se trata apenas de aproveitar as facilidades técnicas proporcionadas pela Internet. Para os historiadores que buscam compreender o presente, negligenciar a rede significa fechar os olhos para todo um novo conjunto de práticas, de atitudes, de modos de pensamento e de valores que vêm

---

19. "O ciberespaço [...] é o novo meio de comunicação que surge da interconexão mundial dos computadores. O termo especifica não apenas a infraestrutura material da comunicação digital, mas também o universo oceânico de informações que ela abriga, assim como os seres humanos que navegam e alimentam esse universo" (LÉVY, 1999b, p. 17). Lévy aponta uma característica essencial da Internet, que acaba por modificar a visão de mundo dos seus usuários: a aparente redução das distâncias. De certa maneira, o ciberespaço aboliu o território geográfico no âmbito das comunicações, tornando possível a circulação praticamente instantânea de informações em escala mundial:

"Um computador e uma conexão telefônica dão acesso a quase todas as informações do mundo, imediatamente ou recorrendo a redes de pessoas capazes de remeter a informação desejada. [...] Meditemos um instante sobre uma frase de Fernand Braudel: "Medida pela velocidade dos transportes da época, a Borgonha de Luís XI é várias centenas de vezes a França inteira de hoje. [...] Cada dispositivo de transporte e de comunicação modifica o espaço prático; i. é, as proximidades efetivas" (LÉVY, 1999a, p. 199).

20. Pierre Lévy chamou de "cibercultura" um novo conjunto de técnicas (materiais e intelectuais); práticas, atitudes, modos de pensamento e valores desenvolveram-se a partir da Internet (LÉVY, 1999b, p. 17).

se desenvolvendo juntamente com o crescimento e popularização da Internet. E simultaneamente ao desenvolvimento dessas novas práticas sociais, surgiu uma nova categoria de fontes e documentos históricos.

2.2 A Internet como fonte e documento histórico

O impacto da Internet no ofício do historiador não foi imediato. Mesmo após a popularização da rede, durante os primeiros anos do século XXI, eram poucas as pesquisas históricas que utilizavam a Internet como fonte, documento ou ferramenta. Os historiadores ainda relutavam em aproveitar o potencial da rede, especialmente enquanto fonte primária para pesquisas históricas. Uma primeira explicação para este comportamento é de caráter histórico. Durante séculos, a historiografia baseou seus principais métodos, técnicas e ferramentas em um suporte documental específico: o papel. Para a Escola Metódica do final do século XIX, dita positivista, o historiador deveria trabalhar, sobretudo, com "documentos oficiais". Estes eram, em última análise, textos registrados em papel: atos governamentais, tratados diplomáticos, códigos de leis, entre outros. Formas alternativas de registro das atividades humanas eram desprezadas ou relegadas às chamadas "ciências auxiliares", como a Arqueologia e a Numismática.

Mesmo atualmente, grande parte das fontes documentais consagradas no ofício do historiador ainda encontra sua materialidade no papel: correspondências, ofícios, requerimentos, atas, inventários, testamentos, processos, registros paroquiais, periódicos... Existe toda uma tradição historiográfica baseada nesse suporte específico. Até mesmo o estereótipo do historiador como "rato de arquivo" não dispensa a alegoria de um cenário de penumbra, no qual um personagem com a postura arqueada e os óculos na ponta do nariz analisa papéis amarelados em meio à poeira e ao mofo.

Entretanto, o "reinado do papel" começou a ruir com a concepção histórica difundida a partir da *Escola dos Annales*. O excerto a seguir, escrito por Lucien Febvre, é emblemático na defesa da ampliação na noção de documento. Para o autor, o conhecimento histórico deveria ser produzido utilizando-se uma ampla gama de fontes, relacionadas com uma variedade de manifestações do ser humano:

> A história faz-se com documentos escritos, sem dúvida. Quando estes existem. Mas pode fazer-se, deve fazer-se sem documentos escritos, quando não existem. Com tudo o que a habilidade do historiador lhe

> permite utilizar para fabricar o seu mel, na falta das flores habituais. Logo, com palavras. Signos. Paisagens e telhas. Com as formas do campo e das ervas daninhas. Com os eclipses da lua e a atrelagem dos cavalos de tiro. Com os exames de pedras feitos pelos geólogos e com as análises de metais feitas pelos químicos. Numa palavra, com tudo o que, pertencendo ao homem, depende do homem, serve o homem, exprime o homem, demonstra a presença, a atividade, os gostos e as maneiras de ser do homem. Toda uma parte, e sem dúvida a mais apaixonante do nosso trabalho de historiadores, não consistirá num esforço constante para fazer falar as coisas mudas, para fazê-las dizer o que elas por si próprias não dizem sobre os homens, sobre as sociedades que as produziram, e para constituir, finalmente, entre elas, aquela vasta rede de solidariedade e de entreajuda que supre a ausência do documento escrito? (FEBVRE, apud LE GOFF, 1992, p. 540).

Especialmente nos séculos XX e XXI, diversas novas fontes – incluindo as digitais – passaram a figurar (sempre encontrando alguma resistência) na prática das pesquisas históricas. Certamente tal resistência estava relacionada, em parte, com a herança metodológica positivista que privilegiava os "papéis" oficiais.

Outra explicação para a desconfiança inicial dos historiadores em relação à utilização das fontes digitais diz respeito à ausência de uma ampla discussão teórico-metodológica acerca do assunto. Os primeiros trabalhos a utilizarem documentos digitais, de maneira geral, não realizavam a sistematização teórica e metodológica necessária para pautar essa prática.

De qualquer forma, após o advento da Internet, os historiadores passaram a contar com um aporte quase inesgotável de novas fontes. As pesquisas históricas sobre o Tempo Presente foram impactadas diretamente com uma categoria totalmente nova de documentação, como veremos adiante. Mesmo os estudos sobre épocas temporalmente mais distantes também receberam impulso da Internet, com a possibilidade de consulta a bancos de dados digitais. Assim, a aproximação com a Internet e com os documentos digitais foi tornando-se inevitável para os historiadores.

Mas afinal de contas, o que é um documento digital? Para responder esta pergunta, vale antes revisar a noção primordial de "documento". Para os arquivistas, documento é o registro de uma informação, independente da natureza do suporte que a contém[21]. Tal noção é importante, pois quebra qualquer hi-

---

21. PAES, 2004, p. 26.

potética relação de dependência entre o documento e o suporte em papel. Mais do que isso, este conceito não relaciona o documento com qualquer suporte específico. A ênfase recai sobre o "registro de uma informação" e não sobre a espécie do suporte.

É possível ir além, buscando subsídios em uma área onde a questão dos documentos – inclusive os digitais – é central e bastante debatida: no Direito. Para os juristas, documento pode ser considerado como "qualquer base de conhecimento, fixada materialmente e disposta de maneira que se possa extrair cognição do que está registrado"[22]. De forma semelhante, pode-se dizer que na esfera do Direito:

> Documento é toda representação material destinada a reproduzir determinada manifestação do pensamento [...]. Abarca o mais amplo espectro de sinais, sendo o mais comum deles a escrita. [...] É a coisa material na qual a atividade humana imprime vestígios ou sinais para efeito de comunicação de determinados conhecimentos. [...] Não importa sobre que tipo de material encontra-se o registro, mas a representação física do pensamento humano nele representado (GICO JÚNIOR, 2001, p. 98-99).

Perceba-se que não buscamos a concepção jurídica de documento como "prova", mas como "registro". Utilizar o termo no sentido de "prova jurídica" significaria aproximar-se do conceito de "prova científica" almejado pela historiografia metódica. Não é essa a intenção deste trabalho ao resgatar as concepções da Arquivologia e do Direito. O objetivo é enfatizar que o documento é o registro da expressão da experiência humana, em suas mais variadas manifestações, independente de seu suporte material. Sendo assim, podemos considerar como "documento histórico" uma enorme variedade de registros da atividade humana: escritos dos mais variados tipos, logicamente, mas também música, arquitetura, palavra oral, pintura, escultura, teatro, fotografia, cinema, iconografia, vestuário etc.

Dessa forma, e tentando construir um conceito o mais simples possível, podemos considerar que "documento digital" seja aquele documento – de conteúdo imensamente variável – codificado em um sistema de dígitos binários. Tal documento pode estar armazenado localmente em diversos suportes, como *pen drives* e *hard disks*. Também pode estar armazenado remotamente em servidores do tipo "nuvem". Tais características implicam a necessidade de uma

---

22. GICO JÚNIOR, 2001, p. 98.

máquina para intermediar o acesso do usuário às informações contidas no documento. Atualmente, tal máquina pode ser um computador, um *tablet*, um telefone celular (*smartphone*), entre outros dispositivos.

Partindo desse conceito fundamental, e através da experiência empírica, percebe-se a existência de dois tipos básicos de documentos digitais utilizáveis em uma pesquisa histórica: os documentos digitais "não primários"[23], e os documentos digitais primários. Dentre os documentos digitais primários, podemos identificar duas subcategorias: os documentos digitais "exclusivos" e os documentos "digitalizados"[24].

Os documentos digitais "exclusivos" são aqueles que não possuem outro suporte além do digital. Trata-se de uma enorme quantidade de informação que está sendo produzida e disponibilizada unicamente em formato digital, sobretudo na Internet. Nesse caso, os dados referentes a tais documentos têm na rede o seu único meio de publicação e arquivamento. Dessa forma, a Internet propicia uma existência "virtual" para esta documentação[25].

Já os documentos "digitalizados" são aqueles resultantes do trabalho de digitalização da documentação "tradicional" já existente. Por exemplo, a Hemeroteca Digital Brasileira, mantida pela Fundação Biblioteca Nacional, é um importante portal brasileiro de periódicos, de acesso gratuito, com consulta pela Internet, e amplamente utilizado em pesquisas históricas. O acervo inclui desde os primeiros jornais criados no país – como o *Correio Braziliense* e a *Gazeta do Rio de Janeiro* – até títulos que deixaram de circular no século XX, como o *Diário Carioca* e o *Correio da Manhã*[26].

É importante perceber que os dois tipos de documentos primários citados anteriormente ("exclusivos" e "digitalizados") podem ser considerados digi-

23. Essencialmente, documentos secundários e terciários, como: manuais, livros, artigos, dissertações de mestrado e teses de doutorado que podem ser acessados através da Internet. O acesso dos pesquisadores a essa vasta quantidade de fontes não primárias foi significativamente facilitado pela Internet.

24. Esta classificação é nossa, estabelecida em função da necessidade de sistematização metodológica advinda da prática de pesquisa. Cf. ALMEIDA, 2008; 2011.

25. De acordo com Pierre Lévy, "Na filosofia escolástica, é virtual o que existe em potência e não em ato. O virtual tende a atualizar-se, sem ter passado no entanto à concretização efetiva ou formal. A árvore está virtualmente presente na semente. Em termos rigorosamente filosóficos, o virtual não se opõe ao real mas ao atual: virtualidade e atualidade são apenas duas maneiras de ser diferentes. [...] Contrariamente ao possível, estático e já constituído, o virtual é como o complexo problemático, o nó de tendências ou de forças que acompanha uma situação, um acontecimento, um objeto ou uma entidade qualquer, e que chama um processo de resolução: a atualização (LÉVY, 1996, p. 15-16).

26. Disponível em http://bndigital.bn.gov.br/hemeroteca-digital – Acesso em fev./2021.

tais, pois utilizam a codificação em dígitos binários. Contudo, os documentos "digitalizados" constituem um tipo específico por possuírem obrigatoriamente outro suporte material anterior à digitalização: na maioria das vezes, o papel, porém não necessariamente este. Os documentos primários digitais "exclusivos" – em sua origem – não possuem outro suporte material além do digital.

2.3 Breves considerações metodológicas

Ao analisar documentos digitais "não primários" e documentos primários "digitalizados", via de regra, o historiador não deve se deparar com desafios metodológicos substancialmente diferentes daqueles encontrados no trabalho com os documentos tradicionais. Em essência, uma revista científica em versão digital difere da versão em papel apenas pelo suporte material. Da mesma forma, um processo judicial consultado de forma digital pela Internet, ou em papel diretamente no arquivo, não deve apresentar diferenças substanciais que ultrapassem aquelas decorrentes das características específicas do suporte material e das ferramentas de busca. Entretanto, quando falamos em documentos digitais "exclusivos", estamos nos referindo a uma categoria nova de documentação que apresenta algumas peculiaridades. A seguir, faremos algumas considerações metodológicas sobre esses diferentes tipos de documentos e seu acesso pela Internet.

Inicialmente, é importante salientar que a abundância é uma característica que chama a atenção quando falamos em "informação digital". A Internet oferece uma quantidade imensa de dados combinada com uma facilidade de acesso inexistente há alguns anos. Basta digitar uma URL[27] para que o navegador nos transporte a um universo de textos e imagens sobre os mais diversos assuntos. Nesse contexto, os historiadores (e estudantes de história) necessitam aprender a "separar o joio do trigo".

Apesar de facilmente encontrado através de mecanismos de busca, grande parte do material existente na Internet não é confiável. Muitos *sites* apresentam-se sob uma formatação aparentemente "científica", mas na verdade não representam o fruto de verdadeiro trabalho acadêmico. Embora se apresentem como o produto de especialistas, muitos textos encontrados na rede configuram notícias falsas, teorias conspiratórias ou refletem mais a opinião altamente ideológica de seus autores do que o resultado de pesquisas sérias. Isso quan-

27. URL (Uniform Resource Locator), é o endereço de um recurso disponível em uma rede.

do é possível identificar os autores. Ao contrário de um livro ou uma revista impressa em papel, na Internet muitas vezes é mais difícil avaliar a autoria e procedência do material. Tais características implicam a adoção de critérios cuidadosos para a seleção de fontes da Internet a serem utilizadas em uma pesquisa histórica.

Quando a responsabilidade sobre a publicação das informações digitais recai sobre instituições de pesquisa, é esperado que exista uma equipe de profissionais a revisar e avalizar a autenticidade de tal conteúdo. Normalmente, as instituições publicam relatórios impressos que referendam as informações disponibilizadas nos *sites* da Internet. Como exemplos, podemos citar o Inter-University Consortium for Political and Social Research, da Universidade de Michigan[28], o Center for Electronic Records do Arquivo Nacional dos Estados Unidos da América[29] e o Instituto Brasileiro de Geografia e Estatística[30].

Todavia, há uma vasta quantidade de informação disponível através da Internet, sem nenhuma relação com instituições que possam responsabilizar-se pela sua autenticidade. Nesse conjunto entram *blogs*, fóruns eletrônicos, *e-mails* e uma série de outros meios digitais. Em primeiro lugar, um questionamento fundamental precisa ser respondido: as informações contidas em uma página da Internet sem relação com instituições de pesquisa podem ser tomadas como fonte primária de estudos históricos?[31] Uma conta do Twitter pode ser considerada uma fonte histórica? A resposta para tais perguntas não pode ser outra: sem dúvida! Tal material pode e deve ser analisado pelos historiadores, pois ao não fazê-lo se estaria correndo o risco de negligenciar períodos e acontecimentos importantes da História do Tempo Presente.

Portanto, neste ponto cabe realizar algumas considerações em relação à utilização de documentos digitais primários "exclusivos" em pesquisas históricas. Para utilizar tal documentação faz-se necessário um maior rigor em relação ao método historiográfico, além da utilização de alguns procedimentos

---

28. ICPSR. Disponível em http://www.icpsr.umich.edu – Acesso em fev./2021.

29. U.S. National Archives and Record Administration. Disponível em http://www.archives.gov – Acesso em fev./2021.

30. IBGE. Disponível em http://www.ibge.gov.br – Acesso em fev./2021.

31. Charles Dollar afirma que "o meio tradicional de garantir que os registros permaneçam autênticos ou "não adulterados" é a "custódia ininterrupta" em instalações especializadas" (DOLLAR, 1994, p. 9). Consideramos que as fontes primárias resultantes do trabalho de digitalização de documentação "tradicional" já existente (desde que realizado por instituições de pesquisa), bem como os dados disponíveis em *sites* de instituições do mesmo tipo, cumprem o verificador tradicional de autenticação, ou seja, a "custódia ininterrupta" em instalações especializadas.

técnicos e metodológicos específicos. Por método historiográfico, vamos convencionar uma "estrutura de pesquisa" histórica em quatro níveis, adaptando o modelo de Hirschheim et al. (2014), assim dividido de maneira simplificada: (1) Paradigmas (pressupostos epistemológicos, teóricos ou metateóricos que orientam a pesquisa; (2) Abordagens (uma forma abrangente e relativamente pessoal de fazer pesquisa); (3) Métodos (princípios básicos do processo de pesquisa histórica); e (4) Técnicas (etapas e ferramentas utilizadas na pesquisa). Tal modelo não é necessariamente consensual ou utilizado aqui como uma regra rígida ou universal. Sua função, neste momento, é essencialmente didática.

Voltando à Internet, em primeiro lugar, o historiador necessita perceber se o conteúdo de um determinado *site* corresponde a uma fonte integral, ou se foi retirado parcialmente de outros locais. Sempre que possível, é desejável reunir o conjunto original de fontes que constitui determinado documento. Além disso, a precisão das informações contidas em um *site* usado como fonte primária deve ser comprovada comparando tal conteúdo com outras fontes. De forma semelhante ao procedimento do historiador que não utiliza um relato oral como única fonte para uma pesquisa. A diversidade de fontes deve aumentar a confiança do pesquisador nas informações nelas contidas.

As fontes digitais primárias exclusivas podem ser altamente ideológicas, sendo necessária a crítica cuidadosa de seu conteúdo. A preocupação com o cruzamento de dados entre o maior número possível de fontes disponíveis é fundamental. Por exemplo, se o historiador estiver estudando *sites* de partidos políticos, torna-se interessante utilizar também periódicos de diferentes orientações ideológicas para confrontar determinadas informações.

O caráter efêmero da Internet torna ainda mais importante a tomada de consciência dos historiadores perante esta nova categoria de fontes. Muitos *sites* são retirados do ar sem aviso prévio e seu conteúdo pode ser perdido, visto a sua inexistência em outro suporte. Dessa forma, o pesquisador do Tempo Presente tem acesso exclusivo a esse material, pois ele só é disponível em uma restrita janela temporal. Como se estivesse em um trabalho de "arqueologia de salvamento", o historiador torna-se responsável pela análise e também pela preservação da informação. Não fosse a sua intervenção, o documento poderia ser perdido em caráter definitivo.

Por exemplo, em 23 de abril de 2009 o Yahoo! comunicou que encerraria as atividades do serviço de hospedagem de *sites* Geocities. Em 26 de outubro daquele ano, o serviço foi definitivamente encerrado, e as páginas hospedadas no Geocities (cerca de 38 milhões) foram retiradas da Internet. Isso ocasionou várias mobilizações no sentido de preservar o conteúdo de muitos *sites*. Outro exemplo são as mensagens publicadas na Internet pelo Presidente Jair Bolsonaro, em sua conta oficial no Twitter. Tal material constitui um potencial acervo de documentos digitais primários para pesquisas históricas. Como tais documentos não possuem outro suporte além do digital, podem ser considerados documentos digitais "exclusivos". Tal material é volátil e sua permanência na Internet – e nos discos rígidos dos servidores, onde encontra sua materialidade física – pode ser efêmera. O Presidente Jair Bolsonaro (ou o administrador de sua conta) já apagou mensagens publicadas por ele na Internet[32]. Em outros casos, o próprio Twitter apagou as mensagens do presidente, por considerar que colocavam as pessoas em maior risco de transmissão e contaminação pela Covid-19[33].

No caso das pesquisas históricas que utilizam fontes digitais escritas ou visuais, uma solução possível para a questão do armazenamento da documentação é o salvamento dos arquivos pesquisados em formato PDF[34], construindo assim um banco de dados digital. No caso de monografias, dissertações ou teses, uma cópia de tal banco de dados pode ser anexada à versão final do trabalho, se o autor considerar pertinente[35].

---

32. Para citar um episódio, em abril de 2020, Jair Bolsonaro apagou um vídeo que havia publicado no Twitter, no qual um homem aparecia mostrando a Central de Abastecimento de Minas Gerais (Ceasa), em Contagem-MG, aparentemente vazia. O homem culpava as medidas de isolamento contra a Covid-19 por um suposto desabastecimento de alimentos e exaltava o Presidente Bolsonaro, afirmando que o problema era causado pelos governadores. O próprio presidente escreveu: "são fatos e realidades que devem ser mostrados". Horas mais tarde foi comprovado que o vídeo era falso. Cf. https://twitter.com/CBNoficial/status/1245327689445068800 – Acesso em fev./2021.

33. Em março de 2020 o Twitter apagou duas publicações da conta oficial do Presidente Jair Bolsonaro. Tratava-se de dois vídeos nos quais o presidente circulava entre populares sem usar máscara de proteção contra o coronavírus e provocava aglomerações. Eles foram substituídos pela seguinte mensagem: "Este *tweet* não está mais disponível porque violou as regras do Twitter". Posteriormente, a empresa divulgou a seguinte nota sobre o assunto: "O Twitter anunciou recentemente em todo o mundo a expansão de suas regras para abranger conteúdos que forem eventualmente contra informações de saúde pública orientadas por fontes oficiais e possam colocar as pessoas em maior risco de transmitir Covid-19". Disponível em https://g1.globo.com/politica/noticia/2020/03/29/twitter-apaga-publicacoes-de-jair-bolsonaro-por-violarem-regras-da-rede.ghtml – Acesso em fev./2021.

34. Portable Document Format (ou PDF) é um formato de arquivo desenvolvido pela Adobe Systems em 1993 para representar documentos de maneira independente do aplicativo usado para criá-los. Um arquivo PDF pode descrever documentos que contenham texto, gráficos e imagens num formato independente.

35. Os documentos digitais têm como característica a dissociação entre o suporte físico e o seu conteúdo informacional. Sendo assim, é possível o descarte do suporte físico e a manutenção de seu conteúdo em um novo suporte. A evolução extremamente rápida da tecnologia informática

Outro cuidado metodológico fundamental a ser tomado diz respeito ao inter-relacionamento da documentação. É importante demonstrar, quando for o caso, que a documentação utilizada possui relação entre si. Também é interessante salientar as aproximações temáticas e ideológicas da documentação que se manifestam através de citações e convergências discursivas. Uma forma de interligação particular das fontes oriundas da Internet é feita através dos *links*. As páginas podem apresentar atalhos para outros *sites*, o que demonstra algum tipo de afinidade entre os conteúdos dos mesmos. É fundamental registrar tais aproximações tendo em vista que o inter-relacionamento das fontes pode funcionar como um indicador da confiabilidade das mesmas. Os documentos estabelecem relações entre si, são interdependentes, e o pesquisador deve estar atento a tais indicativos, pois eles podem atestar autenticidade e confiabilidade:

> Cada documento está intimamente relacionado "com outros tanto dentro quanto fora do grupo no qual está preservado e [...] seu significado depende dessas relações". As relações entre os documentos, e entre eles e as transações das quais são resultantes, estabelecem o axioma de que um único documento não pode se constituir em testemunho suficiente do curso de fatos e atos passados: os documentos são interdependentes no que toca a seu significado e sua capacidade comprobatória. Em outras palavras, os documentos estão ligados entre si por um elo que é criado no momento em que são produzidos ou recebidos, que é determinado pela razão de sua produção e que é necessário à sua própria existência, à sua capacidade de cumprir seu objetivo, ao seu significado, confiabilidade e autenticidade. Na verdade, os registros documentais são um conjunto indivisível de relações intelectuais permanentes tanto quanto de documentos (DURANTI, 1994, p. 3).

Ao utilizar documentação "convencional" (cartas, jornais, inventários, fotografias etc.) sob a guarda de instituições de pesquisa, museus ou arquivos, é possível que o historiador não se preocupe em verificar sua autenticidade. Isto porque, em muitos casos, supõe-se que tais documentos já tenham passado pela avaliação de outros profissionais que atestaram sua validade. Todavia, ao se deparar com documentos inéditos, faz-se necessário o exame criterioso

---

torna os suportes físicos de informação obsoletos de maneira muito rápida. Em pouco tempo o disquete de 1,44 Mb de capacidade de armazenamento tornou-se ultrapassado, sendo substituído pelo CD de 700 Mb (equivalente a 487 disquetes) e pelo DVD com 4,7 Gb de capacidade (equivalente a quase 7 CDs). Mais tarde, os *pendrives* com capacidade muito superior foram lançados e dominaram o mercado.

para verificar sua confiabilidade. Uma fotografia pode ser falsificada ou uma carta pode ser forjada e existem métodos que possibilitam identificar tais falsificações. Ao utilizar *sites* da Internet como fonte primária, o historiador irá, provavelmente, ser a primeira pessoa a preocupar-se em verificar sua autenticidade. Isso faz com que aumentem as chances de se deparar com algum tipo de falsificação. Por isso, ao trabalhar com fontes da Internet, a atenção deve ser redobrada. O historiador precisa utilizar técnicas e desenvolver a habilidade necessária para selecionar o material confiável.

Por exemplo, um *site* pode ser *hackeado*[36] e as informações ali publicadas originalmente podem ser alteradas sem o conhecimento dos seus autores. Outro tipo de falsificação ao qual as fontes da Internet estão sujeitas diz respeito a falsos *sites*, ou *fake sites*. Normalmente os *fake sites* são construídos com o propósito de aplicar golpes eletrônicos pela Internet. Estelionatários criam cópias dos *sites* de empresas, instituições bancárias ou governamentais e atraem os usuários até elas para roubarem-lhes informações como número de cartões de crédito ou senhas bancárias. Também são comuns as falsificações de agências de notícias e perfis em *sites* de relacionamento, como o Facebook e Twitter. Há a possibilidade teórica da criação de um *fake site* em qualquer área do conhecimento. Tomar um *fake site* como verdadeiro seria um erro grosseiro, portanto o historiador deve estar atento ao selecionar suas fontes. Existem procedimentos básicos que devem ser adotados para minimizar a possibilidade de que sejam cometidos enganos dessa natureza. Nesse sentido, a utilização da ferramenta Whois mostra-se efetiva em muitos casos[37].

As notícias falsas, ou *fake news*, e boatos de Internet também devem ser objeto de preocupação do pesquisador. As *fake news* são artigos de notícias (ou que aparentam ser artigos de notícias) intencional e comprovadamente falsos, podendo assim enganar os leitores[38]. Dessa forma, excluem-se desta definição peças publicitárias, paródias de notícias, sátiras políticas e textos cômicos que não possuem necessidade de vinculação com a realidade[39], desde que isso fique claro para o leitor. Por sua vez, o boato pode ser conceituado como sendo

---

36. *Hackeado*: invadido por um *hacker* (ou *cracker*), indivíduo que quebra o sistema de segurança de um *site* e altera seu conteúdo.

37. A ferramenta Whois é um protocolo específico para consultar informações de contato e domínio sobre entidades da Internet. Disponível em https://registro.br/cgi-bin/whois – Acesso em fev./2021.

38. ALLCOTT; GENTZKOW, 2017, p. 213.

39. TANDOC JR. et al., 2018, p. 138.

uma onda noticiosa disforme, que circula ao sabor das contribuições coletivas, podendo conter uma variada gama de produtores[40]. Sendo assim, pode-se concluir que boatos e notícias falsas são objetos distintos, porém inter-relacionados. Um boato pode surgir ou ganhar força a partir de notícias falsas, bem como estas podem ser fabricadas utilizando boatos como substrato inicial. O pesquisador deve estar atento às duas categorias, que podem induzir a vieses e erros de pesquisa.

O historiador deve adquirir familiaridade com a documentação a fim de conhecer os símbolos, os códigos e os detalhes que envolvem os documentos autênticos. Ao obter esta habilidade, a existência de desvios no padrão torna-se visível para o pesquisador atento. Trabalhar quantitativamente também pode ser um procedimento metodológico interessante, principalmente quando se estiver utilizando fontes anônimas ou cuja autenticidade seja de difícil comprovação. Dessa forma, se for obtido um *corpus* significativo de documentos, é possível identificar uma coerência discursiva que remete a um modelo-padrão. Todos os desvios relevantes dentro do padrão identificado devem ser analisados com mais detalhes para precisar sua procedência e minimizar a possibilidade de erros. Deve-se afastar a possibilidade de os documentos serem produzidos em massa por "robôs"[41]. É necessário que o historiador adquira certa "intimidade" com a documentação, a fim de perceber os afastamentos da regularidade. Com a experiência, os desvios acabam "saltando aos olhos" do historiador. Trata-se de trabalhar dentro de um espectro admissível de erro. Como afirma Charles Dollar,

> os estudiosos e pesquisadores que utilizam algum material como fonte primária em sua pesquisa partem, em geral, do pressuposto de que tal material é confiável e fidedigno. Trata-se de uma "autenticidade presuntiva", porque a maior parte do material considerado fonte primária – registros para os arquivistas – não passa de um subproduto de transações rotineiras exigidas para se levar a cabo uma ação (legal, financeira ou comercial), e esses subprodutos acabam formando um *corpus* de materiais relacionados entre si. A presença de um documento em um *corpus* constituído de tipos semelhantes de material, que se sabe ou se acredita terem sido produzidos de acordo com procedimentos-padrão, acarreta uma presunção de fidedignidade e auten-

---

40. IASBECK, 2000, p. 11.

41. Também chamados *bots*, são ferramentas automatizadas que realizam diversas ações como disseminar *hashtags*, notícias falsas, aumentar as visualizações de um *site*, curtir publicações etc.

ticidade. Por conseguinte, tanto o contexto quanto o conteúdo dos documentos dão testemunho da fidedignidade e da autenticidade[42].

É válido salientar novamente o amplo espectro de documentação proporcionado pela Internet, especialmente para os historiadores do Tempo Presente. Em alguns casos, esta abundância pode chegar ao extremo. Mais do que facilitar o trabalho do historiador, a grande quantidade de fontes constitui um obstáculo perigoso. O impulso em buscar expandir a análise pode levar o pesquisador a um labirinto de fontes, onde seria difícil encontrar a saída no tempo disponível. A situação seria semelhante à metáfora usada por Aléxis de Tocqueville, onde o historiador é comparado com um minerador sobre o qual a mina desaba, deixando-o sem saber como sair dali carregando o tesouro[43]. Dessa forma, é necessário selecionar os documentos mais relevantes para uma análise qualitativa, dentro do universo bem maior de fontes que entram na análise quantitativa.

2.4 A Internet revolucionou a pesquisa histórica?

Em 2005, Orville Burton considerava que o novo panorama no ofício do historiador era "revolucionário", referindo-se a ele como uma "História Digital":

> [...] História Digital é o processo através do qual historiadores são capazes de usar computadores para fazer história de formas impossíveis sem o computador. [...] é a revolução na profissão histórica que mudará a maneira que a história é feita em todos os níveis de estudo e ensino e através das bibliotecas e bases de dados que os historiadores usam em seu trabalho diário. Ao incorporar o tremendo poder do computador às práticas e metodologias do historiador, o resultado deve ser uma história melhor (BURTON, 2005, p. 207).

Passados mais de quinze anos da publicação do texto de Burton, podemos ter uma boa ideia acerca de todas as mudanças causadas pela Internet, documentos digitais e ferramentas tecnológicas no ofício do historiador. Tais mudanças nos permitem concluir que realmente houve uma revolução na pesquisa histórica? A resposta a tal questão está longe de ser trivial.

---

42. DOLLAR, 1994, p. 9.
43. TOCQUEVILLE, apud SIRINELLI, 1996, p. 244-245.

Algumas das vantagens de uma "História Digital" estão relacionadas com seu potencial para o armazenamento de dados, a sua facilidade de acesso, a flexibilidade de formatos (textos, imagens, vídeo, áudio...), e a interatividade entre o usuário e as fontes, facilitada pelo princípio do hipertexto e pela *Web 2.0*. De fato, os bancos de dados digitais podem facilitar muito a vida do historiador. Os sistemas de busca informatizados potencializam a capacidade de pesquisa nos documentos e permitem uma enorme economia de recursos (humanos, inclusive), além de acelerar as investigações. Além disso, a Internet consolidou-se como uma nova categoria de fontes documentais para pesquisas históricas. A partir desse ponto de vista, realmente a pesquisa histórica parece ter passado por uma revolução nas últimas décadas.

Todavia, a História Digital também tem suas desvantagens: a falta de qualidade de grande parte do material disponível na Internet, o caráter volátil da documentação, a necessidade de atualização técnica constante do pesquisador, a possibilidade de cobrança para o acesso às fontes, a necessidade de avaliação da autenticidade da documentação (embora estas últimas não sejam exigências apenas da História Digital). Como vimos, tais características podem implicar a necessidade de métodos e técnicas específicos para a lida com a documentação digital.

Voltemos a nosso modelo de método de pesquisa histórica dividido em quatro níveis hierárquicos inter-relacionados. Ao considerar a pesquisa histórica como uma relação dinâmica entre (1) paradigmas, (2) abordagens, (3) métodos, e (4) técnicas, em quais níveis houve incontestáveis mudanças revolucionárias a partir da incorporação da Internet no ofício do historiador? Acreditamos que mudanças drásticas ocorreram apenas em relação a métodos e técnicas. As pesquisas em hemerotecas, por exemplo, foram incontestável e revolucionariamente alteradas (para melhor) em função dos arquivos digitalizados e das ferramentas de busca pela Internet. Atualmente, consegue-se fazer em um dia na Hemeroteca Digital Brasileira um trabalho de pesquisa que levaria meses, ou até anos, no cenário anterior à digitalização. Algumas pesquisas seriam mesmo impossíveis de se realizar antes da digitalização, em função da distância física entre os arquivos e os pesquisadores. Contudo, em termos de paradigmas e abordagens acerca da pesquisa em fontes da imprensa, a Internet e a digitalização não causaram alterações estruturais. Ainda.

Portanto, as mudanças no trabalho historiográfico oriundas do advento da Internet não implicaram uma revolução total. Apesar de necessitar, em alguns casos, de técnicas e metodologias particulares, a historiografia pós-Internet continua utilizando – de maneira geral – os paradigmas e abordagens já consagrados na pesquisa histórica, apenas adaptados ao formato digital. Trabalhar sob uma incerteza calculada não é novidade para o historiador, pois os métodos históricos não são totalmente precisos. As fontes "tradicionais" não são mais confiáveis do que as fontes digitais. Um documento impresso pode ser falso. Uma fotografia antiga pode ser fraudulenta. Um depoimento oral pode modificar os fatos. Sempre foi assim e continua sendo.

É normal para os historiadores trabalhar dentro de campos de possibilidades, utilizando métodos para reduzir as chances de erro. No futuro, é possível que sejam criados mecanismos mais precisos para verificar a autenticidade das fontes digitais. Contudo, enquanto tais procedimentos não se tornarem operacionais, a habilidade e a experiência do pesquisador continuarão determinantes na seleção das fontes mais confiáveis. A historiografia pós-Internet, dessa forma, é ao mesmo tempo revolucionária e conservadora. É revolucionária porque introduziu novas técnicas, ferramentas, métodos, fontes e possibilidades de análise. Por outro lado, é conservadora, porque não destituiu de valor os paradigmas e abordagens de pesquisa consagrados na "História Analógica". Nem mesmo os métodos e técnicas de pesquisa existentes anteriormente foram descartados. Ao contrário, foram revalidados e adaptados às novas fontes e ferramentas disponíveis. Com a permissão da licença poética, e para citar um antigo provérbio, podemos dizer que os "historiadores digitais" não jogaram fora a criança junto com a água do banho. Nesse sentido, consideramos que a História Digital pós-Internet não configurou uma revolução na profissão "em todos os níveis", como acreditou Orville Burton. Todavia, tendemos a concordar com o autor, quando previu que a incorporação das novas tecnologias traria como resultado uma história melhor.

SEGUNDA PARTE

OBJETOS E METODOLOGIAS

3

A historiografia e a Wikipédia

Lucas Tubino Piantá
Pedro Toniazzo Terres

3.1 Considerações iniciais

O historiador e a historiadora do início do século XXI se encontram em um dilema profissional, social e até mesmo ético: como escrever sobre o passado em tempos em que o tempo não apenas se acelera, mas torna-se profano, de domínio público, acessado, interpretado, politizado, mesmo negado, por qualquer pessoa com acesso à Internet? Já longe de ser a única voz com autoridade para falar sobre história, a figura do historiador parece estar colocada em xeque frente às disputas de memória e às demandas dos novos espaços sociais do novo século – principalmente quando se pensa no infinitamente expansível espaço digital.

Nesse processo, o digital aparece não apenas na realidade inexorável (por vezes, monstruosa) das redes sociais, mas também enquanto campo de pesquisa. Ferramentas de pesquisa (e de pirataria) acadêmica, bancos de imagens, acervos de documentos digitalizados, tradutores, leitores de pdf, e-books, tablets, todos se tornaram e tornam-se parte da rotina e do *modus operandi* do fazer história. As barreiras nacionais e linguísticas que separavam o pesquisador de suas fontes também vão se dissolvendo com velocidade, deixando para trás, muitas vezes, apenas um *paywall* em euros. Como aponta Sebastian Conrad em seu "What is Global History?": "a lógica de rede que a tecnologia computacional encoraja afetou o pensar dos historiadores, que cada vez mais aplicam uma linguagem de redes e pontos nodais para substituir antigas lógicas territoriais"[1].

1. CONRAD, 2016, p. 72; tradução nossa.

A Wikipédia pode ser observada em um contexto em que, de acordo com Anita Lucchesi[2], vivemos uma "transição da cultura alfabética para a cultura digital", e onde "a forma como apresentamos as informações está se modificando". É nesse contexto que a autora afirma ser possível observar "o surgimento de novas possibilidades narrativas, menos lineares e mais hipertextuais, que intensificam o potencial do virtual e podem abusar do audiovisual"[3]. Um exemplo que possibilita a identificação da Wikipédia como elemento desta transição é a hiperligação, que permite uma navegação hipertextual quase infinita na plataforma, redirecionando o leitor imediatamente às páginas onde pode encontrar a informação que necessita naquele momento. Audiovisual é outra característica da Wikipédia: suas diferentes páginas e verbetes admitem a inserção de áudios, fotos e vídeos no texto.

Nesse sentido, as relações entre Wikipédia e historiografia também podem ser exemplares para observarmos o que Jurandir Malerba[4] apresenta como "mudanças nas relações de historiadores com seu próprio ofício", impulsionadas pela constatação de que "a história não mais se produz somente na academia, muito menos se veicula apenas por meio do livro impresso", a partir do momento em que "as plataformas digitais subverteram as bases da produção e circulação das narrativas sobre o passado"[5].

Partindo das mudanças impulsionadas pelo digital no ofício do historiador, Malerba afirma que "o potencial leitor de história não é mais o especialista, nem sequer o indivíduo educado, como no século XIX e praticamente todo o século XX", ao mesmo tempo em que "mais e mais pessoas comuns estão usando tecnologias *on-line* para acionar o passado (e também falar de história), e os historiadores devem estar alertas a essas mudanças"[6]. A Wikipédia, enciclopédia digital de livre-acesso cujos verbetes qualquer pessoa pode editar, está inserida neste processo. Não apenas por ampliar as possibilidades de produção e recepção da história, em um processo em que o público se confunde com o produtor, mas também por ser um lugar onde historiadores profissionais e amadores dividem espaço. A Wikipédia, portanto, toma aqui a sua importância para a historiografia.

2. LUCCHESI, 2014, p. 47.
3. Ibid.
4. MALERBA, 2017, p. 143.
5. Ibid., p. 142.
6. Ibid., p. 143.

No entanto, não são raras as afirmações de que o conteúdo da Wikipédia é de má qualidade, e que a plataforma como um todo não é confiável. Como mostraremos neste capítulo, a questão da confiabilidade do conteúdo da Wikipédia vai muito além de um simples "sim" ou "não". Independentemente disso, o fato é que a plataforma é um enorme mobilizador de conhecimento e informação nos meios digitais, onde o público geral cotidianamente busca as respostas para todo tipo de perguntas – incluindo perguntas relacionadas ao conhecimento histórico. Como podem os profissionais da história ficar de fora deste debate? Não é novidade que existam verbetes de história na plataforma falando de guerras, personagens e períodos históricos. Porém, a questão que raramente é colocada é: Quem escreve estes verbetes? Por que os escrevem? Como os escrevem? Qual o caráter do conhecimento histórico na Wikipédia?

Ao analisar as ferramentas de discussão que a plataforma oferece, assim como as regras da comunidade para as edições, é possível encontrar disputas pela memória, reflexos da concentração do conhecimento histórico em temas que dizem respeito à Europa e perspectivas historicamente apresentadas em um mundo eurocêntrico. Em suma, a Wikipédia é um campo em disputa, onde diferentes pontos de vista e abordagens são apresentados e lutam por espaço, mas sua realidade não está alheia ao mundo "real". Além disso, as próprias páginas de discussão e o histórico dos verbetes podem servir como fontes primárias para analisar estas disputas.

Portanto, é importante que historiadoras e historiadores profissionais lancem seus olhares à Wikipédia, preocupem-se em entender seu funcionamento e percebam como sua divisão por diferentes línguas não significa uma simples tradução de conteúdo. São produções que corroboram com as discussões disponíveis e historicamente travadas territorialmente e que, como a própria historiografia, permitem que fronteiras sejam transgredidas e que discussões locais tomem proporções globais.

É importante ressaltar que trabalhos analisando a produção sobre história na Wikipédia (e o papel dos historiadores dentro da plataforma) não são inéditos. O artigo de Roy Rosenzweig, "Can History Be Open Source? Wikipedia and the Future of the Past", publicado no *Journal of American History* em 2006, por exemplo, traça uma análise sobre os verbetes de história estadunidense na Wikipédia anglófona, e as diferenças disciplinares entre a escrita acadêmica e wikipédica da história. No Brasil, destaca-se o trabalho de Juliana Bastos Marques, que a partir de 2012 iniciou um projeto para que alunos da graduação na Unirio produzissem verbetes da Wikipédia sobre a história romana, tendo a autora escrito diversos artigos trazendo reflexões a partir da experiência do projeto[7].

O que buscamos entender neste capítulo é como o conteúdo de história na Wikipédia se coloca no contexto multilinguístico da plataforma, analisando artigos específicos da versão anglófona e lusófona e traçando quais são as disputas e os interesses relacionados ao passado sob uma perspectiva global. Além disso, buscamos destacar os espaços que o trabalho especializado de historiadoras e historiadores pode encontrar (e vem encontrando) para se inserir na discussão wikipédica, engajar no debate público sobre o passado, ocupar discussões importantes à disciplina e trabalhar em prol da divulgação do conhecimento.

3.2 Wikipédia e os cinco pilares

Criada em 2001 por Larry Sanger e Jimmy Wales, a Wikipédia surgiu como uma versão aprimorada de um projeto de enciclopédia *on-line* anterior criado por eles, chamado "Nupédia". Ao contrário do caráter aberto e colaborativo pelo qual os projetos *wiki* se popularizaram ao longo da história da Internet, a Nupédia tinha uma estrutura relativamente restrita, com um sistema de escrita e revisão dos artigos por *experts*, em que Wales e Sanger tinham o poder de veto editorial sobre os verbetes (LUND, 2017, p. 46-47). Ainda assim, era uma enciclopédia digital, gratuita e construída coletivamente, diferenciando-se do modelo de serviço pago das enciclopédias da época, operados por um pequeno grupo de escritores contratados pelas editoras[8]. Nesse sentido, a Nupédia, assim como sua sucessora, tinha já nos seus princípios fundadores o objetivo de se tornar um projeto de proporções gigantescas, ao afirmar que

> nosso objetivo a longo prazo é criar uma enciclopédia de conteúdo aberto, organizada, pesquisável, com referências cruzadas e disponível livremente na web e em vários outros formatos de baixo custo, e com uma quantidade de conteúdo maior do que qualquer outra enciclopédia teve na História (NUPÉDIA, 2001, *on-line*; tradução nossa).

Com o crescimento lento da Nupédia em razão do formato editorial mais restrito, Wales e Sanger criam em janeiro de 2001 a Wikipédia, com princípios similares aos da Nupédia e servindo como uma espécie de rascunho para a

---

7. MARQUES, 2013; 2019.

8. LUND, 2017, p. 42-43.

criação de artigos desta, porém completamente livre de revisão editorial, seguindo os modelos *wiki* existentes desde o início da década de 1990. Em março do mesmo ano, inicia-se o processo de internacionalização do projeto, com a criação da Wikipédia em alemão e catalão. A versão lusófona é criada em maio, juntamente de uma série de versões em outras línguas, como francês, cantonês, italiano, espanhol e russo (HISTORY OF WIKIPÉDIA, 2019, *on-line*).

Na comunidade, que rapidamente foi aumentando, diversas regras e políticas foram sendo discutidas e votadas para garantir o funcionamento da enciclopédia. É neste contexto que se constitui uma das regras mais antigas e amplamente aceitas da plataforma: o princípio da imparcialidade, conhecido por sua sigla inglesa NPOV (Neutral Point of View, ou Ponto de Vista Neutro). Defendida por Wales e Sanger desde a Nupédia, a regra do NPOV coloca a necessidade de os autores dos verbetes buscarem a imparcialidade na escrita de seus textos, evitando vieses e apresentando de forma justa todos os diferentes pontos de vista em determinado assunto (LUND, 2017, p. 48).

O NPOV se tornaria mais tarde um dos chamados "Cinco pilares da Wikipédia", uma espécie de regras gerais para a comunidade, amplamente utilizadas em todas as línguas. Conforme descrita na versão lusófona em 2019, os Cinco pilares são: I) A Wikipédia é uma enciclopédia; II) A Wikipédia rege-se pela imparcialidade; III) A Wikipédia é uma enciclopédia de uso livre; IV) A Wikipédia possui normas de conduta; V) A Wikipédia não possui regras fixas (Wikipédia: Cinco pilares, 2019).

Apesar de almejar ser um projeto que resuma todo o conhecimento humano de forma colaborativa e imparcial, a Wikipédia alcança percalços e vieses que levantam barreiras e questionamentos importantes à sua capacidade de realizar essa tarefa. Desde seus primeiros anos de operação, uma série de pesquisas tem demonstrado que, ao contrário do intuito de seus criadores em conceber uma enciclopédia editada por todo tipo de pessoas (com diferentes origens, visões políticas e especialidades), a ampla maioria dos usuários que editam e colaboram com a Wikipédia faz parte de grupos demográficos (e sociais) muito similares – em 2011, uma pesquisa sobre o perfil dos editores da Wikipédia apontou que 91% dos editores eram homens, em sua maioria com Ensino Superior completo, com mais de 30 anos, morando geralmente na Europa ou nos Estados Unidos (Wikimedia, 2011, *on-line*)[9]. Jamielniak[10], ao

9. Apesar de esta pesquisa ser considerada desatualizada, considerando que tenha sido feita nove anos antes da escrita deste capítulo, trata-se da mais completa pesquisa relacionada ao perfil dos usuários da Wikipédia, tendo sido conduzida pela própria plataforma.

10. JAMIELNIAK, 2014, p. 15.

trabalhar com estes dados, sugere que os números podem esconder o receio feminino de se posicionar no que se refere ao gênero num espaço onde homens geralmente são maioria, como fóruns de Internet. O autor segue a discussão alertando para a indissociabilidade entre o social no mundo físico e no mundo virtual. Ou seja, numa sociedade em que o machismo é estrutural, dificilmente as relações no universo da Internet se darão de forma diferente.

O alto desnível entre o número de homens e mulheres wikipedistas vem sendo identificado desde os primeiros anos da plataforma. No entanto, o chamado *gender gap* não se reflete apenas no perfil dos editores, mas também nos assuntos dos verbetes, sobretudo considerando quem são as pessoas biografadas na Wikipédia. Uma pesquisa de 2018 que analisou mais de dois milhões de verbetes biográficos em todas as línguas da Wikipédia concluiu que, dentre as biografias que informavam o gênero dos indivíduos, 84,4% diziam respeito a homens, enquanto apenas 15,6% eram sobre mulheres[11].

A defasagem (e, sobretudo, a má distribuição) no conteúdo da plataforma em determinados assuntos se agrava ainda mais quando diz respeito aos conteúdos de caráter histórico. Tratando apenas da distribuição temporal dos verbetes, a pesquisa de Samoilenko et al.[12] mostra que, dentre os verbetes de História nas 30 línguas mais editadas, há um viés grande em direção a eventos ocorridos nos últimos 200 anos, sobretudo nos conflitos de maior profusão historiográfica desse período – as Guerras Napoleônicas e as duas Guerras Mundiais. Além disso, há um número muito reduzido de verbetes que tratam de períodos pré-modernos. Ou seja, a concentração temporal se dá no período pós-1500.

Ao pensar nas vias da historiografia e da história acadêmica, um fato que chama a atenção ao olhar profissional é o tratamento da Wikipédia enquanto uma fonte terciária. De acordo com a própria plataforma,

> a Wikipédia resume descrições, interpretações e análises que são encontradas em fontes secundárias, e/ou baseia tais resumos em fontes terciárias. A Wikipédia ilustra tais resumos e descrições com o material que está tão próximo quanto possível das fontes primárias sobre o tema descrito (Wikipédia é Uma Fonte Terciária, 2019, *on-line*).

Entender a Wikipédia como fonte terciária está intimamente ligado com dois de seus cinco pilares: o ponto de vista neutro, ou NPOV, e o princípio de

11. KONIECZNY; KLEIN, 2018, p. 8.
12. SAMOILENKO et al., 2017, p. 213.

que "Wikipédia é uma enciclopédia". Sobre este, ao se caracterizar como uma enciclopédia baseada em fontes terciárias, a Wikipédia proíbe explicitamente a produção e a escrita de conteúdos inéditos, sem referência prévia, conforme aponta a página "Nada de pesquisa inédita":

> [o]s artigos não devem conter conceitos, recolha de dados, pesquisas ou teorias que não tenham sido anteriormente publicados em veículos adequados e reconhecidos para o efeito. Ademais, os artigos não devem conter análises ou interpretações inéditas de temas, conceitos, dados, ideias já publicadas. Artigos deste tipo não devem ser criados na Wikipédia, pois a finalidade da enciclopédia não é defender uma posição ou visão sobre determinado tema (Wikipédia: Nada de Pesquisa Inédita, 2019, *on-line*).

O fato de a Wikipédia ser uma fonte terciária e visar a neutralidade de ponto de vista leva a uma direção: ela se trata de uma compilação de fontes secundárias, onde, diferentemente da historiografia acadêmica, não é possível realizar um diálogo crítico entre autores, como numa discussão bibliográfica, tampouco é permitida a expressão de um posicionamento por parte do editor.

3.3 Um campo em disputa

É importante compreender que a Wikipédia, desde sua criação, tem um escopo internacional e multilinguístico, ou seja, é dividida em diferentes línguas. Não existe, portanto, uma Wikipédia brasileira, mas uma Wikipédia de língua portuguesa. Até outubro de 2019 havia 296 versões da enciclopédia em línguas diferentes, sendo a versão em inglês aquela com maior número de artigos publicados, edições mensais e usuários ativos.

De acordo com Jamielniak (2014, p. 12), muitos artigos presentes na Wikipédia anglófona, se comparados aos seus correspondentes em outras línguas, apresentam mais informações e atendem melhor aos critérios de escrita e de verificabilidade. Essa atenção dada à Wikipédia anglófona pode nos mostrar como as relações dos centros globais e suas periferias também se manifestam na plataforma, não apenas com maior número de conteúdo trabalhado quantitativa e qualitativamente, mas através dos critérios de escolha dos verbetes a serem editados. Em relação ao desequilíbrio da representação do continente europeu comparado ao resto do mundo, Mayer-Schörnberger afirma que:

> os Estados Unidos, medidos por sua atual população, são sub-representados no conteúdo da Wikipédia, enquanto a Europa por con-

traste é representada acima da média. Colocando de outra forma: a Wikipédia é uma instituição de conhecimento profundamente europeia. Através dela, a Europa (não os Estados Unidos) está escrevendo a geografia, a história e a enciclopédia do mundo, mesmo no século XXI (MAYER-SCHÖRNBERGER, 2014, p. 120, tradução nossa).

O autor também afirma que a presença de Ásia, África e América Latina são muito baixas na plataforma e que, também em relação ao número de biografias presentes na Wikipédia em inglês, a Europa sai na frente, confirmando uma visão eurocêntrica inclusive em relação a quais pessoas têm importância suficiente para serem biografadas.

Estes dados apresentados também se relacionam a outro fenômeno na Wikipédia, que chamaremos de transgressão territorial. Esta transgressão acontece quando editores acessam páginas da Wikipédia em línguas das quais não são nativos para editar verbetes, e levam na bagagem as discussões locais em relação aos assuntos pelos quais se interessam em editar. Em muitas destas interações fora de seu território linguístico nativo ocorrem disputas de memória intensas, sobretudo dentro dos verbetes de história.

A análise destas transgressões territoriais e das disputas de memória que ocorrem cotidianamente nas mais diferentes línguas da Wikipédia se torna possível através de uma característica própria da plataforma: o texto de todas as edições, discussões, reversões e eliminações dos verbetes fica armazenado no histórico das páginas, sendo possível visualizar em detalhes cada detalhe do processo de escrita dos verbetes. Como aponta o autor Liam Wyatt[13], essa característica possibilita que a própria Wikipédia sirva como uma fonte primária para a análise de disputas e discussões envolvendo processos, eventos e figuras do passado, quanto para analisar a própria formação das narrativas relacionadas a eventos que ocorrem no tempo presente. Além do conteúdo e das disputas envolvendo os verbetes em si, ainda é possível acessar estatísticas como o número de visualizações diárias e quais editores foram os responsáveis pelo maior número de edições em uma determinada página.

Um exemplo da utilização das páginas de discussão para observar as disputas de memória na Wikipédia é o trabalho de Mateus Pereira no artigo "Nova Direita? Guerras de memória em tempos de Comissão da Verdade (2012-2014)" publicado na revista *Varia História* em 2015. Pereira cita o verbete em português sobre a ditadura militar como exemplo de um dos grandes

13. WYATT, 2020, p. 964-965.

focos desta disputa de memórias. Ao analisar a Página de Discussão do verbete "Regime militar no Brasil"[14], o autor demonstra as relações do que chama revisionismo e negacionismo da ditadura militar com as questões da memória histórica e como estes temas se articularam com o início dos trabalhos da Comissão da Verdade no Brasil[15]. O texto de Pereira nos ajuda a entender como o discurso historiográfico reflete nas argumentações dos editores que disputam a memória na discussão do verbete. Também mostra como os debates em relação à Comissão da Verdade podem influenciar indiretamente a discussão feita pelos wikipedistas dedicados ao verbete analisado. Para além destas questões, o texto de Pereira traz provocações referentes às "guerras de memória" que nos levam a perguntar: O debate referente à memória no Brasil, que se manifesta no verbete "Regime militar no Brasil", estaria também em seu verbete correspondente na Wikipédia anglófona? Assim, partimos para uma análise da versão anglófona do verbete sobre a ditadura militar no Brasil para tentar identificar aquilo que chamamos de "transgressão territorial".

O texto apresentado pelo verbete "Military Dictatorship in Brazil" cita quatro referências em português, presentes também no verbete da Wikipédia lusófona. As afirmações que se baseiam nestas fontes variam no nível de informação em relação a seu correspondente lusófono, o que não nos dá certeza para afirmar se a utilização destas fontes se dá através de traduções ou de utilização das fontes por alguém que interpreta textos em português. O resto do texto, quando referenciado, apresenta fontes escritas em inglês (MILITARY DICTATORSHIP IN BRAZIL, 2019, *on-line*). Encontramos seis editores em comum nos dois verbetes, sendo que nenhum desses editores incluiu aquelas bibliografias em português encontradas no verbete anglófono.

Ao acessarmos a página de discussão (*talk*) do verbete encontramos, entre os vários debates presentes, um interessante caso de transgressão territorial: as disputas em relação à memória, e aquilo que Pereira chama de revisionismos e

14. O próprio artigo de Pereira demonstra a volatilidade do conteúdo dos verbetes da Wikipédia. Desde o lançamento do artigo em 2015, o título do verbete foi alterado para "Ditadura militar brasileira". Anteriormente, já havia sido chamado de "Quinta república brasileira", "Anos de chumbo", "Regime militar de 1964", "Ditadura militar no Brasil (1964-1985)" e "Ditadura militar do Brasil".

15. De acordo com Pereira (2014, p. 866): "*Revisionismo*: interpretação livre que não nega necessariamente os fatos, mas que os instrumentaliza para justificar os combates políticos do presente a fim de construir uma narrativa 'alternativa' que, de algum modo, legitima certas dominações e violências". "*Negacionismo*: radicalização da negação e/ou do revisionismo. Falsificação do fato".

negacionismos, se manifestam em boa parte da discussão, com vários editores se declarando brasileiros e reivindicando sua nacionalidade enquanto elemento central no acesso às discussões sobre a ditadura militar brasileira. O tópico da discussão que mais chama a atenção é intitulado "No mentions of military regimes abuse?" Nesse tópico, criado em 2007, o(a) autor(a), afirma:

> o artigo é bastante enviesado e não menciona de forma alguma os abusos do regime militar; esse assunto em si merece uma seção inteira. A estrutura do artigo também é esquisita: qual é a relevância dessa longa seção sobre "história da diplomacia brasileira"? O artigo em português está, como esperado, muito mais relevante e balanceado neste sentido. Por favor façam uma limpeza (TALK: Military Dictatorship in Brazil, 2019, *on-line*, tradução nossa).

O autor ou a autora do tópico não assina o texto, deixando apenas o seu endereço de IP registrado, o que acontecia quando o editor não estava logado na Wikipédia[16]. A discussão em relação ao viés é precisa: não se manifestar em relação aos abusos cometidos pelos militares é quebrar a neutralidade, é deixar de lado uma importante parte do debate sobre a ditadura militar no Brasil.

A discussão deste tópico segue com postagens feitas entre os anos de 2007 e 2010, com debates relevantes em relação ao enviesamento do texto, a importância de citar fatos como a Operação Condor, a morte de Vladimir Herzog e o número de pessoas mortas pelos militares durante a ditadura. Porém, a resposta que mais chama atenção ao contexto aqui trabalhado é feita em 2017, dez anos após a última edição feita neste tópico que analisamos. O editor que se identifica como Pedrix52 tem o hiperlink de seu nome de usuário em vermelho, indicando que por mais que tenha uma conta em algum domínio da Wikipédia, ainda não tem uma página de usuário no domínio anglófono. Numa busca rápida encontramos este mesmo usuário com uma página de usuário na Wikipédia lusófona, o que nos leva a acreditar que este editor seja brasileiro. A edição de Pedrix52 no tópico abordado afirma:

> os comunistas estão tentando tomar o controle da Wikipédia em inglês também; é simplesmente ridícula a manipulação da história nas mãos de pessoas que se chama de "intelectual". A "Comissão da Verdade", realizada recentemente no Brasil, fundou evidências factuais de

16. Em uma votação ocorrida entre agosto e outubro de 2020, a comunidade da Wikipédia lusófona foi favorável à proibição de edições por pessoas sem uma conta na Wikipédia. Dessa forma, as chamadas "edições por IP" passaram a ser proibidas no domínio lusófono, apesar de continuarem sendo permitidas em todas as demais línguas.

> cerca de 400 mortes causadas pelo governo militar, sendo este número muito questionável [sic] também, porque a maior parte das pessoas que morreram era realmente de criminosos e terroristas, não podendo ser considerados "políticos perseguidos". E é muito importante contrastar o número de mortes nas mãos dos "comunistas" do período, um número por volta de 200 pessoas inocentes que morreram em ataques terroristas, incluindo americanos neste número (TALK: Military Dictatorship in Brazil, 2019, *on-line*, tradução nossa).

O comentário de Pedrix52 no verbete em inglês se encaixa muito bem com os aspectos já discutidos por Mateus Pereira em seu texto, sobretudo para pensar as guerras de memória travadas em relação ao passado ditatorial do Brasil, sobretudo após o trabalho da Comissão Nacional da Verdade. Vale então ressaltar que o editor traz informações ao debate, mas de nenhuma forma busca confirmá-las ou citar fontes verificáveis, o que impossibilita que o argumento se transforme em alguma reversão ou edição no texto do verbete. Combinado com os dez anos de intervalo desde a última edição feita no tópico, a ausência de fontes na postagem nos leva a acreditar que Pedrix52 não estava preocupado em editar o verbete, mas em proferir seu discurso e manifestar sua insatisfação com os "comunistas", que "estão tentando tomar conta da Wikipédia em inglês também", provavelmente referindo-se às discussões feitas no verbete correspondente na Wikipédia lusófona. Acessando sua página de usuário foi possível identificar, através dos registros da aba "discussão", que Pedrix52 editou a página de discussão do verbete lusófono e teve algumas suas edições revertidas ou excluídas por terem sido identificadas como vandalismo.

Dentre as edições na discussão do verbete lusófono feitas por Pedrix52, destacamos suas tentativas de argumentar sobre a inexistência de uma ditadura no Brasil entre os anos de 1964 e 1985, o que não justificaria o uso do termo "ditadura" no título do verbete, sugerindo sua troca pela palavra "regime". Além de Pedrix52, outros três usuários brasileiros se dedicam a esta discussão específica tanto na versão em português quanto na versão em inglês do verbete sobre a ditadura militar brasileira[17].

A partir desta discussão podemos refletir sobre como a Wikipédia enquanto instituição é um ente global e a sua divisão por línguas, não por países, é uma forma de territorializar o global através de entes locais. Porém, na prática, essas barreiras acabam sendo transpostas, pois essa divisão em diferentes lín-

---

17. Estes três usuários são: Ixocactus, Coltsfan e Fgnievinski.

guas não inibe editores nativos da língua portuguesa, por exemplo, de editar verbetes em inglês (ou em qualquer outra língua) dentro da Wikipédia. Outro fenômeno interessante é o das traduções e das interações entre as línguas faladas por editores, como demonstrado por Hale, no texto *Multilinguals and Wikipédia editing*, publicado em 2014. De acordo com Hale, "em média, 44,5% das edições em línguas não nativas por usuários multilinguísticos foram feitas em artigos cujo correspondente em sua língua nativa havia sido editado pelo mesmo usuário" e "73% dos artigos editados por usuários multilinguísticos em uma língua não nativa existiam em suas línguas nativas"[18].

Uma pesquisa realizada nas versões em diferentes línguas da plataforma em 2009 mostrou que entre as seis maiores versões da Wikipédia, cerca de apenas 20% dos artigos existiam em todas as línguas. Já em uma análise com as 25 maiores versões, apenas 0,12% dos artigos (equivalente a cerca de 7 mil) existiam em todas as línguas[19]. Dessa forma, fica claro que, no que tange à maioria dos verbetes, as versões em diferentes línguas da Wikipédia não se tratam de traduções literais umas das outras, mas sim de diferentes versões de um mesmo projeto, diferenciando-se não apenas em estrutura, língua e origem dos usuários, mas também em conteúdo[20].

3.4 Análise dos verbetes de História na Wikipédia

Com o objetivo de entender o atual *status quo* dos verbetes de História nas Wikipédias anglófona e lusófona, decidimos mapear e classificar temporal e espacialmente os verbetes destacados e categorizados enquanto "História" na plataforma[21].

Em todas as versões da Wikipédia, verbetes destacados são aqueles que foram submetidos à avaliação e foram aprovados pelos usuários da plataforma como sendo de alta qualidade, seguindo com rigor as normas de referência, conteúdo e linguagem, e são estes os verbetes exibidos diariamente na página inicial de cada versão do projeto. No entanto, o método de avaliação é diferen-

18. HALE, 2014, p. 103; tradução nossa.

19. HECHT; GERGLE, 2010, p. 295.

20. Apesar disso, nos últimos anos, iniciaram-se esforços para o desenvolvimento de uma ferramenta dentro da Wikipédia para que usuários realizem com mais facilidade traduções entre diferentes versões linguísticas da plataforma. O chamado "Tradutor de conteúdo" já é utilizado em fase experimental por diversos dos usuários.

21. Os gráficos deste capítulo (Figuras 1 a 5) foram elaborados pelos próprios autores.

te em cada língua, uma vez que estas regras são determinadas pela comunidade de cada uma das versões da Wikipédia, e se dá a partir de necessidades específicas de cada contexto.

Figura 3.1 Relação tempo-espaço entre os verbetes destacados na Wikipédia anglófona

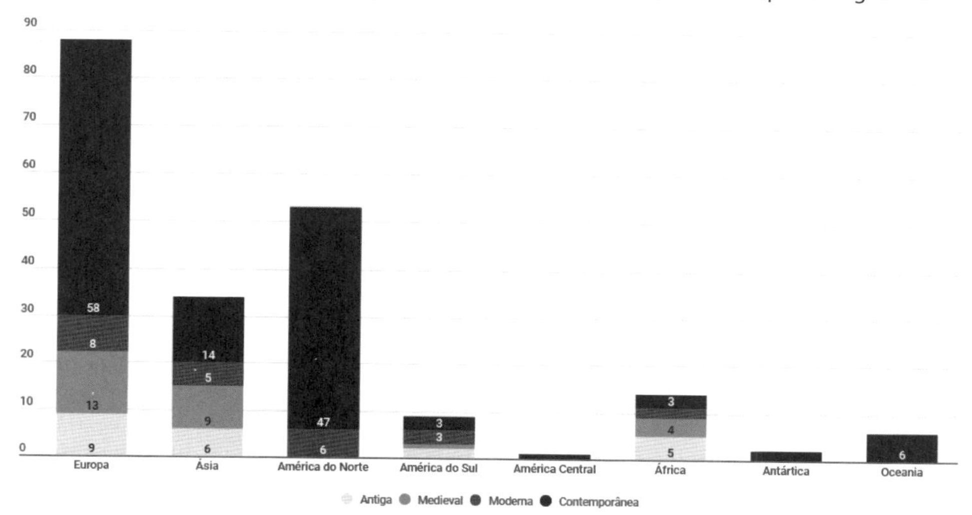

Na Wikipédia em português, por exemplo, nem todo o usuário tem o direito a votar para a aprovação ou não de uma candidatura: para ter direito ao voto é preciso ter uma conta registrada há mais de 90 dias, e ter efetuado pelo menos 300 edições. Para uma candidatura de artigo destacado ser aprovada, são necessários pelo menos sete votos a favor, além de ter mais de 75% de aprovação por parte dos votantes (WIKIPÉDIA: Escolha do artigo em destaque, 2019, *on-line*).

No caso da Wikipédia em inglês, não há restrição ao voto; qualquer usuário pode revisar e apontar correções aos verbetes candidatos a destaque. No entanto, é necessário que se chegue a um consenso para a aprovação da candidatura. Além disso, três usuários cumprem um papel administrativo de coordenação dos verbetes destacados, cabendo a eles identificar os consensos e promover ou cancelar as candidaturas a destaque (WIKIPÉDIA: Featured Article Candidates, 2019, *on-line*).

A escolha por analisar apenas os verbetes de História destacados, e não todos os verbetes, tem dois motivos: os verbetes destacados são aqueles que passaram por avaliação de wikipedistas experientes, que conhecem as regras de edição da plataforma, assim como os critérios de destaque dos verbetes. Ou seja, os verbetes destacados são a maior manifestação prática das diretrizes da Wikipédia, e servem como uma revisão por pares interna da plataforma[22]. A segunda razão é uma limitação técnica, pois uma análise multilinguística mais ampla exige maiores conhecimentos de computação e análise de *big data* do que aqueles que possuímos.

Reconhecendo nossa limitação, mas entendendo a importância de trazer uma análise dos dados para ilustrar a discussão, decidimos dividir os verbetes em dois eixos: temporalidade, utilizando a divisão "tradicional" por períodos históricos (em idades Antiga, Média, Moderna e Contemporânea) e espacialidade, utilizando a divisão por continentes. Por mais que reconheçamos os problemas dessa padronização, entendemos que seja a mais viável, pois vai de encontro com a própria temporalização padrão wikipédica. Também separamos os verbetes no que se refere aos continentes, de acordo com a forma como ocorre hoje a espacialização do mundo manifestada na Wikipédia (África, Américas, Ásia, Europa e Oceania)[23].

Em seguida, aqueles verbetes que não se encaixam nas divisões pensadas, por trabalharem com temporalidades longas ou com espaços que abarcam mais de um continente, são analisados de forma separada. São estes os verbetes que mais se diferem nas análises que fazemos aqui, pois trazem para a plataforma diferentes formas de se compreender o tempo e o espaço, servindo de combustível para discussões sobre a longa duração, a formação dos estados nacionais e um debate sobre a história global para um ambiente digital não acadêmico.

3.5 Resultados

Foram analisados os verbetes destacados dentro da categoria "História" em português (totalizando 103 verbetes) e os verbetes destacados na categoria "History" em inglês (totalizando 186). Como a Wikipédia em inglês separa

22. MARQUES, 2019, p. 5.

23. Na divisão de continentes escolhida, acabamos por separar o continente americano em três: América do Norte (abarcando Estados Unidos, Canadá e México), América Central (abarcando o Caribe e os países continentais entre México e Colômbia) e América do Sul. Além disso, verbetes que se situavam em um país transcontinental foram atribuídos a apenas um dos continentes, da seguinte maneira: a Indonésia foi considerada como sendo parte da Ásia, a Rússia (e a União Soviética) foi considerada como Europa, e a Turquia como Ásia.

biografias de personagens históricos e batalhas militares em categorias separadas, verbetes deste tipo foram excluídos da análise em português. Conforme já apontamos através da análise da discussão bibliográfica envolvendo espacialidade e temporalidade na Wikipédia, os resultados do levantamento confirmaram uma enorme concentração de verbetes no período chamado pela tradição francesa de "Idade Contemporânea", a partir de 1789, além de uma grande quantidade de verbetes localizados no continente europeu. Como é possível analisar nas imagens 3.1 a 3.6, na versão lusófona, 58,8% do total dos verbetes de História são sobre eventos ocorridos na Europa, e 55,4% dos verbetes ocorreram durante a Idade Contemporânea[24]. A versão anglófona, apesar de ter uma porcentagem menor de verbetes tratando do continente europeu (com 42,3% do total), apresenta um enfoque maior na contemporaneidade, com 64,4% dos verbetes situados nesse período.

A América do Norte, que ocupa a segunda maior parcela do total de verbetes destacados em inglês, com 25,5%, tem um destaque menor entre os verbetes em português, com apenas 9,3%, atrás de América do Sul (15,3%) e Ásia (11,3%).

Figura 3.2 Relação tempo-espaço entre os verbetes destacados na Wikipédia lusófona

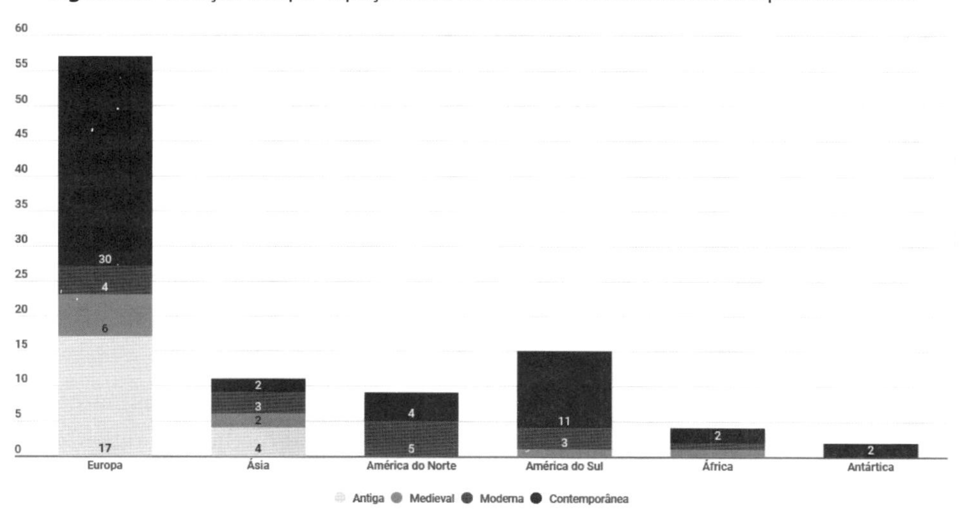

24. Apesar de a Wikipédia lusófona incluir (naturalmente) uma quantidade considerável de usuários provenientes de Portugal, apenas 2 dos 57 verbetes localizados na Europa são do país.

Figura 3.3 Porcentagem de verbetes destacados por temporalidade na Wikipédia lusófona

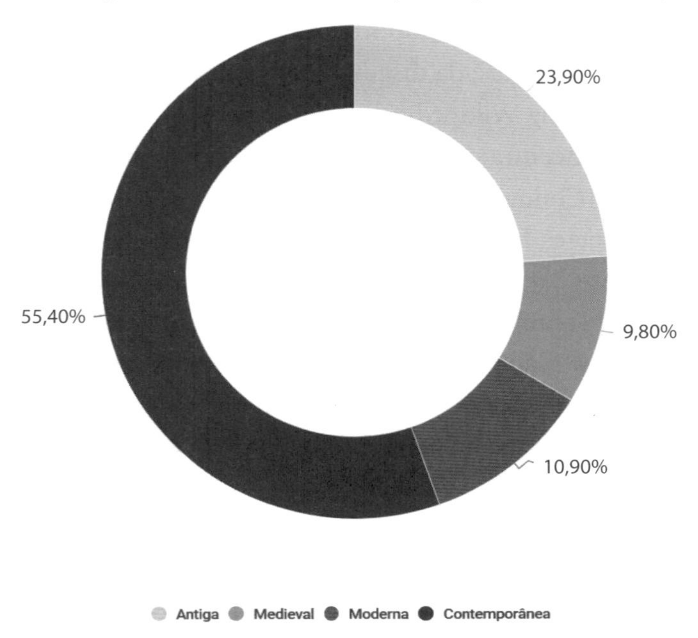

Figura 3.4 Porcentagem de verbetes destacados por temporalidade na Wikipédia anglófona

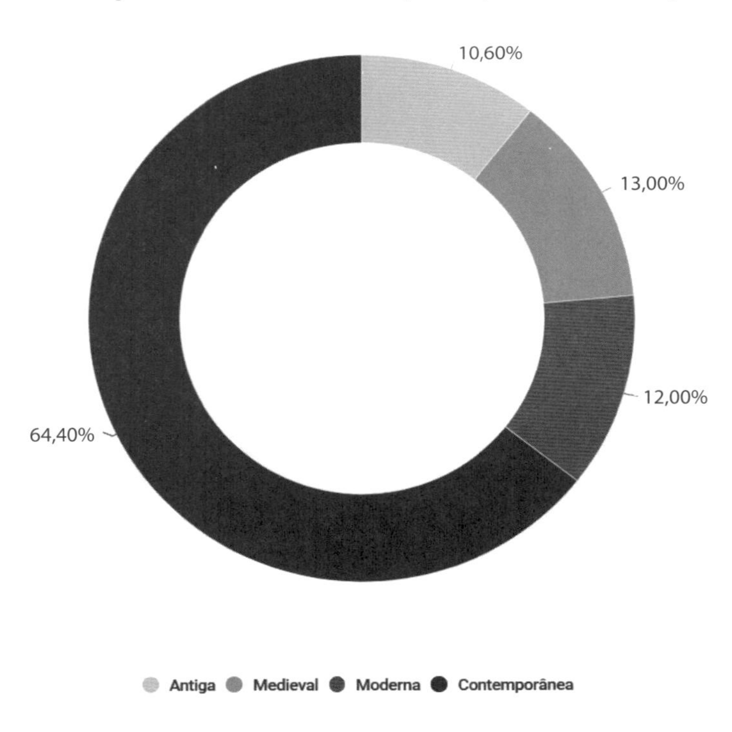

Figura 3.5 Porcentagem de verbetes destacados por espacialidade na Wikipédia lusófona

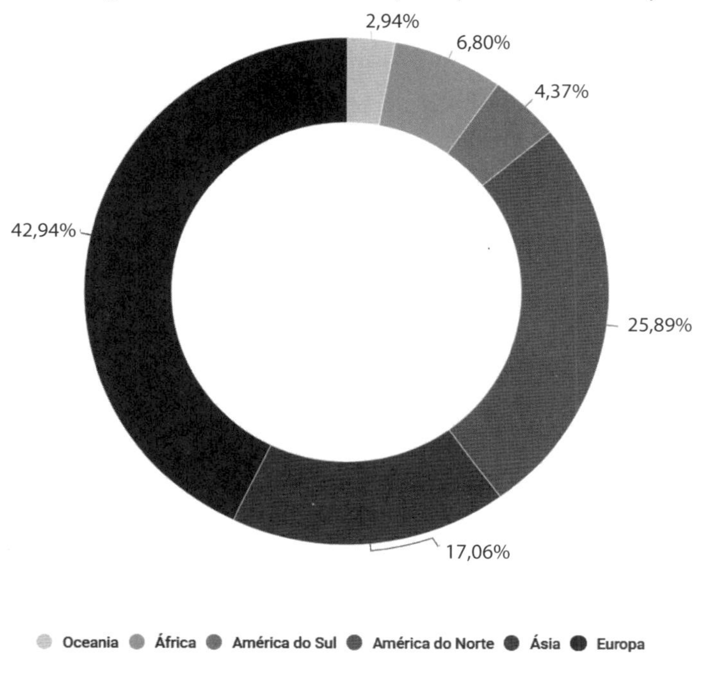

Figura 3.6 Porcentagem de verbetes destacados por espacialidade na Wikipédia anglófona

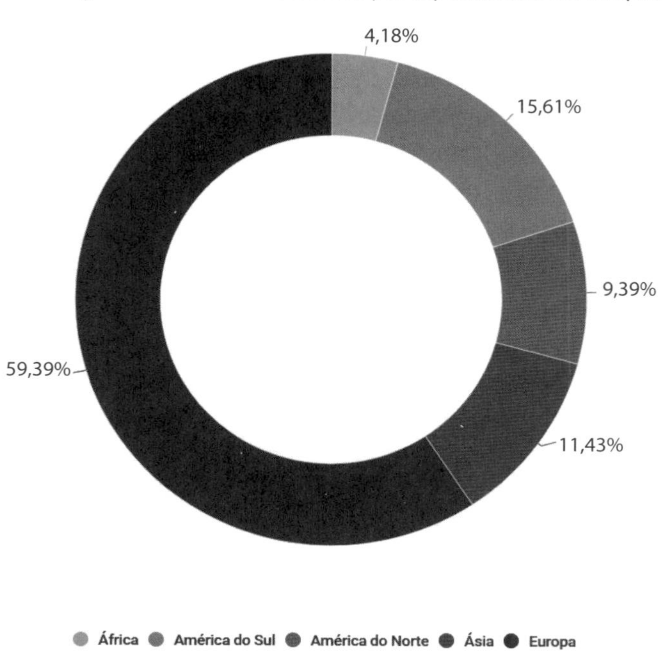

Um número a ser destacado é o número pequeno de verbetes sobre a História da África: em português, são apenas quatro verbetes destacados, 4,1% do total, sendo que destes um se ambienta no período Antigo (antigo Egito), um no período Moderno (República de Salé) e dois no período Contemporâneo (Independência de Moçambique e Independência de Angola). Além disso, as histórias da América Central e da Oceania não estão presentes entre os verbetes destacados em português, sendo que em inglês há seis verbetes localizados na Oceania, e apenas um na América Central.

Não podemos deixar de levar em conta que mesmo verbetes situados espacialmente nas regiões periféricas do mundo global podem estar ligados a uma visão colonizadora da História, como aponta o caso dos verbetes situados no Vietnã e escritos na Wikipédia em inglês. Todos os oito verbetes que tratam da história vietnamita na versão anglófona da Wikipédia estão relacionados especificamente aos conflitos com o exército estadunidense durante a Guerra do Vietnã, no século XX. Nesse sentido, o mais provável é que estes verbetes tenham sido escritos por sua ligação com a história dos Estados Unidos e não por um interesse efetivo em relação ao Vietnã. Portanto, aqui entendemos que os critérios de escolha para o conteúdo de um verbete (não apenas seu tema central) estão relacionados ao lugar em que foi escrito e os interesses ligados a essa localidade. A pesquisa de Samoilenko et al.[25] já mostrava uma tendência similar, com uma grande quantidade de verbetes sobre as Américas e África situados temporalmente durante os processos de colonização e de descolonização, períodos de maior participação dos centros globais na história de países americanos e africanos.

Outra tendência observada nos dados é a grande frequência de verbetes com assuntos militares, em ambas as línguas. Na Wikipédia em inglês, há 18 verbetes focados unicamente no desenvolvimento do programa atômico estadunidense, por exemplo.

3.6 Verbetes transnacionais e longa duração: um caso exemplar

Analisamos aqui de forma separada aqueles verbetes que fugiram do padrão ao não se encaixarem dentro das divisões de tempo e espaço que utilizamos para a realização dos gráficos. São justamente estes verbetes que transcendem as divisões clássicas de temporalidade em eras, ou que tratam de temas

25. SAMOILENKO, 2017, p. 215.

desvinculados a uma lógica territorial tradicional, que levam à reflexão das possibilidades de assuntos a serem abordados na Wikipédia por historiadores. Ao contrário da análise quantitativa realizada anteriormente, realizamos aqui a análise do conteúdo de um destes verbetes para refletir como estes, aos olhos de profissionais, podem remeter a conceitos historiográficos como o de longa duração e de história global.

O verbete a ser analisado é o verbete, presente apenas na Wikipédia anglófona, "Ethiopian historiography" (historiografia etíope, em português). O verbete trata da história da historiografia etíope, traçando uma narrativa desde os primeiros registros de escrita na região subsaariana no século V a.C. até a historiografia etíope contemporânea. Para além de apresentar uma escala temporal longa, o verbete estabelece as relações da literatura do Império Etíope (sobretudo no período tido como o da dinastia salomônica) com a teologia cristã e suas interações comerciais com culturas ao norte do Saara e da região do Chifre da África. Para além disso, trabalha com as influências e a recepção da historiografia etíope após o contato com historiadores europeus durante o século XIX, sobretudo após o contexto da Guerra Ítalo-etíope de 1895 (Ethiopian Historiography, 2019, *on-line*).

Trata-se de um verbete complexo e com uma bibliografia extensa, tratando de um período longo de uma das culturas escritas mais antigas daquela região do continente. Apesar de ser difícil atribuir a autoria de um verbete na Wikipédia, uma vez que qualquer usuário pode trazer novos complementos aos conteúdos, é possível analisar os usuários que contribuíram com a maior porcentagem do conteúdo de um verbete. No caso do verbete em inglês sobre historiografia etíope, o usuário que teve o maior número de contribuições ao conteúdo, e que indicou o verbete para destaque, chama-se "Pericles of Athens". Em seu pedido de destaque, o editor justifica sua escolha em escrever sobre o tema:

> eu já escrevi e nomeei vários artigos sobre história Chinesa e Europeia para o *status* de Artigo Destacado, mas este é apenas o segundo artigo relacionado à história Africana que nomeei, sendo o primeiro sobre literatura no antigo Egito. É certamente minha primeira nomeação focada em um país da África Subsaariana e de cultura Semita, duas áreas da nossa Wikipédia em inglês que talvez precisem de muito trabalho e ainda têm informações essenciais em falta. Este é meu pequeno esforço em ajudar a remediar esse problema e esperançosamente em fazer com que outros editores se interessem em fazer o mesmo. Esperemos que sim!" (WIKIPÉDIA: Featured Article, 2019, *on-line*, tradução nossa).

Chama atenção como alguns dos membros da comunidade da Wikipédia, como é o caso de "Pericles of Athens", não apenas reconhecem as lacunas no conhecimento da plataforma, mas buscam combatê-las através de suas contribuições e interações com outros usuários. Na página de usuário de "Pericles of Athens", ele afirma, através de seu texto introdutório, que seu nome é Eric Connor, estadunidense e especialista em história medieval, cursando doutorado em História. Nela, o autor resume sua trajetória de formação, afirma seu interesse e experiência de pesquisa sobre a História da Ásia Central, e lista todos os verbetes que vêm escrevendo na plataforma desde que criou seu perfil em 2007, quando ainda estudante de graduação em História (USER: Pericles of Athens, 2019, *on-line*).

É interessante resgatar casos similares aos de Eric Connor, onde pesquisadores tiveram a Wikipédia como um campo de atuação desde o início de sua formação. Tais casos demonstram ser possível que a formação e a escrita acadêmica não estejam dissociadas da produção de conteúdo de qualidade e de interesse público. Incentivar a atuação de historiadores acadêmicos não apenas enriquece o conteúdo histórico disponível na plataforma, mas traz novas perspectivas e desafios de escrita.

3.7 Possibilidades de trabalho e abordagem

Para além de analisar o atual *status* do conteúdo histórico na Wikipédia em suas diversas versões linguísticas, também é importante considerar algumas experiências brasileiras que demonstram na prática diferentes possibilidades para o trabalho de historiadoras e historiadores com a Wikipédia. Além de intervenções cotidianas, como a leitura ou a edição pontual, existe a possibilidade de trabalhos mais elaborados e institucionalmente mediados. Estes são, por exemplo, projetos de extensão e de ensino ligados a diferentes departamentos de História de universidades brasileiras que mobilizaram estudantes e professores para criar e editar verbetes na Wikipédia. Outras possibilidades são as iniciativas conhecidas como editatonas (maratonas de edição) e Glam, sigla em inglês para Galleries, Libraries, Archives & Museums, em português Galerias, Bibliotecas, Arquivos & Museus.

Desde 2011, com a criação da disciplina História Romana na Wikipédia, ministrada pela Profa. Juliana Bastos Marques (Unirio), a edição de verbetes de história na Wikipédia vem sendo uma das diferentes formas de se produzir trabalhos de disciplinas e projetos ligados a departamentos de História brasileiros. Depois de Marques, que coordenou edições também entre 2017 e 2018, vieram os exemplos da Profa. Flávia Varella (UFSC), que utilizou a Wikipédia como suporte para atividade avaliativa na disciplina História da Antiguidade Ocidental, entre 2015 e 2017, e os professores Luis Antonio Ferla, Luís Felipe Silvério Lima, Maximiliano Menz e Bruno Feitler (Unifesp), que utilizaram a plataforma como suporte para atividade avaliativa nas disciplinas de História Moderna I e II, entre 2018 e 2019. Também entre 2018 e 2019, Varella, em parceria com o Prof. Rodrigo Bonaldo, coordenou o projeto de extensão denominado Teoria da História na Wikipédia, na UFSC[26].

Fator interessante para observarmos uma transição constante entre trabalho acadêmico e trabalho wikipédico na vida do "historiador-wikipedista" é a escrita de artigos acadêmicos, em forma de relatos críticos, pelos coordenadores dos projetos elencados acima. Juliana Bastos Marques, que em 2011 coordenou a primeira experiência brasileira de produção de história na Wikipédia mediada institucionalmente, a disciplina História Romana na Wikipédia, publicou, em 2013, um artigo em tom de relato crítico sobre a experiência da disciplina. Além de descrever as diferentes fases e desafios do projeto e citar os 17 verbetes editados pelos estudantes, Marques destaca questões como a dissolução da autoria na plataforma e diferentes maneiras como a Wikipédia poderia ajudar no desenvolvimento das habilidades de pesquisa de estudantes de História, em uma discussão que parte da natureza *wiki* e constantemente em mutação do texto na Wikipédia[27]. Fator interessante é o destaque que Marques dá à positividade do uso da Wikipédia como uma ferramenta que ajudou os estudantes a desenvolver "habilidades e competências cruciais para seu desenvolvimento acadêmico", levando em conta também que a Wikipédia tem as suas próprias especificidades e regras a serem seguidas[28].

Um relato crítico também foi apresentado pelos coordenadores da iniciativa de edição de verbetes no contexto das disciplinas de História Moderna I e II, na Unifesp, entre os anos de 2018 e 2019, os professores Luis Ferla, Luís Lima e Bruno Feitler. Em artigo publicado em 2020, os professores relataram a experiência de produção dos 14 verbetes editados pelos estudantes

---

26. Existem também outras disciplinas de graduação e pós-graduação em História que admitem a escrita de verbetes na Wikipédia como forma de avaliação, mas que não se estabeleceram como projetos institucionais, nem tiveram participação de embaixadores ou páginas de registro do alcance dos projetos na própria Wikipédia.

27. MARQUES, 2013, p. 338.

28. Ibid., p. 341.

e chamaram atenção para como o trabalho com a Wikipédia leva o campo da História a refletir criticamente sobre sua produção, apresentando seus trabalhos "a um público mais amplo e variado, bem como a um escrutínio de uma legião de pessoas de fora do meio acadêmico que frequenta, edita e contribui para a Wikipédia"[29].

Também em 2020, Bonaldo e Varella (2020, p. 149), sugeriram que a prática historiográfica na Wikipédia pode ser observada "em uma intersecção entre a História Pública e a História Digital". Isto porque, no entendimento da Wikipédia enquanto uma enciclopédia de livre-edição e também uma fonte histórica nascida digital, aparece a sua potencialidade enquanto plataforma digital de difusão do conhecimento produzido por historiadores profissionais. Assim, uma das conclusões dos autores foi que, no que se pôde observar no ambiente do projeto de extensão Teoria da História na Wikipédia, que ocorreu entre 2018 e 2019 na UFSC, e através do qual mais de 100 verbetes foram editados, a historiografia que toma a Wikipédia como suporte é produzida "*com* o público" (Idem, grifo no original).

Do "outro lado" da historiografia wikipedista brasileira há aqueles autores que observaram a Wikipédia e suas ferramentas como fontes de pesquisa, sem servir como relatos de projetos específicos. O pioneiro neste tipo de produção no Brasil foi o já citado Mateus Pereira, que, em 2015, recorreu à página de discussão do verbete "Regime militar brasileiro", hoje intitulado "Ditadura militar brasileira", para observar a disputa pela memória que ocorria na Wikipédia num contexto em que eram divulgados os relatórios da Comissão Nacional da Verdade. A partir dos resultados de sua pesquisa, Pereira se propôs a entender a Wikipédia como "um veículo de memória, em especial por trazer os conflitos de/pela(s) memória(s) para o espaço público"[30].

Pereira, dessa vez em 2018 e ao lado de Guilherme Bianchi e Marcelo Abreu, partiu de um caso de plágio relacionado à plataforma, dedicando-se a pensar a escrita da história na Wikipédia no contexto da "abertura do discurso histórico para alteridades epistemológicas que possibilita a reimaginação dos fluxos entre os saberes produzidos ao redor do que se convencionou chamar de espaço público", o que abriria também espaço para processos de "popularizações do passado"[31].

---

29. FEILER; FERLA; LIMA, 2020, p. 125.
30. PEREIRA, 2015, p. 869.
31. ABREU; BIANCHI; PEREIRA, 2018, p. 281.

Em uma análise de maior fôlego, Juliana Bastos Marques, em 2019, analisou os 48 artigos destacados referentes à antiguidade na Wikipédia em português a fim de identificar a inserção do conhecimento historiográfico sobre a antiguidade na plataforma. Após identificar muitos verbetes traduzidos de outras línguas e a ausência de artigos acadêmicos de autoria brasileira nas referências dos verbetes, Marques propõe um maior trabalho de edição na Wikipédia por parte dos historiadores, aliada à divulgação científica e às práticas de livre-circulação do conhecimento produzido nas universidades[32].

O que essa dupla intervenção de historiadores brasileiros na Wikipédia pode nos indicar é uma incorporação da plataforma em nosso cotidiano profissional. Outra possibilidade, como dito no começo desta seção, são as editatonas e Glams, que também envolvem trabalhos de pesquisa e edição, mas não com fins acadêmicos. No Brasil, um grupo que constantemente organiza estas iniciativas é conhecido como Wiki Movimento Brasil. Existem outros grupos que trabalham nesse âmbito, mas acreditamos que o WMB seja um bom exemplo para sintetizar essas possibilidades de atuação.

Na página da Wikipédia lusófona dedicada aos projetos Glam, encontramos a informação de que um Glam "trata-se de um projeto dedicado a melhorar a cobertura dos projetos Wikimedia aos temas relacionados à arte e cultura, em especial às atividades em parceria com instituições de educação e cultura como as que dão nome ao Projeto Glam" (WIKIPÉDIA: Glam, 2019). Ou seja, são parcerias entre grupos de editores e instituições com o intuito de aproveitar os acervos, fontes, e outras possibilidades materiais de contribuição das instituições para a Wikipédia. Um exemplo de Glam organizado pelo WMB e ocorrido recentemente no Brasil é o Glam do Arquivo Nacional, que carregou 11.128 imagens do acervo do Arquivo no Wikimedia Commons, utilizando-as para a ilustração de verbetes (WIKIPÉDIA: Glam/Arquivo Nacional, 2020). Na Wikipédia, o acervo do arquivo atinge muito mais pessoas do que atingiria em seu repositório institucional, além de ser direcionado a um uso colaborativo e de livre e amplo acesso. O trabalho de curadoria, por exemplo, é um trabalho que historiadores poderiam oferecer para estas instituições, trabalhando ao lado da Wikipédia e de seus projetos irmãos para uma maior difusão do patrimônio de diferentes instituições, como arquivos, museus, bibliotecas e galerias.

Editatonas, como dissemos anteriormente, são maratonas de edição. Ocorrem a partir de uma temática específica, da qual se seleciona verbetes que

32. MARQUES, 2019, p. 15.

precisam ser reformulados, editados ou criados. A partir desta seleção, os editores participantes dessa maratona escolhem qual verbete vão editar e a ele se dedicam durante algumas horas, até que as edições que se propuseram a fazer estejam publicadas. Um exemplo de editatona recente na Wikipédia lusófona foi a editatona Arts+Feminism, organizada pelo grupo Wiki Editoras Lx, de Lisboa (Editoras LX, 2021). Esta editatona em específico visava comemorar o Dia Internacional da Mulher, em 8 de maio de 2020. No total, 25 editores participaram da edição de 114 verbetes. Seu objetivo principal era combater o viés de gênero na plataforma. Portanto, suas edições foram direcionadas para verbetes sobre mulheres, movimentos feministas e outras temáticas relacionadas à comemoração do 8 de maio mundialmente.

Todas estas experiências demonstram possibilidades de atuação de historiadoras e historiadores, não apenas em um nível pessoal enquanto editores independentes, mas também em um nível coletivo, através de projetos de ensino e extensão, da organização de eventos específicos ou mesmo através de parcerias institucionais. Dentro do amplo campo de disputa de narrativas nos verbetes de história da Wikipédia, este tipo de atuação possibilita a produção de conteúdos de qualidade por especialistas, além de servir como uma experiência de aprendizado sobre as regras e as linguagens próprias da plataforma.

3.8 Considerações finais

Como comentamos na introdução deste capítulo, os profissionais da história já não são mais as únicas autoridades do enunciado histórico, e a grande profusão causada pelas diversas formas de divulgação de textos históricos na Internet em um contexto de redes sociais, blogs e wikis transforma a escrita e a divulgação em práticas mais acessíveis ao público geral.

Como também vimos, o conhecimento histórico presente na Wikipédia anglófona e lusófona é eurocêntrico, marcado por biografias de sujeitos europeus (em sua maioria homens) e por assuntos históricos ligados majoritariamente à Europa e à contemporaneidade. É a partir desta crítica que sugerimos a intervenção dos(as) historiadores(as) na plataforma, tomando-a tanto como objeto de pesquisa quanto campo de atuação e produção, visando melhorar a qualidade do conteúdo disponibilizado na plataforma. Uma possibilidade seria investir, nas diferentes versões da Wikipédia, em projetos relacionados a histórias latino-americanas, africanas e asiáticas, não necessariamente relacionadas aos estados nacionais e os "grandes feitos" de seus líderes, mas às dinâmicas transculturais e especificidades das histórias locais em períodos pré-colonização. Para isso, é importante a presença de profissionais da história gerando e mediando o debate, ocupando a Wikipédia de conhecimento especializado.

É difícil mapear a autoria dos textos de história na Wikipédia, tanto por conta da grande diferença entre as formas como se lida com a autoria na plataforma e na academia quanto por não termos disponíveis dados mais concretos do que aqueles que já apresentamos em relação ao perfil dos editores wikipedistas. Porém, é possível refletir em relação à parte "livre" da "enciclopédia livre". Como também discutimos, basta estar logado e munido das fontes necessárias para que um verbete de história seja escrito. A manutenção do verbete na Wikipédia dependerá do cumprimento dos pilares da plataforma, e o pilar que mais nos interessa é o Princípio da Imparcialidade (NPOV).

A aplicação do NPOV pode acabar levando os verbetes de história na plataforma (aqueles que seguem os padrões propostos) a serem obras de síntese sobre o assunto que estão tratando. A necessidade de ser imparcial, citar fontes heterogêneas e não enviesar o texto transforma o verbete de história num grande compilado sobre aquilo que foi escrito de mais relevante e sintético em relação ao assunto tratado. Como aponta Jurandir Malerba (2014), este debate sobre as sínteses é de extrema importância para historiadoras e historiadores, pois livros de história vêm sendo escritos e vendidos em grande quantidade por não historiadores nas últimas décadas, em um processo de alta demanda do público por história. A Wikipédia pode ser entendida como um possível campo de atuação nesse sentido, pois garante aos leigos não apenas o acesso ao conhecimento, mas também à sua produção. Trata-se de um espaço que está aberto tanto para leigos quanto para profissionais: um espaço que é terreno fértil para historiadores. Como aponta Rosenzweig:

> historiadores profissionais têm muito a aprender não apenas com o modelo de distribuição aberto e democrático da Wikipédia, mas também com seu modelo de produção aberto e democrático. Embora a Wikipédia como um produto seja problemática como única fonte de informação, o processo de criação da Wikipédia promove uma apreciação das próprias habilidades que os historiadores tentam ensinar (ROSENZWEIG, 2006, p. 138).

Dessa forma, o(a) profissional da história se encontra em um contexto em que "precisa negociar sua autoridade em outros espaços que não aqueles academicamente controlados", enquanto "o cidadão comum, por sua vez, mais do que nunca tem acesso aos meios de difusão da comunicação" (ARAUJO, 2017, p. 194-195). Seguindo o raciocínio de Araujo e pensando no espaço que geralmente está reservado ao grande público (redes sociais, blogs, wikis etc.), é importante relacionar não apenas a divulgação ampla do conteúdo, mas também a sua produção como uma escrita disciplinada de maneira diferente, pois é fora do ambiente acadêmico que os não historiadores encontram espaço para se manifestar historicamente:

> o cenário atual se destaca não tanto pela centralidade da noção do público como audiência, mas pela reivindicação de uma cidadania que quer ser pensada como polo ativo na produção de uma historiografia socialmente distribuída, ou seja, da democratização das condições de escrita e apresentação de histórias, aqui entendida como intervenções sobre a historicidade que extrapolam os regimes discursivos estabelecidos ao longo do processo de modernização. Esse fenômeno não pode ser visto apenas como uma ameaça à historiografia profissional, mas como uma reação compensatória que não tem sido suficientemente respondida no interior do campo (ARAUJO, 2017, p. 206).

Destacamos que "democratização das condições de escrita e apresentação de histórias" significa "acolhimento crítico e a amplificação de oportunidades e ferramentas". Ou seja, em vez de incentivar uma produção deliberada de textos sobre história sem conhecimento metodológico ou bibliográfico, é necessário esforço para possibilitar, ao público geral, o acesso aos conhecimentos e às maneiras de se fazer o conteúdo específico da história[33]. Neste sentido, Araujo apresenta uma proposta:

> [...] o historiador sempre teve e pode continuar a ter um papel central nessa luta pelo direito à história [...], mas deve partir do reconhecimento dos diversos sujeitos e suas produções locais e epistemologias, surgindo daí mais a imagem de uma circulação do que a de uma difusão para auditórios cada vez mais amplos. Nesse circuito, talvez o historiador possa desenvolver uma nova e distinta função social, aparecendo como "curador de histórias" (ARAUJO, 2017, p. 209).

Também pensando na relação dos historiadores com o público geral, mais especificamente na Wikipédia, Phillips (2015, p. 17) afirma que uma das grandes questões caras aos profissionais da história é a mudança disciplinar que ocorre ao sair do meio acadêmico e inserir-se nas mídias de grande circulação:

---

33. ARAUJO, 2017, p. 211.

> A Wikipédia compele os historiadores a reconceituarem a função das notas de rodapé, a excluírem as fontes primárias, a tentarem escrever de um ponto de vista neutro, e a colaborarem com acadêmicos leigos. Este é um espaço epistemológico desconfortável para historiadores, um espaço que muitos historiadores podem não escolher engajar, pois a Wikipédia restringe aquilo pelo que muitos historiadores se orgulham. Por qualquer combinação destas razões, historiadores podem enxergar a Wikipédia como uma produção de história com pouco discernimento crítico e reflexivo ou que ela simplesmente viola os princípios básicos da história acadêmica (PHILLIPS, 2015, p. 17, tradução nossa).

Entendemos a citação de Phillips como um processo inserido no mesmo contexto das afirmações de Araujo, quando este defende, por parte dos profissionais da história, "o acolhimento crítico e à amplificação de oportunidades e ferramentas"[34] que se relacionam com a maior possibilidade de produção histórica que a sociedade encontra na Internet e em suas plataformas que se mostram disponíveis para compartilhar conhecimento. Apesar das diferenças de escopo e linguagem entre a academia e a Wikipédia, acreditamos que esta seja um espaço rico em possibilidades de análises acadêmicas, mas também aberto para a prática da curadoria, a inserção no debate público e, em conjunto com o público geral, a produção de novas histórias e novos métodos de trabalho. É necessário sair da zona de conforto e buscar entender, assim como praticar, a transgressão territorial da linguagem acadêmica para a linguagem dos públicos (globais) através das histórias (digitais).

34. Ibid., p. 211.

4

Narrativas históricas em disputa: um estudo de caso no YouTube[1]

Odir Fontoura

4.1 Apresentação sobre o lugar da educação

Tradicionalmente, a escola e a universidade constituíram-se em espaços privilegiados e que garantiam o monopólio do saber autorizado e legítimo. Hoje, quando usamos esses termos, rapidamente nos vem à mente a materialidade típica dessas instituições: parece difícil pensar a "escola" sem imaginar o prédio que a constitui, com seus corredores, bibliotecas, salas de aula, e assim por diante. O mesmo a respeito da universidade e seus *campi* que ocupam espaços significativos na malha urbana. É interessante notar, no entanto, que essa "corporeidade" das instituições de ensino é algo relativamente novo na história da educação: os gregos antigos, salvo poucas exceções, não viam a escola como a conhecemos hoje, e até mesmo no período medieval, quando nasceram as universidades, elas não vieram junto, pelo menos não de imediato, com os *campi* que hoje lhes são indissociáveis.

Existem indícios de que isso esteja novamente mudando. Há quase 20 anos, Pierre Lévy[2] discutiu sobre o avanço da Internet e a criação do que chamou "ciberespaço", destacando diversos pontos a respeito dessa renovação,

---

1. Este capítulo pretende atualizar e aprofundar as discussões publicadas originalmente no seguinte artigo: FONTOURA, O. Narrativas históricas em disputa: um estudo de caso no YouTube. *Estudos Históricos*, vol. 33, n. 69, 2020, p. 45-63. Agradeço ao Prof. José D'Assunção Barros pelo convite para participar desta obra. Nossa conversa serviu como uma provocação que me motivou a atualizar os números e estender as reflexões deste primeiro mapeamento. O texto é dedicado aos meus ex-alunos do IFRS e atuais alunos do IFMT que tornaram e tornam possível as investigações aqui presentes.

2. LÉVY, P. *Cibercultura*. Trad. Carlos Irineu Costa. 2. ed. São Paulo: Ed. 34, 1999, p. 171.

em particular no âmbito da educação: a Internet facilitou o compartilhamento de informações, acelerou a rapidez na comunicação e diluiu as barreiras físicas entre os estudantes e o conhecimento. Anos mais tarde, Anita Lucchesi[3] assumiu que, apesar de seguirmos nessa "revolução dos meios digitais", ainda não desenvolvemos as competências necessárias para lidar criticamente com o mar de informações e conteúdos que surgiram em consequência da realocação dessas fronteiras do saber.

Até agora, nada indica que a conclusão de Lucchesi esteja superada. Para além dos muros institucionais, estudantes – do ensino básico à pós-graduação – seguem consumindo redes sociais, participando de grupos de discussão, ouvindo *podcasts* e assistindo a vídeos e documentários sobre os mais variados temas, inclusive sobre assuntos que até então eram tratados apenas nas salas de aula[4]. Tendo em vista o que diversos autores têm chamado uma ágora[5] virtual, fazem-se necessárias algumas perguntas: Qual tem sido o lugar da escola, da universidade ou do saber "acadêmico" nesse novo espaço público, em que os conhecimentos (ou a oferta deles) parecem ser tão diversos e plurais? Existiriam disputas entre eles? Em outras palavras, e ainda mais especificamente: Como a história tem sido apresentada em um dos espaços mais populares desse universo, a saber, o YouTube?

4.2 O estudo de um espaço em particular: o YouTube

Para responder a esses questionamentos, foi feita uma investigação, ao longo de aproximadamente dois meses, no site YouTube[6], entre o fim do ano de 2018 e o começo de 2019. A partir do mecanismo de busca próprio da plataforma, foram realizadas buscas a partir da palavra-chave "história", seguindo o

3. LUCCHESI, A. Por um debate sobre história e historiografia digital. *Boletim Historiar*, n. 2, 2014, p. 45-57. Disponível em https://seer.ufs.br/index.php/historiar/article/view/2127 – Acesso em 02/01/2019.

4. Segundo estatísticas do próprio YouTube, para 31% dos consumidores do site, o espaço é usado como fonte de aprendizado, de modo que 96% dos jovens de 18 a 35 anos acessam o site, e 88% dos que consomem afinidades já têm o Ensino Médio ou o Superior. Cf. DE PLAY em play. *Think with Google*. 2017. Disponível em https://www.thinkwithgoogle.com/intl/pt-br/YouTube-insights/2017/de-play-em-play/ – Acesso em 02/02/2019.

5. A referência é ao espaço público em que os gregos antigos exerciam a política. Posteriormente, o termo passou a se referir ao espaço fisicamente delimitado da praça.

6. O site, atualmente pertencendo ao Google, é o segundo mais acessado no Brasil, perdendo apenas para os acessos ao domínio da própria plataforma Google. Cf. ALEXA. *Top sites on Brazil*, 2019. Disponível em https://www.alexa.com/topsites/countries/BR – Acesso em 02/02/2019.

critério da "maior visualização", ou seja, foram analisados os vídeos por ordem decrescente de número de acessos. O recorte para essa pesquisa deu-se entre os vídeos cuja faixa de visualizações foi de 7,6 milhões de acessos e os que compreendiam a faixa das 50 mil visualizações, que o site entendia que pertenciam ao tema da história[7].

Dessa busca, foram selecionados 80 vídeos[8], catalogados, inicialmente, em dois grupos principais: desse conteúdo, 51 produções (mais de 63%) parecem filiar-se a uma narrativa acadêmica ou tradicional da história, e outros 28 vídeos (35%) parecem propor revisões, questionamentos e críticas dessa historiografia. Os vídeos inseridos no primeiro grupo chegaram quase à marca de 50 milhões de acessos e foram inseridos nesse recorte por responder positivamente aos seguintes critérios: 1) Têm uma preocupação com referências, citações ou indicações de bibliografia durante ou no final dos vídeos, de modo a sustentar as afirmações ali passadas? 2) Há uma preocupação em nível de currículo formal (preparação para provas escolares, de vestibular ou aprofundamento de discussões universitárias) que tenha guiado a produção do conteúdo? Já o segundo grupo ultrapassou a marca de 20 milhões de visualizações. Os vídeos desse segundo recorte responderam positivamente à seguinte pergunta: O conteúdo apresenta-se como resposta a uma crítica à instituição da escola ou da academia, de modo a oferecer conteúdos que foram deliberadamente ignorados, escondidos ou desvirtuados pelos historiadores profissionais?

Este texto tem por objetivo fazer uma análise, em primeiro lugar quantitativa, mas também qualitativa, desses vídeos, com ênfase no segundo grupo em particular, que ocupa mais de um terço do conteúdo do YouTube, no que diz respeito aos conteúdos históricos, e propor uma dupla reflexão, sendo 1) tanto a respeito do lugar que a história tem ocupado na Internet quanto 2) sobre a autoridade que, comumente sendo atribuída à ciência ou à academia, tem sido objeto de disputa, pelos mais diversos atores e narrativas, sob o viés dos conteúdos históricos. Isso ocorre em um espaço que se, por um lado, deu voz

---

7. A pesquisa ocorreu entre os dias 22 de outubro de 2018 e 22 de janeiro de 2019, e as estatísticas de visualizações e acessos dizem respeito apenas a esse período, podendo variar até o momento da publicação deste texto. Foram ignorados, p. ex., videoclipes musicais e conteúdo sobre histórias infantis ou celebridades que apareceram na pesquisa por terem "história" no título e que não tinham, necessariamente, uma relação com os temas ou conteúdos comumente associados à história acadêmica ou escolar, como os demais que serão analisados na sequência desta investigação.

8. Por uma questão de espaço, aqui delimitado, os vídeos não serão analisados individualmente, mas agrupados em grandes (e pequenos) grupos e analisados de forma conjunta.

a um público imenso, que antes da Internet apenas consumia e era receptor de conteúdos[9], agora, por outro, parece provocar a academia a repensar seu lugar nessas novas configurações políticas e culturais e, portanto, públicas. Essa pesquisa pretende servir como aproximação inicial a esse objeto, a saber, os vídeos que falam sobre história no YouTube, podendo servir, eventualmente, como ponto de partida, em razão de seu mapeamento estatístico, para outras investigações ou comparações futuras.

4.3 A história da escola (ou para a) Internet

O primeiro grupo de vídeos e canais, que procura manter uma coerência com as narrativas acadêmicas ou científicas, pode ser dividido em pelo menos outras seis subcategorias. Se for levado em conta o número de acessos, surgem, em primeiro lugar, os canais de cultura *pop* (Grupo 1), como o canal Nostalgia[10], por exemplo, com seus vídeos que abordam a Segunda Guerra Mundial[11], a Guerra Fria[12] e a história do Brasil[13], totalizando, pelo menos, 27 milhões de acessos. Depois dele, o canal Nerdologia[14] fala de temas como a história da imprensa[15], do dinheiro[16] ou do voto[17], e totaliza, pelo menos, 678

9. PELLEGRINI, D. et al. YouTube: uma nova fonte de discursos. *Biblioteca On-line de Ciências da Comunicação*, vol. 1, n. 1, 2009, p. 1-8. Disponível em: http://www.bocc.ubi.pt/pag/bocc-pelegrini-cibercultura.pdf – Acesso em 02/01/2019.

10. CANAL NOSTALGIA. YouTube. Disponível em https://www.YouTube.com/user/fecastanhari – Acesso em 29/12/2018.

11. CANAL NOSTALGIA. *YouTube*. Segunda Guerra Mundial – Nostalgia História. Disponível em https://www.YouTube.com/watch?v=TV4Vzda09Ck&t=2197s – Acesso em 29/12/2018. • CANAL NOSTALGIA. *YouTube*. Adolf Hitler/História. Disponível em: https://www.YouTube.com/watch?v=-d3r70E6Dvfs – Acesso em 16/12/2019.

12. CANAL NOSTALGIA. *YouTube*. Guerra Fria – Estados Unidos *vs*. URSS / Nostalgia História. Disponível em https://www.YouTube.com/watch?v=6Gi4_GJXO4I – Acesso em 29/12/2018.

13. CANAL NOSTALGIA. *YouTube*. 500 anos em 1 Hora/História do Brasil. Disponível em https://www.YouTube.com/watch?v=q7E4XrfGGnE – Acesso em 29/12/2018. • CANAL NOSTALGIA. *YouTube*. Regime/Ditadura Militar. Disponível em https://www.YouTube.com/watch?=-vCRbZwM7fjYM – Acesso em 29/12/2018.

14. NERDOLOGIA. *YouTube*. Disponível em https://www.YouTube.com/user/nerdologia – Acesso em 18/02/2019.

15. NERDOLOGIA. *YouTube*. Imprimindo História – Nerdologia. Disponível em: https://www.YouTube.com/watch?v=2xSRTAxcYTY – Acesso em 29/12/2018.

16. NERDOLOGIA. *YouTube*. História das moedas. Disponível em https://www.YouTube.com/watch?-v=Popa7dOjOMU – Acesso em 29/12/2018.

17. NERDOLOGIA. *YouTube*. História do voto no Brasil. Disponível em https://www.YouTube.com/wat-ch?v=dC7nQEKHn8E – Acesso em 29/12/2018.

mil visualizações. Apesar de os canais não serem específicos da história (vídeos de história dividem espaço com outras produções, sobre cultura *pop*, séries, jogos ou outras áreas do conhecimento), ambos os canais têm preocupação com referências bibliográficas, que ocasionalmente aparecem nas descrições dos vídeos, e com validações acadêmicas a respeito das informações ali passadas. Por exemplo, em seu vídeo sobre ditadura, Felipe Castanhari (Nostalgia), que não é historiador, aponta o auxílio do Prof. Carlos Mattos, formado em História pela Universidade Federal de Pernambuco (UFPE) e pós-graduado pela Pontifícia Universidade Católica de São Paulo (PUC-SP). Já Filipe Figueiredo, do canal Nerdologia, é formado em História pela Universidade de São Paulo (USP). O alto número de acesso a esse tipo de conteúdo parece nos indicar que existe procura e interesse dos consumidores do YouTube por esse tipo de produção[18].

Por outro lado, se formos levar em conta o número de vídeos selecionados na pesquisa, o grupo que aparece com mais força é o de vídeos e canais voltados para preparação do Exame Nacional do Ensino Médio (Enem) e de pré-vestibulares de forma geral (Grupo 2). Aqui, somam-se 30 vídeos, sobre os mais diversos conteúdos, de "resumões" de história antiga até de história do Brasil republicano, ao longo de 10 canais diferentes. Entre eles, os canais Débora Aladim[19], Aulalivre[20], Pró-universidade On-line[21] e Se Liga Nessa História[22], só para citar os que as cifras de acesso, na pesquisa, chegaram acima de 1 milhão cada um. A grande maioria desses canais tem veículos alternativos, em que se vendem pacotes de vídeos mais completos e mais aprofundados sobre as temáticas apresentadas no YouTube. Conforme já apontou Tarcísio Queiroga Júnior[23], o fato de esse canal disponibilizar conteúdo gratuito para os internautas "não o exclui da lógica de mercado onde o conhecimento é transformado em mercadoria", e o mesmo vale para as instituições que promovem

---

18. Cf. nota 3 do capítulo 1; cf. p. 14.

19. DÉBORA ALADIM. *YouTube*. Disponível em https://www.YouTube.com/user/deboraaladim – Acesso em 29/12/2018.

20. AULALIVRE – Enem 2019 e vestibulares. *YouTube*. Disponível em https://www.YouTube.com/user/aulalivre – Acesso em 29/12/2018.

21. PRÓ UNIVERSIDADE *On-line*. *YouTube*. Disponível em https://www.YouTube.com/user/CursoLutherKing – Acesso em 29/12/2018.

22. SE LIGA NESSA HISTÓRIA. *YouTube*. Disponível em https://www.YouTube.com/user/seliganessahistoria1 – Acesso em 29/12/2018.

23. QUEIROGA JR., T. *YouTube como plataforma para o ensino de História: na era dos "professores-YouTubers"*, 2018. Trabalho de Conclusão de Curso (Graduação em História), Universidade Federal da Integração Latino-Americana, Foz do Iguaçu, 2018, p. 11.

esses cursos, que reciprocamente fazem do YouTube também uma ferramenta de lucro. Essas narrativas seguem fiéis às discussões formais, escolares, sendo guiadas por objetivos curriculares (preparação para exames, em nível médio ou superior), até mesmo porque a grande maioria dos locutores das produções é de professores formados. Dito de outra forma, ainda não há aqui uma crítica deliberada à escola, como será visto mais adiante, mas é o próprio currículo escolar que, tradicionalmente apresentado, guia ou orienta a produção dos conteúdos desses vídeos.

Existe ainda um nicho pouco explorado, que é o dos canais de temática especificamente acadêmica ou universitária (Grupo 3). Aqui, é possível apontar o vídeo sobre história da Irlanda[24], apresentado pelo youtuber chamado "Pirula", do Canal do Pirula[25], que, apesar de não ser historiador de formação (sua especialidade é a biologia), procura manter-se fiel às discussões acadêmicas específicas da história, criticando as visões mais nacionalistas de que a história desse país poderia ser a história de um único povo, sem contribuições, misturas ou conexões de diferentes civilizações. Na apresentação de seu canal, ele informa que se trata de um espaço voltado, entre outras coisas, para a divulgação da ciência. Nessa mesma direção vai o canal Obriga HISTÓRIA[26] e aparece na pesquisa por seu vídeo sobre conceitos históricos entre a direita e a esquerda política[27]. O objetivo do canal é claro, segundo sua descrição: "levar conteúdo acadêmico a públicos mais amplos". Muitos vídeos têm as referências bibliográficas na descrição, com links para acesso direto aos artigos. A disciplina histórica é uma das especialidades do canal. Tanto o Canal do Pirula quanto o ObrigaHISTÓRIA têm o selo Science Vlogs Brasil, que qualifica o cenário virtual de divulgação científica no país. Mas, comparado com os outros grupos, a expressão é baixa: foram dois vídeos, que totalizaram pouco mais de 500 mil visualizações.

Outro grupo de conteúdo que segue preocupado com uma narrativa fiel às discussões acadêmicas é o que abarca um conjunto de iniciativas de canais educacionais que, com o tempo, foram descontinuadas (Grupo 4). São os ca-

24. CANAL DO PIRULA. *YouTube*. História da Irlanda (Parte 1). Disponível em: https://www.YouTube.com/watch?v=RsdeYV6wvRA – Acesso em 29/12/2018.

25. CANAL DO PIRULA. *YouTube*. Disponível em https://www.YouTube.com/channel/UCdGpd0gNn38UKwonc-Zd9rmA – Acesso em 29/12/2018.

26. LEITURA ObrigaHISTÓRIA. *YouTube*. Disponível em https://www.YouTube.com/channel/UCtMjnvODdK-1Gwy8psW3dzrg – Acesso em 29/12/2018.

27. CANAL ObrigaHISTÓRIA. *YouTube*. Como se definem direita e esquerda? Disponível em https://www.YouTube.com/watch?v=PAqZbDPXkXA – Acesso em 29/12/2018.

nais Vinicius Recanello de Almeida[28], Preparação Digital[29] e EducaBahia[30]. Apenas o primeiro tem conteúdo autoral e, propondo-se fazer um "resumão" (sic) da história da educação brasileira[31], não atualiza a plataforma há três anos. Os vídeos sobre o Brasil republicano[32] do canal Preparação Digital são de seis anos atrás, e o conteúdo, também de história do Brasil[33], do canal EducaBahia, está no ar há pelo menos 10 anos. Juntos, esses conteúdos chegam à marca de quase 1 milhão de visualizações. Parece ser plausível supor que o fato de esses vídeos seguirem sendo visualizados, mesmo após a descontinuação progressiva dos projetos, é um indício importante de que há interesse por esse tipo de conteúdo histórico por parte dos usuários dessa plataforma *on-line*.

Mas, apesar dessa já comprovada demanda, a presença de canais institucionais e oficiais (Grupo 5) segue baixa. Canais como o da revista homônima *Nova Escola*[34], da TV Brasil[35] e da Univesp[36] não produziram vídeos de conteúdo histórico que ultrapassassem a marca de pelo menos 500 mil visualizações. Os canais da TV Brasil, rede de televisão pública do país, e da Univesp (Universidade Virtual do Estado de São Paulo) foram os únicos canais oficiais públicos que apareceram na pesquisa. São vídeos sobre história da educação[37], que, em seus respectivos canais oficiais, correspondem a pouco mais de 2% de todos os vídeos analisados.

---

28. VINICIUS Recanello de Almeida. *YouTube*. Disponível em https://www.YouTube.com/channel/UC4X-fOndiduYa1fyvoHDzCw – Acesso em 29/12/2018.

29. PREPARACAODIGITAL. *YouTube*. Disponível em https://www.YouTube.com/user/PreparacaoDigital – Acesso em 29/12/2018.

30. EDUCABAHIA. *YouTube*. Disponível em https://www.YouTube.com/user/educabahia – Acesso em 29/12/2018.

31. VINÍCIUS Reccanello de Almeida. *YouTube*. Resumão de história da educação brasileira. Disponível em https://www.YouTube.com/watch?v=X3h7ivUveS0 – Acesso em 29/12/2018.

32. PREPARAÇÃO DIGITAL. *YouTube*. Aula 06 – História do Brasil. Era Vargas. Disponível em https://www.YouTube.com/watch?v=xGqwVhyG84U – Acesso em 29/12/2018. • PREPARAÇÃO DIGITAL. *YouTube*. Aula 04 – História do Brasil. República oligárquica brasileira. Disponível em https://www.YouTube.com/watch?v=bUok7FvZGzU – Acesso em 29/12/2018.

33. EDUCABAHIA. *YouTube*. Aula 04 – História. História do Brasil. Disponível em: https://www.YouTube.com/watch?v=hq2_3UU4ChQ – Acesso em 29/12/2018.

34. NOVAESCOLA. *YouTube*. Disponível em https://www.YouTube.com/user/revistanovaescola – Acesso em 29/12/2018.

35. TVBRASIL. *YouTube*. Disponível em https://www.YouTube.com/user/tvbrasil – Acesso em 29/12/2018.

36. UNIVESP. *YouTube*. Disponível em https://www.YouTube.com/user/univesptv – Acesso em 29/12/2018.

37. TVBrasil. *YouTube*. A obrigatoriedade do estudo da história e cultura afro-brasileira e indígena. Disponível em https://www.YouTube.com/watch?v=_QE6ppxk0vQ – Acesso em 29/12/2018.

A última categoria delimita os canais não autorais que colocam no ar conteúdos produzidos por outras instituições (Grupo 6). É emblemático que um documentário sobre a história do Brasil[38] produzido por Boris Fausto e pela própria TV Brasil tenha alcançado a marca de 2,4 milhões de acessos em um canal particular (Dylson)[39]. Nessa mesma direção, o documentário intitulado "A história do mundo em duas horas", produzido pelo *History Channel*, chegou a 1,8 milhão de visualizações também em canais particulares não institucionais: Renato Reis I[40] e Conhecimento[41].

Em suma, parece possível concluir, diante dessa primeira aproximação, que se, por um lado, a força do mercado e a presença significativa das iniciativas privadas e particulares são um aspecto fundamental desses conteúdos, por outro isso leva a uma dupla ausência: tanto das universidades (pois, quando o conteúdo universitário aparece, é por parte de iniciativas de estudantes e de grupos de estudantes, e não da instituição em si) quanto também de iniciativas públicas, apesar da procura e do consumo desse tipo de conteúdo, que é feito a partir de outros canais[42]. Esse mapeamento pode confirmar o que disse Lévy a respeito de uma transição, de uma educação "estritamente formalizada e institucionalizada", para uma situação diversa, em que haveria uma "troca generalizada de saberes" e um "reconhecimento autogerenciado" das competências. Lévy insiste no papel público, nessa regulação, da "nova economia do conhecimento"[43]. Resta questionar, no sentido da provocação de Roger Chartier, sobre o *Homo academicus*, se a disciplina histórica vai firmar-se, buscando sua legitimidade, em detrimento dos *outsiders* da academia, ou se esses últimos é que se firmarão no espaço público a partir da crítica da expertise acadêmica e do gradual deslocamento de seus espaços tradicionais[44]. Ou ainda: Como

---

38. DYLSON. *YouTube*. A História do Brasil por Bóris Fausto. Disponível em https://www.YouTube.com/watch?-v=pSyE82yRaKU – Acesso em 29/12/2018.

39. DYLSON. *YouTube*. Disponível em https://www.YouTube.com/channel/UCtYLrxplikxcqfeaWv8rEkw – Acesso em 29/12/2018.

40. RENATO REIS I. *YouTube*. A história do mundo em duas horas. Disponível em https://www.YouTube.com/watch?v=eGlDxp4TNWk – Acesso em 29/12/2018.

41. CONHECIMENTO. *YouTube*. A história do mundo em duas horas. Disponível em: https://www.YouTube.com/watch?v=ODtzh_lMBKQ – Acesso em 29/12/2018.

42. Sabemos que existem laboratórios e iniciativas acadêmicas empenhados nessas produções, mas essas plataformas no YouTube não alcançaram um número de visualizações suficiente que enquadrasse esses conteúdos nesta pesquisa, em razão dos recortes quantitativos apontados na introdução do capítulo.

43. LÉVY, P. *Cibercultura*, 1999, p. 174.

44. CHARTIER, R. *A história ou a leitura do tempo*, 2009, p. 19.

seria possível uma realocação do espaço acadêmico, de modo que esse espaço pudesse abarcar, ou pelo menos se aproximar, desses saberes que estão sendo produzidos fora da academia?

4.4 A história que os professores não contam

Alguns dos estudos que anteriormente se propuseram pensar as relações entre Internet e educação precisam ser repensados. Denis Rolland[45], escrevendo a respeito de pesquisas que fez no ano de 2001, indicou que, nessa época, o nível de credibilidade científica da rede ainda era desconhecido e que os textos, por exemplo, eram raramente identificados. João Mattar[46], escrevendo já após a invenção e a popularização do YouTube[47], percebeu que a produção dos vídeos ainda estava nas mãos daqueles que chamou "imigrantes digitais", a geração anterior à dos "nativos". Mas, hoje, o problema coloca-se de forma diferente: em vez de falarmos em incerteza da credibilidade científica, talvez seja mais preciso dizer que a credibilidade já figura como objeto de disputa (como será visto a seguir) em espaços em que esses "estrangeiros" são cada vez menos presentes. São quase todos "nativos".

O segundo recorte dos 28 vídeos que representam mais de um terço de todos os vídeos analisados trata dos conteúdos que se, na maioria das vezes, procuram questionar a legitimidade da história como ela tem sido contada na escola, na universidade ou na academia como um todo, ocasionalmente procuram realocar e reivindicar essa autoridade para si. Todos convergem para uma mesma direção: são produções que visam a trazer esclarecimentos como resposta a uma "história" que, por diversas razões, seria ocultada, mascarada ou conscientemente desvirtuada. Eventualmente, para isso, reivindicarão para si um suposto método historiográfico. São mais de 20 diferentes canais, que podem ser divididos, agora, em pelo menos cinco subcategorias.

Seguindo o critério do número de visualizações, os dois primeiros subgrupos desse recorte abarcam vídeos de conteúdo bíblico ou religioso. O primeiro mistura histórias religiosas com teorias da conspiração (Grupo 1). Canais como

---

45. ROLLAND, D. Internet e história do tempo presente: estratégias de memória e mitologias políticas, 2004, p. 2. Disponível em http://www.redalyc.org/pdf/1670/167017772004.pdf

46. MATTAR, J. YouTube na educação: o uso de vídeos em EaD. In: CONGRESSO DA ASSOCIAÇÃO BRASILEIRA DE EDUCAÇÃO A DISTÂNCIA. *Anais eletrônicos... (Resumos)*. São Paulo, 2009, p. 9. Disponível em http://www.abed.org.br/congresso2009/CD/trabalhos/2462009190733.pdf

47. O YouTube foi criado em 2005.

o Canal do Braga[48], O Lado Escuro[49] e Mundo Proibido[50], entre outros, propõem-se abordar a história de diversas grandes figuras religiosas, como a do Rei Salomão[51], do Arcanjo Miguel[52], de lúcifer[53] e de Jesus Cristo[54]. Essas narrativas, no entanto, não se filiam apenas aos acontecimentos bíblicos e acrescentam, em suas abordagens, repertórios de mitos e lendas urbanas. É muito comum que apareça nos títulos a ideia de que se trata de uma história "oculta"[55], "proibida"[56] ou "que você não sabia"[57] desses acontecimentos. Quase todos esses canais falam, para além da espiritualidade, de temas como extraterrestres ou reencarnações. São cerca de sete vídeos, distribuídos em pelo menos cinco canais, totalizando aproximadamente 12 milhões de acessos.

Um segundo nicho de conteúdo religioso aproxima-se das narrativas bíblicas. Esse, por sua vez, tem pretensão ainda mais definida de fazer uma análise "factual" desses episódios (Grupo 2). As produções que mais se destacam são as apresentadas pelo Pastor Rodrigo Silva, que se intitula tanto como arqueólogo quanto como doutor[58]. Silva apresenta um programa de conteúdo evangélico na TV Novo Tempo, cujo cenário simula uma escavação arqueológica. No vídeo em que fala sobre a história completa (sic) dos judeus[59], informa

---

48. CANAL DO BRAGA. *YouTube*. Disponível em https://www.YouTube.com/channel/UCFYZhci4X5jP1qtmufe-zT-w

49. O LADO ESCURO. *YouTube*. Disponível em https://www.YouTube.com/channel/UC91_O_pb5tpi9B-VWKo7rcBg

50. MUNDO PROIBIDO. *YouTube*. Disponível em https://www.YouTube.com/channel/UCkQl2mHENJrc-qL0KOHmCcZg – Acesso em 29/12/2018.

51. CANAL DO BRAGA. *YouTube*. Rei Salomão. A história que você não sabia. Disponível em https://www.YouTube.com/watch?v=57WqX5u6abI

52. CANAL DO BRAGA. *YouTube*. Arcanjo Miguel. A história do arcanjo supremo. Disponível em https://www.YouTube.com/watch?v=Ou-vljzLl3E

53. O LADO ESCURO. *YouTube*. Lúcifer: a história de satanás. Disponível em https://www.YouTube.com/watch?v=Ew9ImhyH1bI

54. ADHEMAR RAMOS Programa Tocando o Oculto. *YouTube*. História oculta de Jesus Cristo. Disponível em https://www.YouTube.com/watch?v=b-jwur2jv9M – Acesso em 29/12/2018.

55. Ibid.

56. MUNDO PROIBIDO. *YouTube*. Compilado: O Livro de Enoque e a história proibida pela Bíblia. Disponível em https://www.YouTube.com/watch?v=DjUtVaiE05Y – Acesso em 29/12/2018.

57. Cf. nota 50 do capítulo 1; cf. p. 63.

58. As informações se confirmam no *Lattes* do autor. Cf. RODRIGO Pereira da Silva. *Currículo Lattes*. Disponível em http://buscatextual.cnpq.br/buscatextual/visualizacv.do?id=K4210358Y6 – Acesso em 12/12/2018.

59. ALBERTO SANTOS. *YouTube*. A história dos judeus completa (Dr. Rodrigo Silva). Só não aprende quem não quer. Disponível em https://www.YouTube.com/watch?v=-PtXgOkrLQI – Acesso em 29/12/2018.

que pretende investigar a "realidade histórica" da vida sagrada. No entanto, apesar da tentativa de incorporação do discurso acadêmico, suas abordagens tendem a misturar as narrativas bíblicas com os fatos verificáveis do passado: nesse mesmo vídeo, traz a ideia de que "a história dos hebreus começa com a história de Abraão", por exemplo. Esse vídeo está em um canal particular (Alberto Santos), e outro sobre a história de Sansão aparece no canal Sermões inteligentes[60], mas seus vídeos também aparecem no canal oficial do programa, o canal Evidências NT[61]. São pelo menos cinco vídeos, que totalizam mais de 3 milhões de acessos.

Entre outros exemplos dessa mesma tentativa de incorporar o discurso histórico (e, nesse caso, também a legitimação acadêmica e universitária), é possível apontar para o canal Documentários Bíblicos, que tem um vídeo intitulado "A história dos cristãos e da Bíblia"[62]. No início da apresentação é informado que a mídia é baseada no documentário *The indestructible book*, supostamente produzido pela Universidade de Cambridge, informação que não foi confirmada[63]. Esses recursos narrativos não são uma inovação das mídias audiovisuais, tampouco da Internet; Chartier já falou sobre como algumas "ficções" apropriam-se não da "técnica da prova", mas, antes disso, apenas da "ilusão do discurso histórico", a fim de produzir o que chama "efeitos de realidade" entre seu público[64]. Os vídeos que vão nessa direção chegam, ao todo, a quase 4 milhões de visualizações.

Uma terceira categoria de vídeos sublinha de forma ainda mais explícita o quanto a historiografia tradicional teria conscientemente suprimido certos temas (Grupo 3). O canal Fatos Desconhecidos tem um vídeo muito popular, que se intitula "7 mentiras mais bem-sucedidas da história"[65]. Em outra produção, o locutor lista uma série de coisas que o professor de História "escon-

---

60. SERMÕES INTELIGENTES. *YouTube*. A história de Sansão. Disponível em: https://www.YouTube.com/watch?-v=MrsUqkASoVY – Acesso em 29/12/2018.

61. EVIDÊNCIAS NT. *YouTube*. Disponível em: https://www.YouTube.com/user/NTEvidencias – Acesso em 29/12/2018.

62. DOCUMENTÁRIOS BÍBLICOS. *YouTube*. A História dos cristãos e da Bíblia. Disponível em: https://www.YouTube.com/watch?v=-C7daakc3Wk – Acesso em 29/12/2018.

63. O documentário em língua inglesa foi produzido pelo estúdio da International Baptist Missions.

64. CHARTIER, R. *A história ou a leitura do tempo*. Trad. Cristina Antunes. Belo Horizonte: Autêntica, 2009, p. 28.

65. FATOS DESCONHECIDOS. *YouTube*. 7 mentiras mais bem-sucedidas da História. Disponível em https://www.YouTube.com/watch?v=hHATqQlT0EU – Acesso em 29/12/2018.

deu"[66]. Ambos totalizam aproximadamente 1 milhão de visualizações. Nesse último, o locutor fala que não sabemos (!) como eram os egípcios antigos e que na escola "tudo é simplificado", e que, felizmente, hoje em dia a Internet pode ser utilizada para descobrir a versão verdadeira dos acontecimentos.

O canal Mundo Desconhecido tem dois vídeos que entraram na pesquisa, um deles sobre os anglo-saxões[67], apresentados como o exército "mais temido" da história, repleto de generalizações, a exemplo do título. A ideia de que "muitos eventos da história não são compreendidos realmente" já aparece no começo da narrativa. Em outro vídeo, sobre momentos em que a arqueologia supostamente "contradisse" a história[68], o duplo exercício repete-se: se, por um lado, desqualificam a história tal como ela tem sido trabalhada pela academia, por outro reivindicam para si a autoridade para corrigi-la e aperfeiçoá-la[69]. Esses últimos dois filmes são compilações de outros vídeos, mas com uma narração e trilha sonora original. Totalizam quase 2 milhões de visualizações.

Um quarto grupo de conteúdo que pode ser identificado é o de um conteúdo inteiramente autoral e que traz uma "história" que não é feita por historiadores acadêmicos, mas por outro tipo de profissionais (4). Nessa categoria, entre os canais mais visualizados está o Buenas Ideias, com dois vídeos, um sobre a primeira favela do Brasil[70] e outro sobre a história *por trás* de Tiradentes[71] (grifo nosso). Os vídeos são apresentados pelo jornalista Eduardo Bueno, também conhecido como "Peninha". Bueno propõe-se falar sobre o que não vai cair no Enem: traz diversos vídeos de conteúdo histórico, profundamente marcados por uma abordagem humorística, e sem se restringir necessariamente aos conteúdos tradicionais de vestibular. Frequentemente sublinha, no final de seus vídeos, o fato de que suas falas estão repletas de generalizações. Em

---

66. FATOS DESCONHECIDOS. *YouTube*. 5 coisas que seu professor de História escondeu de você. Disponível em https://www.YouTube.com/watch?v=7jm9ZdPCciQ – Acesso em 29/12/2018.

67. MUNDO DESCONHECIDO. *YouTube*. Anglo-saxões. O exército mais temido da história. Disponível em https://www.YouTube.com/watch?v=8yiIqiBoO6g – Acesso em 29/12/2018.

68. MUNDO DESCONHECIDO. *YouTube*. Descobertas arqueológicas que contradizem a história. Disponível em https://www.YouTube.com/watch?v=xNJWU00swfU – Acesso em 29/12/2018.

69. Aqui aparecem informações equivocadas, como a ideia de que a "a língua grega foi a primeira da história", p. ex. Os autores da narrativa tratam de tom sensacionalista questões em aberto que ainda estão em debate na academia, como a origem da agricultura no Peru.

70. BUENAS IDEIAS. *YouTube*. A história da primeira favela do Brasil. Disponível em: https://www.YouTube.com/watch?v=9fx9p-tvD0s – Acesso em 29/12/2018.

71. BUENAS IDEIAS. *YouTube*. A história por trás de Tiradentes. Disponível em: https://www.YouTube.com/watch?v=dKXwQHCDV4Q – Acesso em 29/12/2018.

seu canal, o jornalista também apresenta, em diversos vídeos, o livro que coordenou, intitulado *Brasil do Casseta: nossa história como você nunca riu*, escrito com humoristas.

Outro exemplo dessa tentativa de deslocamento da autoridade dos historiadores é visto no canal Brasil *Paralelo*[72] (grifo nosso). Nesse canal estão os vídeos do Congresso Brasil Paralelo, uma espécie de documentário que visa a repensar diversos aspectos do Brasil e de sua história. No vídeo sobre a Terra de Santa Cruz, pretendem falar de uma "história não contada"[73]. Um dos locutores, Thomas Giulliano Ferreira dos Santos (formado em História pela Pontifícia Universidade Católica do Rio Grande do Sul [PUCRS], mas também se apresentando como "pesquisador *free-lancer* e autodidata"[74]), em sua abordagem revisionista, questiona se de fato o Brasil, um dia, foi uma colônia. Santos, que também é autor de um livro, intitulado *Desmistificando Paulo Freire*, segue um viés ideológico nessa mesma direção, ao atacar o marxismo. Rafael Nogueira, outro locutor, apresentando-se como historiador[75], também critica o que chama ideologia comunista, que seria exaltada pela mídia brasileira, e lamenta a falta de heróis no país. O intelectual Olavo de Carvalho também prega a necessidade de uma alternativa, de uma memória nacional dos "grandes feitos", no mesmo vídeo. Trata-se de uma reconfiguração profunda, em um sentido conservador, na própria percepção da história: é emblemático o fato de que a volta dos "heróis" nacionais, como um dos elementos que esses intelectuais pretendem retomar, seja justamente uma das características mais notáveis da historiografia positivista, hoje considerada superada e ultrapassada. Trata-se de um retorno a uma forma de história que "não oferece um sistema de hipóteses, mas de certezas"[76], no sentido de que não são debatidos métodos

---

72. BRASIL PARALELO. *YouTube*. Disponível em https://www.YouTube.com/channel/UCKDjjeeBmdaiicey2nI-mISw – Acesso em 29/12/2018.

73. BRASIL PARALELO. *YouTube*. Congresso Brasil Paralelo / Capítulo 2: Terra de Santa Cruz – A história não contada [Oficial]. Disponível em https://www.YouTube.com/watch?v=8CYt95y5fUU – Acesso em 29/12/2018.

74. Cf. THOMAS GIULLIANO Ferreira dos Santos. *Currículo Lattes*. Disponível em http://buscatextual.cnpq.br/buscatextual/visualizacv.do?id=K8565048E5 – Acesso em 02/01/2019.

75. Rafael Nogueira aparece no vídeo com o professor e historiador, mas, de acordo com o site História Expressa, tem graduação em Filosofia, Direito e pós-graduação em Educação, sem menção à formação na área de História. Cf. OS AUTORES. Desconstruindo Paulo Freire. Disponível em https://historiaexpressa.com.br/desconstruindo-paulo-freire-livro/ – Acesso em 02/01/2019.

76. SARLO, 2007, p. 15.

ou técnicas de como reinterpretar o passado, apesar da insistência de que ele deve ser reinterpretado[77].

Em resumo, trata-se de um movimento que se, por um lado, visa a fazer uma crítica à forma como os historiadores profissionais têm desempenhado seu ofício, por outro, não desqualificam a história totalmente. Ela continua sendo uma forma viável de conhecimento, mas que deveria ser revisitada. Segundo os vídeos mencionados, haveria fatos do passado conscientemente ocultados ou ignorados, de modo a construir uma narrativa mentirosa, o que poderia ser revertido a partir de uma nova aproximação, a partir de um novo olhar, mesmo que não seja explicado como isso poderia ser feito. É por isso que alguns desses personagens, independentemente de suas formações, sublinham seu lugar de fala como historiadores. Esse é o caso de Rafael Nogueira, de Peninha e também do Pastor Rodrigo Silva, que não reivindica apenas uma titulação, mas toda uma linguagem simbólica e visual – que se dá, por exemplo, por meio de seu cenário que imita escombros de uma escavação – e que não tem outro objetivo a não ser reforçar seu lugar de autoridade, quando está falando sobre a história. De forma ampla, há aqui um alargamento no sentido do que seria um historiador. Mas, dito de maneira mais precisa, o que existe é uma disputa sobre quem poderia falar em nome da história.

O canal História Economia (sic) Brasileira torna disponível uma série de vídeos, também em forma de documentário, intitulada "A história *contada por quem a fez*"[78] (grifo nosso). O título já anuncia esse deslocamento de narrativa: dos aproximadamente 15 entrevistados que se propõem falar da história do Brasil, apenas dois têm titulação acadêmica na disciplina, sendo eles Alexandre Saes[79] e Boris Fausto[80]. No entanto, a participação deste último não é expressiva, pois, dos mais de 25 minutos de vídeo, a presença do historiador, somados os momentos em que aparece, não chega a 45 segundos. O protagonismo da narrativa é assumido por ex-ministros (da Fazenda, do Planejamento, p. ex.) e por ex-presidentes do Banco Nacional de Desenvolvimento Econômico

77. Cf. tb. BISPO; BARROS, 2016, p. 858. • OLIVEIRA, 2014, p. 43.

78. HISTÓRIA ECONOMIA BRASILEIRA. *YouTube*. EP01 Economia brasileira – A história contada por quem a fez. Disponível em https://www.YouTube.com/watch?v=nhazwo2WFmQ – Acesso em 29/12/2018.

79. Com atuação mais na área da economia do que na da história, Saes é doutor em História Econômica e professor do Departamento de Economia da FEA/USP.

80. Fausto publicou diversos livros sobre história do Brasil e é doutor em História Social pela USP.

e Social (BNDES), do Banco Central e da própria República brasileira, como é o caso de José Sarney, que também aparece no documentário. Quem tem certo destaque no documentário é Laurentino Gomes, que, apesar de ser apresentado como jornalista e historiador, tem formação acadêmica apenas na área do jornalismo. Entre algumas falas que podem não encontrar consenso entre os historiadores acadêmicos está a ideia superficial de que, na África, a escravidão já era comum mesmo antes dos europeus; da mesma forma, Jorge Caldeira, cientista político, fala de "alianças militares" que foram realizadas entre indígenas e portugueses, mas não entra na questão do genocídio, por exemplo. Quando a narradora fala que os bandeirantes, no século XVII, encontraram ouro e diamantes no interior do Brasil, não explica que isso, em grande parte, foi feito tendo por base a mão de obra escrava. Em suma, novamente se trata de uma reconfiguração do discurso histórico, que, apesar de não se desfazer da história completamente, ressignifica e incorpora o ofício do historiador dentro de outras lógicas discursivas. Juntos, os vídeos ultrapassam a marca de 1 milhão de acessos.

Uma última categoria identificada pode ser vista como uma extensão dessa última forma de narrar os acontecimentos, com a diferença de que os vídeos postados nos canais não são produções autorais, mas incorporações de outras fontes (Grupo 5). O documentário "Gigantes do Brasil – *nossa história*"[81] (grifo nosso) é apresentado pelo canal *Dark* Documentários. Originalmente, trata-se de uma produção do *History Channel* e propõe-se fazer uma história das "grandes" personalidades ou empreendedores do país. São interpretações e encenações a respeito da vida dessas figuras, de modo que as atuações são intercaladas com comentários de pesquisadores. Apesar da presença de historiadores como Zilda Iokoi[82] e Clovis Bulcão[83], a grande maioria dos comentaristas é de grandes figuras empreendedoras ou pesquisadores da área econômica, como Jacques Marcovitch, por exemplo, que se apresenta como especialista em história do empreendedorismo (sic) e ocupa diversos momentos da narrativa.

---

81. DARK DOCUMENTÁRIOS. *YouTube*. Gigantes do Brasil – Nossa história [documentário completo dublado]. Disponível em https://www.YouTube.com/watch?v=iF71SKa3m5g – Acesso em 29/12/2018.

82. Doutora em História Social pela USP e professora do Departamento de História da FFCH da USP.

83. Graduado em História e professor do Instituto Superior de Educação do Rio de Janeiro (Iserj).

Um revisionismo mais acentuado é visto em outras duas produções, da mesma categoria: o canal Daniel Mota disponibilizou uma produção em que Olavo de Carvalho[84] fala, entre outros assuntos, sobre a história do Brasil[85]. Entre suas críticas, estão os ataques ao que chama um "imaginário esquerdista", em que se produziram obras históricas ao longo do tempo, que devem ser revistas e questionadas. Já o canal Leonardo Araujo apresenta uma entrevista[86], de 2010, com Leandro Narloch, autor do *Guia politicamente incorreto da história do Brasil*, e com o historiador Marco Antonio Vilas[87]. A fim de apresentar sua obra, o primeiro procura fazer uma revisão das narrativas tradicionais. Entre suas opiniões, estão os argumentos de que "os índios lucraram muitíssimo com a chegada dos portugueses", por exemplo. Vilas diz que a história atualmente consagrada nos livros didáticos é uma história "de esquerda", e Narloch, próximo ao fim da entrevista, argumenta que "a história da direita é tão ruim quanto a da esquerda", mas faz uma escolha: prefere "muito mais a da direita", assume, sorrindo. Somadas as visualizações desses conteúdos, a marca chega aos 700 mil acessos.

Sabemos que a luta por espaços de autoridade com a construção de narrativas como as que hoje ocorrem no YouTube não é uma inovação dos meios audiovisuais ou mesmo da Internet. Antes disso, trata-se de uma longa duração na história da comunicação, da imprensa e da literatura política como um todo[88]. Mais recentemente, Jurandir Malerba (2014), à luz das discussões que envolvem a história pública, analisou como os historiadores, no âmbito da escrita da história, têm perdido espaço para a produção jornalística a respeito do passado. Alguns dos autores que apareceram nesta pesquisa, delimitado o espaço do YouTube, já foram comentados por Malerba no recorte da literatura: a abordagem histórica de Eduardo Bueno, "Peninha", por exemplo, encontra problemas por fazer uma leitura caricata, pitoresca, "quase no estilo capa e espada", dos acontecimentos[89]; o texto de Laurentino Gomes, sob a perspectiva de uma história

84. O autor apresenta-se como filósofo, mas não tem formação acadêmica.

85. OLAVO DE CARVALHO. *YouTube*. História do Brasil (Daniel Mota). Disponível em https://www.YouTube.com/watch?v=bZz4G3EChGo – Acesso em 29/12/2018.

86. LEONARDO ARAUJO. *YouTube*. Guia politicamente incorreto da História do Brasil. Disponível em https://www.YouTube.com/watch?v=ECLGx2etUjY – Acesso em 29/12/2018.

87. Professor de História da Universidade Federal de São Carlos (UFSCar).

88. Cf. BRIGGS; BURKE, 2006.

89. MALERBA, 2014, p. 35.

crítica, aparece com "fragilidades gritantes"[90], o mesmo a respeito do também jornalista Leandro Narloch, que, na opinião de Malerba, em sua escrita, mal esconde uma visão "altamente conservadora, quando não reacionária, retrógrada, eurocêntrica e preconceituosa da/sobre a história do Brasil"[91].

Nucia Oliveira, em outro recorte, pesquisou sobre como a história estava sendo tratada nos principais sites de pesquisa escolar, restringindo-se aos conteúdos escritos. Entre suas conclusões: simplificação, narração conteudista, pouco provocativa e pouco problematizadora das temáticas. A autora fala na repetição de "sentidos comuns"[92], que não ajudam no desenvolvimento de uma visão crítica, nem a respeito do passado e tampouco a respeito do presente.

Levando-se em conta a convergência das conclusões de Malerba e Oliveira, é preciso situar as conclusões desta pesquisa, a respeito das narrativas da história no YouTube, em uma direção consonante, apesar da diversidade dos recortes. Por um lado, foi possível perceber que esses discursos reducionistas, revisionistas ou que pelo menos visam a realocar o lugar tradicional dos historiadores, e que aparecem em outros lugares, não são maioria no YouTube, ainda que ocupem um espaço significativo na plataforma. Por outro lado, caberá às investigações posteriores identificar se essa posição se manterá, dado que se trata de uma disputa ainda em jogo.

4.5 Conclusões parciais: lugares em disputa (2019)

Estudos que procuram entender as relações entre a história e a Internet, ou entre a história e o YouTube, em particular, têm insistentemente demonstrado os aspectos positivos do uso, em sala de aula, das mídias audiovisuais. Adriana Dallacosta, por exemplo, conta sua experiência de trabalhar com o recurso dos vídeos do YouTube, tendo por base de sua metodologia o uso da chamada linguagem hipertextual[93]. Jonathan Rees, no contexto da sala de aula norte-americana, falou da experiência positiva dessa plataforma, dados o tamanho dos vídeos e o fato de que os alunos normalmente não têm paciência

---

90. Ibid., p. 37.

91. Ibid., p. 38.

92. OLIVEIRA, N. História e Internet: conexões possíveis. *Tempo e Argumento*, vol. 6, n. 12, 2014, p. 50. Disponível em http://www.revistas.udesc.br/index.php/tempo/article/view/2175180306122014023

93. DALLACOSTA, A. 2004.

para assistir a vídeos longos, por exemplo[94]. Luana Bispo e Kelly Barros, após um mapeamento, listaram vídeos de boa qualidade para serem trabalhados em sala de aula[95]. Ocasionalmente, sugerem também que os próprios alunos façam vídeos, em especial no contexto da história local, no âmbito do Ensino Fundamental. A bibliografia é extensa nesse sentido[96]. Então, já tendo sido demonstrada a relação, pelo menos potencialmente positiva, entre os estudantes e o YouTube, é preciso levar em conta o fato de que ela já não se restringe apenas ao ambiente escolar. A educação, hoje, não se confina mais ao espaço físico da escola ou na ocasião da sala de aula.

Essa demanda (que poderíamos chamar aqui de extraescolar) por conteúdos de cunho histórico tem sido suprida no YouTube de diversas maneiras. Em primeiro lugar, por discussões ainda fiéis a uma narrativa acadêmica, principalmente por iniciativas particulares, definidas pelo mercado, em que o espaço do poder público ou da instituição universitária é quase nulo. Em segundo lugar, por narrativas que visam a deslocar os historiadores de seus lugares de autoridade – historiadores profissionais deixam de ser ouvidos, em detrimento de outros profissionais: jornalistas, economistas e, inclusive, pastores evangélicos. Ocasionalmente, a própria escola é vista como inimiga: ela esconderia ou ocultaria um conhecimento verdadeiro. Parece plausível inferir que, em vez de o YouTube ser levado à sala de aula (a experiência já se demonstrou positiva, mas talvez já seja insuficiente), um movimento contrário talvez seja potencialmente frutífero: a ocupação do YouTube pelas instituições, pela academia, em suma, pelos historiadores profissionais. Dilton Maynard alertou para os problemas da confiabilidade das fontes e dos documentos históricos em tempos de compartilhamento e edições desenfreadas[97]; mas, para além do problema da documentação, é preciso ser questionado também qual tem sido a confiabilidade das próprias narrativas históricas (e de seus emissores) em tempos de compartilhamento. Posto de outra forma: Qual o lugar que os historiadores profissionais têm ocupado, na disputa pela legitimidade da narrativa, na ágora virtual que se tornou a Internet?

---

94. REES, J. Teaching history with YouTube. *Perspectives on History*: American Historical Association, 2008.

95. BISPO; BARROS. Vídeos do YouTube... Op. cit.

96. Cf. MATTAR, J. YouTube na educação... Op. cit. • OLIVEIRA, N. História e Internet... Op. cit.

97. MAYNARD, 2016, p. 77-100.

* * *

A pergunta colocada acima, há exatos dois anos, tem ao menos uma resposta possível no contexto atual: o esforço dos historiadores e professores para ocupar espaço na Internet é notável – ao menos no que diz respeito ao ensino de História no YouTube. São várias as iniciativas que aparecem em diferentes nichos de conteúdo. Essa mobilização, no entanto, tem esbarrado em pelo menos dois pontos fundamentais: 1) Eventualmente, os critérios do YouTube para validar e divulgar seus conteúdos não são os mesmos da academia. O anonimato, por exemplo, nem sempre é um problema para essa plataforma, pois ela não impede que conteúdos anônimos ou não verificáveis sejam impulsionados. 2) O apelo à história "alternativa", que mostra o que os professores "escondem", segue presente. Isso aparece tanto no número significativo de visualizações e comentários desses vídeos quanto no número, também relevante, de inscritos nos canais que se encaixam nessa categoria. Essas duas questões estão interligadas e se retroalimentam: estudos como o de Daniel Loiola explicam que uma vez consumido esse tipo de conteúdo, é natural que o YouTube sugira outros vídeos semelhantes ao espectador, gerando, assim, uma "bolha" que fideliza o consumidor a essas narrativas[98]. Vamos, a seguir, aprofundar essa resposta – que não é simples.

4.6 Novos mapeamentos: professores em disputa *no* e *com o* YouTube

Este segundo mapeamento seguiu os mesmos critérios da pesquisa realizada anteriormente[99]. Nesse segundo momento, no entanto, o YouTube diminuiu consideravelmente a sugestão de vídeos. Há diversos conteúdos que se enquadrariam no recorte da pesquisa, como muitos que apareceram no estudo anterior e que ainda estão no ar, mas que não apareceram na listagem. Antes, a plataforma sugeriu 80 vídeos. Agora, listou apenas 18.

---

98. LOIOLA, 2018.

99. Entre dezembro de 2020 e janeiro de 2021 foi feita uma pesquisa no YouTube em que foi procurado pela palavra-chave "história" e categorizados os vídeos, segundo o critério do número de visualizações que chegassem ao limite mínimo de 50 mil visualizações. Foram considerados apenas os vídeos que tratam da história como campo do conhecimento e ignorados os que mencionassem, p. ex., a "história" de celebridades, de letras de músicas ou de personagens de telenovelas. Foi tomado o cuidado de fazer essa pesquisa sem qualquer *login* vinculado ao YouTube para evitar que um perfil individual interferisse no algoritmo na hora da plataforma sugerir conteúdos.

Por outro lado, o YouTube aumentou consideravelmente o número de sugestões de canais. Isso pode ter relação com o algoritmo do site, que, ao oferecer um leque de vídeos de uma mesma página, em vez de um apenas, pode fornecer maior imersão de conteúdos e manter o usuário por mais tempo *on-line*. Antes, a plataforma sugeriu menos de cinco canais que, pela pouca relevância, não foram analisados. Agora, sugeriu 21 canais. Devido a isso, no mapeamento de 2020-2021, essas páginas foram analisadas como um novo grande grupo.

Em relação à temática dos 18 vídeos analisados entre 2020 e 2021, a tendência segue muito parecida com a dos conteúdos analisados entre 2018 e 2019. A grande maioria dos vídeos aparece em canais voltados à curiosidade e cultura geral – ou seja, não são canais especializados em história. Esse nicho de conteúdo corresponde a cerca de 32 milhões de visualizações (mais de 91% das quase 35 milhões de visualizações distribuídas nos 18 vídeos). Aqui podemos remeter, por exemplo, aos vídeos sobre a Segunda Guerra Mundial[100], a história do Brasil[101] e o Egito antigo[102] do Canal Nostalgia[103], que alcançaram, juntos, mais de 27 milhões de visualizações das 32 milhões deste grupo. Os vídeos que tratam das maiores descobertas da história[104], da Sodoma e Gomorra bíblicas[105], sobre o "pior" ano da história[106] – que seria 2020 – e outro que fala sobre a construção do Cristo Redentor[107], todos do canal Fatos Desconhecidos[108], ultrapassaram as 3,3 milhões de visualizações. Como visto, o Fatos Desconhecidos já aparece no mapeamento de 2018-2019. Um único vídeo,

---

100. CANAL NOSTALGIA. *YouTube*. Segunda Guerra Mundial – Nostalgia História. Disponível em https://www.YouTube.com/watch?v=TV4Vzda09Ck

101. CANAL NOSTALGIA. *YouTube*. 500 anos em 1 Hora/História do Brasil. Disponível em https://www.YouTube.com/watch?v=q7E4XrfGGnE&t=278

102. CANAL NOSTALGIA. *YouTube*. Os mistérios do antigo Egito – Nostalgia História. Disponível em https://www.YouTube.com/watch?v=ebm-fLo9-NA – Acesso em 29/12/2020.

103. CANAL NOSTALGIA. *YouTube*. Disponível em https://www.YouTube.com/user/fecastanhari

104. Descobertas incríveis que mudaram a história. *YouTube*. Disponível em https://www.YouTube.com/watch?v=ZGyBpEFtP54

105. A HISTÓRIA de Sodoma e Gomorra. *YouTube*. Disponível em https://www.YouTube.com/watch?v=oXz_wRZQ8E0

106. O PIOR ANO da história para estar vivo. *YouTube*. Disponível em https://www.YouTube.com/watch?v=mWGwvnfCzRc

107. A HISTÓRIA da construção do Cristo Redentor. Disponível em https://www.YouTube.com/watch?v=zFypvOxfxFY

108. FATOS DESCONHECIDOS. *YouTube*. Disponível em https://www.YouTube.com/user/fatos desconhecidos

sobre as maiores explosões da história[109], do canal Mistérios do Mundo[110], ultrapassou 1,5 milhão de acessos.

Os vídeos dos canais especializados em história têm um alcance significativamente menor: eles chegaram a 1,5milhão de visualizações, o que corresponde a pouco mais de 4% do total. Podemos apontar, por exemplo, o vídeo sobre a primeira favela do Brasil[111], do Canal Buenas Ideias[112] – que aparece na pesquisa feita há dois anos –, com 1,2 do 1,5 milhão de visualizações do grupo. Este e outros vídeos do recorte, como será visto mais adiante, tratam de temas mais específicos do campo da história, se comparados aos temas mais gerais e amplos dos canais de cultura *pop*.

O nicho de conteúdo cristão que se propõe a falar de história segue relevante: foram 1,2 milhão de acessos, o que corresponde a mais de 3% do total. Um dos vídeos do grupo, que pretende falar sobre a história do cristianismo "como você nunca viu"[113], do canal Escola do Discípulo[114], ultrapassou 1,1 milhão das aproximadamente 35 milhões de visualizações da pesquisa.

Se formos levar em conta apenas as sugestões de vídeos, o grande grupo da história que *não* desafia a autoridade dos professores ou os recortes da história escolar aumentou em termos de visualizações proporcionais. Na pesquisa feita entre 2018 e 2019, esse grupo atingiu pouco mais de 63% do total de visualizações do recorte. Entre 2020 e 2021, mais de 80% (mais de 27 milhões do total de quase 35 milhões de visualizações). No entanto, se formos levar em conta a quantidade de vídeos listados pela plataforma, há uma queda proporcional da oferta de vídeos desse grupo. No primeiro mapeamento, eles corresponderam a mais de 63% da oferta de conteúdo. No segundo, não chegaram a 45% das sugestões (são apenas 8 do total de 18 vídeos). Isso quer dizer que, se comparados os últimos anos, apesar do interesse do público em consumir conteúdo

---

109. 8 EXPLOSÕES que entraram para a história. *YouTube*. Disponível em https://www.YouTube.com/watch?v=MtJwZNF2doI

110. MISTÉRIOS DO MUNDO. *YouTube*. Disponível em https://www.YouTube.com/channel/UCtmBoasiD85ET6GeHJjaFvg

111. A HISTÓRIA da primeira favela do Brasil. *YouTube*. Disponível em https://www.YouTube.com/watch?v=9fx9p-tvD0s

112. BUENAS IDEIAS. *YouTube*. Disponível em https://www.YouTube.com/channel/UCQRPDZMSwXFEDS67uc7kIdg

113. A HISTÓRIA do cristianismo como você nunca viu. Episódio 01. *YouTube*. Disponível em https://www.YouTube.com/watch?v=KmpucxGB1jA

114. ESCOLA DO DISCÍPULO. *YouTube*. Disponível em https://www.YouTube.com/channel/UCXDIsJpQCOi88jpt_AUGWbg

que não desautoriza a escola ou a academia, o YouTube aumentou a oferta de vídeos cuja temática tende a abordar as histórias "ocultas", "paralelas" ou que "os professores não contam": antes eram 35% dos vídeos listados, e agora o número subiu para mais da metade (são 10 dos 18 vídeos).

Se consideramos os canais que foram sugeridos pelo YouTube, percebemos que dos 21 canais listados, 18 pertencem ao grupo que aborda a história de uma maneira que não desafia, necessariamente, a autoridade dos historiadores profissionais ou da escola (vamos nos referir a este conjunto de canais como Grupo A). Trata-se de uma maioria significativa. Apenas três pertencem ao grupo que, de alguma maneira, questiona a história escolar ou acadêmica (será considerado, a partir de agora, como Grupo B). Se for levado em conta o número de inscritos, os números se alteram um pouco: de um total de 7,3 milhões de inscritos em todos os canais, 5,2 milhões (pouco mais de 71%) estão no Grupo A, e 2,1 milhões (pouco mais de 28%) no Grupo B. Isso indica que apesar da grande quantidade de canais do primeiro grupo, há um número significativo (quase um terço do total de inscritos) de consumidores de conteúdo que, concentrados, foram captados ou fidelizados às páginas que oferecem histórias "alternativas" do Grupo B no YouTube. Vamos agora analisar esses recortes separadamente.

Dos 5,2 milhões de inscritos do Grupo A, 4,5 milhões (cerca de 86% do grupo) estão fidelizados em páginas cuja temática principal é o Enem e pré-vestibulares. Esses números indicam a permanência – quando comparados às estatísticas de 2018-2019 – dos cursinhos e da iniciativa privada educacional. O primeiro canal sugerido foi o de Débora Aladim[115], com 2,4 milhões de inscritos (mais de 44% do Grupo A). A página se dedica às revisões e aos resumos de conteúdos de história, bem como oferece técnicas de redação e dicas de estudo de uma maneira mais ampla. Eventualmente, encontramos conteúdo biográfico no estilo *vlog* (vida pessoal e cotidiano). O próximo canal sugerido foi o Se Liga[116], que atualmente é uma reformulação do Se Liga Nessa História, uma página que começou especializada na disciplina de História, depois se expandiu, ofertando conteúdos de humanidades, e atualmente inclui no seu conteúdo vídeos na área das ciências da natureza. O canal possui atualmente 1,4 milhão de inscritos (quase 30% dos inscritos do Grupo A). Podemos

---

115. DÉBORA ALADIM. *YouTube*. Disponível em https://www.YouTube.com/user/deboraaladim

116. SE LIGA NESSA HISTÓRIA. *YouTube*. Disponível em https://www.YouTube.com/user/seliganessahistoria1

identificar, portanto, uma tendência: seja quando analisamos os vídeos individuais ou os canais sugeridos pelo YouTube, em ambos os recortes, percebemos que conteúdos de história tendem a alcançar mais visualizações ou inscrições quando estão inseridos em redes temáticas amplas. Dito de outra forma, quando a história sai do seu nicho, tende a aumentar sua audiência. Outros canais mais especializados, voltados ao público vestibulando, como o História On-line[117], HistoriAção[118], Mestres da História[119], Senhor da História[120] e Dez de História[121], alcançaram, juntos, pouco mais de 400 mil inscritos (pouco mais de 7% do total do Grupo A).

Ainda no Grupo A, no que diz respeito à sugestão de canais, encontramos um conjunto de páginas cuja produção está mais concentrada na área da história como campo de conhecimento. Eles contabilizam, juntos, cerca de 455 mil inscritos, o que equivale a pouco mais de 7% do total do Grupo A. Podemos mencionar, por exemplo, o canal História e Tu[122], com 242 mil inscritos. Esse canal também apareceu na listagem dos vídeos individuais, com três diferentes produções que tratam da história das mulheres[123] e que, juntas, ultrapassaram as 250 mil visualizações. O canal Invenções da História[124] também faz parte do conjunto de canais especializados e possui 135 mil inscritos. Abaixo da linha dos três dígitos, foram listados ainda os canais História Chico Hits[125], do Prof. Chico, que ensina a história a partir de músicas originais (com 67,7

---

117. HISTÓRIA On-line. *YouTube*. Disponível em https://www.YouTube.com/user/rods32

118. HISTORIAÇÃO HUMANA. Prof. Jener Cristiano. *YouTube*. Disponível em https://www.YouTube.com/user/jener32

119. MESTRES DA HISTÓRIA. *YouTube*. Disponível em https://www.YouTube.com/user/acmforevis

120. SENHOR DA HISTÓRIA. *YouTube*. Disponível em https://www.YouTube.com/channel/UCa4OGcd393jpwXkYW5I2xuA

121. DEZ DE HISTÓRIA. *YouTube*. Disponível em https://www.YouTube.com/channel/UCxnq8mfKzOdLvjYcHFcm0wQ

122. HISTÓRIA E TU. *YouTube*. Disponível em https://www.YouTube.com/channel/UCaC3mNKKYcuAtaSuCUzU5VA

123. MULHERES NA HISTÓRIA #66: Princesa Diana, a princesa do povo. *YouTube*. Disponível em https://www.YouTube.com/watch?v=CWrW6apwe8w • MULHERES NA HISTÓRIA #68: Vitória do Reino Unido, a rainha que marcou uma era. *YouTube*. Disponível em https://www.YouTube.com/watch?v=A6ccVEIaA2k – Acesso em 30/12/2020. • MULHERES NA HISTÓRIA #64: Joana de Castela, a trágica vida de uma rainha "louca". *YouTube*. Disponível em https://www.YouTube.com/watch?v=ikHTIr1vFoA

124. INVENÇÕES NA HISTÓRIA. *YouTube*. Disponível em https://www.YouTube.com/channel/UCfBeGUOYM23ZQnepxtRqDYw

125. HISTÓRIA CHICO HITS. *YouTube*. Disponível em https://www.YouTube.com/user/hitsdoChico

mil inscritos); o História Revista[126], especializado na história das revistas em quadrinhos, dos jogos e de outras mídias (7,27 mil inscritos); e o Arqueologia e Pré-História[127], uma iniciativa de divulgação científica formada por diversos professores e alunos (3,88 mil inscritos).

Dos 2,1 milhões de inscritos nos canais que de alguma forma questionam a história ou os historiadores profissionais (Grupo B), há uma distribuição relativamente proporcional em três importantes canais, pois eles têm um número significativo de inscritos. São 886 mil inscritos (pouco mais de 40% do Grupo B) no canal Buenas Ideias[128], do jornalista Peninha, que já aparece na pesquisa de 2018-2019. Em um vídeo recente, por exemplo, a respeito das críticas dos historiadores da Universidade Federal do Rio Grande do Sul, Peninha comenta que de fato não é historiador, "por um lado, graças a Deus"[129].

O canal Foca na História[130] possui 666 mil inscritos, o que equivale a mais de 31% do Grupo B. Além de aparecer na lista de sugestões de canais, o nome também aparece nas sugestões de vídeos individuais, com um vídeo sobre Ragnar Lodbrok[131], personagem da literatura e do seriado norte-americano *Vikings*, criado por Michael Hirst. É significativo, no que toca à confusão entre a história como campo do conhecimento e a história como ficção, que esse vídeo apresente imagens do seriado televisivo, confundindo episódios da série com os mitológicos ou da "história" – como o próprio título indica, o autor quer apresentar as "verdadeiras (sic) histórias" – e receba comentários da audiência como este: "[essa é] a história medieval mostrando como *de fato* foi à época" (grifo nosso).

Por fim, o canal Vamos Falar de História? possui 583 mil inscritos, o que equivale a pouco mais de 27% do Grupo B. Apesar do foco na área de história, sobretudo história das guerras e história militar, o canal é dirigido por Felipe Dideus, que não possui formação acadêmica completa na área. Em um dos

---

126. HISTÓRIA REVISTA. *YouTube*. Disponível em https://www.YouTube.com/user/historiarevista

127. ARQUEOLOGIA E PRÉ-HISTÓRIA. *YouTube*. Disponível em https://www.YouTube.com/user/arqueologiaemacao

128. BUENAS IDEIAS. *YouTube*. Disponível em https://www.YouTube.com/channel/UCQRPDZMSwXFEDS67uc7kIdg

129. O hino do Rio Grande do Sul. *YouTube*. Disponível em https://www.YouTube.com/watch?v=45ZvdWelE9w& – Acesso em 12/01/2021. Cf. precisamente o trecho 24:42-24:48.

130. FOCA NA HISTÓRIA. *YouTube*. Disponível em https://www.YouTube.com/channel/UCI5WkIKM1kPDKUR9g2ImnKQ – Acesso em 06/01/2021.

131. RAGNAR LODBROK. As verdadeiras histórias e lendas que cercam este Viking – História medieval. *YouTube*. Disponível em https://www.YouTube.com/watch?v=y2Ke5n8TgnI&

vídeos do canal[132], o autor explica que sua participação no YouTube vem do canal Fatos Desconhecidos – que apareceu no mapeamento de 2018-2019, também no recorte dos canais que questionam a autoridade dos professores e da academia. No mesmo vídeo, Dideus menciona sua participação no canal Terça Livre, um canal "conservador", e na seção de comentários há uma mensagem fixada[133] de um canal chamado "Submundo Intelectual", afiliado politicamente à direita, que agradece Dideus pela ajuda na divulgação desse outro perfil. A articulação desses canais em uma estratégia de mútua divulgação é outro processo que ajuda na formação de bolhas e na fidelização de espectadores ou inscritos[134].

Outro critério que foi levado em consideração na pesquisa de 2020-2021 foi a autoria, ou seja, a possibilidade de identificar nominalmente os autores ou as autoras dos vídeos. Dos 18 vídeos que foram sugeridos na busca da plataforma, apenas em 6 deles (o que equivale a um terço do total) é possível identificar quem é o autor ou autora do conteúdo. Nos outros 12 vídeos (dois terços do mapeamento), isso não fica claro, o que quer dizer que há uma tendência significativa do YouTube de sugerir vídeos cuja autoria não está explícita. Este é o caso das produções em que apenas há narração, ou seja, o autor ou autora não aparece diante da câmera, nem é possível encontrar seu nome nas legendas do próprio vídeo ou na aba "sobre" do canal, que tende a explicar quem são os seus "donos". Dos seis vídeos em que a autoria é identificável, cinco pertencem ao Grupo A. Do Grupo B, há apenas um vídeo cujo autor é identificável. Isso quer dizer que, neste recorte, os vídeos que contam histórias "alternativas" têm uma tendência considerável de não mostrar quem é o autor ou autora.

No entanto, quando analisados apenas os canais sugeridos pelo algoritmo do YouTube, encontramos números diferentes. Dos 21 canais indicados pela plataforma, em 16 (proporcionalmente mais de três quartos do total) podemos identificar os autores ou autoras; nos outros cinco (menos de um quarto dos canais), a informação não está explícita. A sugestão de canais, portanto, aponta

---

132. FELIPE DIDEUS. *YouTube*. O dia que me tiraram do Terça Livre. Disponível em https://www.YouTube.com/watch?v=S2jLD-YFbTk

133. Um comentário fixado é um comentário feito por algum dos espectadores que recebe, por parte do autor do vídeo, um *pin* (alfinete); ou seja, é destacado e realçado pelo dono do canal. Dessa maneira, o comentário, ao ganhar relevância, se torna o primeiro da lista dos comentários visíveis aos outros espectadores daquele vídeo.

134. LOIOLA, D. *Recomendado*... Op. cit.

em um sentido contrário quando comparada à sugestão de vídeos individuais: aqui o critério da autoria parece ser relevante para a plataforma. Dos 16 canais em que a autoria é explícita, 12 são produzidos ou apresentados por professores e historiadores, todos do Grupo A, o que equivale a exatamente um quarto dos canais com autoria identificável e mais da metade de todos os canais listados pelo YouTube. São os seguintes canais: Débora Alladim, Se Liga (Walter Solla no caso da disciplina de História), História On-line (Daniel Pereira e Rodolfo Neves), HistoriAção (Jener Cristiano), Tudo é História (Hilário Xavier), História Chico Hits (Prof. Chico), Mestres da História (Edenilson Morais), Senhor da História (Prof. Elias), Dez de História (Victor Ryzovas), Arqueologia e Pré-História (diversos professores e alunos), História e Tu (Prof. Danilo e Profa. Zilmar), História da Música Brasileira (Historiador Ricardo Maranhão, entre outros). Esses números sugerem que profissionais da história ou da educação têm se mobilizado na disputa pelas narrativas da plataforma.

Na parcela restante dos canais em que a autoria é identificável, podemos encontrar o jornalista Peninha, do Buenas Ideias, e outros autores cuja formação não está clara (Felipe Dideus do Vamos Falar de História? e João Samper do Colecionadores de História[135]). Encontramos, ainda, apenas um canal institucional (Tempo História[136] da TV Justiça) – o que reflete uma tendência já identificada em 2018-2019, que é a pouca expressão dos canais institucionais.

A atuação do Grupo A na plataforma tem sido limitada, no entanto, de pelo menos duas formas. Em primeiro lugar, se levarmos em conta o critério da periodicidade das postagens dos canais, ou, dito de outra forma, se analisarmos a frequência da publicação dos vídeos desses canais, percebemos que do total de 21 canais listados pela plataforma, 16 deles (pouco mais de 76% do total) estão publicando constantemente, mas outros cinco (pouco mais de 23%) estão em uma janela de inatividade que vai dos cinco meses aos cinco anos[137]. Todos estes são da esfera educacional: são os canais HistoriAção (última publicação de cinco meses atrás), Mestres da História (10 meses), Hoje na

135. COLECIONADORES DE HISTÓRIA. *YouTube*. Disponível em https://www.YouTube.com/channel/UCpkMKpy_G-F5mquJenedeZg – Acesso em 07/01/2021.

136. TEMPO HISTÓRIA. *YouTube*. Disponível em https://www.YouTube.com/user/TempoeHistoria – Acesso em 06/01/2021.

137. Sendo considerada, naturalmente, a data atual da investigação, que ocorreu entre dezembro de 2020 e janeiro de 2021.

História Mundial[138] (dois anos), Tempo História (dois anos), Colecionadores de História (cinco anos) e História da Música Brasileira[139] (cinco anos). Do Grupo B, todos os canais publicam constantemente.

Em segundo lugar, é preciso ressaltar que a presença quantitativa de professores em canais do YouTube não repercute, necessariamente, na validação da plataforma a respeito desses canais. O YouTube possui um selo de "verificação" que, segundo o site, demonstra a confiabilidade do canal e pode ser atribuído aos usuários depois que as páginas alcancem o número mínimo de 100 mil inscritos[140]. Se considerarmos apenas a sugestão individual de vídeos, na pesquisa de 2020-2021, percebemos que os 18 vídeos estão distribuídos em 11 canais. Destes, a maioria é verificado (seis possuem o selo e cinco não possuem). Isso mostra que a plataforma tende a mostrar os vídeos dos canais que passaram pela verificação. No entanto, dos canais verificados, quatro pertencem ao grupo dos conteúdos que oferecem histórias "alternativas", o que corresponde a dois terços deste recorte. São os vídeos dos canais Mistérios do Mundo, Buenas Ideias, Fatos Desconhecidos e Foca na História. Os vídeos dos canais verificados são do canal Nostalgia (apresentado por Felipe Castanhari, que não é professor de formação) e Nerdologia (apresentado por Filipe Figueiredo, o único historiador neste recorte). Isso quer dizer que os critérios de confiabilidade do YouTube não são, necessariamente, os critérios da academia – como, por exemplo, a clareza da autoria e das fontes ou a revisão dos pares.

Se considerarmos apenas a sugestão de canais, dos 21 listados pelo YouTube, apenas seis são verificados. Três deles pertencem ao grupo dos conteúdos apresentados por professores do Grupo A (Débora Aladim, Se Liga Nessa História e História On-line), e os outros três, do Grupo B, não são apresentados por historiadores profissionais (Vamos Falar de História?, Buenas Ideias e Foca na História). É significativo que o canal Foca na História, apesar de ser verificado, pertença ao conjunto dos canais em que o nome do autor ou autora não está explícito. A diferenciação entre os critérios de confiabilidade ou de "verificação" do YouTube e os da academia reaparece nesse recorte.

---

138. HOJE NA HISTÓRIA MUNDIAL. *YouTube*. Disponível em https://www.YouTube.com/channel/UCKu06MmGX1oGwf2j-s2ls9g – Acesso em 06/01/2021.

139. HISTÓRIA DA MÚSICA BRASILEIRA. *YouTube*. Disponível em https://www.YouTube.com/user/HistoriadaMB

140. SELOS DE AUTENTICIDADE NOS CANAIS. *Ajuda do YouTube*. Disponível em https://support.google.com/YouTube/answer/3046484?hl=pt-BR

4.7 Ainda conclusões parciais: quatro pontos fundamentais para pensar o ensino de História no YouTube (2021)

A pesquisa realizada entre 2020 e 2021, por um lado, confirma algumas tendências do mapeamento de 2018-2019, e, por outro, levanta novas questões. Em primeiro lugar, segue presente, por exemplo, a importância dos canais de curiosidades e cultura *pop* que se propõem a falar de história. Quando analisamos tanto os vídeos listados pela plataforma como os canais indicados na ferramenta de busca, esse é o grupo que ganha mais destaque. Os números podem ser indicativos quanto à necessidade de os professores e historiadores saírem do seu nicho especializado (e eventualmente superespecializado) para atingirem um público mais amplo – o que pode ocorrer tanto em relação às temáticas quanto em relação à linguagem da comunicação. Não foi possível encontrar evidências de que "grandes" canais (levando em conta os números de visualizações e de inscritos) ofereçam, necessariamente, visões distorcidas da história acadêmica ou escolar.

Em segundo lugar, seguem presentes as narrativas que desafiam a história feita pelos historiadores. Isso pode ocorrer quando o ofício do historiador profissional é apontado como desnecessário ou quando a abordagem dos conteúdos é feita, sem os mesmos critérios da academia, por pessoas que não possuem formação na área. Segundo Tereza Dulci e Tarcísio Queiroga, que também analisaram a presença da história no YouTube, essas inciativas podem desencadear um movimento que vai "na contramão da história crítica, documentada e teoricamente fundamentada"[141] para um público mais amplo. O fato de a audiência desses conteúdos comentar nos vídeos agradecendo as "aulas" e as explicações que mostrariam como "de fato" as coisas aconteceram é indicativo de uma disputa com a história escolar, pois os comunicadores são claramente entendidos como professores – mesmo quando não aparecem nos vídeos e não sabemos sequer seu nome. Há uma disputa, dito de outra forma, pelo ensino da História. É preciso considerar, ainda, que apesar de esses conteúdos aparecerem em menor quantidade, eles concentram e fidelizam uma audiência significativa, que aparece nos altos números proporcionais de visualizações e inscrições nos canais.

Em terceiro lugar, ainda não foi possível definir quais são os critérios do algoritmo do YouTube na hora de indicar vídeos ou canais sobre a temática da

141. DULCI; QUEIROGA JÚNIOR, 2019, p. 25.

história: uma quantidade significativa de vídeos que apareceram no mapeamento de 2018-2019 não apareceu no mapeamento de 2020-2021, por exemplo. Por outro lado, já foi possível concluir que os critérios acadêmicos – como clareza de autoria, dependência das fontes e verificação dos pares – não são imperativos para o YouTube, tanto na hora de a plataforma indicar vídeos e canais como no momento de atribuir o selo de "verificação" dos conteúdos.

Em quarto lugar, não podemos ignorar o alto número de professores inseridos na plataforma e que ganhou destaque no mapeamento recente, quando considerada a lista de canais sugeridos pelo YouTube. É preciso ressaltar, no entanto, que a ampla inserção de projetos educacionais no *site* também é acompanhada de ampla desistência ou de ausência de periodicidade nas postagens dos vídeos. Além disso, em alguns perfis do aqui considerado "Grupo B", conseguimos identificar estratégias de parceria e mútua divulgação que ajudam no fenômeno da criação de "bolhas" e na fidelização dos conteúdos. Não conseguimos identificar essas estratégias, nos recortes feitos até agora, no "Grupo A". Dito de outra maneira, periodicidade e parcerias são duas características que diferem a atuação desses grupos na plataforma até o momento.

Se considerarmos que a história como campo de conhecimento ainda precisa ser afirmada a partir dos seus critérios científicos ou acadêmicos, para além do nicho especialista ou escolar, parece ser preciso também considerar o YouTube como um dos lugares em que essa afirmação deve ocorrer. Não apenas em razão da sua audiência, mas porque nessa plataforma conseguimos identificar, de forma constante, pelo menos dois movimentos que questionam o estatuto da história profissional: em alguns casos, o passado tem sido abordado de forma simplificada, caricata e eventualmente a partir de fatos cuidadosamente selecionados. Em outros, a escola e os professores têm sido considerados como irrelevantes, e quando não, inimigos.

O questionamento que provoca uma participação dos historiadores e professores no YouTube, portanto, de maneira ativa e qualitativa no debate, segue em aberto.

5

Redes sociais digitais: um novo horizonte de pesquisas para a História do tempo presente

Débora El-Jaick Andrade

5.1 Introdução

As eleições dos Estados Unidos e o *referendum* sobre a permanência da Inglaterra na União Europeia, o *Brexit*, ambos ocorridos em 2016, são exemplos significativos de como as democracias ocidentais podem ser desestabilizadas à medida que a opinião pública se mostra passível de ser convencida e reorientada por um novo ator cada vez mais presente na esfera pública: as redes sociais. No caso das eleições estadunidenses no período citado, as diversas redes sociais tanto foram utilizadas como bases para coleta sistematizada de informações com vistas à manipulação posterior como também foram frequentemente assaltadas e bombardeadas por notícias falsas direcionadas a usuários identificados com interesses e valores específicos, suscetíveis a recebê-las e a acreditar nelas. Em duas palavras, estes projetos politicamente tendenciosos foram especialmente hábeis em explorar tanto a dimensão de *informação* como a dimensão de *comunicação* que se entrelaçam na constituição das redes sociais.

Um documento da empresa britânica Cambridge Analytica, depois revelado pelo jornal *The Guardian*, mostra que a dupla estratégia de extrair informação da rede e de comunicar informações seletivas ou mesmo falsas nesta mesma rede – sempre acompanhada de uma atenta análise capaz de identificar os diversos tipos de perfis políticos, econômicos e socioculturais a serem convencidos – teria sido eficazmente usada para ajudar Donald Trump a vencer a corrida presidencial norte-americana, apoiando-se amplamente em plataformas digitais como o Google, Snapchat, Twitter, Facebook e YouTube. A empresa utilizava dados recolhidos através de inquéritos e algoritmos aperfeiçoados com vistas a atingir diferentes grupos de eleitores, de acordo com o seu perfil e área geográfica, para os quais teriam sido enviadas mais de 10 mil mensagens, meses antes das eleições, bem como anúncios que foram visualizados milhares de vezes[1].

Para ter sucesso em tal empreendimento, a empresa que assessorou Donald Trump, a Cambridge Analytica, beneficiou-se de dados relacionados a mais de 50 milhões de usuários do Facebook, o que tem lançado graves questionamentos sobre a confiabilidade na segurança nas redes sociais. Esses episódios, de fato, revelam que os dados de usuários de redes sociais podem ser efetivamente utilizados para moldar e redirecionar a opinião de milhares de pessoas – incluindo a sua intenção de voto. Lembramos que, em posteriores investigações governamentais decorrentes de episódios de questionável uso político das redes sociais como estes, o Facebook tem se mostrado particularmente resistente a colaborar com as autoridades, precisamente ancorando-se na alegação de que estaria ferindo a privacidade dos clientes ao fornecer os IPs de quem dispara as publicações. Eis aqui mais um dos peculiares paradoxos das redes sociais: a ambivalência entre superexposição e privacidade[2].

No Brasil, diversos setores das redes sociais assumiram um protagonismo similar durante as eleições de 2018, desbancando as mídias tradicionais na sua habitual prática de moldar a opinião pública ao provocar uma virada em favor do candidato ultraconservador à presidência, e em apoio a vários candidatos até então desconhecidos nas eleições estaduais e legislativas. A disseminação de notícias falsas via WhatsApp, ao que tudo indica, foi financiada com recur-

---

1. P. ex., na plataforma do YouTube, a campanha de Donald Trump valia-se de dois anúncios diferentes, de acordo com o tipo de eleitores, conforme a informação geográfica disponível. Para os eleitores que residiam em áreas "vermelhas", ou seja, aquelas nas quais era mais provável votarem em Trump, foi mostrada "uma imagem triunfante do candidato", com conselhos de como poderiam votar. Os eleitores que habitavam localizações geográficas com votantes mais divididos (que podiam estar indecisos ou não ser apoiadores de Trump) viam uma imagem diferente, divulgando apoiadores famosos do republicano. A empresa usava ainda uma nova técnica de publicidade oferecida pelo Twitter que foi lançada no início do ano eleitoral e permitia aos clientes lançar mensagens virais. Os seguidores de Trump, neste caso, eram incentivados a partilhar *tweets* favoráveis ao candidato usando *hashtags* predefinidas.

2. Para alimentar ainda mais esta contradição, enquanto o Facebook insistia aqui em defender do governo a identidade dos IPs que dispararam na rede campanhas fundadas em *fake news* e manipulações de dados, em outra ocasião – como se verá mais adiante – seria acusado de extrair dados confidenciais dos usuários e os oferecer aos desenvolvedores ou anunciantes aliados à rede. Sobre isto, cf., mais adiante, nota 80 do capítulo 5; cf. p. 206.

sos de empresários apoiadores do candidato à frente nas pesquisas eleitorais, e seguiu o mesmo modelo empregado nos Estados Unidos pelos assessores e partidários de Trump. A então Senadora Gleisi Hoffmann, do Partido dos Trabalhadores, em função da derrota nas eleições presidenciais de 2018, chegou a afirmar que a decisão não se deu através de "uma onda de convencimento do eleitorado pelas causas ou pelas propostas do candidato, mas foi construída nos subterrâneos da Internet como uma fábrica de mentiras..."[3]

Ambos os exemplos – o estadunidense e o brasileiro – são reveladores de como a realidade cibernética e a tecnologia digital podem juntas alterar substantivamente as relações sociais. Como se vê, a Internet abre nos dias de hoje um amplo leque de espaços virtuais e de formas de utilizá-los para finalidades diversas, especialmente no que concerne às redes sociais que atualmente estão no centro de embates políticos e de uma virada nos rumos do encaminhamento da opinião pública em diversos países, protagonizando, inclusive, mobilizações de protestos de novo tipo e mesmo a derrubada de regimes autoritários ou democráticos.

Nestes novos tempos, a historiografia é instada a incorporar conscientemente tal realidade, assim como a operacionalizar as interações que ocorrem na Internet, não apenas como um vasto universo de fontes para a pesquisa, mas também como possibilidades de delimitar, a partir deste, uma variedade de objetos de estudos para a Nova História Política, assim como para a História das Ideias, a História Cultural e a História Social. A Nova História Política, por exemplo, ao se desvencilhar do antigo império do acontecimento e passar a visar às estruturas, tem examinado com sempre renovado interesse as instituições, as relações dos indivíduos com a sociedade global, os grupos sociais e tradições, assim como tem trazido para o centro da análise historiográfica atores coletivos, para além dos grandes personagens, ampliando suas análises para a possibilidade de pensar além do espaço nacional. Tem se dedicado a ampliar seu repertório de interesses e objetos a pesquisas de opinião, convicções ideológicas, comportamento eleitoral, às mitologias e imaginário político, às relações de poder e à contestação destes poderes estabelecidos. Neste sentido, os acervos da mídia, as biografias, as cartas, as escritas de si, os discursos, os signos, as comemorações, as mitologias políticas difundidas pela Internet e o registro comportamental dos internautas tornam-se fontes significativas para

3. LULA, E. A guerra das *fake news*. *Jornal do Brasil*, 19/10/2018. Disponível em https://www.jb.com.br/pais/eleicoes_2018/2018/10/948764-apos-denuncia-sobre-acao-de-empresas-no-whatsapp-pt-vai-a-justica-contra-campanha-de-bolsonaro.html (p. 3) – Acesso em 04/03/2019.

os historiadores tanto quanto panfletos, bandeiras, pronunciamentos, cartazes, programas de governo e pesquisas eleitorais.

Grande parte da participação política na contemporaneidade – assim como do entretenimento, ativismo, negócios, jornalismo, educação e comunicação – efetua-se por meio das redes: blogs, memes, chats, caixas de comentários, *hashtags* mais citadas, curtidas, campanhas e petições *on-line*, notícias falsas, cancelamentos, *lives*, viralizações, campanhas de boicote de marcas ou para que se deixe de seguir um perfil. Extraviados em um universo infinito de interações e compartilhamentos, todas estas ações e situações pertencem atualmente a uma bem consolidada cultura cibernética e tornam-se documentos, vestígios, registros de comunicação entre internautas e matéria-prima para os historiadores do tempo presente.

Pertencendo a uma nova esfera pública – de acordo com o viés conforme o qual Jürgen Habermas concebeu originalmente este conceito[4] – a Internet e seus subprodutos são também parte da vida política e cultural, e concomitantemente constituem fontes importantes e reveladoras para a compreensão do imaginário. Além disso, é comum à Internet a alocação e armazenamento de uma série indefinida de fontes para a investigação das mais diferentes dimensões da vivência em sociedade. O ambiente virtual abriga também uma forma de participação e ativismo que é efetivada através dos fóruns das redes sociais – espaços de sociabilidade, aprendizado coletivo, produção de conhecimento e também de desinformação que não podem ser ignorados pelos historiadores.

5.2 A emergência da Internet e a nova cultura digital

Ao iniciar sua *Uma história social da mídia,* Asa Briggs e Peter Burke ressaltam que, para estudiosos da comunicação e de estudos culturais, é necessário levar em conta a história, assim como para os historiadores será preciso considerar seriamente a teoria e a tecnologia da comunicação[5]. Reconstituir a história das mídias, de sua evolução e de suas interações e efeitos no mundo

4. O filósofo frankfurtiano sintetiza suas ideias principais em seu livro *Mudança estrutural da espera pública de 1962*, caracterizando a esfera pública como um ambiente de mediação entre o Estado e a sociedade, um domínio da vida social em que a opinião pública é formada, no qual indivíduos privados se reúnem e se comportam como público, e não mais como profissionais ou negociantes tratando de assuntos privados. Isto só é possível quando estes têm garantida sua liberdade de reunião, associação, expressão de suas opiniões (HABERMAS, 1974, p. 49).

5. BRIGGS, A.; BURKE, P. *Uma história social da mídia*: de Gutemberg à Internet. Rio de Janeiro: Zahar, 2012, p. 12.

contemporâneo, é uma tarefa da história cultural e social, pois, como constatam os autores, a mídia precisa ser vista como um sistema: um sistema em contínua mudança, no qual elementos diversos desempenham papéis de maior ou menor destaque[6]. A partir desta interlocução entre dois campos do saber, História e Comunicação, valendo-se dos estudos da sociologia da comunicação, pode-se mapear os lugares institucionais e não institucionais onde os fenômenos comunicacionais – os meios e as mensagens – serão produzidos.

Um posterior capítulo desta evolução dos meios de comunicação compreende as descobertas que convergiram para a Internet, relacionadas à inteligência militar e aos conflitos da Guerra Fria. Para além de uma ferramenta tecnológica, a Internet consiste em uma mídia e ao mesmo tempo em uma prática que surgiu, conforme afirma Manuel Castells, "na insólita encruzilhada entre a grande ciência, a investigação militar e a cultura libertária"[7]. Teve suas origens nos anos de 1960 com o Arpanet, uma rede de computadores estabelecida pela Arpa (Agência de Projetos de Investigação Avançada), um programa menor desenvolvido para construir um sistema de comunicações militares vinculado ao Departamento de Defesa dos Estados Unidos, no âmbito de uma disputa tecnológica, militar e espacial com o bloco soviético.

Na década seguinte as redes de computadores interconectados foram implantadas em universidades americanas e, em 1990, a Arpanet, tecnologicamente obsoleta, foi desmontada, sendo seu controle e redefinição deslocados para a Fundação Nacional para a Ciência, que nos anos seguintes procedeu à privatização da Internet. Por volta de 1995, quando a tecnologia já estava definitivamente em domínio público, com vários provedores de serviços construindo suas próprias redes e passarelas (*gateways*) com fins comerciais, a Internet desenvolveu-se rapidamente para o uso privado. Este fenômeno foi impulsionado pela generalização do microcomputador de mesa e pela possibilidade de transmitir o sinal de Internet através das linhas telefônicas[8].

Em 1992, a World Wide Web foi desenvolvida por Tim Berners-Lee no European Nuclear Research Centre, como uma rede de computadores com capacidade de proporcionar informação de forma mais organizada do que qualquer

---

6. Ibid., p. 15.

7. CASTELLS, M. *La galaxia Internet*. Barcelona: Cultura Libre, 2001, p. 31.

8. Ibid. • WU, T. *Impérios da comunicação*: do telefone à Internet, da AT&T ao Google. Rio de Janeiro: Zahar, 2012, p. 87.

outro sistema até então[9]. Por volta de meados da década de 1990, proliferaram usuários e sítios na rede, que eram em 600 em 1993, até que em 1997 já se contavam 10 milhões de hosts e 1 milhão de domínios registrados[10]. Hackers no mundo inteiro desenvolveram navegadores e os lançaram gratuitamente, a princípio, para fins educativos. Em 1998, Jerry Yang e David Filo, dois jovens pioneiros da Internet, fundaram na garagem de sua casa a ferramenta de busca Yahoo!, que permitiu a expansão da Web, até que em 2001 foram confrontados pelo projeto de dois jovens independentes – Sergey Brin e Larry Page – que lançaram no mercado o Google, um site de busca que se tornaria, inclusive, sinônimo de procurar na Internet (a gíria "dar um google" em português, ou o verbo "to google", incluído na edição do Dicionário Oxford em 2006).

Contemporaneamente, o acesso à Internet tornou-se possível através de meios vários, como os sinais de rádio, linhas de televisão a cabo, satélites e conexão de fibra ótica, além da rede de telecomunicações. A velocidade das conexões aumentou consideravelmente desde a fase da conexão discada, predominante até os anos de 2000, a partir dos quais ocorre o acesso à banda larga com o DSL (Digital Subscriber Line, ou linha digital para assinantes). A série de avanços rapidamente copiados e superados, frequentemente por *hackers* e informáticos anônimos, atribui à Internet o aspecto de uma esfera pública sem ingerência legal, em que os navegadores e consumidores se reconhecem, aderem a ideias livremente em seus sítios, páginas, comunidades, *blogs*, *tweets* e expõem, sem censura ou restrições, suas opiniões. A Internet ampliou ainda mais as possibilidades do uso do computador pelas instituições privadas e públicas, mas também pelos usuários individuais. Tim Wu observa que o computador e a Internet foram bem-sucedidos em conceder aos indivíduos o papel decisivo que nunca tiveram no sistema de comunicação, já que os sistemas mais antigos eram centrados na amplificação do ser humano, enquanto o novo sistema da Internet cria uma rede descentralizada[11].

A ascensão da sociedade da informação no início dos anos de 1990, concomitante com a retórica da globalização, trazia como exigência a inclusão digital com a promessa de que se aceleraria a modernização em países em desenvolvimento e seriam pautadas políticas públicas educacionais, além da agilização

---

9. WATSON, J.; HILL, A. *Dictionary of Media and Communication Studies*. Nova York: Bloomsbury Academic, 2012, p. 319.

10. DANESI, M. Internet. In: *Dictionary of Media and Communications*. Nova York: Routledge, 2009, p. 161-162.

11. WU, T. *Impérios da comunicação*... Op. cit., p. 87.

de processos burocráticos, tornando a máquina de Estado mais eficiente. Foi assim que, no debate inicial sobre o futuro da sociedade da informação, cientistas sociais e filósofos pareciam otimistas em vaticinar que o espaço da rede de computadores interconectados se consolidaria como um ciberespaço democrático, voltado para múltiplas e simultâneas sociabilidades, onde ocorreria a construção de práticas comunicativas emancipadoras, nas quais os poderes do agir comunicativo poderiam se estruturar. O ciberespaço foi então caracterizado como o lugar em que os usuários e produtores de conteúdo podem opinar e se expressar livremente, exercer a crítica política, interagir socialmente, compartilhar e trocar bens culturais[12]. Nestor Canclini, por exemplo, defende que a Internet incluiu milhares de novos consumidores de bens culturais:

> [...] com a globalização, também vieram Google e Yahoo!, as enciclopédias virtuais, a oportunidade de alcançar jornais e revistas em povoações onde não chega o papel, de dar a conhecer livros e espetáculos onde faltam livrarias, salas de concerto ou cinemas. Ser internauta aumenta, para milhares de pessoas, a possibilidade de serem leitores e espectadores[13].

Pierre Lévy, um dos primeiros filósofos a se debruçar sobre o tema das tecnologias da inteligência, considerava que a Internet estabelecia um "espaço de comunicação inclusivo, transparente e universal" que renovaria as condições da vida pública. Como afirma o filósofo: "As mídias interativas e as comunidades virtuais desterritorializadas abrem uma nova esfera pública em que floresce a liberdade de expressão"[14]. Assim, o ciberespaço experimentaria novas formas de organização política, flexíveis e descentralizadas, que contribuiriam para a invenção da ciberdemocracia[15]. Igualmente quando se trata do voto ou referendo, estes se desenrolariam no ciberespaço, cujo debate público seria mais inclusivo e mais bem-informado.

---

12. Pierre Lévy conceitua o *ciberespaço* como o meio de comunicação que surge da interconexão mundial dos computadores. Refere-se à infraestrutura material da comunicação digital, mas também ao universo oceânico de informações que abriga, assim como aos seres humanos que navegam e alimentam esse universo. *Cibercultura* refere-se ao conjunto de técnicas (materiais ou intelectuais) de práticas, de atitudes, de modos de pensamento e de valores que se desenvolvem juntamente com o crescimento do ciberespaço. Cf. LÉVY, P. *Cibercultura*. São Paulo: Ed. 34, 1999, p. 17.

13. CANCLINI, N.G. *Leitores, espectadores e internautas*. São Paulo: Iluminuras, 2008, p. 54.

14. LÉVY, P. Pela ciberdemocracia. In: MORAES, D. (org.). *Por uma outra comunicação*. Rio de Janeiro: Record, 2010, p. 367.

15. Ibid., p. 368.

Outrossim, Pierre Lévy reconhece a existência de um aproveitamento da Internet pelos movimentos sociais, como é o caso do movimento antiglobalização, que inovara por suas formas de organização através de manifestações planetárias (dos protestos contra a Organização Mundial do Comércio e o Fundo Monetário Internacional às manifestações contra a Cúpula de Davos), suas estruturas flexíveis e descentralizadas, suas redes de informação, ao utilizar ao máximo as possibilidades do ciberespaço e os fluxos rápidos internacionais[16]. Para o autor, apesar dos riscos, a ampliação da liberdade de expressão e de acesso à informação deve implicar uma transferência de responsabilidade para os indivíduos e para os múltiplos atores sociais, assim como pede uma educação ética e uma renovação da crítica. Ele crê ainda que, dentre as vantagens da liberdade, a Internet é o meio mais eficaz para contornar a censura proveniente dos regimes autoritários e evitá-los[17].

Nestor Canclini também lembra que as redes virtuais alteram os modos de ver e ler, as formas de reunir-se, falar e escrever, assim como emergem novas formas de fazer política, as "mobilizações-relâmpago" ou *flash mobs* (Rheingold), convocadas por e-mail ou por celular, através dos quais reivindicações ignoradas por organismos internacionais, governos e partidos conseguem coordenação e eloquência fora da mídia[18]. Alguns anos mais tarde seria a vez das grandes mobilizações de protesto da Primavera Árabe, simbolizada pelas aglomerações diárias na Praça Tahrir, ou das jornadas de junho de 2013 no Brasil – ações descentralizadas, convocadas através do Facebook e das redes sociais.

Manuel Castells consagra o livro *Redes de indignação e de esperança* (2012) a movimentos sociais que emergiram em várias partes do mundo – da Islândia à Tunísia, da revolução egípcia à chamada Primavera Árabe, assim como o movimento dos indignados na Espanha e do *Occupy* nos Estados Unidos, iniciados em 2011. Para o estudioso espanhol estes são decorrentes da crise econômica estrutural de 2008 que também se apresentou como uma crise de legitimidade. Estas mobilizações, que foram fortes o suficiente para depor ditadores, tiveram como estopim a pobreza e a demanda por dignidade. Em comum, estes protestos iniciaram um novo tipo de participação política, espalhando-se através de redes horizontais de comunicação multidirecional, interativa, que passavam a

---

16. Ibid., p. 383.

17. Ibid., p. 372.

18. CANCLINI, N.G. *Leitores, espectadores e internautas*. São Paulo: Iluminuras, 2008, p. 54.

ser encaminhados na Internet através de organizações por vezes sem lideranças bem definidas e em torno de eficientes redes de solidariedade.

Movimentos sociais nascidos da mobilização emocional desencadeada pela indignação coletiva tornaram-se revoltas exitosas, cada qual inspirando a seguinte por meio de imagens e mensagens compartilhadas por indivíduos entusiasmados. Estes se tornaram atores coletivos, conectados em rede de múltiplas formas: redes sociais *on-line* e *off-line*, assim como redes preexistentes[19]. Castells afirma que este processo de ação comunicativa induz à ação e a mudanças coletivas que se iniciam em redes sociais digitais como Facebook e Twitter, mas concomitantemente passam a ocupar o espaço urbano, as praças públicas. São ao mesmo tempo locais, pois nascem de contextos específicos, e globais, porque estão conectados no mundo inteiro, e são menos vulneráveis à repressão porque há alvos pouco específicos a reprimir e também porque uma das características mais salientes da rede é a de se reconstituir enquanto houver participantes conectados.

Pensadores proeminentes, logo no início da história da Internet, mostraram-se entusiasmados com as potencialidades do virtual de conectar atores a distância, de democratizar as decisões políticas e o debate público. Com o desdobramento desta história, começaram a se tornar mais nítidas algumas contradições que apontam para a desigualdade do acesso, tanto relativa às informações que circulam nas redes quanto ao tempo que a maioria das pessoas dispõe para navegação. O cientista da comunicação Jan Van Dijk lança luz sobre as novas desigualdades acentuadas com o mundo digital, notadamente a desigualdade de acesso e conexão, que são assimétricos dentro de cada país. O autor escreve em 2009, quando 95% de uma elite de 15% da população na sociedade da informação – aquela que desfrutava de alto nível educacional, alta renda e dos melhores empregos – tinha acesso à tecnologia e a uma rede de conexões internacionais, enquanto a maioria da população, cerca de 50 e 60% no máximo teria a seu dispor uma rede de conexões mais restrita e uma menor possibilidade de acesso à Internet e habilidade em usá-la, bem como menor acesso a bens, contatos, informações, recursos impressos digitais e audiovisuais, a negócios etc., a não ser para o entretenimento[20].

---

19. CASTELLS, M. *Redes de indignação e esperança*. Rio de Janeiro: Zahar, 2013, p. 218.

20. VAN DIJK, A.G.M. Inequalities in the Network Society. In: ORTON-JOHNSON, K. & PRIOR, N. (eds.). *Digital sociology*: critical perspectives. Basingstoke: Palgrave MacMillan, 2013, p. 109.

Recentemente, um relatório da Organização das Nações Unidas (ONU) – o Relatório Social Mundial 2020 – evidenciou o impacto que a desigualdade econômica tem gerado sobre o acesso a tecnologias da informação e comunicação (TICs)[21]. Quase 87% da população de países desenvolvidos já possuí acesso à Internet, contra apenas 19% nos países em desenvolvimento. No mundo todo este número giraria em torno de 59% da população mundial. O diagnóstico baseado em dados da União Internacional de Telecomunicações (UIT) aciona um sinal de alerta dentro da ONU. Ainda que destacando o crescimento da penetração de dispositivos móveis de forma global, a entidade teme que o baixo acesso à banda larga fixa em muitas localidades impeça populações de acessarem serviços financeiros, educacionais e de saúde[22].

Ao lado do acesso desigual aos pacotes de dados, e, portanto, à navegação, assim como a bens, informação e recursos digitais, o espaço virtual gradualmente foi sendo monopolizado e controlado. Peter Burke e Asa Briggs, em *Uma história social da mídia*, percebem que as potencialidades do ciberespaço têm sido exploradas não apenas pelos movimentos dissidentes, mas pelos governos, inclusive sob regimes autoritários que logo passaram a utilizar a rede para rastrear subversivos, para oferecer entretenimento inebriante e alienante, ou para aplicar a censura à Internet[23]. A exigência de transparência no espaço digital fez com que em muitos países se aprovassem leis de liberdade da informação (na Inglaterra, em 2000), ou com que governos disponibilizassem dados oficiais na Internet (nos Estados Unidos, em 2009 e na Inglaterra, em 2010, em um website chamado data.gov.uk).

Informações confidenciais com e-mails de ministros têm vazado informalmente para a mídia através de pessoas e organizações como o WikiLeaks (2007)[24]. O WikiLeaks começou a despertar mais atenção quando, em 2010, vazou mais de 250.000 documentos diplomáticos dos Estados Unidos, os quais de saída revelavam as mortes de civis em Bagdá durante um ataque aéreo norte-americano, o que terminou por ocasionar processos por traição contra Julian Assange e Chelsea Manning, responsáveis por tornar públicos documentos

---

21. UNITED NATIONS. *World social report 2020*: inequality in rapidly changing world. Nova York, 2020, p. 6. Disponível em https://www.un.org/development/desa/dspd/world-social-report/2020-2.html – Acesso em 22/08/2021.

22. JULIÃO, H. *Relatório da ONU indica intensa desigualdade no acesso à Internet no mundo* (21/01/2020). Disponível em https://teletime.com.br/21/01/2020/relatorio-da-onu-indica-intensa-desigualdade-no-acesso-a-Internet-no-mundo/ – Acesso em 22/08/2021.

23. BRIGGS, A.; BURKE, P. *Uma história social da mídia*... Op. cit., p. 340.

24. Ibid., p. 341.

comprometedores para o governo estadunidense e para o Partido Democrata em 2016.

Apesar de Burke e Briggs se reportarem ao controle da Internet pelos Estados, pode-se dizer que empresas privadas dominam a Web, formando grandes conglomerados bilionários. O Facebook é uma rede social que coloca suas ações no pregão da bolsa de valores, assim como outras corporações e empresas, como as de *e-commerce*, como a Amazon, dirigida pelo executivo Jeff Bezos, que começa a expandir-se para outros setores, ou como a chinesa Alibaba de Jack Ma. O Google é uma empresa multinacional de serviços e softwares fundada em 1998 por Larry Page e Sergey Brin, dois estudantes da Universidade de Standford. O provedor de busca, capaz de quantificar e classificar as páginas da Web, expandiu-se para outros produtos, realizando aquisições e parcerias, tendo participação em ferramentas de redes sociais (a exemplo do já extinto Orkut), no Google +, no Google talk e no Gmail de mensagens instantâneas, sem esquecer o Google maps e o sistema operacional para o Smartphone Android. Logo, a filosofia inicial do Google como uma empresa vertical com uma cultura empregatícia particular deu lugar ao imperativo da grande empresa capitalista, cujos dividendos são provenientes de anúncios. Na Internet a ferramenta de busca Google é gratuita para usuários, mas recebe milhões em Ads e AdSense através dos quais o Google oferece aos anunciantes uma lista de palavras-chave relacionadas a produtos ou serviços que são pagos de acordo com o número de visualizações ou cliques.

O surgimento da Internet, acessível para um público cada vez mais amplo desde os anos de 1990, seguido pelo progressivo barateamento dos aparelhos de informática e disponibilidade gratuita em universidades, bibliotecas, escolas, centros comunitários, poderia, em tese, abrir espaço para que ela se tornasse uma ferramenta de transformação social, de elevação da experiência cotidiana à consciência crítica de grupos subalternos. É em razão do crescimento da Internet móvel que esta entra no foco da censura, assim como o interesse capitalista incide sobre a coleta de dados dos internautas. Cada vez as distâncias são encurtadas, o fluxo de informações mostra-se mais ágil, a economia de mercado torna-se mais dependente desta tecnologia para negócios, para difundir notícias, ocultar ou expor dados oficiais, promover personalidades ou mesmo influenciar nas escolhas individuais, políticas, estéticas e ideológicas. Tão cedo quanto o alvorecer do século XXI, Alain Finkielkraut já antevia o perigo iminente de um reforço na sociedade disciplinar através da criação de uma base de dados dos indivíduos que vão sendo repertoriados, classificados e fichados, em uma perpétua atualização de nosso perfil de cidadão e de consumidor, através de arquivos que seriam explorados pelos estados, mas sobretudo por empresas, conglomerados e multinacionais – na sua maioria estadunidenses detentores de satélites, cabos e controladores dos fluxos[25].

Peter Burke e Asa Briggs assinalam que não é possível concluir se, pela facilidade de acesso e pela transformação "a partir de baixo", a Internet desempenhará necessariamente um papel renovador em longo prazo[26]. Há também a compreensão, dentre os estudiosos, de que ela possa minar todas as formas de "autoridade", acabar com qualquer privacidade, afetar negativamente o comportamento e ameaçar a segurança individual e coletiva. Prognósticos mais pessimistas, como o da equipe multidisciplinar de pesquisadores da Universidade de Washington, vaticinam que as mídias sociais possam ter impacto destrutivo no futuro da humanidade, muito mais do que guerras, doenças e pragas diversas, em consequência de como as plataformas das redes sociais ajudam a espalhar informações falsas. Para os pesquisadores, o poder das redes sociais de impulsionar mentiras, e os efeitos colaterais dos algoritmos, poderia terminar por levar o planeta à ruína, com uma falta de confiança generalizada e a incapacidade de discernir a verdade da mentira[27]. Os cientistas chamam a atenção para uma questão ética na aplicação das tecnologias da comunicação – problema que concerne a várias disciplinas e que tem as redes sociais como centro deste debate[28].

5.3 Redes sociais: lugar de interações e de sociabilidades

O verbete "redes sociais" do *Dictionary of Media* (2012) registrava que a expansão exponencial havia transformado as redes em um "quintal global". Ali, centenas de milhares de pessoas se conectam através do e-chatting, troca de mensagens via Internet e sites, tais como Facebook, LiveJournal, MySpace e Bebo. Engajam-se em intercâmbios comunicativos com conhecidos – com-

---

25. FINKIELKRAUT, A. *Internet, el éxtasis inquietante*. Buenos Aires: Libros del Zorzai, 2006, p. 19-20.

26. BRIGGS, A.; BURKE, P. *Uma história social da mídia*... Op. cit., 2012, p. 14.

27. LISBOA, A. Cientistas acreditam que redes sociais podem ser a ruína da humanidade. *Canaltech*, 2021. Disponível em https://canaltech.com.br/redes-sociais/cientistas-acreditam-que-redes-sociais-podem-ser-a-ruina-da-humanidade-188531/ – Acesso em 22/08/2021.

28. COLEMAN, J.B. et al. Stewardship of global collective behaviour. *Proceedings of the National Academy of Sciences*, vol. 118, n. 27, 2021, p. 1-10. Disponível em https://www.pnas.org/content/118/27/e2025764118 – Acesso em 22/08/2021.

panheiros de colégio, parentes, novas amizades – mas, igualmente, com desconhecidos com quem esperam estabelecer contatos[29]. Organizam-se em comunidades, grupos, profissões, locais de estudo ou de trabalho, gostos musicais e posicionamentos políticos. As pessoas expõem-se em redes: suas preferências, seus dados pessoais, seus momentos de intimidade, esperando colecionar contatos, amealhar curtidas e compartilhamentos para suas postagens, o que indicaria aprovação, popularidade ou atitude de autoafirmação.

Sua proliferação pertence a uma nova etapa da história da Internet – a Web 2.0 –, que, embora seja um termo contestado[30], indica um mecanismo revolucionário através do qual os internautas não apenas recebem um conteúdo na página da Internet, como ocorria com o rádio ou a televisão, mas poderiam interagir tanto com os produtores de conteúdo quanto uns com os outros[31]. Alguns atributos como colaboração, contribuição e comunidade formam o tecido de uma nova cultura virtual inovadora de conteúdo autogerado e amador[32]. A Web 2.0 coloca um ponto-final na era da informação imutável, desde a invenção da imprensa por Gutemberg até a televisão, pois torna o universo da informação e comunicação mais plástico e mutável, infinitamente aberto à adaptação e colaboração dos usuários[33]. Jonhy Ryan (2010) observa que se reduz a passividade na recepção das informações, característica dos meios de comunicação precedentes. São os próprios usuários que alimentam e consomem conteúdos nos principais sites e plataformas acessados – como YouTube, Wikipedia ou Facebook – em comunidades formadas de acordo com nichos de interesse e não por proximidade física. Desta forma, a Web 2.0 teria empoderado os internautas à medida que estes passam a exercer a capacidade e poder de escolher quais conteúdos e quando serão acessados, bem como o direito de avaliar e recomendar as páginas e produtos oferecidos (*peer-review*),

---

29. WATSON, J.; HILL, A. *Dictionary of Media and Communication Studies*. 8 ed. Londres/Nova York: Bloomsbury Academic, 2012, p. 194.

30. O termo Web 2.0 foi primeiramente empregado por Dale Dougherty, vice-presidente do *think tank* O'Reilly Media Corporation em 2004, durante uma discussão da equipe a cargo da conferência international de operadores e participantes da Web. No ano seguinte, em 2005, Tim O'Reilly publicou um artigo muito influente sobre a Web 2.0, "What is Web 2.0: design, patterns and business models for the new generation of software?" Cf. WATSON, J.; HILL, A. *Dictionary of Media and Communication Studies*. 8. ed. Nova York: Bloomsbury Academic London, 2012, p. 319.

31. RYAN, J. *A history of the Internet and the digital future*. Londres: Reaktion books, 2010, p. 137.

32. WATSON, J.; HILL, A. *Dictionary of Media and Communication Studies*. Op. cit., p. 319.

33. RYAN, J. *A history of the Internet and the digital future*. Op. cit., p. 139.

reforçando, assim, as características de interatividade e de personalização dos conteúdos (no lugar da padronização usual a outros meios de comunicação de massa), estreitando-se por fim os vínculos entre os participantes das redes[34].

As redes sociais (*social networks* em inglês, ou *social media*) – a principal novidade da tecnologia da Web 2.0 – são definidas pelas interações sociais e relações pessoais que os indivíduos estruturam, os círculos de conhecimentos e contatos estabelecidos por eles. A ideia de *rede* tem uma longa história em outras áreas do conhecimento – na geometria, nas ciências naturais, na fisiologia, na geografia e na sociologia. Nas ciências humanas a imagem da rede transformou-se em um conceito explicativo da sociedade. Como define Raquel Recuero:

> Uma rede, assim, é uma metáfora para observar os padrões de conexão de um grupo social a partir das conexões estabelecidas entre os diversos atores. A abordagem de rede tem, assim, seu foco na estrutura social, na qual não é possível isolar os atores sociais e nem suas conexões[35].

No campo das ciências da informação, a imagem conceitual da "rede" tornou-se o modelo teórico para direcionar o desenvolvimento de uma tecnologia[36]. Com a ascensão da Internet, esta imagem passa a representar o emaranhado das mídias sociais, websites, plataformas e aplicativos (*social networking*) que permite que estas conexões e comunicações se estabeleçam de forma muito mais ágil, veloz e plena, assim como as interações dos atores que são capazes de gerar fluxos de informações e trocas sociais[37].

Manuel Castells, em *Poder da comunicação*, afirma que as atividades mais importantes na Internet se dão através das redes sociais. A sociedade em rede é construída em torno de redes pessoais e organizacionais movidas por redes digitais e comunicadas através da Internet e de outras redes de computadores. Constitui um novo paradigma tecnológico centrado nas tecnologias de informação e comunicação, e algumas outras mudanças socioculturais[38]. As redes sociais digitais têm mudado a face das relações sociais, a noção de co-

---

34. Ibid., p. 142-143.

35. RECUERO, R. *Redes sociais na Internet*. Porto Alegre: Sulina, 2009, p. 24.

36. VERMELHO, S.C.; VELHO, A.P.M.; BERTONCELLO, V. Sobre o conceito de redes sociais e seus pesquisadores. *Educ. Pesq.*, vol. 41, n. 4, out.-dez./2015, p. 873.

37. RECUERO, R. *Redes sociais na Internet*. Op. cit., p. 24.

38. CASTELLS, M. *O poder da comunicação*. Rio de Janeiro: Paz e Terra, 2019, p. 40.

munidade, assim como as modalidades de mobilização e de organização dos movimentos coletivos. Tal mudança que, como afirmou Jan Van Dijk, moldou a forma primária de organização e as mais importantes estruturas da sociedade[39], só se tornou possível com a invenção do computador de mesa e depois do celular móvel.

No âmbito desta revolução informacional, Boyd & Ellison, em um artigo de 2007, propõem uma definição de redes sociais digitais (*social network sites*) como aqueles sítios baseados no serviço da Web que permitem indivíduos (1) construir um perfil público ou semipúblico em meio a um sistema delimitado, (2) articular uma lista de usuários com quem estes dividem a conexão, e (3) visualizar e se mover através da sua lista de conexões e daquelas feitas por outros dentro do sistema[40]. Estas plataformas abrigam redes sociais preexistentes (reais) ou novas, formadas com base em interesses, visões políticas, ou atividades compartilhadas, que podem atrair usuários conforme a língua, as identidades raciais, sexuais ou nacionais e que são capazes de incorporar informação nova e ferramentas de comunicação, como Internet móvel, *blogging*, compartilhamento de fotografias e vídeos. Principalmente, as autoras enfatizam que a principal característica de tais redes não era tanto travar conhecimento entre estranhos, mas sim articular e tornar visível as redes sociais para quem já se relaciona na vida real[41].

A *Enciclopédia Intercom de Comunicação* também oferece uma definição importante: as redes sociais são estruturas dinâmicas interligadas de forma horizontal e predominantemente descentralizadas, cujo estudo leva em conta padrões de conexões entre atores que estabelecem laços sociais diversificados em rede, como relações pessoais, organizacionais ou de interesses específicos[42]. Nesta nova esfera pública tais atores são identificados por meio de suas repre-

---

39. VAN DIJK, J. Inequalities in the Network Society. Op. cit., p. 106.

40. BOYD, D.; ELLISON, N. Social Network Sites: Definition, History, and Scholarship. *Journal of Computer-Mediated Communication*, vol. 13, out./2008, p. 210-230.

41. Ibid. Em um capítulo do livro *Digital sociology: critical perspectives*, publicado em 2013, as autoras expandem esta definição para outra que contemple a evolução das redes, uma vez que, com o passar do tempo, alteraram-se as tecnologias e práticas. Na maioria dos sites o perfil mudou, os *media streams* (fluxos de multimídia) assumiram papel proeminente e a atividade da atualização ficou mais fácil. Ao mesmo tempo, a articulação de contatos se tornou cada vez mais central por causa da ascensão do *media stream* e tecnologias que incorporam o *social graph* (um diagrama que representa a conexão do usuário com amigos ou seguidores e os interesses, fotos e páginas em comum) como forma de organizar o conteúdo.

42. ALZAMORA, G. "Redes Sociais". *Enciclopédia Intercom de Comunicação*. São Paulo: Sociedade Brasileira de Estudos Interdisciplinares da Comunicação, 2010, p. 1.047.

sentações em ambientes de interação individuais e coletivos, como perfis em sites de relacionamento, blogs, wikis e através de conexões que estabelecem. Estes sites se tornam também plataformas voltadas para todos os tipos de atividades, não só para relações de amizade e bate-papo, mas para a distribuição de *marketing, e-commerce*, educação, criatividade cultural, mídia e entretenimento, aplicativos da saúde e ativismo sociopolítico.

O surgimento de redes sociais digitais fundamentadas em relações horizontais proporcionou experiências diversas e contrastantes com a organização hierárquica da sociedade e dos meios de comunicação de massa, concentradora e verticalizada[43]. Manuel Castells avalia que, no mundo da comunicação de massa, quanto maiores e mais verticais as organizações de comunicação forem, mais o envio de mensagens será concentrado, e mais o receptor da mensagem será individualizado e controlado. Já em um mundo onde há a prevalência das redes horizontais de comunicação multimodal, a forma de comunicação vertical é destruída, podendo múltiplas mensagens e sentidos serem construídos por atores que podem ora concordar, ora discordar dos sentidos dados, mas que não tomam parte na agenda dos que decidem dentro do paradigma da comunicação de massa[44].

Para Castells as redes sociais atribuíram uma autonomia inédita para os atores sociais que se tornaram sujeitos do processo comunicacional. Os usos da Internet aumentam a sociabilidade e o empoderamento, especialmente para grupos de baixa renda e pouca qualificação, para usuários em países em desenvolvimento e mulheres sob o patriarcado que por meio dela podem se expressar. Através desta conectividade as pessoas são induzidas à satisfação, ajudando a superar o isolamento, fator que promove felicidade e autonomia[45].

A participação de tantos atores sociais que estavam excluídos da esfera pública tradicional se deve ao que José Alberto Sánchez Martinez chama de "degradação virtual", em que tanto usuários experts quanto usuários leigos contribuem para criar páginas da Web e sistemas operacionais, pois seu uso se converte em uma questão de manejo de informação, mais do que de domínio técnico. Neste sentido, ainda que se trate de um fenômeno transgeracional, a participação dos jovens nas redes sociais estabelece outros contextos para de-

---

43. VERMELHO, S.C.; VELHO, A.P.M.; BERTONCELLO, V. Sobre o conceito de redes sociais e seus pesquisadores. Op. cit.

44. CASTELLS, M. *O poder da comunicação*. Op. cit., p. 32.

45. Ibid., p. 39.

terminar os usos e os fins das redes, elegendo as imagens como dispositivos de ação preponderantes na nova comunicação através das redes sociais. Martinez explica estes espaços de socialização marcados pela colaboração:

> A partir deste contexto de simplificação das redes sociais digitais, como espaços de socialização, permite-se aceder em níveis de maior apropriação do campo do visual. Como parte do universo da Web 2.0, as redes sociais são ambientes midiáticos destinados a promover conteúdos convergentes; neste sentido o visual é uma matéria de exploração, de experimentação que permite entender as hibridações dos conteúdos, mas também as modalidades de colaboração na Internet[46].

Enquanto espaços de socialização, de interação e de colaboração, a análise das redes remete à obra sociológica de Georg Simmel, em especial o capítulo "A interseção dos círculos sociais" do seu livro *Sociologia* (1908), que fornece subsídios para explicar o sucesso das redes sociais. Escrevendo no início do século XX, Simmel postula que a sociedade existe devido a interações, sendo que a sociabilidade tem por objetivo a interação em si mesma. Os indivíduos no meio social se agregam em grupos formados a partir de elos familiares, distanciando-se destes elos até constituir relações associativas com componentes homogêneos de círculos heterogêneos, seguindo padrões de interação por similaridade de disposições, inclinações, atividades etc.

No entanto, a partir da revolução digital impulsionada pela Internet, a sociabilidade depende da visibilidade dos sujeitos e passa a ser mediada pelo computador: para existir é preciso ser "visto" no ciberespaço, apropriar-se dele e constituir um "eu" ali[47]. Em uma época em que o hiperindividualismo e o consumismo vigoram, as redes projetam as formas como os sujeitos representam a si mesmos, sua personalidade e modo de vida e os permitem inserir-se na coletividade. Como afirma Manuel Castells: "A sociabilidade é reconstruída como individualismo conectado à comunidade por meio da busca por indivíduos que possuem mentes semelhantes, em um processo que combina interação *on-line* com interação *off-line*, ciberespaço e espaço local"[48]. Com o declínio das formas tradicionais de comunidade ocorre uma mudança no sentido da reconstrução das relações sociais baseadas em laços pessoais mais fortes que poderiam

---

46. MARTÍNEZ, J.A.S. Cultura visual digital y campos de acción en redes sociales. In WINOCUR, R.; MARTINEZ, J.A.S. *Redes sociodigitales en México*. Cidade do México: Conaculta/FCE, 2015, p. 164-165.

47. RECUERO, R. *Redes sociais na Internet*. Op. cit., p. 27.

48. CASTELLS, M. *O poder da comunicação*. Op. cit., p. 37.

ser considerados uma forma de comunidade (virtual) fundada em interesses, valores e projetos individuais. As pessoas na sociedade capitalista pós-moderna se relacionam a distância e formam ou reproduzem os grupos de afinidades, identidades ou interesses comuns nos espaços virtuais, dedicando parte cada vez mais significativa de seu tempo a bate-papos e visualização de conteúdos e postagens de seus contatos, cultivando novas modalidades de sociabilidade.

No início da história da Internet, os antigos sites de relacionamentos, de encontros e fóruns de discussão, permitiam uma interatividade inédita, mas guardavam impessoalidade, pois os usuários tinham participação quase sempre anônima, não possuíam nomes ou rostos, apenas usavam apelidos e codinomes. Posteriormente, os sites das redes sociais passaram a trazer nomes e imagens dos usuários, o que foi importante para a formação de comunidades e grupos. Também compartilharam fotografias, memes e vídeos, possibilitados pela disseminação de tecnologias sem fio de conexão em rede. Conforme constatam Coelho e Cipriano: "O que está em jogo aqui é a mudança na utilização da Web, que passa de uma ênfase prioritariamente instrumental para uma amplamente relacional. Em seguida, o foco volta-se para a forma da sociabilidade que se desenvolve no contexto dessa Web relacional"[49].

A sociabilidade na sociedade contemporânea se realiza cada vez mais através de meios virtuais, não apenas em contextos excepcionais – como durante a pandemia do SARS-CoV-2 de 2020/2021, quando ocorreu a obrigatoriedade de distanciamento social – mas porque, mesmo antes disso, as redes passaram a aproximar os indivíduos na sociedade global, a pautar os relacionamentos e também a determinar quem são os atores que têm voz no espaço público da Internet. Em entrevistas concedidas em 2011, o filósofo Zygmunt Baumam reflete sobre as redes sociais e seu efeito sobre as relações humanas. Para o autor, algo crucial foi perdido no processo de mudança; as habilidades sociais básicas, necessárias para qualquer interação humana, estão gradativamente sendo perdidas na rede: quando se pode conectar e desconectar, as amizades são conectadas e também desconectadas facilmente – rupturas que são sempre eventos muito traumáticos na realidade *off-line* –, e isto acaba minando os laços humanos[50].

---

49. COELHO, F.; CIPRIANO, C. Redes sociais, redes de sociabilidade. *Revista Brasileira de Ciências Sociais*, vol. 29, n. 85, p. 68. Disponível em https://www.scielo.br/j/rbcsoc/a/k5ykGdRVvtzwfCq9Twh6ZGq/?lang=pt – Acesso em 22/08/ 2021.

50. BAUMAN, Z. "A solidão é a grande ameaça". In: *Fronteiras do pensamento*. São Paulo, 2011. Disponível em https://www.fronteiras.com/artigos/zygmunt-bauman-la-solidao-e-a-grande-ameaca – Acesso 22/08/2021.

A facilidade com que as pessoas se comunicam, expressam opiniões, emoções ou preconceitos, expõem suas vidas e intimidades, insultam, rompem relacionamentos – o que dificilmente fariam no mundo real – explica por que elas se escondem por trás dos perfis, nem sempre autênticos, das redes sociais. Nessas redes, usuários comporão seus perfis através de questionários em que constam informações sobre escolaridade, localidade, carreira, dados da personalidade, relacionamentos, gostos e interesses, posicionamentos políticos e, por vezes, experiências pessoais na seção "sobre mim". Alguns sites encorajam os usuários a adicionar fotos e conteúdos multimídia[51]. Todas as informações são visíveis com maior ou menor grau de restrição, segundo os termos de uso. Os dados recolhidos fornecem subsídios ao programa para sugerir outros perfis para adicionar às amizades, o que incentiva os proprietários a uma busca frenética por ampliar o número de contatos ou fãs, assim como incrementar o engajamento/envolvimento da página.

Não apenas ao nível das amizades, também no mundo profissional as redes sociais digitais acarretam alterações nas relações de trabalho, propiciam novas bases para exclusão e recrutamento de empregados, além do que fez surgir uma gama de novas profissões como: gestor de mídias sociais, engenheiro de cibersegurança, analista de redes sociais, *influencer digital* etc. As corporações tornam uma exigência a posse de determinadas habilidades digitais, o uso do e-mail e, em seguida, a manutenção de contas nas redes sociais pelos usuários[52]. Como as publicações podem ser visualizadas (dependendo do público ao qual se destinam), inclusive por quem não é "amigo" no Facebook e em outras redes, os consultores de recursos humanos, ou os *headhunters*, analisam o perfil de candidatos a vagas e as postagens de funcionários contratados, preocupados com aspectos que possam comprometer a reputação das empresas empregadoras e suas marcas. Funcionários que insultam os contratantes, revelam falhas no local de trabalho, ou desqualificam a marca, podem ser demitidos por justa causa, como aqueles que se envolvem em greves, ou cuja imagem pública

---

51. As redes sociais também se distinguem pelas variações em torno da visibilidade e acesso. Nos perfis dos sites Friendster e Tribe.net há várias ferramentas de busca que os torna visíveis para qualquer um, indiferente se quem visualiza tenha uma conta. Já o LinkedIn condiciona a visualização a quem possui uma conta. Sites como MySpace permitem usuários escolherem se seu perfil será público ou apenas visível para os amigos, enquanto no Facebook, por *default*, os internautas que fazem parte da mesma rede social podem visualizar os perfis de cada um, a menos que o proprietário negue permissão para aqueles na sua rede social. Cf. BOYD, D.M.; ELLISON, N.B. Social Network Sites: Definition, History, and Scholarship. *Journal of Computer--Mediated Communication*, vol. 13, 01/10/2007, p. 210-230.

52. CASTELLS, M. *O poder da comunicação*. Op. cit., p. 40.

nas redes não condiz com as expectativas[53]. Este fato revela que o público e o privado, o profissional e o pessoal, estão misturados, a ponto de psicólogos prescreverem uma "etiqueta de conduta" nas redes sociais.

Ademais, em tempos de hiperexposição nas redes, a violação da própria privacidade tem consequências imprevisíveis. As redes sociais se mostraram capazes de "entender" o comportamento dos internautas, seus gostos, disposições psicológicas através do número de curtidas nas postagens do Facebook – que permanece a mais influente rede social na atualidade. Um estudo realizado por pesquisadores das universidades de Cambridge e de Stanford, publicado em 2013, baseado em 58 mil usuários, já havia revelado a capacidade de programas preverem as personalidades dos usuários[54]. As curtidas (*likes*) representam um dos mais genéricos tipos de pegadas digitais da Web, capazes de intuir características como gênero, personalidade, visões políticas e orientação sexual. Assim, ainda que os usuários não preencham todas as questões de seu perfil, o Facebook utiliza as curtidas para expressar associação positiva com objetos *on-line* e *off-line*, como produtos, atividades, esportes, marcas, livros, restaurantes e websites, o que oferece um *proxy* (intermediário entre o usuário e seu servidor) para o comportamento de consumidor.

Alguns anos mais tarde, outro estudo iria aferir que a plataforma de Marc Zuckerberg conhecia melhor o usuário do que seu círculo mais íntimo, de familiares e amigos[55]. Em seu artigo, os autores avaliaram que a percepção e julgamento dos traços de personalidade das pessoas é um componente essencial da vida social, pois auxiliam a tomar decisões no cotidiano sobre o plano pessoal e profissional, como casamentos, confiança, contratos, eleições: "Quanto mais minucioso o julgamento, melhor a decisão". Tendo isto em vista, os cientistas criaram um modelo de computador que analisava os dados de

---

53. P. ex., em 2015 uma adolescente americana, identificada como Cella no Twitter, foi demitida pelo chefe que não era usuário da rede social, antes mesmo de ser contratada por uma pizzaria na cidade de Mansfield, no Texas (EUA), após reclamar do trabalho. Cf. Jovem reclama de novo emprego e é demitida pelo Twitter. *Veja*, 10/02/2015. Disponível em https://veja.abril.com.br/educacao/jovem-reclama-de-novo-emprego-e-e-demitida-pelo-twitter/ – Acesso em 22/08/2021.

54. KOSINSKI, M.; STILLWELL, D.; GRAEPEL, T. Private traits and attributes are predictable from digital records of human behaviour. *Procedings of national academy of sciences of the United States of America*, vol. 110, n. 15, 09/04/2013, p. 5.802-5.805. Disponível em https://doi.org/10.1073/pnas.1218772110 – Acesso em 22/08/2021.

55. YOUYOU, W.; KOSINSKI, M.; STILLWELL, D. Computer-based personality judgments are more accurate than those made by humans. *Procedings of national academy of sciences of the United States of America*, vol. 112, n. 4, 27/01/2015, p. 1.036-1.040. Disponível em https://www.pnas.org/content/pnas/112/4/1036.full.pdf – Acesso em 22/08/2021.

86.220 voluntários no Facebook, que também completaram um questionário de 100 perguntas pelo aplicativo myPersonality, a partir de curtidas em páginas de cada usuário, com o intuito de fazer a análise da sua personalidade[56]. Os voluntários também tiveram suas personalidades julgadas por amigos e familiares no Facebook, por meio de 10 questões, sem obter o mesmo desempenho, porque os algoritmos dos computadores conseguem ler mais dados simultaneamente[57].

Quando o papel dos algoritmos veio a público, tornou-se claro que as redes sociais poderiam escolher ou censurar publicações, além de comercializar os dados aprendidos. A leitura dos algoritmos poderia ser usada não apenas para fins comerciais, para compreender o comportamento dos usuários enquanto consumidores, mas para fins eleitorais, o que reacendeu o alerta sobre o acesso aos dados de muitos milhões de internautas ao redor do mundo[58]. É o que Alan Finkielkraut denominou de "o ingresso na era da rastreabilidade universal".

Em vista desta constatação, sociólogos, psicólogos e cientistas da informação alertam para a iminência de invasão e da utilização inapropriada dos dados jamais vista. A privacidade, que havia sido instituída como um valor moral já no século XIX, é agora intencionalmente desvelada e desnudada através do recorrente modelo de exibicionismo que muitos adotam nas redes sociais, o qual rivaliza com *realities shows* televisivos como o *Big Brother* e congêneres, especialmente através da postagem e compartilhamento de fotografias e vídeos de usuários em situações íntimas, em uma sociedade dominada pelo poder das imagens[59]. A desconexão e falta de percepção de muitos usuários é tamanha

---

56. A pesquisa mostrou que, a cada 10 *likes*, era possível saber mais da pessoa do que um colega de trabalho, a cada 70 *likes*, melhor do que um amigo ou colega de quarto, e a cada 150 *likes*, o aplicativo tornava-se mais eficiente até do que um parente. Eram necessárias 300 curtidas analisadas para se conhecer melhor do que o cônjuge.

57. IZADI, E. Facebook may know you better than your friends and family, study finds. *The Washington Post*, 12/01/2015. Disponível em https://www.washingtonpost.com/news/the-intersect/wp/2015/01/12/facebook-may-know-you-better-than-your-friends-and-family-study-finds/

58. O livro de Eli Pariser abordou este problema antes de ser colocado em evidência pela mídia e autoridades, revelando a parcialidade dos mecanismos de busca do Google e do Facebook. Estes encaminhavam resultados personalizados e adequados à visão de mundo de cada internauta, baseando-se na análise dos cliques e compartilhamentos realizada por observadores algorítmicos, formando uma base de dados comercializável (PARISER, E. *O filtro invisível* – O que a Internet está escondendo de você. Rio de Janeiro: Zahar, 2012).

59. Segundo Guy Débord o espetáculo não é um conjunto de imagens, mas uma relação social entre pessoas mediatizada por imagens (DÉBORD, G. *Sociedade do espetáculo*. Rio de Janeiro: Contraponto, 1997, p. 14. Disponível em www.geocities.com/projetocoletivo).

que parte da investigação criminal nos dias de hoje é feita monitorando as redes, por meio da qual internautas chegam a ser presos porque se exibem em redes sociais de maneira inapropriada[60]. Do ponto de vista criminal, muitas vezes os usuários, acreditando que o ambiente virtual não tem limites ou regras, terminam por produzir provas contra si, com consequências no mundo real. Nada escapa ao olhar da opinião pública, sejam as postagens sobre relacionamentos extraconjugais de famosos, os nudes, os comportamentos considerados condenáveis, ou ainda os pronunciamentos ilegais, preconceituosos ou racistas. Todos estes tipos de comportamentos podem da noite para o dia viralizar e destruir reputações, incitar linchamentos virtuais, contribuindo para gerar a cultura do ódio ou do cancelamento.

Com a superexposição das pessoas nas redes sociais, abre-se mão da privacidade, ao mesmo tempo em que se alimenta uma cultura narcisística e egoica. Segundo o psicanalista Christian Dunker, a superexposição frequente se explica por uma deformação no tamanho do "eu" provocada pela experiência típica das redes sociais de supor que nosso clique é importante. Nesta experiência, o ego cresce sem verdadeira referência no outro, sabendo-se que o *outro* é particularmente importante para regular nossas fantasias. Em decorrência da afinidade, compromisso e identidade com os amigos da rede, não se consegue mais passar dos grupos de WhatsApp para experiências de solitude, de incerteza, de compartilhamento de coisas que a pessoa não sabe – só se compartilham certezas sem nuanças, só se consegue falar com os outros que falam o mesmo que nós. Em contradição com a diversidade que poderia ser oferecida pela Internet, os internautas por vezes vivem em uma bolha e não creem em nada para além dela[61]. Opiniões contrárias são objeto de um ódio potencializado e escondido

60. Em 2013 um *funkeiro* carioca, McMagrinho, foi indiciado por apologia ao crime e porte ilegal de armas após ter postado em sua página no Facebook uma imagem em que aparecia segurando o que seria um fuzil. Em 2020 um professor de Artes, naturalista, teria enviado por engano uma postagem nude pelo WhatsApp para alunos do 7º ano do Ensino Fundamental e foi instado a responder a um boletim de ocorrência. Cf. Cantor de funk carioca publica foto com fuzil no Facebook. *Extra*, 11/06/2013. Disponível em https://extra.globo.com/noticias/rio/cantor-de-funk-carioca-publica-foto-com-fuzil-no-facebook-8651043.html – Acesso em 22/08/2021. • Professor de Artes que mandou foto nu para grupo de alunos no WhatsApp afirma que foi "erro de envio". *G1*, Campinas. Disponível em https://g1.globo.com/sp/campinas-regiao/noticia/2020/10/16/professor-de-artes-que-mandou-foto-nu-para-grupo-de-alunos-no-whatsapp-afirma-que-foi-erro-de-envio.ghtml

61. Christian Dunker analisa efeitos das redes sociais no comportamento contemporâneo [Entrevista a Ronaldo Bressane, publicada em *O Estado de S. Paulo*, 03/12/2017]. Disponível em http://www.ihu.unisinos.br/78-noticias/574336-christian-dunker-analisa-efeitos-das-redes-sociais-no-comportamento-contemporaneo – Acesso em 22/08/2021.

por trás do anonimato nas redes. Zygmunt Bauman considera que as redes sociais não propiciam o diálogo real, pois evita-se a controvérsia na sua forma mais saudável. Ao invés de ampliar os horizontes, os usuários encerram-se frequentemente em zonas de conforto onde o único som que se escuta é o eco de suas próprias vozes[62].

Estas plataformas proporcionam formas de visibilidade, criam a exigência de participação e de pertencimento, invadindo as intimidades, modificando-as[63]. Martinez observa que ocorre um deslocamento no fenômeno: esta nova forma de visibilidade permite entender a participação do outro na semiose comunicativa[64]. Sendo assim, os usuários são ao mesmo tempo produtores e protagonistas das redes, e podem até mesmo ser recompensados financeiramente por vídeos e recursos inovadores. A criatividade nas redes é rapidamente capturada e transformada em mercadoria. Internautas expõem e distribuem digitalmente informações pessoais dando prioridade a temas que nem sempre são de interesse público e a atividades corriqueiras que antes não teriam repercussão. São eles próprios que alimentam as redes com seus conteúdos, áudios, vídeos curtos e materiais interativos compartilhados no YouTube, Instagram, TikTok, entre outras mídias. Um exemplo são os proprietários de blogs, fotologs ou os vlogs[65], alguns dos quais se destacaram e acabaram por fazer grande sucesso em outras mídias, como os youtubers Felipe Neto e Kéfira. Muitos blogueiros, vloggers, youtubers, influenciadores digitais são convertidos em eficazes instrumentos de *marketing* de bens de consumo[66].

A sociedade baseada em redes, conforme salienta Castells (2002), configura uma nova morfologia social e um novo paradigma da tecnologia da informação que fornece a base material para a expansão da rede em toda a estrutura social. Encurtam-se as distâncias sem haver, necessariamente, contato físico.

---

62. QUEROL, R. "Zygmunt Bauman: As redes sociais são uma armadilha" [Entrevista]. *El País*, 08/01/2016. Disponível em https://brasil.elpais.com/brasil/2015/12/30/cultura/1451504427_675885.html – Acesso em 22/08/2022.

63. MARTINEZ, J.A.S.; NORIEGA, D.A.M. *Educación en tiempos de cultura digital y transparência* – Veredas 30. Cidade do México: UAM Xochimilco, 2015, p. 33-48. Disponível em https://veredasojs.xoc.uam.mx/index.php/veredas/article/view/359/355 – Acesso em 22/08/2021.

64. Ibid.

65. Os *blogs* eram espécies de diários da Web que poderiam ter espaços para comentários dos internautas. Os *fotologs* eram sites em que os usuários poderiam carregar suas fotografias, compartilhar com pessoas de seu círculo e receber comentários. Já os *vlogs* são canais nos quais os criadores postam conteúdo audiovisual sobre determinados temas.

66. SIBILIA, P. *O show do eu* – A intimidade como espetáculo. Rio de Janeiro: Nova Fronteira, 2008, p. 21.

Porém, apesar de os indivíduos poderem agir e interagir a distância, intervir e influenciar o curso dos acontecimentos mais longínquos, acabam por se isolar do convívio social, tornam-se mais reclusos. As pessoas ficam cada vez mais conectadas, quase que naturalmente condicionadas a tornarem-se usuárias das redes sem que estejam necessariamente habilitadas a compreender, distinguir e usar de modo eficiente o conhecimento disponível na Internet. Pelo contrário, os dados sugerem que eles são, em grande parte, incapazes de compreender nuanças ou ambiguidades em textos eletrônicos, localizar materiais confiáveis em suas buscas *on-line*, avaliar a credibilidade de fontes de informação ou mesmo distinguir fatos de opiniões. Mesmo assim, metade da população do planeta, cerca de 3,5 bilhões de pessoas, interage nas redes[67], vivem suas vidas através delas e nada indica que este fenômeno irá refluir nas próximas décadas.

5.4 História e ecossistema das redes sociais

Em vista da centralidade das redes sociais na vida social qualquer pesquisa histórica que aborde o mundo contemporâneo precisa reconstituir a malha de aplicativos, plataformas e mídias sociais e seu relacionamento. A história das redes sociais remonta à década de 1990, com as suas primeiras versões Classmates.com (1995) e Sixdegrees (1997-2001). O primeiro website foi originalmente projetado para ajudar os membros a encontrar amigos e colegas da Educação Infantil, Ensino Fundamental, Ensino Médio, Ensino Superior, trabalho e serviço militar, oferecendo a possibilidade de se criarem reuniões virtuais com os contatos. Já o segundo chegou a ter cerca de 3.500.000 membros registrados e permitiu aos usuários listar amigos, familiares, conhecidos que estavam no site ou eram usuários externos.

A partir dos anos de 2000, a Internet hospedou redes sociais como Friendster (2002-2015), Facebook (2004-), Twitter (2006-), Instagram (2010-), Google+, YouTube (2005-), MySpace (2003-), Badoo (2006-). Disseminaram-se redes profissionais, redes comunitárias (redes sociais em bairros ou cidades), redes políticas, redes militares, dentre outras. Em 2003 foram lançados o Lin-

---

67. O relatório Global Digital Statshot 2019, confeccionado pelas empresas de dados Hootsuite e We Are Social, contabilizou mais de 3,5 bilhões de usuários cadastrados nas redes sociais em 2019, o que representava 46% da população do planeta (YUGE, C. Quase metade do planeta está nas redes sociais: 3,5 bilhões de usuários. *Tecmundo*, 17/07/2019. Disponível em https://www.tecmundo.com.br/redes-sociais/143899-metade-planeta-usa-rede-sociais-3-5-bilhoes-usuarios.htm – Acesso em 22/08/2021).

kedIn (voltado para contatos profissionais) – que conta com mais de 175 milhões de registros (sendo 10 milhões deles brasileiros) – e o já mencionado MySpace (que foi considerado uma cópia do Friendster) – rede que conquistou 25 milhões de internautas apenas nos Estados Unidos, embora esse número já tenha sido maior.

Em 2004 foram criados o Flickr, o Orkut e o Facebook. O Flickr é um site para armazenamento e compartilhamento de fotos, ilustrações e vídeos que os usuários podem organizar em álbuns ou coleções[68]. O Orkut foi uma rede social filiada ao Google, criada em 24 de janeiro de 2004, cujo nome é originado no seu projetista-chefe, o programador turco Orkut Büyükkökten. O Orkut angariou 300 milhões de pessoas no mundo, a maioria das quais na Índia e no Brasil, para onde foi movido seu escritório em 2008. Por volta desse ano começou a perder espaço para outras mídias sociais e foi desativado em 30 de setembro de 2014[69]. Houve também denúncias de pornografia, pedofilia, racismo e neonazismo em comunidades do Orkut em português, assim como apareceram nos Estados Unidos comunidades antibrasileiras na rede[70]. A rede social fez tanto sucesso com suas comunidades divertidas, depoimentos e fóruns de discussão, que decidiram reativá-lo também em 30 de setembro de 2014.

O Orkut foi em pouco tempo superado pelo Facebook, que apresentava vantagens sobre a plataforma rival. O Facebook conseguia promover mais interações do que a rede social do Google, talvez porque proporcionasse uma fácil comunicação entre os cibernautas, sugerisse contatos e comunidades aos inscritos, permitindo também a visualização da linha do tempo (criada em 2011)[71]. Além disso, enviava convite para eventos, permitia assistir eventos ao vivo, jogar, postar um texto com um sentimento/atividade ou uma imagem na página inicial onde o usuário é instado a responder à pergunta: "No que você está pensando?" Pode-se publicar e visualizar publicações em um *feed* de

---

68. O Flickr foi comprado pelo Yahoo! em 2005 e pelo SmugMug em 2018, quando lançou um novo plano pago e restringe cota para usuários gratuitos.

69. Nos Estados Unidos o Orkut nunca teve a preferência dos internautas, que era do MySpace e depois do Facebook.

70. KUGEL, S. A Web Site Born in U.S. Finds Fans in Brazil. *The New York Times*, 10/04/2006. Disponível em https://www.nytimes.com/2006/04/10/technology/a-web-site-born-in-us-finds-fans-in-brazil.html – Acesso em 22/08/2021.

71. A linha do tempo aparece na página inicial na maioria dos sites e aplicativos de redes sociais. Nela aparece na ordem cronológica e por relevância as publicações feitas nas plataformas sociais *on-line* e atualizações feitas pelos seus amigos.

notícias mais dinâmico (fluxo de conteúdo que permite rolagem)[72]. Sem precisar de convite, ao contrário do que acontecia com o Orkut, o internauta pode gratuitamente se cadastrar preenchendo suas informações no perfil e fazer o *upload* de uma foto, adicionar "amigos" até o número de 5 mil, o que estimula o afã a colecionar novos contatos como forma de autoafirmação[73]. Quanto maior o número de amigos ou seguidores, indicando popularidade, maior o prestígio, o potencial de influenciar outros internautas e o capital social do proprietário do perfil, seja ele anônimo ou famoso.

Pessoas físicas e também jurídicas podem criar páginas do Facebook, propiciando o contato com clientes. Os usuários podem visualizar e compartilhar postagens de amigos, marcar amigos nos comentários das publicações, curtir *posts* através de sete tipos de *emoticons*, inscrever-se em comunidades e receber compartilhamentos destas em seu *feed* ou criar comunidades e ser administrador e moderador de suas atividades, assim como também criar *stories* para destacar conteúdos e marcas de produtos durante 24 horas. As publicações do Facebook têm caráter hipermidiático, repercutindo notícias de outras grandes mídias jornalísticas, memes criativos, vídeos do YouTube ou produzidos pelos próprios usuários. Por conta desta característica, a plataforma notabilizou-se pelo *hakeamento*, pelas contas falsas e pelas *fake news* que se propagam na rede social.

O Facebook foi criado em fevereiro de 2004 por Mark Zuckerberg, estudante de Psicologia e de Ciência da Computação no *campus* da Universidade de Harvard. O acesso à rede foi estendido para qualquer internauta externo com idade acima de 13 anos, atraindo usuários egressos do Orkut, Friendster, MySpace e LinkedIn e Qzone[74]. Logo superou todos os antecessores – notando-se que a rede também foi progressivamente crescendo em número de usuários ao longo dos anos até se tornar a mais popular dentre todas as redes sociais, com capacidade de atrair não apenas adolescentes e universitários, mas também um público de faixas etárias mais elevadas. Segundo o World Map of Social Network, o Facebook é a primeira rede social em 154 dos 167 países

72. O Facebook prioriza certas publicações a partir do histórico de preferências do usuário e popularidade das publicações que são apresentadas no *feed*.

73. Nos casos de figuras públicas que ultrapassam este número, poderiam criar outras páginas com o perfil pessoal, mas havia a possibilidade de criar também uma *fan page* com muito mais "amigos"e usando outras ferramentas.

74. Marc Zuckerberg criou o *website* Facemash em 2003, o qual permitia aos visitantes votar na pessoa mais atraente com base em duas fotografias de estudantes, o que rendeu milhares de visualizações. No ano seguinte começa a definir o código para um novo *website* com o nome Thefacebook, que atendia a redes de várias universidades, cujo nome foi alterado para Facebook por iniciativa do então presidente da empresa Sean Parker, em 2005.

(92%), tendo como exceções mais notáveis a Rússia, onde prevaleceu o VKontakte, e a China, onde imperou o WeChat[75].

O VKontakte foi criado em outubro de 2006 por Pavel Durov e tem sede em São Petersburgo. É bastante similar ao Facebook e tem mais de 400 milhões de perfis, permite postar áudios, fotos, vídeos, anúncios, opiniões sobre amigos, criar *playlists*, enviar mensagens e jogar, participar de grupos de interesses semelhantes. O WeChat, lançado em janeiro de 2011 pela Tencent – uma *holding* de investimentos chinesa –, ultrapassou nos dias de hoje a marca de 1 bilhão de contas, superando o QZone, criado em 2005 pela mesma empresa do WeChat. O QZone pode ser compreendido como um misto de Facebook e MySpace, mas com recursos extras, a partir dos quais os usuários podem personalizar o seu perfil com diversas ferramentas que são disponibilizadas, além de escrever *posts*, montar uma espécie de blog que pode ser personalizado, subir fotos e ouvir e compartilhar músicas. Sua inscrição é gratuita, embora a maioria das ferramentas que permite personalizar é paga através de uma moeda virtual. Em março de 2021, o QZone contava com 597 milhões de usuários ativos que postam diariamente 200 milhões de fotos[76].

Em 2012 o Facebook ultrapassou a marca de 1 bilhão de usuários. Em 2020, atingiu o expressivo número de 2,8 bilhões de usuários ativos mensais, dentre os quais 120 milhões de brasileiros[77]. Facebook inc. é uma empresa com valor de mercado de US$ 765,5 bilhões em janeiro de 2021[78]. Com sede no Vale do Silício na Baía de São Francisco, Califórnia, possuía cerca de 60 mil empregados ao final de 2020, e lucrou 29,1 bilhões nesse mesmo ano[79]. O

---

75. *World Map of social Network*. Vincos Blog. Disponível em https://vincos.it/world-map-of-social-networks/ – Acesso 22/08/2021.

76. CARNIEL, G. O que é e como funciona o QZone. *Canaltech*, 03/03/2021. Disponível em https://canaltech.com.br/redes-sociais/qzone-o-que-e-como-funciona/ – Acesso em 22/08/2021.

77. VITORIO, T. Facebook fica mais perto de 3 bilhões de usuários ativos e receita cresce em 2020. *Exame Invest*, 27/01/2021. Disponível em https://exame.com/tecnologia/facebook-fica-mais-perto-de-3-bilhoes-de-usuarios-ativos-e-receita-cresce-em-2020/ – Acesso em 22/08/2021. • SILVA, D.V. Brasil é o 4º país com mais usuários no Facebook na quarentena. *Tecmundo*, 27/05/2020. Disponível em https://www.tecmundo.com.br/redes-sociais/153570-brasil-4-pais-usuarios-facebook-quarentena.htm – Acesso em 22/08/2021.

78. Tesla ultrapassa Facebook em valor de mercado. *Terra*, 08/01/2021. Disponível em https://www.terra.com.br/noticias/tecnologia/tesla-ultrapassa-facebook-em-valor-de-mercado,192d7b0deebb9e04545d6262388c53c2fsby2j5r.html – Acesso em 22/08/2021.

79. ROMANI, B. Lucro do Facebook aumenta 58% em 2020, mas empresa se prepara para ano difícil. *Terra*, 27/01/2021. Disponível em https://www.terra.com.br/noticias/tecnologia/lucro-do-facebook-aumenta-58-em-2020-mas-empresa-se-prepara-para-ano-dificil,d46a37ef62123250df2f2cb780d7ebcdztij6xk6.html – Acesso em 22/08/2021.

lema do Facebook "É *gratuito* e *sempre* será" foi retirado da sua *home* em 2019, e, apesar das especulações de que poderia ser cobrado, especialistas concluem que a plataforma efetivamente é paga, uma vez que nela ocorre um intercâmbio de dados ou produtos. Enquanto navegam pelo site, usuários fornecem ao Facebook seus dados pessoais, que compõem seu perfil, a empresa de Zuckerberg os vende aos anunciantes.

Desde o início da sua existência, o Facebook esteve no centro de muitos litígios jurídicos e políticos. Já entre os fundadores, ocorreu um litígio em 2005. Além disso, adquiriu especial destaque o escândalo do vazamento de dados do Facebook para campanhas eleitorais em 2018. Nesse mesmo ano, Zurckerberg receberia também uma convocação para depor na Comissão Parlamentar de Media do Reino Unido, que interrogou desenvolvedores envolvidos e ordenou uma busca nos escritórios londrinos da Cambridge Analytica[80]. Na mesma época, o CEO da Big Tech enfrentava nos Estados Unidos uma investigação da US Federal Trade Commission (FTC) – uma agência regulatória encarregada da proteção ao consumidor – sobre o uso dos dados pessoais pela manipulação de 50 milhões de contas para ajudar Donald Trump a vencer as eleições presidenciais de 2016. Ao lado disso, a empresa bilionária foi processada por uma coalização de 48 estados norte-americanos, sob a alegação de práticas anticompetitivas; enquanto isso, a FTC (Federal Trade Commission) também abriu, em paralelo, um processo contra a plataforma por monopólio[81]. Preocupada com o controle excessivo por parte do Facebook das informações pessoais e interações sociais, a FTC declarou que esta empresa identificava as rivais mais competitivas, como Instagram e WhatsApp, e as sufocava, comprando-as[82].

---

80. No relatório final a comissão concluía que a empresa extraía dados confidenciais dos usuários e os oferecia aos desenvolvedores ou anunciantes. Igualmente, o Parlamento europeu convidou-o a prestar esclarecimentos "a representantes de 500 milhões de europeus de que seus dados não estariam sendo usados para manipular a democracia, explicou Antonio Tajani" (*Cambridge Analytica: Facebook's Mark Zuckerberg summoned to UK parliament in data misuse case*, 2018. Disponível em https://www.dw.com/en/cambridge-analytica-facebooks-mark-zuckerberg-summoned-to-uk-parliament-in-data-misuse-case/a-43055148 – Acesso em 22/08/2021).

81. THORBECKE, C. Facebook hit with antitrust lawsuit from FTC and 48 state attorneys general. *Abc News*, 09/12/2020. Disponível em https://abcnews.go.com/Business/facebook-hit-antitrust-lawsuit-ftc-48-state-attorneys/story?id=74623634 – Acesso em 22/08/2021.

82. Os processos tratam diretamente de aquisições feitas pelo Facebook nos últimos anos. Em específico, tratam do WhatsApp, adquirido em 2014 por US$ 19 bilhões, e o Instagram, adquirido em 2012 por US$ 1 bilhão. O Facebook é acusado de monopólio no mercado de redes sociais e pode ser obrigado a se desfazer das duas empresas.

Diante das pressões e críticas de tantas autoridades, o Facebook tem tentado propor-se como controladora das atividades na sua plataforma – das *fake news*, páginas de ódio, contas falsas. O Facebook, assim como o Twitter, comprometeu-se a suspender as redes sociais de Donald Trump após a tentativa de invasão do Capitólio pelos apoiadores do ex-presidente. As duas redes sociais digitais, as maiores do mundo, viram seu valor de mercado despencar impressionantes R$ 270 bilhões depois da notícia de que baniriam permanentemente a conta do político republicano. Segundo a reportagem, o motivo da corrida pela venda dos papéis das duas empresas está no medo de investidores de que a decisão histórica – de banir permanentemente um presidente dos Estados Unidos – pudesse fazer usuários fiéis a Trump abandonarem essas redes e migrarem para outras alternativas como a rede social Parler, que mimetiza o Twitter.

O Facebook tem buscado outros meios para obter lucros e alta cotação na bolsa de valores, e recentemente vem restringindo o acesso dos anunciantes aos dados dos usuários para garantir a privacidade destes últimos. Cada vez mais focando nos serviços financeiros, como as criptomoedas, criou em 2019 o Facebook Pay, que é um serviço de pagamentos que permite comprar produtos, jogos e enviar dinheiro para outras pessoas usando as redes sociais, sem custo para o comprador, apenas cadastrando o cartão de crédito, assim como transformou o WhatsApp em meio de pagamento, esperando cobrar das empresas pelo serviço.

O WhatsApp tornou-se a plataforma de comunicação mais utilizada no Brasil, presente nos 83,3% dos lares em 2016, exatamente por ser gratuito e vinculado à Internet, substituindo as mensagens de SMS que são pagas. Foi originalmente criado em fevereiro de 2009, nos Estados Unidos, por Brian Acton e Jan Koum, egressos do Yahoo!, e mais tarde vendido para o Facebook, em 2014[83]. O WhatsApp oferece não apenas serviços de mensagem de texto, mas também de áudio, gratuitamente, permitindo o compartilhamento de vídeos e fotos através de mensagens criptografadas. Todos os dias dezenas de bilhões de mensagens são enviadas para qualquer lugar do mundo. O aplicativo americano de mensagens instantâneas atingiu 1 bilhão de usuários em 2016 e está presente em 180 países. Através da inserção de um número de telefone celular, os usuários podem enviar mensagens diretamente para outros ou podem criar ou inserir-se em grupos em que as mensagens são compartilhadas para todos os

83. A partir de janeiro de 2021 as regras do WhatsApp mudaram e os usuários ficaram obrigados a compartilhar os dados pessoais com o Facebook.

membros. É na atividade destes grupos que incide a possibilidade de disparos sem controle de *fake news*, que fervilharam, principalmente, durante a eleição brasileira de 2018 e durante a pandemia do Coronavírus em 2020 e 2021[84].

Nesse aplicativo formam-se "bolhas" impenetráveis nas quais os gerenciadores também não podem interferir, de modo que tais mensagens falsas não podem ser desmentidas. Os grupos de WhatsApp terminam por exercer um efeito psicológico importante sobre os indivíduos, reinventando a ideia de comunidade em que cada usuário busca a confirmação de suas crenças e a autoafirmação perante o grupo. As medidas tomadas pelos proprietários do aplicativo diante da pressão de entidades e partidos foram as de restringir o compartilhamento de notícias mais populares, limitar a apenas um contato o envio de mensagens muito compartilhadas e criar ferramentas para denunciar perfis e grupos difusores de informações falsas[85].

Em 2014 o WhatsApp foi vendido ao Facebook por US$ 19 bilhões, numa das maiores transações da história da companhia fundada por Zuckerberg, o que não deixou de surpreender os especialistas, já que o aplicativo não tinha fonte de receita. Desde então o seu proprietário decidiu deixar o aplicativo de conversas mais parecido com o concorrente chinês WeChat, através do qual o consumidor pode trocar mensagens, mas também pode pedir táxi, comida, pagar contas, fazer compras, realizar consultas médicas, enviar currículo, entre muitas outras coisas. É um uber, um iFood, um banco *on-line*, uma *health tech* e um *marketplace*. Tudo concentrado em um único lugar[86].

---

84. Uma pesquisa de opinião do Data Senado indica que em 2018 as redes sociais apareceram para 79% dos 2,4 mil entrevistados como influência crescente e fonte de informação para o eleitor, dos quais 45% teriam decidido seu voto a partir das informações ali visualizadas, especialmente no aplicativo de troca de mensagens WhatsApp. No que se refere à desinformação nas redes sociais sobre a infecção pela Covid-19, uma pesquisa da Fundação Osvaldo Cruz no Rio de Janeiro revelou que 10,5% das notícias falsas foram publicadas no Instagram, 15% no Facebook e 73,7% circularam pelo WhatsApp (Pesquisa revela dados sobre *fake news* relacionadas à Covid-19. *Portal Fiocruz*. 15/04/2020. Disponível em https://portal.fiocruz.br/noticia/barra/pesquisa-revela-dados-sobre-fake-news-relacionadas-covid-19 – Acesso em 22/08/2021.

85. CARDOSO, B.; ACHILLES, R. WhatsApp limita encaminhamento de mensagem para só um contato por vez. *Techtudo*, 2020. Disponível em https://www.techtudo.com.br/noticias/2020/04/whatsapp-limita-encaminhamento-de-mensagem-para-so-um-contato-por-vez.ghtml – Acesso em 22/08/2021.

86. Isto implica que, nas operações de pagamento, as pessoas físicas não pagam nada, porém as empresas terão uma taxa de 3,99% sobre a transação, e assim o WhatsApp poderá lucrar (MANZONI JR., R. O gigante acordou: WhatsApp copia WeChat para se tornar um superaplicativo. *Neofeed*, 15/06/2020. Disponível em https://neofeed.com.br/negocios/o-gigante-acordou-whatsapp-copia-wechat-para-se-tornar-um-superaplicativo/ – Acesso em 22/08/2021).

O WeChat é um multiaplicativo que possui 1 bilhão de usuários, ultrapassando o Facebook em valor de mercado. WeChat reúne, num único lugar, notícias e conteúdo, rede social, plataforma de *e-commerce*, aplicativo de transporte e sistema de pagamentos *on-line*. Nasceu como um aplicativo de mensagens, mas com grande versatilidade passou a combinar as funções do WhatsApp, Facebook, Instagram e Skype com *e-commerce*, serviços de reserva e cupons, serviços financeiros, agendamento de consultas e assim por diante. As contas do aplicativo podem ser pessoais ou empresariais, empresas estas que podem manter contato com seus clientes e postar informações promocionais.

O WeChat predomina na China, onde o governo chinês proíbe redes sociais ocidentais como Facebook, YouTube, Instagram e possui grande controle sobre o uso da Internet pelos cidadãos. Assim, chineses acessam plataformas alternativas para se conectarem *on-line*. Dentre os aplicativos que fazem sucesso em território chinês estão o Youku Tudou – versão do "YouTube" – e o Baidu Tieba, um fórum de discussão que conta com 660 milhões de usuários ativos mensais, dentre os quais muitas empresas. Há também o Toutiao, que é uma rede social de distribuição de notícias que se concentra em fornecer todos os tipos de informações usando algoritmos complexos capazes de analisar padrões de navegação de cada usuário e recomendar-lhe conteúdo mais personalizado possível[87]. Um dos sites mais populares na China com 600 milhões de usuários mensais é o Sina Weibo, criado em 2009, que pode ser considerado como uma combinação do Twitter e do Facebook. Possui alto índice de engajamento e é muito frequentado por jovens executivos, que enviam vídeos, imagens e *gifs*, conteúdo informativo, além de seguir pessoas e acompanhar suas linhas do tempo[88].

Ao lado do WeChat e do WhatsApp tem-se o concorrente Signal, que há muito tempo é popular entre ativistas, jornalistas investigativos, políticos e autoridades policiais devido à sua ênfase na privacidade e segurança. Signal é uma organização sem fins lucrativos que depende de contribuições para financiar suas operações. Igualmente sem fins lucrativos, o Telegram recebeu usuários egressos do WhatsApp porque não sofre regulação. Lançado em 2013 pelos irmãos russos Nikolai e Pavel Durov (criador do VKontakt), o aplicativo conta com 200 milhões de usuários ativos por mês em todo o mundo. O Telegram

---

87. Em 2017 a Toutiao já tinha 120 milhões de usuários ativos diariamente.

88. BICUDO, L. Facebook, YouTube e Twitter, que nada! Conheça as principais redes sociais da China. *Start Se*, 13/05/2021. Disponível em https://app.startse.com/artigos/facebook-youtube-e-twitter-que-nada-conheca-as-principais-redes-sociais-da-china – Acesso em 22/08/2021.

possui recursos de privacidade que permitem conversas secretas, deletadas após determinado tempo, por ter criptografia ponta a ponta do programa[89].

A rede social que ao contrário viabiliza conversas públicas e não privadas é o Twitter. Em evidência no circuito da política nacional e internacional, o Twitter – uma rede social fundada por Jack Dorsey, Biz Stone, Noah Glass e Evan Williams em março de 2006, com sede em São Francisco, Califórnia – é usado no mundo inteiro. Funcionando como um microblog, parece ser a rede preferencial para políticos, artistas, atletas e celebridades emitirem opiniões sobre assuntos na ordem do dia. Na página inicial do Twitter está o *feed* ou *timeline*, onde são exibidas as publicações dos perfis que o usuário segue. Ao escolher-se receber *tweets* de algum perfil no *feed*, o usuário clica no botão de seguir e tem a opção de "deixar de seguir" quando não deseja mais receber atualizações de determinado perfil. No topo da página há uma caixa com a pergunta "o que está acontecendo?", a partir da qual são feitas as postagens. O mote da rede social é exatamente "Twitter. É o que está acontecendo" ("Twitter. It's what's happening"), transmitindo a ideia não apenas de que tudo que é relevante é veiculado através desta plataforma virtual, mas que ela faz acontecer, ao promover debates públicos que repercutem e são replicados para outras mídias.

Inicialmente, os *tweets* eram limitados a 140 caracteres, embora em 2017 esse limite tenha sido ampliado para até 280 caracteres para que os usuários pudessem se expressar melhor. As mensagens compartilhadas são públicas, mas é possível alterar essa configuração e permitir que apenas os seguidores da conta tenham acesso às publicações. Em 2015 o Twitter elaborou uma ferramenta – o *retweeting* – para citar um *tweet* anterior sem precisar colar e respondê-lo ao mesmo tempo, o que incrementou e tornou mais dinâmico o curso das discussões. Ao lado disso, é possível aos usuários mencionar um outro usuário em seu *tweet* digitando "@" antes do nome do usuário do perfil e, assim, fazê-lo receber a notificação de que foi mencionado. A rede social é gratuita, mas criou espaços pagos que possibilitariam publicações exclusivas com maior destaque, sobretudo com fins comerciais.

O Twitter se transformou em um veículo de pronunciamento público, particularmente utilizado por autoridades que opinam por escrito em mensagens curtas sobre atualidades, andamento de investigações, políticas púbicas e relações internacionais, assim como também é utilizado habitualmente por jornalis-

89. COELHO, T. Saiba quem são os verdadeiros donos do Telegram, rival do WhatsApp. *Tectudo*, 27/02/2014. Disponível em https://www.techtudo.com.br/noticias/noticia/2014/02/saiba-quem-sao-os-verdadeiros-donos-do-telegram-rival-do-whatsapp.html – Acesso em 22/08/2021. A sede do aplicativo é baseada em Berlim, na Alemanha.

tas que comentam notícias em tempo real, ou por artistas e figuras públicas que resolvem se manifestar sobre algum evento polêmico. Em abril de 2019, para dar visibilidade à sua causa, jogadores e clubes ingleses, como Manchester City, boicotaram as redes sociais contra o racismo, fechando suas contas do Facebook, Twitter e Instagram durante um fim de semana, exigindo melhores políticas de combate à discriminação. O Twitter foi uma rede social muito importante na mobilização dos protestos no Egito e Tunísia em 2011, assim como em 2013 nos protestos antigovernistas no Parque Gezi em Istambul – em que a multidão foi reprimida com gás lacrimogênio –, tendo cumprido um papel importante para convocar os indignados, driblar a censura dos meios de comunicação tradicionais e divulgar o que se passava sob o ponto de vista dos manifestantes. No Twitter os organizadores e cyberativistas podem se refugiar por trás de pseudônimos, embora sejam particularmente visados pelos regimes autoritários[90].

Há muitos anos que as redes sociais representam uma ameaça para o governo conservador comandado pelo presidente turco Recep Tayyip Erdoğan, do Partido da Justiça e Desenvolvimento, que acionou as cortes de justiça de seu país para banir o Twitter em 2014. Essa plataforma foi fundamental para a liberdade de expressão na Turquia em 2013, durante os protestos do Parque Gezi, mas foi banida alegando-se violação da privacidade, após circularem áudios incriminadores revelando corrupção governamental. Recentemente, em 2020, o dirigente turco aprovou uma nova lei das mídias sociais que permite remover conteúdos das plataformas – as quais ele denomina de a "pior ameaça à sociedade". Em 2018, no contexto das eleições que definiriam sua permanência no cargo, o político foi alvo de uma grande manifestação via Twitter, após um discurso no parlamento em que assegurava que sairia da cadeira se a nação dissesse basta (Tamam). No mesmo dia milhões de internautas, dentre eles ativistas, políticos de partidos de oposição, dissidentes, artistas, se juntaram ao movimento acessando o Twitter para postar e pedir basta. A *hashtag* #Tamam foi alçada aos Trending Topics mundial, com quase dois milhões de tweets, concorrendo com a *hashtag* subida pelos apoiadores de Erdoğan#DEVAM (continue), que alcançou a cifra menor de 300.000 de *tweets*, configurando o que um cientista político designou de "uma das maiores guerras de *hashtag* políticas na história da Internet"[91].

---

90. TUFEKC, Z. *Twitter and Tear Gas* – The power and fragility of the networked protest. Londres/New Haven: Yale University Press, 2017.

91. #TAMAM vs #Devam: Inside Turkey's hashtag war. *CGTN*, 2018. Disponível em https://news.cgtn.com/news/3d3d514d77677a4d77457a6333566d54/share_p.html – Acesso em 22/08/2021.

As *hashtags* se tornaram um fenômeno contemporâneo. São palavras escritas com o símbolo de cerquilha "#" na frente, empregadas pelos usuários para enfatizar determinado assunto[92]. *Hashtags* como #Neymar, #BBB17, #IveteSangalo e #JustinBieber são algumas das mais usadas no Brasil[93]. Segundo o Twitter, a *hashtag* mais popular no ano de 2020 foi #COVID19, usada mais de 400 milhões de vezes, destacando-se entre outras que também estão no Trending Topics[94]. Os Trending Topics – que configuram um mecanismo criado pela plataforma para indexar palavras-chave – compõem uma lista das postagens mais recorrentes na rede social, seja em determinada região ou no mundo todo, o que permite encontrar, de maneira simples, os perfis que falam sobre os tópicos de seu interesse. "Subir hashtags" se transformou em uma forma de chamar a atenção da opinião pública, de promover o ativismo nas redes, além de favorecer o *marketing* de produtos, serviços e eventos, sendo importante monitorar as menções no Twitter e no Instagram.

Em 2015 o Twitter possuía 316 milhões de inscritos e foi ultrapassado pelo Instagram que chegou a 400 milhões de usuários. Hoje está com 330 milhões. O Instagram é uma rede social *on-line* – atualmente de propriedade do Facebook inc., conforme já foi dito – e que foi criada por Kevin Systrom e Mike Krieger, tendo sido lançada em outubro de 2010, apenas para celulares. Destacou-se pelo compartilhamento de fotos e vídeos entre seus usuários, permitindo aplicar filtros digitais e compartilhá-los em uma variedade de serviços de redes sociais, como Facebook, Twitter, Tumblr e Flickr. Basta criar uma conta pessoal ou oficial e seguir outros perfis também cadastrados no Instagram. Os vídeos foram permitidos na rede a partir de junho de 2013, com um limite de 15 segundos, mas atualmente pode-se postar vídeos mais longos dividindo-os e publicando nos Stories, Feed ou IGTV. O serviço rapidamente ganhou popularidade, com mais de 100 milhões de usuários ativos em abril de 2012, saltando para 1,2 bilhão em 2021. O Instagram incentiva a postagem frequente visando o engajamento dos internautas, assim como a concorrência

---

92. A *hashtag* foi criada por um usuário do Twitter (Chris Messina, ex-engenheiro do Google e do Uber) no dia 23 de agosto de 2007. O uso do sinal se disseminou pela Internet e hoje é usado nas mais diversas redes sociais, como Facebook e Instagram.

93. *Hashtag* completa 10 anos. Veja as mais usadas no Twitter. *Veja*, 23/08/2017. Disponível em https://veja.abril.com.br/economia/hashtag-completa-10-anos-veja-as-mais-usadas-no-twitter/ Acesso em 22/08/2021.

94. SILVA, V.H. Twitter divulga os tweets mais curtidos e emojis mais usados em 2020. *Tecnoblog*, 2020. Disponível em https://tecnoblog.net/391953/twitter-divulga-os-tweets-mais-curtidos-e-emojis-mais-usados-em-2020/ Acesso em 22/08/2021.

por seguidores. Atrizes, cantores, atletas e humoristas são os mais seguidos da rede social no Brasil, cada um amealhando dezenas de milhares de seguidores. Críticos do Instagram dizem que a rede retrata uma vida irreal, roteirizada e glamorosa, de modo que a rede pode ser prejudicial para a saúde mental. O Instagram tornou-se ao mesmo tempo uma rede social bastante comercial. Segundo uma pesquisa, é a plataforma predominante em campanhas de *marketing* de influência, com 98% da audiência dos influenciadores digitais[95].

Os vídeos tornaram-se o interesse principal dos proprietários do Instagram devido ao maior concorrente do Instagram Stories e do Snapchat[96], o TikTok, denominado Douyin na China (抖音). O TikTok é criação da empresa ByteDance, em 2016, que estourou depois de um acordo de união com o antigo Music.Iy, uma fusão firmada em 2019 que girou em torno de R$ 3,8 bilhões. Na China, o Douyin conta com 600 milhões de usuários ativos diários[97]. O TikTok é uma rede social e um aplicativo que se tornou popular e foi o mais baixado no mundo em 2020, segundo o Sensor Tower, superando o Facebook e o Instagram. O segredo deste recorde de downloads são os pequenos vídeos, de até 15 segundos, com humor e criatividade para seduzir o público; os usuários tornam-se criadores apenas com um celular. Podem postar os vídeos voltados ao entretenimento, editá-los, adicionar trilhas sonoras e efeitos através das ferramentas disponibilizadas no aplicativo e publicá-los na rede, não apenas para seus seguidores, uma vez que são sugeridas para um público mais amplo e que podem ser exibidos em outras mídias, como o YouTube. Assim, pessoas comuns tornam-se celebridades exibindo seu talento; alguns vídeos são bem-elaborados, outros mais amadores. Geralmente este público é composto por jovens de idade entre 16 e 24 anos (41% dos usuários da rede social estão dentro dessa faixa) que esperam também ver seus vídeos monetizados.

As disputas geopolíticas se transpuseram para a competição entre as empresas de tecnologia e plataformas digitais. Pressionada de um lado pelo governo Trump, que visava banir o aplicativo chinês dos Estados Unidos sob a

---

95. VIEIRA, N. TikTok x Instagram: qual a melhor rede social para um *influencer*? *CTNews*, 2020. Disponível em https://canaltech.com.br/redes-sociais/tiktok-x-instagram-qual-a-melhor-rede-social-para-um-influencer-172302/ – Acesso em 22/08/2021.

96. Snapchat é um aplicativo de mensagens com base de imagens, criado em 2011 e desenvolvido por Evan Spiegel, Bobby Murphy e Reggie Brown, estudantes da Universidade Stanford.

97. ROCHA, C. Douyin, a versão chinesa do TikTok, processa Tencent por agir como monopólio. *Dn_Insider*, 02/02/2021. Disponível em https://insider.dn.pt/em-rede/douyin-a-versao-chinesa-do-tiktok-processa-tencent-por-agir-como-monopolio/26259/ – Acesso em 22/08/2021.

alegação de espionagem[98], o TikTok se defende alegando que sua existência é importante para evitar o monopólio da Amazon, Facebook, Apple e Google. O Facebook poderia, inclusive, estar envolvido nas retaliações do governo americano contra o aplicativo, seu concorrente, em função do Instagram, após um encontro de Mark Zuckerberg com Donald Trump em 2019[99]. O aplicativo já superou o Instagram nos Estados Unidos e vem atraindo o público e também empresas anunciantes. Para entrar nos Estados Unidos o TikTok viu-se obrigado a vender seu funcionamento a uma empresa norte-americana. O governo indiano também resolveu proibir o aplicativo após conflitos militares com a China. Preocupado em regular o mercado de tecnologia, o governo chinês orientou a investigação do Baidu, Tencent e o TikTok[100] por monopólio. O aplicativo da ByteDance também acusou a Tencent, o conglomerado que é dono de vários serviços, inclusive do WeChat, de permitir o compartilhamento de conteúdo da Douyin nas aplicações de mensagem.

Esta longa exposição sobre as características de algumas mídias sociais e como se relacionam no mercado da comunicação digital não pretende esgotar o assunto, mas demonstrar que a história das redes sociais é uma história em construção, em que os agentes e agências estão em permanente transformação, acompanhando o ritmo das inovações tecnológicas. Em cada momento algumas redes despontam como as que oferecem dispositivos mais avançados, ferramentas e facilidades de compartilhamento e de interação.

O exame das características das redes sociais exige ainda um cuidado imprescindível para o historiador. Como se dá em todo procedimento de pesquisa histórica, isto significa caracterizar o lugar de produção das fontes históricas e constituí-las como um *corpus* documental dotado de suas próprias especificida-

---

98. Segundo o ex-presidente americano, a coleta de dados do TikTok e do WeChat, da chinesa Tencent, que também sofreu embargos por parte do governo, poderia "permitir ao Partido Comunista Chinês acesso às informações pessoais e proprietárias dos americanos", garantindo à China a possibilidade de rastrear a localização de funcionários federais, criar dossiês com informações pessoais para chantagem e conduzir espionagem corporativa" (SILVA, V.H. TikTok e WeChat devem ser banidos dos Estados Unidos em setembro. *Tecnoblog*, 07/08/2020). Disponível em https://tecnoblog.net/357610/tiktok-e-wechat-devem-ser-banidos-dos-estados-unidos-em-setembro/ – Acesso em 22/08/2021.

99. VITÓRIO, T. Zuckerberg pode ter plantado a discórdia entre Trump e TikTok. *Exame*, 24/08/2020. Disponível em https://exame.com/tecnologia/zuckerberg-pode-ter-plantado-a-discordia-entre-trump-e-tiktok/ Acesso em 22/08/2021.

100. VASCONCELLOS, C.E. Alibaba é multada por monopólio na China, e o TikTok pode ser o próximo. *Consumidor Moderno*, 13/04/2021. Disponível em https://www.consumidormoderno.com.br/2021/04/13/alibaba-multada-china-tik-tok-proximo/ – Acesso em 22/08/2021.

des. Henry Rousso lembra que todo documento exige uma recontextualização "que implica que sejam examinadas séries mais ou menos completas para se compreender a lógica, no tempo e no espaço, do ator ou da instituição que produziu este ou aquele documento" para evitar sentidos equivocados ou mesmo erros de interpretação[101]. Assim como os vestígios impressos, manuscritos, iconográficos ou orais são conservados em arquivos com determinada intencionalidade e estabelecidos enquanto fonte pelo historiador, as fontes digitais não escapam a esta lógica e também possuem seu lugar de produção, circulação e armazenamento no ciberespaço. Cabe ao historiador avaliar as potencialidades e limitações deste suporte para realizar satisfatoriamente sua interpretação.

5.5 As redes sociais como repositório de fontes históricas do nosso tempo

A Internet é um meio excepcional na medida em que para ela convergem todas as mídias anteriores: a correspondência epistolar, o jornal, o rádio, o cinema, a telefonia, a televisão. A difusão de conteúdos e a comunicação de massa estão disponíveis a uma velocidade inédita, com possibilidade de atualização instantânea, aberta à interatividade e acessível a qualquer um que esteja conectado à rede de computadores.

As novas formas de armazenamento de informações e combinação de dados têm alterado não só os espaços e meios através dos quais se preserva, organiza e disponibiliza o conhecimento já produzido pelas sociedades, uma vez que elas também possibilitam a modificação do próprio teor deste conhecimento. O conhecimento pode aparecer mais fragmentado, disposto na forma de hipertexto, mas igualmente o trabalho intelectual torna-se mais colaborativo, uma vez que os internautas tomam parte em um projeto coletivo que combina as inúmeras competências[102]. Novas áreas de interesse emergem no âmbito da sociedade informacional, como a robótica, a biotecnologia e a nanotecnologia, ao mesmo tempo em que, nas ciências humanas e sociais, fica claro para os pesquisadores que as tecnologias digitais têm impacto sobre as concepções de tempo e espaço, promovem rupturas na forma como as gerações aprendem, trabalham, expressam-se, relacionam-se, ordenam suas ideias

101. ROUSSO, H. O arquivo ou indício de uma falta. *Revista Estudos Históricos*, n. 17, 1996, p. 5.
102. LÉVY, P. *Inteligência coletiva*: por uma antropologia do ciberespaço. 5. ed. São Paulo: Loyola, 2007.

e opiniões, participam da tomada de decisões, protestam através do ativismo digital e interpretam seu passado.

Para os historiadores um novo campo se abriu desde que o computador se tornou uma realidade amplamente acessível e os arquivos digitais multiplicaram-se. O historiador Emmanuel Le Roy Ladurie, em finais da década de 1960, no auge do prestígio dos métodos quantitativos aplicados à documentação histórica, escrevia o ensaio "L'historien et l'ordinateur"[103], no qual predizia que os historiadores deveriam abandonar a prática secular da erudição e obter um domínio cada vez maior da informática para a constituição de um arquivo para futuras pesquisas. Conclui que "o historiador de amanhã será um programador ou nada será"[104]. Sob o juízo atual parece que Ladurie inaugura o debate sobre o papel das novas tecnologias aplicadas à História e sobre a História Digital. Desde então os historiadores se depararam com a massiva preservação de uma memória artificial eletrônica que assegura a reprodução de textos, manuscritos e de acervos que fazem parte do patrimônio cultural das sociedades e estão em vias de se deteriorar ou são de difícil acesso para pesquisadores, assim como para o público em geral.

Este patrimônio documental digitalizado também corre perigo de ser monopolizado pelas grandes empresas de tecnologia da Internet. Um historiador de renome como Robert Darnton, então diretor da biblioteca da Universidade de Harvard, manifestou-se acerca do projeto de digitalização de livros pelo Google – o Google Book Search – afirmando que a empresa planejava vender assinaturas do banco de dados digitalizado, composto de livros protegidos por direitos autorais[105]. Darnton alegava que, ao objetivar lucros através da digita-

---

103. LADURIE, E. Le Roy. "L'historien et l'ordinateur". In: *Le territoire de l'historien*. Paris, 1973, p. 11-14.

104. Ibid., p. 14.

105. Os fundadores Larry Page e Sergey Brin atribuíram ao Google a missão de "organizar a informação mundial e torná-la universalmente acessível e útil", e neste sentido surgiu o projeto do Google Books no final de 2004. O Google começou um trabalho de digitalização nas bibliotecas americanas, fechou acordos com bibliotecas francesas, italianas, austríacas e holandesas para digitalizar centenas de milhares de obras fora da lei de direitos autorais e colocá-las parcialmente ou integralmente *on-line* de forma exclusiva em seu site. Entretanto, o Ministério Público americano entrou na justiça contra os acordos firmados pelo Google com sindicatos de autores de digitalização de obras em que receberia 37% dos lucros sobre o serviço. Entre 2009 e 2010 grandes editoras francesas entraram na justiça contra o projeto do Google Books nos Estados Unidos, que estaria digitalizando obras sem autorização de autores e editores ou escritas antes de 1923. O governo alemão levou à Comissão Europeia a alegação de que "as ações do Google reforçariam a concentração da propriedade de mídia e prejudicariam a diversidade cultural" e estaria formando um monopólio sobre o patrimônio cultural.

lização dos acervos, o Google restringiria o acesso e dar-se-ia a privatização do que pertence à esfera pública[106].

Diante da superabundância de informação digitalizada e armazenada – a Big Data – equipes de historiadores têm usado softwares como ferramentas que permitem interpretar a informação histórica, aproximando historiadores de problemas cada vez mais complexos, relativos a acontecimentos mundiais em contextos temporais cada vez mais amplos. Como escrevem David Armitage e Jo Guldi: "Os projetos de pesquisa sobre a longa história da mudança climática, das consequências do comércio de escravos, ou das variedades e destinos do direito de propriedade ocidental, utilizam as técnicas de computação, de tal modo que ao mesmo tempo abrem novas fronteiras na elaboração dos dados e tornam as questões históricas importantes para enfrentar as preocupações do presente"[107].

Passados cinquenta anos, o historiador não se transformou em programador. Não obstante, aprendeu que os produtos das novas tecnologias são documentos materiais, discursivos ou imagéticos para ele se debruçar, abrindo todo um repertório novo de fontes para o historiador do tempo presente. No encontro com novos tipos de fonte, que José d'Assunção Barros denominou *virtuais*, ressaltando a sua especificidade de poder ser convertida e reconvertida em fontes textuais, sonoras, imagéticas, materiais e mesmo naturais, emergem problemas originais relacionados com as mudanças sociais[108]. Apesar de que pesquisas utilizando fontes virtuais vêm crescendo nos últimos anos, até por questão de praticidade de acesso, persiste a observação de Fábio Chang de Almeida de que o campo da história carece de uma ampla reflexão teórico-metodológica acerca do assunto[109].

Com esta finalidade, tentaremos fazer algumas considerações sobre este tipo de fonte que constituem em um desafio para os historiadores. Recorremos ao historiador Roger Chartier acerca dos documentos que circulam em meio eletrônico, que destoam dos suportes até há algum tempo conhecidos – o jornal, o livro, o códice ou o manuscrito. O meio eletrônico modifica os modos de organização, estruturação, consulta dos textos escritos, subvertendo a

---

106. DARNTON, R. *A questão dos livros*. São Paulo: Companhia das letras, 2010, p. 28-29.

107. ARMITAGE, D.; GULDI, J. *Manifesto pela história*. Belo Horizonte: Autêntica, 2018, p. 136.

108. BARROS, J. d'A. *Fontes Históricas* – Introdução aos seus usos historiográficos. Petrópolis: Vozes, 2019, p. 72.

109. ALMEIDA, F.C. O historiador e as fontes digitais: uma visão acerca da Internet como fonte primária para pesquisas históricas. *Aedos*, vol. 3, n. 8, jan.-jun./2011.

cultura do livro (do códice) surgido ainda na Antiguidade. Igualmente afeta a forma como se escreve, guarda e difunde os conhecimentos científicos e artísticos produzidos com a facilitação da produção de texto, desde a transcrição de documentos nos arquivos até a redação de trabalhos científicos. Por outro lado, quando se digitaliza ou se cataloga uma documentação que antes existia apenas em suporte material, corre-se o risco de, tendo destruído os originais, também se perder parte fundamental da compreensão do contexto dos documentos que o suporte material pode fornecer[110].

Os suportes materiais e a materialidade dos textos, com os quais os historiadores têm estado acostumados durante tantos séculos, ao serem convertidos para o monitor dos microcomputadores requerem adaptação a novos métodos de análise, uma vez que as propriedades dos suportes condicionam a forma como se leem e se interpretam os textos. O objeto impresso impõe sua forma e estrutura e supõe a participação do leitor, que inscreve sua presença no objeto através de anotações no canto ou no fim da página, nos interiores da encadernação, com marcadores ou folhetos em branco, com sublinhados e observações. O documento virtual é diferente, sua característica mais essencial é a ausência de materialidade. O texto se adapta ao formato inovador dos suportes eletrônicos, do *laptop*, do microcomputador ou do *e-reader*, bem como à limitação do espaço do visor. Sobretudo não se inscreve em um lugar próprio e compreende a composição de fragmentos indefinidamente manipuláveis[111].

Ao lado disso, com textos eletrônicos não é possível, nos seus moldes tradicionais, a comunhão entre o leitor e o texto agregado à materialidade do seu suporte. Em contrapartida, ocorre outro tipo de participação em que o leitor pode realizar múltiplas operações como indexação, cópia e colagem, desmembramento, recomposição. A reprodução se torna mais fácil do que com o impresso e com o manuscrito. Nos hipertextos da Internet o navegador torna-se um coautor, partindo de um texto ou conjunto de textos, intervindo, acrescendo-lhe e o reescrevendo[112]. Por ser mediado pelo teclado e pelo monitor, o texto eletrônico amplia e instaura um afastamento entre o autor e seu

110. No caso de um escritor ou compositor, todo o seu material de trabalho, esboços, rasuras, trechos cortados ou anotações que são fundamentais para compreender o processo de criação e a evolução de seu pensamento. No caso de vasta massa documental, cartorial ou processual, p. ex., é deslocada de seu lugar de produção.

111. CHARTIER, R. Do códice ao monitor. *Estudos Avançados*, vol. 8, n. 21, 1994, p. 190.

112. Ibid., p. 192.

texto[113]. Anita Lucchese acrescenta que os documentos acessados na Internet distanciam-se do padrão de referência do conceito de autoria do século XIX, inaugurando um novo padrão de referências hipertextuais que não observam necessariamente as normas de citação de notas de rodapé, além da dificuldade em "classificar os textos e ordená-los segundo alguma lógica que leve em consideração o lugar de fala de seus autores"[114]. Em síntese, os padrões mais tradicionais de identificação da autoria dos textos e imagens se perde, pois a diferença entre produtores e consumidores de conteúdo também desaparece.

Desta forma, ao abordar os materiais que circulam nas redes sociais digitais é importante se atentar para a especificidade na escolha deste tipo de fonte. Primeiramente, não se pode esperar incluí-la para tempos muito remotos: ela é distintiva da história do tempo presente e dos últimos 25 anos. A aceleração do tempo e a sensação de perda dos laços das gerações com o passado e com o futuro lançaram as expectativas sobre o presente, valorizando o imediato. Nas redes sociais algo similar acontece devido ao fluxo contínuo e frenético das interações. As mensagens são de rápido consumo; quanto mais curtas e diretas, mais fácil será a recepção; além disso, há a demanda constante pela novidade. Às vezes as próprias mídias limitam os tamanhos: *tweets* de 140 caracteres, vídeos do Instagram de 15 segundos, textos longos não são muito visualizados no Facebook, enquanto memes – imagens, vídeos ou fotografias geralmente com uma mensagem crítica, lúdica ou humorística sobre assuntos de comportamento, amenidades e política – viralizam porque dialogam com o senso comum e com assuntos de interesse do momento, são de imediata compreensão de sentido. Tal sentido pode ser interpretado pelo historiador através da teoria semiótica e de aportes e metodologias trazidos por este campo de estudos.

Há alguns anos a comunidade de historiadores tem se mostrado preocupada a respeito da preservação de material digitalizado, fontes e obras de referência, pois arquivos inteiros correm o risco de serem apagados devido à própria natureza dos seus suportes[115]. A incerteza reside em quem fará e como se dará a preservação de documentos que foram digitalizados e arquivados em ambien-

---

113. CHARTIER, R. *A aventura do livro* – Do navegador ao leitor. São Paulo: Unesp, 1998.

114. LUCCHESI, A. A história sem fio: questões para o historiador da Era Google. *Anais do XV Encontro Regional de História da Anpuh-RJ*. Rio de Janeiro: Anpuh, 2012, p. 8.

115. Um exemplo foi a Recomendação n. 37/2011 do Conselho Nacional de Justiça em 2011 que determinava preservação de "uma amostra estatística representativa do universo dos documentos e processos administrativos e dos autos judiciais findos destinados à eliminação" originais ou digitalizados por tribunais em todo país.

tes digitais[116]. Da mesma forma esta dificuldade é levantada no que se refere a registros que foram originados no ciberespaço: *blogs*, notícias ou vídeos, sites, mensagens trocadas em redes sociais. A própria dinâmica do universo virtual, bem como da tecnologia informacional, permanentemente instável e alterável, torna estes registros voláteis e transitórios para o pesquisador[117]. Muitas redes sociais, sites, aplicativos tornam-se obsoletos em pouco tempo diante do aparecimento de novas e mais atraentes ferramentas de interação.

Contudo, existe outro impasse que preocupa os historiadores. Trata-se das grandes empresas de redes sociais que não disponibilizam facilmente os arquivos de mensagens aos pesquisadores e não garantem a preservação das mensagens e registro das interações. Uma tentativa neste sentido foi iniciativa do Twitter, que em abril de 2010 doou todos os arquivos de sua rede social, desde sua fundação em março de 2006, para a biblioteca do Congresso dos Estados Unidos. Diante das dificuldades de organização do material, de como torná-lo acessível aos usuários e de como armazenar o volume crescente de *tweets* diários, a biblioteca desistiu de preservar a totalidade dos registros da rede social e pretende selecionar os mais representativos para as gerações futuras[118].

A seleção de postagens ou interações nas redes sociais requer que o pesquisador salve as informações sobre elas porque estas podem se perder. Como observa Anita Lucchesi, devido a fluidez dos dados encontrados na Internet, "os documentos nascidos digitais ou digitalizados a partir de uma versão originalmente impressa não têm vida assegurada no ambiente digital"[119]. Eles repercutem o momento, podem ser removidos ou atualizados: vídeos dos *stories* desaparecem em 24 horas, perfis do Twitter podem ser bloqueados, postagens no Facebook podem ser consideradas violações das diretrizes da comunidade e concomitantemente excluídas, ou simplesmente bloqueadas em função de denúncias e ataques de outros usuários. As próprias empresas de mídias sociais podem decidir censurar ou diminuir a visibilidade de uma dada publicação através da manipulação dos algoritmos. Há páginas que são sequestradas por *hackers* como o grupo *Mulheres contra Bolsonaro*, que em 2018 reuniu mais de

116. MAYNARD, D.C.S. Passado eletrônico: notas sobre História Digital. *Acervo*, vol. 29, n. 2, jul.-dez./2016, p. 108.

117. BRÜGGER, N. *The Archived Web*. Massachusetts/Londres: The MIT Press Cambridge, 2008.

118. WAMSLEY, L. Library of Congress Will No Longer Archive Every Tweet. *The two Ways*, 2017. Disponível em https://www.npr.org/sections/thetwo-way/2017/12/26/573609499/library-of-congress-will-no-longer-archive-every-tweet – Acesso em 22/08/2021.

119. LUCCHESI, A. A história sem fio: questões para o historiador da Era Google. Op. cit., p. 8.

1 milhão de seguidoras em duas semanas. O grupo materializava nas redes a alta rejeição do eleitorado feminino à candidatura de extrema-direita e o *hakeamento* fazia parte de uma estratégia de campanha nas redes[120].

Em relação ao grau de confiabilidade das fontes digitais e dos conteúdos, há enorme preocupação vinda de todos os lados, principalmente como demanda das mídias tradicionais quanto à checagem das notícias que se disseminam na Internet, sobretudo pelas redes sociais. As próprias empresas de mídias sociais têm sido instadas a limitar ou censurar páginas propagadoras de notícias falsas. Entretanto, como se sabe, para o historiador, mesmo um documento que seja revelado ficcional ou uma falsificação pode ser fonte de interesse para a pesquisa, dependendo das questões por ele suscitadas. Notícias falsas propagadas por meio de *tweets*, mensagens, postagens, memes, vídeos podem ser indícios para pesquisar bastidores de campanhas eleitorais, teorias da conspiração, imaginários políticos, superstições, sensibilidades coletivas, crenças religiosas etc. Assim como ocorre com qualquer tipo de documento, não se pode considerá-lo acriticamente apenas como fonte de informação objetiva, desconsiderando as condições subjetivas e intencionalidade de sua produção e preservação, sem entendê-lo como um discurso que não corresponde à verdade objetiva, mas é sincero no seu esforço por convencer.

O pesquisador que consegue se inserir nas comunidades ou grupos e acompanhar suas interações pode arquivar imagens através da ferramenta de captura de tela (*screemshot*). Não obstante, Brügger observa que o *screemshot* é insuficiente para capturar sons, vídeos, *banners* de anúncios[121]. É importante registrar os critérios de seleção do material, assim como links, endereços da Web (URL), datas das publicações, pois mesmo que os conteúdos sejam apagados, o historiador preservará o seu registro. Talvez a dificuldade resida em conhecer a autoria, procedência, circuito em ambiente virtual ou sua apropriação por internautas.

Para a interpretação das fontes digitais que circulam nas mídias sociais é forçoso não retirá-las de contexto. Como avaliou Pierre Lévy, a nova universalidade não depende mais da autossuficiência dos textos, de uma fixação e independência das significações. Ela se constrói e se estende por meio da interconexão das mensagens entre si, de sua vinculação permanente com as comuni-

120. A página foi *hakeada* em 15 de setembro de 2018 e seu nome e foto da capa foram alterados para *Mulheres com Bolsonaro*, as verdadeiras administradoras excluídas.

121. BRÜGGER, N. *The Archived Web*. Ibid., p. 45.

dades virtuais em criação, que lhe dão sentidos variados em uma renovação[122]. Desta forma, as mensagens singulares só são compreendidas na sua interação, os discursos nas redes sociais digitais são fundamentalmente atravessados por relações dialógicas, já que o discurso se estabelece entre interlocutores na interação entre eles. Estes por sua vez são sujeitos sociais ideologicamente condicionados e constituídos na interação com outros[123]. Sendo assim, as publicações e postagens nas redes sociais deveriam ser tomadas como parte de um *corpus* documental e inseridas em uma série a fim de serem interpretadas.

Além disso, o historiador precisa constatar se se trata de um perfil oficial, analisar o discurso da mensagem e a frequência das publicações, verificar a quais interlocutores se dirige, conferir a recepção através das curtidas, visualizações, respostas ou comentários; avaliar o alcance, a replicação da mensagem e a sua repercussão. As postagens, mensagens e interlocuções virtuais podem ser ainda complementadas e contrastadas por outros tipos de fontes como entrevistas, notícias das mídias tradicionais, documentos escritos oficiais etc. Ao mesmo tempo, é oportuno buscar explicar a distribuição desigual de prestígio dos proprietários das páginas, canais e comunidades, que se expressam através das curtidas, visualizações, número de seguidores – todos estes sendo consideráveis como índices que podem denotar o capital social distribuído desigualmente pelas mídias sociais. Filipe Neto, por exemplo, tem 42,5 milhões de inscritos no seu canal do YouTube – em que fez sucesso com as *lives* sobre *videogame* – e 13 milhões de seguidores no Twitter, em que comenta temas políticos. O youtuber se autodenomina "Tudólogo especialista em xadrez e pedaladas", e sua opinião tem peso diferenciado da de um anônimo porque cada postagem alcança milhões de pessoas. Ou seja, nesta esfera pública em que internautas se comunicam, os discursos não são igualmente qualificados e não atingem a mesma audiência.

Ao se verificar o crescimento dos perfis e canais é preciso levar em conta a incidência de robôs e perfis falsos nas redes sociais, os quais inflam propositadamente os números de seguidores ou que até se tornam capazes de contribuir para redefinições nos rumos das campanhas eleitorais e outros tipos de interferência na vida real. Foi identificado que o Facebook tem 120 milhões

---

122. LÉVY, P. *Cibercultura*. São Paulo: Ed. 34, 1999, p. 14.

123. Para o debate sobre dialogismo em Mikhail Bakhtin cf. BARROS, D.L.P. Dialogismo, polifonia e enunciação. In: BARROS, D.L.P.; FIORIN, J.L. (orgs.). *Dialogismo, polifonia, intertextualidade*. São Paulo: Edusp, 2003, p. 1-9.

de perfis falsos. Muitos deles são controlados por alguns usuários contratados por empresas para influenciar perfis de pessoas reais nas redes[124].

Na última década, muitos políticos passaram a recorrer ao manejo das redes sociais como alternativa às tradicionais campanhas televisivas e de rua. Barak Obama, por exemplo, é uma das personalidades mais populares do Twitter com 129,9 milhões de seguidores. Esta nova forma de fazer campanha, mantendo sempre o nome do político em evidência, faz parte do atual campo de objetos do historiador da política. No Facebook 36% das *stories* mais visualizadas são relacionadas com a política. Já o Twitter, hoje, é o principal meio de comunicação utilizado por diversas autoridades, inclusive na interlocução entre elas.

Em agosto de 2017 um *tweet* da conta pessoal de Donald Trump direcionado a Kim Jong Un, da Coreia do Norte, foi considerado "uma declaração de guerra" e aumentou a tensão entre os dois países, o que poderia ter resultado em uma guerra nuclear. Trump se dirigia à Coreia do Sul e, após o *tweet*, em resposta a um pronunciamento do mandatário norte-coreano, obteve um encontro inédito com Jong Un. Para o presidente norte-americano o Twitter foi a forma mais eficaz de se comunicar, não só com seus apoiadores, mas de promover bravatas e difundir notícias falsas durante as campanhas presidenciais. Estes *tweets* estavam alocados no arquivo de Trump (http://www.trumptwitterarchive.com/), enviados de seu perfil @realDonaldTrump[125]. Por ocasião da invasão do capitólio por uma turba apoiadora do presidente derrotado em 2020, o Twitter terminaria por tomar a decisão de suspender definitivamente a sua conta[126].

O Twitter é a plataforma de comunicação de personalidades do mundo político e midiático, artístico e do chamado Terceiro Setor; enfim, de figuras públicas que se envolvem em debates e polêmicas. Na história recente do Brasil as redes sociais têm assumido o protagonismo frente a outras mídias durante o governo de Michel Temer e, sobretudo, no de Jair Bolsonaro. Muito citados foram os dois *tweets* do ex-comandante do Exército, o General Eduardo Villas

---

124. GRAGNANI, J. Exclusivo: investigação revela exército de perfis falsos usados para influenciar eleições no Brasil. *BBC News Brasil*, 08/12/2017. Disponível em https://www.bbc.com/portuguese/brasil-42172146 – Acesso em 22/08/2021.

125. CLARKE, I.; GRIEVE, J. Stylistic variation on the Donald Trump Twitter account: A linguistic analysis of tweets. *PLoS ONE*, vol. 14, n. 9, 25/09/2019. Disponível em https://doi.org/10.1371/journal.pone.0222062 – Acesso em 22/08/2021.

126. GODOY, J.D. Twitter suspende permanentemente a conta de Trump. *El País*, 08/01/2021. Disponível em https://brasil.elpais.com/tecnologia/2021-01-09/twitter-suspende-permanentemente-a-conta-de-trump.html – Acesso em 22/08/2021.

Boas, que na ocasião possuía 206 mil seguidores, antes do julgamento de um *habeas corpus* do ex-Presidente Luiz Inácio Lula da Silva (PT) no Supremo Tribunal Federal. A primeira postagem teve 4,3 mil comentários, 15,8 mil compartilhamentos e 48,5 mil curtidas[127]. Mas este *tweet* do militar não pode ser visto na sua singularidade; deve ser inserido em uma série de postagens realizadas por oficiais da alta hierarquia das Forças Armadas, que soavam como tentativas de tutelar as instituições da república[128].

Outro exemplo de trocas de *tweets* que ganharam dimensão internacional em 2019 envolveu o ministro do meio ambiente do Brasil, Roberto Sales, os filhos do presidente da república, artistas como Leonardo de Caprio, Madonna e o presidente francês Emmanuel Macron. Estes últimos criticaram o governo brasileiro pela devastação da floresta amazônica. Em abril de 2021 um coletivo mobilizou políticos e famosos para um tuitaço contra o ministro e a política ambiental, subindo a *hashtag* #ForaSalles, que chegou ao topo dos trending topics com 135 mil menções, enquanto os apoiadores do ministro lançaram a *hashtag* #RicardoSallesFica que ocupou o segundo lugar no trending topics, com 30 mil menções naquele dia.

Por conta das *hashtags*, as redes sociais se converteram em uma arena de disputa política e de mobilização social. Ganhou muito destaque como forma de protesto e ativismo a *hashtag* #BlackLivesMatter, que surgiu após uma postagem de amigos ativistas no Facebook em 2013, por ocasião da absolvição do vigilante George Zimmerman que assassinou a tiros o adolescente negro Trayvon Martin, na Flórida. Em pouco tempo viralizou e se transformou em movimento político de caráter antirracista, a terceira mais citada no Twitter em 2016, sendo que este acontecimento virtual deve também ser avaliado em sua ligação com outros protestos que se dirigiram contra assassinatos nos anos anteriores e posteriores, inclusive o sufocamento de George Floyd por um policial em Mineápolis, transmitido ao vivo pelo Facebook livestream em maio de 2020. Por outro lado, detratores do movimento como os supremacistas brancos levantaram *hashtags* como #WhiteLivesMatter ou #AllLivesMatter para neutralizar o impacto do movimento digital.

---

127. GENERAL VILLAS BOAS (@Gen_VillasBoas). "Nessa situação que vive o Brasil, resta perguntar às instituições e ao povo quem realmente está pensando no bem do país e das gerações futuras e quem está preocupado apenas com interesses pessoais?"(3 de abril de 2018. 8:39 PM). Disponível em https://twitter.com/gen_villasboas/status/981315174660485122 – Acesso em 22/08/2021.

128. BETIM, F. Pressão política de militares no HC de Lula revela como Exército ganha espaço com Temer. *El País*, 10/04/2018. Disponível em https://brasil.elpais.com/brasil/2018/04/04/politica/1522878909_793429.html – Acesso em 22/08/2021.

Fontes para a história social provenientes das mídias sociais fornecem informações relevantes sobre a sociabilidade, as relações familiares, os relacionamentos afetivos e sexualidade, religiosidade, engajamentos em debates públicos e formas de ativismo. O que antes historiadores encontravam em documentos pessoais como correspondências, diários, artigos de jornais, agora se encontra em abundância em fóruns, em *blogs*, em publicações no Twitter, em áudios e vídeos postados em perfis do Instagram e do Facebook, em mensagens compartilhadas no WhatsApp, em conteúdos de canais do YouTube ou no próprio *chat*. Pode-se procurar nas redes campanhas de solidariedade, novas profissões ligadas ao mercado de trabalho ou anunciadas através das redes, atitudes frente à pandemia, o humor nas redes. Músicos, ídolos populares, gostos musicais também podem ser revelados. Nos Estados Unidos o videoclipe *This is America* dirigido pelo cineasta Hiro Murai em uma canção do *rapper* americano Childish Gambino de 2018, que recebeu um Grammy Award, destacou-se como um fenômeno ao retratar a violência policial contra cidadãos negros no país como um espetáculo, em um contexto de ofensiva dos supremacistas brancos. O videoclipe gerou muitas interpretações que circularam pela Internet, foi retuitado por personalidades da música e da mídia e teve 30 milhões de visualizações em três dias, sendo que até o presente momento já passa de 1 bilhão de visualizações.

O próprio modelo de relações de trabalho lançadas pelas Big Techs é objeto de estudo para os historiadores sociais. Seu ideal de cultura corporativa foi por muito tempo glamourizado, mas tem sido contestado por processos de assédio e pela constituição dos primeiros sindicatos. As novas formas de exploração do trabalho que surgem a partir das redes sociais são assim caracterizadas por Francisco Rüdiger:

> O Facebook e outras redes exploram o trabalho de geração de conteúdos feitos mais ou menos gratuitamente pelos seus usuários ao abrirem uma conta nas suas plataformas. Vende espaços de publicidade para atingir estes usuários, sem lhes dar uma remuneração condigna, e viola sua privacidade e direitos. Capitaliza ainda mais, explorando os demais contatos que eles fazem na rede e acumulando informações a seu respeito que, depois de processadas, são vendidas a empresas de marketing para uso dentro e fora da Internet[129].

Na Internet, influenciadores digitais iniciaram suas trajetórias virtuais como blogueiros e se tornaram referência de estilo e moda, turismo e culi-

---

129. RÜDIGER, F. As redes e a armação: da cultura do narcisismo ao fetichismo tecnológico. In: LOPES, M.I. (org.). *Comunicação, cultura e mídias sociais*. São Paulo: ECA-USP, 2015, p. 38.

nária; depois migraram para as redes sociais, onde amealharam milhares de seguidores a quem vendem produtos de marcas famosas. Uma profissão como a de *social media*, que ensina todo tipo de conteúdo, pode render salários de 15 a 20 mil reais por mês sem ser necessário sair de casa, sem restrição geográfica e sem direitos trabalhistas.

Outra possibilidade de recorte de pesquisa dentro do campo da história diz respeito às ideias e ao imaginário social. Umberto Eco afirmou em um evento na Universidade de Turim que o idiota da aldeia foi promovido a portador da verdade. Antes sua audiência era "em um bar e depois de uma taça de vinho, sem prejudicar a coletividade"; agora tinham o mesmo direito à palavra que um Prêmio Nobel, através das redes sociais que deram voz a uma legião de imbecis. Porém, para o historiador é ótimo saber o que o idiota da aldeia estava pensando em determinada época, e não apenas o que pensavam aqueles que tinham poder e opinião publicada. Nas plataformas de mídias sociais circulam teorias das conspirações, mais suscetíveis de prosperarem dentre usuários e comunidades no espectro da extrema-direita, as quais podem ser interessantes objetos de pesquisa para historiadores da política. Nos Estados Unidos da América, o movimento conspiracionista QAnon surgiu nos fóruns de discussão de *videogames* e quadrinhos frequentados por *nerds* e pela *alt right*[130].

Nestes fóruns e comunidades, sujeitos com histórico de exclusão e ressentimento em relação a autoridades, e marcados por desconfiança da política institucional, buscam visibilidade e afirmação, reúnem-se em grupos sociais organizados e se sentem parte de um movimento mais amplo. São vozes silenciadas que, atrás do anonimato dos seus perfis, podem exprimir suas visões de mundo e arregimentar simpatizantes[131]. Neste sentido, a emergência de uma "nova direita" nas redes como fenômeno internacional também se reproduziu no Brasil, com grupos políticos formados a partir do Facebook, principalmente, ou que mantêm páginas nesta mídia como *Revoltados on-line, Vem para rua, Movimento Contra a Corrupção* etc.[132] Personalidades nas redes sociais como

---

130. O movimento surgiu em outubro de 2017 no fórum da Internet 4chan, através de mensagens publicadas anonimamente por Q, provavelmente por Ron Watkins, o administrador do fórum 8kun, que abriga o movimento conspiratório de extrema-direita de supremacistas brancos.

131. MUDDE, C. *The far right today*. Cambridge, UK: Polity Press, 2019, p. 101.

132. Para consultar algumas pesquisas relacionadas a este tópico, cf. SILVEIRA, S.A. Direita nas redes sociais *on-line*. In: CRUZ, S.; VELASCO, E. et al. (orgs.). *Direita volver* – O retorno da direita e o ciclo político brasileiro. São Paulo: Fundação Perseu Abramo, 2015. • MAYNARD, D.C.S. A rede ao sul da América: um ensaio sobre a Argentina e a extrema-direita na Internet (1996-2). *Boletim do Tempo Presente*, n. 04, 08/2013, p. 1-22, Disponível em http://www.seer.ufs.br/index.

Kim Kataguiri, estudante de 19 anos que fez parte da liderança da organização de direita *Movimento Brasil Livre* e foi eleito deputado federal em 2018, já fazia sucesso em vídeos no YouTube. Ativistas de extrema-direita ganharam destaque, em primeiro lugar, pelo uso pioneiro que fizeram do ciberespaço constituindo mesmo uma rede virtual de extrema-direita na América Latina como forma de amplificar seu discurso de ódio e ampliar a audiência sem custos, adquirindo uma visibilidade de que não desfrutavam fora do ambiente virtual. As novas mídias da Internet preenchem as aspirações de muitos cidadãos por participação direta na política sem mediação das mídias tradicionais, embora muitas das lideranças da nova direita antes se alçaram à popularidade através de mídias *mainstream* para somente depois angariarem seguidores no Facebook ou Twitter[133].

As redes sociais que emergiram com a Web 2.0 tem sido o centro das atenções nas primeiras décadas do século XXI e há indícios de que continuarão a ocupar esta posição cada vez mais. A história do tempo presente, feita por meio das fontes das mídias sociais ou tendo as próprias redes como objetos de estudo, é um terreno fértil para os historiadores se debruçarem, porque através delas se faz uma parte importante das interações e das sociabilidades no mundo contemporâneo. Como elas estão sempre em evolução, cabe ao historiador do tempo presente acompanhar o incremento de suas ferramentas, funções e a incorporação de novos recursos, além de lançar seu olhar atento para o que está exposto e o que não está no discurso presente nas mídias digitais, buscando delimitar objetos de pesquisa, problematizá-los e refinar seus métodos de interpretação, além de discutir enquanto profissionais os caminhos para a preservação destes dados para futuros historiadores.

---

php/tempopresente – Acesso em 22/08/2021. • NEGRI, C.; LEMOS, R.; RODRIGUES PINTO, S. "Aconteceu também no Brasil": a captura das redes de esperança pela extrema-direita. *Cahiers des Amériques latines* [*En ligne*], 92, 2019 – Acesso em 01/09/2021. • PENTEADO, C.L.C.; LERNER, C. A direita na rede: mobilização *on-line* no *impeachment* de Dilma Rousseff. *Em Debate*: Periódico de Opinião Pública e Conjuntura Política, vol. 10, n. 1, abr./2018, p. 12-24. Disponível em http://opiniaopublica.ufmg.br/site/files/artigo/5A-direita-na-rede-mobilizacao-*on-line*-no-impeachment-de-Dilma-Rousseff-Dossie.pdf – Acesso em 22/08/de 2021.

133. MUDDE, C. *The far right today*. Cambridge, UK: Polity Press, 2019, p. 101.

6

Por uma História Social Digital: o uso do CAQDAS na pesquisa e escrita da História

Eric Brasil
Leonardo Nascimento

6.1 Considerações iniciais

No princípio dos anos de 1970, Eric Hobsbawm publicou um artigo na revista *Daedalus* sobre História Social e história da sociedade[1]. Naquele momento, os debates em torno da teoria e metodologia da disciplina se intensificavam e avaliavam especialmente um conjunto de percepções bastante robusto e importante para a historiografia do século XX – grande parte deles ligados às tradições dos *Annales*, dos arcabouços teóricos marxistas, pensando a dimensão social através de análises voltadas para aspectos econômicos, privilegiando a longa duração e a estrutura social[2].

Eric Hosbawm propunha marcar a História Social e a história da sociedade numa outra abordagem teórica, em diálogo com as contribuições de E.P. Thompson (2002) em seus trabalhos desde os anos de 1960. Tal História seria "uma colaboração entre modelos gerais de estrutura e mudança e o conjunto específico de fenômenos que aconteceram de fato"[3]. Para a realização de uma história social nessa perspectiva, os diálogos e aproximações com as contribuições teórico-metodológicas de diversas outras disciplinas seriam fundamentais.

1. HOBSBAWM, 1971.
2. MATTOS, 1997.
3. HOBSBAWM, 1971, p. 29.

Já naquele momento, Hobsbawm colocava um desafio duplo para nosso ofício: de um lado, seria possível ultrapassar uma "combinação entre uma hipótese sugestiva e uma ilustração anedótica" do passado sem recorrer às "técnicas para descoberta, agrupamento estatístico e manuseio de grandes quantidades de dados"? Sem lançar mão "da divisão do trabalho de pesquisa e de dispositivos tecnológicos"? Por outro lado, o historiador não poderia deixar de fora de seu arsenal teórico-metodológico as "técnicas de observação e análise em profundidade de indivíduos específicos, pequenos grupos e situações", desenvolvidas pioneiramente em outras áreas das ciências humanas (HOBSBAWM, 1971, p. 27)[4]. Ele sugere, ainda, que "no mínimo, essas várias técnicas podem estimular a busca de adaptações e equivalentes em nosso campo, o que pode ajudar a responder perguntas impenetráveis[5].

Cinco décadas depois, entretanto, estamos diante de um cenário ainda mais desafiador: Como lidar com o aumento do volume de fontes digitais/digitalizadas e realizar a análise qualitativa da experiência social? O volume de dados produzidos diariamente por cada indivíduo vem atingindo níveis sem precedentes[6]. Ao mesmo tempo, os processos de digitalização e publicização de fontes primárias têm se acelerado. Se o dilema dos anos de 1970 – que proporcionou mudanças nos paradigmas historiográficos – consistia na necessidade de encontrar a "face humana" dos sujeitos históricos dentro da longa duração, nas grandes séries econômicas de dados e, por fim, nas estruturas sociais, hoje, enfrentamos o desafio de tratar, analisar, articular de forma coerente as experiências dos sujeitos históricos em meio a uma abundância de dados que extrapolam a própria capacidade humana de processamento e análise.

Nesse sentido, seria urgente e imprescindível as reflexões propostas pelas Humanidades Digitais[7] e, especificamente, sobre o que vem sendo denominado de História Digital[8]. Isso implicaria não apenas o aprendizado de técnicas e métodos das tecnologias de informação e computação, mas, fundamentalmente, debater suas implicações para a teoria e a própria epistemologia da História. Engajar-se na história em meios digitais significaria, deste modo, uma prática interdisciplinar que demandaria "fazer as perguntas corretas, criar um

4. Tradução nossa.
5. HOBSBAWM, 1971, p. 27.
6. MILLIGAN, 2019.
7. BERRY, 2011; 2012. • SCHREIBMAN; SIEMENS; UNSWORTH, 2008. • SVENSSON, 2013.
8. ROMEIN et al., 2020.

dataset usável e processar os dados de maneira que permita discutir as questões da pesquisa"[9].

Entretanto, prosseguem Romien et al.[10], parte significativa dos historiadores atualmente ainda utiliza as ferramentas digitais sem compreender de que forma e quais as implicações para os resultados das investigações. Acreditamos que o primeiro passo para compreendermos o significado das ferramentas digitais na pesquisa em história seria atentarmos para o *Cyla* da confiança cega e ingênua nos resultados que elas geram. E, por outro lado, cuidar para não cairmos no *Caribde* da desconfiança como se tais ferramentais fossem epistemologicamente incompatíveis com o ofício do historiador.

Por conseguinte, o objetivo deste capítulo é apresentar uma análise crítica da aplicação do *software* ATLAS.ti 8 para a investigação de dados qualitativos em História Social acerca da associação carnavalesca "União das Costureiras", que esteve ativa na cidade do Rio de Janeiro na primeira década do século XX. Além disso, nós descreveremos um conjunto de reflexões teórico-metodológicas acerca dos limites e possibilidades do uso do ATLAS.ti 8, bem como seus impactos epistemológicos no ofício do historiador. Uma preocupação central foi a de saber se e como o seu uso torna possível a execução de uma história social embasada em todos os pressupostos do fazer historiográfico e atingindo resultados que de outra maneira são inexequíveis, ou possibilita "responder perguntas impenetráveis", como aspirado por Hobsbawm.

Para tanto, iremos apresentar e aplicar os recursos e ferramentas do programa a partir de um estudo de caso reunindo fontes primárias de diferentes tipos (fotografias, documentos manuscritos, documentos impressos) e bibliografia.

6.2 O estudo de caso e as fontes

Durante a Primeira República (1889-1930), especialmente a partir da década de 1900, quando da maior institucionalização e do surgimento dos concursos carnavalescos promovidos por jornais (CUNHA, 2001), associações carnavalescas, populares ou não, se empenharam em manter um calendário festivo que cobrisse todo o ano. Promoviam bailes e festas em homenagem à data de sua fundação e para a posse da nova diretoria; realizavam bailes mensais, reuniões íntimas, celebravam aniversários de sócios e de ilustres cidadãos da cida-

9. Ibid., p. 310.

10. Ibid., p. 311-312.

de; realizavam festa na passagem de ano, no Dia de Reis e no Sábado de Aleluia. Tudo animado com muita música – polcas, valsas, marchas, *schotichs*, mazurcas, tangos, lundus, maxixes e sambas – e dança, bebidas, comidas e humor[11].

Esses clubes desempenhavam um papel fundamental na elaboração de espaços de autonomia, estratégias para a construção de identidades e caminhos de mobilização de famílias negras na cidade do Rio de Janeiro ao longo das décadas iniciais do regime republicano. Período esse em que os limites e possibilidades das experiências de cidadania ainda estavam sendo disputados, criados e testados[12].

Buscando analisar as experiências sociais e estratégias de mobilização desses trabalhadores e trabalhadoras negras na cidade do Rio de Janeiro no Pós-abolição, em pesquisa anterior, nomes de grupos e indivíduos foram perseguidos através de diferentes conjuntos de fontes, mesclando formas analógicas e digitais de pesquisa, que descrevemos aqui brevemente.

Primeiramente, foi realizada a leitura e transcrição dos pedidos de licença enviados pelas associações carnavalescas para o chefe de polícia, presentes no fundo Gifi[13] do Arquivo Nacional. A documentação, majoritariamente manuscrita, foi fotografada e posteriormente transcrita. Em seguida foi criado um banco de dados com as informações desses pedidos de licença (títulos das associações, endereços das sedes, nomes, profissões e endereços dos membros e diretorias, tipos de pedidos, despachos etc.). Posteriormente, os nomes de associações e sujeitos foram utilizados na busca textual na Hemeroteca Digital Brasileira[14]. Esse método foi complementado pela leitura corrente dos principais jornais e revistas que abordavam o carnaval nas duas primeiras décadas do século XX. Esse conjunto de documentos digitalizados foi salvo em formato de imagem, registrando-se os dados para referência (título do periódico, data, edição e página) e posteriormente transcritos. Entre essa documentação também foi possível coletar centenas de fotografias relacionadas ao tema.

A busca digital por essas associações e sujeitos foi realizada em outras bases de dados: os Diários Oficiais da União, disponíveis para pesquisa *on-line* no site *JusBrasil* – o mesmo procedimento de coleta, armazenamento e transcrição

11. O estudo de caso apresentado neste capítulo é parte da pesquisa de doutorado de um dos autores e parte dos argumentos e conclusões está presente na tese (BRASIL, 2016).

12. BRASIL, 2016.

13. Grupo de Identificação de Fundos Internos (Gifi) foi formado em 1981, reúne pacotes variados referentes à antiga seção do Poder Executivo que não haviam sofrido tratamento técnico.

14. BRASIL; NASCIMENTO, 2020.

foi aplicado[15]; e a busca de registros civis e paroquiais através do repositório do *Family Search* – a partir de parcerias com inúmeras instituições e arquivos, a plataforma disponibiliza documentação manuscrita digitalizada, com *Handwrite Text recognition*, o que permite buscas nominativas.

Essa metodologia tornou possível a reconstrução das experiências, escolhas e redes de inúmeros indivíduos negros durante a Primeira República no Rio de Janeiro. Neste capítulo, buscamos nos aproximar de um desses grupos em especial. A Sociedade Carnavalesca Dançante União das Costureiras, sediada na Rua do Livramento número 58, conquistou sua licença de funcionamento – para sair nos três dias de carnaval no ano de 1906 e figurariam nas fontes trabalhadas até o início da década de 1910. O grupo não é uma exceção no que se refere à sua constituição demográfica ou sua ação festiva. Entretanto, ele é capaz de abrir uma janela para discutir os caminhos trilhados por trabalhadores homens e mulheres negras no período.

As buscas em cada base de dados corresponderam tanto à própria sociedade União das Costureiras quanto a todos os sujeitos que apareceram ligados a ela na documentação. O que possibilitou o acompanhamento da trajetória de alguns deles. Esse caminho metodológico esteve pautado sobretudo nas proposições de Carlo Ginzburg (2011) acerca do paradigma indiciário. Nele, o autor descreve o historiador como um perito que busca pistas, sintomas, indícios, marcas involuntárias nas fontes que majoritariamente não foram produzidas para nos transmitir os dados que estamos buscando. Numa alegoria inspirada, o historiador é próximo do caçador, que através do "gesto talvez mais antigo da história intelectual do gênero humano" se agacha "na lama, [e] escruta as pistas da presa"[16].

O paradigma indiciário representaria, portanto, o próprio fundamento epistemológico da História. Aquele que, ao executar uma análise qualitativa, olha o singular, a conjectura e reconstrói o passado. Um dos caminhos para aplicar esse paradigma seria a investigação "micronominal", o que possibilitaria visualizar e entender as "linhas que convergem para o nome [de um sujeito histórico] e que dele partem compondo uma espécie de teia de malha fina" que

15. Em ambos os casos, a ferramenta de busca analisava um conjunto de documentos impressos digitalizados através de OCR. Portanto, os resultados estão condicionados à acurácia do software de reconhecimento e aos parâmetros de busca utilizados.

16. GINZBURG, 2011, p. 154.

permitem ver o tecido social em que está inserido[17]. Essa tarefa não é simples nem exequível sem o mergulho nos arquivos, sem uma dose considerável de erudição e sem a cuidadosa manufatura dos nós dessa teia, que depende também da trilha deixada pelo sujeito, e se essa trilha chegou ao nosso tempo, preservada, arquivada e acessível.

Entretanto, mais um elemento precisa ser listado nesse rol de desafios: o crescente volume de dados disponíveis tanto aqueles nativamente digitais quanto os digitalizados[18]. Uma abundância de fontes, acessíveis remotamente, implica o desenvolvimento de uma competência específica para o historiador: a capacidade de encontrar relevância nessa abundância[19]. Além disso, de elaborarmos estratégias metodológicas para costurar os fios que compõem a tessitura do social.

6.3 Métodos e aplicação

Em texto fundador para a Micro-história, Edoardo Grendi argumentou em 1977 que um dos pilares da História Social é o "estudo dos comportamentos ou das relações interpessoais"[20]. Inspirado por uma abordagem *thompsoniana*, Grendi entendia que uma "microanálise", focada nessas relações interpessoais, possibilitaria a reconstrução de histórias de famílias e indivíduos que consequentemente potencializaria a História Social. Rastrear, através de fontes variadas, famílias, grupos e indivíduos permitiria ao pesquisador reconstruir histórias "suficientemente ricas – típicas ou excepcionais –, sendo ainda possível pôr em relevo relações interindividuais contínuas, isto é, estruturadas"[21]. Portanto, a microanálise social, ou Micro-história, aliando metodologia e reflexão teórica, nos permite compreender e narrar as relações políticas e econômicas, os conflitos e tensões sociais, as conjecturas, as percepções e ideias de indivíduos no e em relação com seu grupo social.

Entretanto, os grupos oprimidos, as camadas populares, trabalhadores e trabalhadoras, não controlam os meios produtores de registros históricos que

---

17. GINZBURG; PONI, 1989.
18. FICKERS, 2012. • ROSENZWEIG, 2003.
19. MILLIGAN, 2019.
20. GRENDI, 2009, p. 35.
21. Ibid., p. 23-24.

utilizamos como fontes[22]. Recorrentemente, são retratados nos registros históricos ou de forma incidental, ou pelo olhar repressor do Estado, ou pelo olhar paternalista de folcloristas, ou pelo olhar racista de cientistas, por exemplo. Contudo, os avanços teórico-metodológicos no campo da história das últimas décadas, especialmente no que se refere à ampliação do sentido de fonte histórica[23], colocou possibilidades gigantes para a historiografia, sobretudo dos estudos das classes populares. Diálogos com antropologia, sociologia, psicologia, entre outras ciências humanas, pautaram os debates desde os anos de 1970[24].

Atualmente com a digitalização crescente dessas mesmas fontes e da produção de fontes nascidas digitais – é importante lembrar que a World Wide Web completa 30 anos em 2021, e sua história já começa a ser feita[25] – precisamos novamente recorrer à interdisciplinaridade: dialogar, contribuir e refletir – a partir das questões específicas da História – sobre as contribuições das áreas da ciência da computação, da programação, robótica, estatística, ciência de dados, linguística, para elaborar referenciais teórico-metodológicos capazes de lidar com o caráter e volume das fontes digitalizadas e digitais sem deixar de empreender as reflexões e propostas de uma história social, como propostas por Thompson, Hobsbawm, Ginzburg e Grendi em seus trabalhos clássicos e citados neste capítulo.

Caminhando nessa direção, muitas pesquisas de ciências humanas vêm, desde a década de 1990, passado por alterações relacionadas ao uso de tecnologias[26]. Nos últimos anos, uma parte significativa destas alterações está associada ao uso de uma classe de aplicativos agrupados sob o nome de CAQDAS, acrônimo de língua inglesa para Computer Assisted Qualitative Data Analysis ou Análises de Dados Qualitativos Auxiliada por Computador. Uma vez que o material que será analisado tenha sua origem em dispositivos digitais ou tenha sido convertido para o formato digital é possível efetuarmos, dentro do ambiente digital destes programas, a totalidade das etapas da pesquisa qualitativa.

22. Talvez as fontes nativamente digitais produzidas a partir da expansão da Internet 2.0, e principalmente da popularização das redes sociais, coloquem para os historiadores a oportunidade de acessar um volume incomensurável de fontes produzidas em primeira pessoa por indivíduos que de outra maneira não teriam o capital cultural e os meios de produção para legar fontes escritas, impressas, oficiais não digitais. Porém, esses são debates que escapam do escopo deste capítulo (MILLIGAN, 2019).

23. BARROS, 2019.

24. BARROS, 2012.

25. MILLIGAN, 2019.

26. LAGE, 2011. • RIOUFREVT, 2019. • WYNN, 2009.

Existem aplicativos com diversas funcionalidades e que são capazes de tratar dados nos mais variados formatos seja em áudio, texto, vídeo ou imagem.

O ATLAS.ti[27] – ao lado do NVIVO[28] e do MAXQDA[29] – é um dos CAQDAS comerciais de código fechado[30] mais antigos disponíveis no mercado. Comum a todos estes aplicativos está a possibilidade de analisarmos livros, artigos, entrevistas, músicas, filmes, quadros, fotos, websites, em suma, praticamente todo e qualquer material de pesquisa e/ou trabalho nos mais diversos campos ou áreas. O projeto que levou à criação do ATLAS.ti surgiu em 1986 na Universidade Técnica de Berlim através da iniciativa do Prof. Heiner Legewie.

Citando o Codex Florentino *Historia general de las cosas de Nueva España*, a ideia do projeto não foi desenvolver um *software* para análise qualitativa de dados, mas "construir um arquivo de documentos de nossa cultura cotidiana"[31]. A partir de uma pesquisa com sobreviventes do desastre nuclear da Usina de Chernobyl foram realizadas entrevistas em profundidade que, quando transcritas, resultaram em mais de 4.000 páginas de texto[32]. É possível imaginar o imenso trabalho que seria analisar todo este material com caneta e papel. Por outro lado, os pesquisadores envolvidos não pretendiam realizar análises automatizadas através dos poucos – e raros – recursos computacionais disponíveis. Segundo Legewie[33] "eles estavam profundamente convencidos de que apenas falantes humanos competentes seriam capazes de compreender e analisar as notas de campo e as transcrições de entrevistas".

---

27. Disponível em https://atlasti.com/ – Acesso em 22/06/2019.

28. "NVivo é um software que suporta métodos qualitativos e variados de pesquisa. Ele é projetado para ajudá-lo a organizar, analisar e encontrar informações em dados não estruturados ou qualitativos como: entrevistas, respostas abertas de pesquisa, artigos, mídia social e conteúdo web. Cf. http://www.qsrinternational.com/nvivo-portuguese – Acesso em 22/06/2019.

29. "MAXQDA é um pacote de softwares líder mundial em pesquisa de métodos mistos e qualitativos. Ele analisa todos os tipos de dados – de textos a imagens e arquivos de áudio/vídeo, sites, tweets, discussões em grupos focais, respostas a pesquisas e muito mais. Cf. https://www.maxqda.com/ – Acesso em 22/06/2019.

30. O software proprietário de código fechado é um software para computadores que é licenciado com direitos exclusivos para o produtor e que não permite aos usuários alterarem a estrutura algorítmica do código fonte (a linguagem de programação de que é feito o aplicativo). Ou seja, ao usarmos tais aplicativos ficamos impossibilitados de consertar os erros e/ou ficamos dependentes de *bugs* que precisam de novas versões corrigidas pelos proprietários.

31. LEGEWIE, 2014, p. 1.

32. Ibid.

33. LEGEWIE, 2014, p. 2.

A opção escolhida foi combinar a *Grounded Theory*[34] com o desenvolvimento de um *software* que: a) auxiliasse a seleção de segmentos de textos das entrevistas; b) permitisse a categorização dos trechos através de codificações; e, por fim, c) tivesse um espaço para fazer anotações sistemáticas ao longo de toda a pesquisa. Com a ajuda do sociólogo e pesquisador Anselm Strauss, de linguistas e cientistas da computação nasceu o Archive of Technology, Life world and Language (Arquivo de Tecnologia, Mundo da vida e Linguagem) voltado para Text Interpretation (Interpretação de texto) ou simplesmente ATLAS.ti.

6.4 Criação do projeto e inclusão dos documentos

Após a seleção das fontes já em formato digital a serem trabalhadas em sua pesquisa, é hora de começar a trabalhar dentro do aplicativo. O primeiro passo é a criação do projeto (ou da Unidade Hermenêutica, termo utilizado até a versão 7 do programa). Em seguida, é preciso incluir as fontes em seu projeto. Essas fontes podem estar em formatos de arquivos muito variados de texto, imagem ou vídeo – pdf, rtf, doc, txt, png, jpeg, mp4, mkv etc. Pensando na organização e recuperação das informações é importante que os nomes desses arquivos também levem em consideração padrões metodologicamente construídos pelo pesquisador. Cada um desses documentos é um *Document* (ou *Primary Document* até a versão 7).

Em nosso projeto acerca da Sociedade União das Costureiras inserimos os seguintes documentos: 1) Transcrições de documentos presentes em pacotes do Fundo Gifi, Arquivo Nacional inseridos em formato rtf. 2) Periódicos do acervo da Biblioteca Nacional, disponibilizados pela HDB, transcritos e classificados por data e salvos em rtf. Dividimos a documentação dos periódicos em dois arquivos, um referente especificamente à Sociedade União das Costureiras[35] e outro com documentação sobre o presidente da associação, João da Cruz Silva Freire[36]. 3) Ainda a partir da documentação coletada nas pesquisas

---

34. CHARMAZ, 2009. • CORBIN; STRAUSS, 2015. • GLASER; STRAUSS, 2009.

35. Com as seguintes fontes: *A Imprensa*, 05/10/1908, p. 1. • *Gazeta de Notícias*, 03/02/1908, p. 4; 29/02/1908, p. 4; 02/01/1909, p. 3; 27/03/1909, p. 5. • *O Paiz*, 24/08/1909, p. 6; 15/06/1919, p. 9; 18/06/1919, p. 6; 19/06/1919, p. 6. • *O Malho*, 1910, ed. 385, p. 61. • *O Imparcial*, 06/01/1919, p. 4. • *Correio da Manhã*, 27/05/1919, p. 3; 26/09/1919, p. 7.

36. *O Paiz*, 08/09/1899, p. 2. • *Jornal do Brasil*, 17/12/1899, p. 4. • *Gazeta de Notícias*, 22/04/1903, p. 3. • *Jornal do Brasil*, 10/05/1903, p. 3. • *O Paiz*, 13/01/1907, p. 5. • *Correio da Manhã*, 04/05/1908, p. 2. • *Imprensa*, 16/12/1908, p. 5. • *A Imprensa*, 28/06/1909, p. 2.

na HDB, inserimos duas fotografias referentes à associação aqui estudada[37]. Esses documentos foram inseridos como imagem no formato jpg. 4) A partir das buscas no acervo dos Diários Oficiais da União, disponibilizados pelo JusBrasil, inserimos quatro documentos em formato pdf com reconhecimento de caracteres, referentes às atividades públicas de João da Cruz Silva Freire[38]. 5) A partir da documentação de registros civis e paroquiais disponibilizados pelo FamilySearch, inserimos as certidões de nascimento de Leocadia Da Silva, e de Amelia Da Cruz Silva Freire[39], e a certidão de óbito de Ponciano José Da Silva[40], todos filhos de João Da Cruz Silva Freire e Narcisa Maria José Da Silva. Essa documentação foi transcrita através do programa *Transkribus* e salva como um arquivo de texto (.txt). 6) Além desses conjuntos de fontes primárias, inserimos no projeto um conjunto de referências bibliográficas que seriam utilizadas para análise do material, e assim seria possível trabalhar em um único ambiente virtual com todos os materiais necessários para a produção dos resultados.

Por fim, agrupamos os documentos de fontes primárias em um Grupo de Documentos (*Document Group* ou *Document Family*, até a versão 7) nomeado FONTES PRIMÁRIAS (Figura 6.1) e em outro grupo, REF. BIBLIOGRÁFICAS, reunimos os textos de apoio.

6.5 Códigos (*codes*) e citações (*quotations*)

Uma vez inseridos os documentos em formato digital no aplicativo, o próximo passo é a criação dos códigos (*codes*) que serão atribuídos aos trechos dos documentos. Em uma definição mais abrangente, os códigos seriam "uma palavra ou frase curta que atribui simbolicamente um atributo que resume, salienta, captura a essência e/ou evoca de uma porção de dados visuais ou baseados na linguagem"[41]. Desse modo, à medida que vamos analisando o material – lendo os textos, ouvindo os áudios, assistindo os vídeos, vendo as imagens etc. – nós

37. *O Malho*, 28/01/1910, ed. 385, p. 61. • *Jornal do Brasil*, 07/04/1912, p. 5

38. *DOU*, out./1899, seção 1, p. 8.988-8.989. • *DOU*, fev./1901, seção 1, p. 935. • *DOU*, out./1905, 3ª pretoria, seção, 1, p. 16. • *DOU*, dez./1911, 3ª pretoria, seção, 1, p. 16.

39. Nascimentos 1895 (jan.-mar.), vol. 21 (9ª pretoria), n. 813. Brasil, Rio de Janeiro; Registro civil, 1829-2012. Disponível em https://familysearch.org/ark:/61903/1:1:QGVX-5BSP

40. Óbitos (Irajá), vol. 16-19, fev./1909-dez./1910 (14ª pretoria), n. 962. Brasil, Rio de Janeiro; Registro civil, 1829-2012. Disponível em https://familysearch.org/ark:/61903/1:1:WYKN-6ST2

41. SALDANA, 2015, p. 3.

Figura 6.1 Grupo de Documentos – FONTES PRIMÁRIAS; captura de tela, ATLAS.ti 8

Search Documents

Show documents in group **FONTES PRIMÁRIAS**

ID	Name	Media Type	Location	Groups
D 3	AN - GIFI - TRANSCRIÇÃO.rtf	Text	Library	[FONTES PRIMÁRIAS]
D 26	FAMILYSEARCH - TRANSCRIÇÃO - REGISTROS CIVIS- JOÃO DA CRUZ...	Text	Library	[FONTES PRIMÁRIAS]
D 2	HDB - FOTOS - JB - 1912 00098.jpg	Image	Library	[FONTES PRIMÁRIAS]
D 1	HDB - FOTOS - O MALHO - 1910 385 28-01 61.JPG	Image	Library	[FONTES PRIMÁRIAS]
D 27	HDB - TRANSCRIÇÃO - JORNAIS - JOÃO DA CRUZ FREITAS	Text	Library	[FONTES PRIMÁRIAS]
D 4	HDB - TRANSCRIÇÃO - JORNAIS - UNIÃO DAS COSTUREIRAS.rtf	Text	Library	[FONTES PRIMÁRIAS]
D 9	JUSBRASIL - DOU - joão freire DOU-1899-10-Secao_1-pdf-18991025_1...	PDF	Library	[FONTES PRIMÁRIAS]
D 7	JUSBRASIL - DOU - joao freire DOU-1899-10-Secao_1-pdf-18991025_1...	PDF	Library	[FONTES PRIMÁRIAS]
D 8	JUSBRASIL - DOU - joao freire DOU-1901-02-Secao_1-pdf-19010227_1...	PDF	Library	[FONTES PRIMÁRIAS]
D 10	JUSBRASIL - DOU - joão freire DOU-1911-12-Secao_1-pdf-19111213_8...	PDF	Library	[FONTES PRIMÁRIAS]
D 11	JUSBRASIL - DOU - joão freire eleitor 3 pretoria DOU-1905-10-Secao_1...	PDF	Library	[FONTES PRIMÁRIAS]

devemos, baseado na interpretação do material, ir selecionando os trechos dos documentos e aplicando os rótulos ou códigos (*codes*) que foram criados e, ao final, gerarmos relatórios com os trechos codificados.

O ato interpretativo envolvido na codificação é fundamental e precisa ser tratado com especial atenção. Em linhas gerais, o aplicativo possibilita a organização e a transparência do tratamento do material, "melhorando a capacidade de classificar, selecionar, procurar e pensar com os padrões identificáveis, bem como idiossincrasias, em grandes conjuntos de dados"[42]. O elemento central de todo este processo – apesar de sermos auxiliados pela ferramenta computacional – continua sendo o exercício hermenêutico tanto da criação de categorias de análise[43] sob a forma de códigos como de seleção e recuperação dos trechos que nos interessam[44].

Como resultado, nós teremos um conjunto de trechos do documento (denominado de *quotations* e que a partir de agora será tratado como citações) grifados ou sublinhados segundo as categorias que foram criadas. Uma metáfora bastante útil é imaginarmos um livro cheio de grifos e anotações nos cantos das páginas – ou em *post-it's* coloridos – só que no formato digital[45]. Documentos (*documents*), códigos (*codes*) e os trechos codificados ou citações formam um tríduo fundamental dentro do ATLAS.ti. As citações, nas palavras de Konopásek, são as unidades elementares de análise, não apenas porque seus sentidos estão razoavelmente contidos e portanto acessíveis para nossas mentes e processo mental, mas porque elas também são de um tamanho físico razoável para serem selecionadas e processadas de um modo material – pelos olhos, mãos,

42. LU; SHULMAN, 2008, p. 105.

43. Não importa se a partir dos próprios dados (*bottom-up*, *Grounded* etc.) ou utilizando categorias previamente elaboradas (*top-down*).

44. E, longe de apenas apoiar a descrição, as técnicas de codificação e recuperação de trechos fundamentam fortemente algumas maneiras de criar ideias e de construir e testar teorias. Primeiro, a geração de categorias [...] é uma contribuição para a teoria. Decisões estão sendo tomadas sobre qual é a categoria significativa para o estudo, quais perguntas estão sendo feitas, quais conceitos desenvolvidos, quais ideias exploradas e se essas categorias devem ser alteradas, redefinidas ou excluídas durante a análise. Em segundo lugar, as decisões sobre quais segmentos de texto são relevantes para uma categoria nunca são decisões meramente administrativas, elas sempre envolvem alguma consideração teórica. Terceiro, a exibição de segmentos de muitos documentos de um tópico ou tópicos selecionados sempre oferece uma nova maneira de ver os dados (RICHARDS; RICHARDS, 1994, p. 447).

45. Para uma descrição pormenorizada do aplicativo ATLAS.ti e suas funções, cf. ALVES; NASCIMENTO, 2018, p. 241-265.

listas, boxes e telas de computador[46]. As citações seriam o substrato textual dos nossos códigos de análise obtidos através do ato de codificação.

6.6 Árvores de códigos

Se os códigos reorganizam os trechos significativos do documento, eles costumam e, mais do que isso, necessitam de algum tipo de organização e/ou estrutura. A árvore de codificação é a estrutura lógica dos códigos utilizados em uma pesquisa qualitativa. Ela serve para expressar as possíveis relações lógicas e conceituais entre os códigos de um projeto no ATLAS.ti. Isto vai desde relações básicas de pertencimento como, por exemplo, "os subcódigos 'maçã', 'pera' e 'laranja' *são parte* do código 'frutas'". Até relações mais complexas como causalidade, dependência, equivalência etc. O ATLAS.ti já apresenta um conjunto de possíveis relações entre os códigos e, além disso, permite ao pesquisador criar novas relações de acordo com a sua pesquisa.

A construção dos códigos e de sua consequente árvore nesse projeto foi facilitada por se tratar de um conjunto de fontes já trabalhadas, analisadas e cujos resultados já foram, como mencionado anteriormente, apresentados e avaliados na tese do primeiro autor. No entanto, é imprescindível ressaltar que, à época, as fontes foram tratadas sem o auxílio do ATLAS.ti. Sendo assim, buscamos aprofundar a elaboração dos códigos e suas relações para este capítulo, com a intenção de demonstrar que a ferramenta possibilita avanços significativos para o trabalho hermenêutico do historiador. Criamos um conjunto de códigos principais, que abarcam temas, fatos ou elementos mais amplos que foram desdobrados em subcódigos com recortes mais específicos. Cada subcódigo foi relacionado com um código central como "é parte de", "é propriedade de", "é um/a", "está associado com", "pai", "cônjuge", "filha/o".

Dessa maneira, de acordo com os interesses da pesquisa – analisar as experiências sociais de homens e mulheres negras no pós-abolição carioca, atentando para temas como cidadania, relações raciais, de trabalho e o debate sobre República e representação – estabelecemos os seguintes códigos centrais: ANOS (código que agrupou as fontes de cada ano); ASS_CARN (*Associação Carnavalesca* – agrupou códigos referentes a elementos dos grupos carnavales-

---

46. KONOPÁSEK, 2007, p. 283.

cos, como títulos, sedes, diretoria); DOC_POL (*Documentação Policial* – agrupou códigos referentes aos documentos emitidos ou enviados à polícia, assim como sua referenciação); FOT (*Fotografias* – agrupou códigos relacionados à análise das fotografias, as representações, objetos, poses, semblantes, objetos etc.); GEO (*Geografia* – códigos das localizações espaciais contidas nas fontes); IMPRENSA (agrupou códigos relacionados às argumentações positivas e negativas presentes nos jornais sobre diversos temas, assim como os próprios periódicos); PRAT_CARN (*Práticas Carnavalescas* – elementos das variadas práticas carnavalescas presentes nas fontes); PRO_POL (*Projetos Políticos* – códigos variados sobre as disputas em torno de projetos políticos expressados nas fontes, como, por exemplo, debates sobre República, partidos políticos, educação, moradia); REL_RACIAIS (*Relações Raciais*); REL_TRA (*Relações de Trabalho*); REPRESENTAÇÃO DE GÊNERO e SUJEITOS.

Na imagem a seguir (Figura 6.2) é possível visualizar uma rede formada a partir do código REPRESENTAÇÃO DE GÊNERO::MULHER.

Nela importamos as citações, documentos e memorandos (*memos* serão apresentados a seguir) e podemos ver as relações construídas através da codificação. Seria possível importar para a mesma rede (*network*) os demais códigos "vizinhos" de cada citação e aprofundar as possibilidades de visualização das conexões e de análise dessas fontes.

6.7 Grupos de códigos

Diferentemente da árvore de codificação – que trata das relações dos códigos entre si – os grupos de códigos significam agrupamento de códigos com a finalidade de organizá-los. Isto é muito importante especialmente em pesquisas grandes em que costumamos ter diferentes tipos de documentos e que, por conseguinte, exigem códigos próprios por conta do tipo de material analisado. Por exemplo, em um *corpus* diversificado de documentos organizado por séculos pode ser que determinados códigos somente se apliquem a determinados séculos, então é coerente que agrupemos os códigos de acordo com a tipologia de dados que vamos analisar naquele momento. Uma presença grande de códigos pode causar fadiga no(s) codificadores e comprometer a codificação. Na pesquisa que apresentamos, criamos os grupos de códigos baseados nos códigos centrais (Figura 6.3).

Figura 6.2 Rede formada a partir do código REPRESENTAÇÃO DE GÊNERO::MULHER. – ATLAS.ti 8

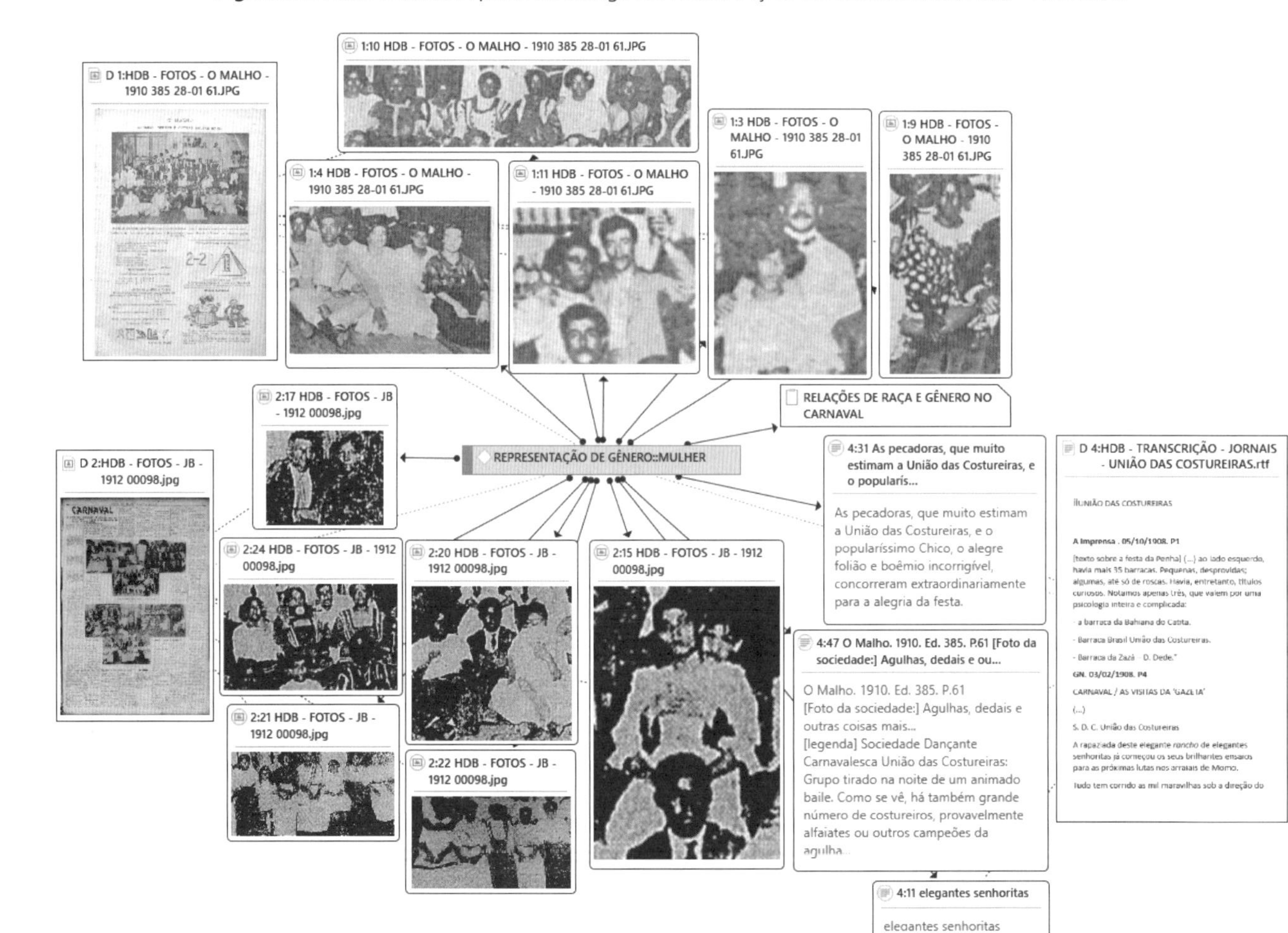

Figura 6.3 Grupo de códigos; captura de tela do ATLAS.ti 8

Code Groups
- ANOS (12)
- ASSOCIAÇÕES CARNAVALESCAS (19)
- BIBLIOGRAFIA (1)
- DOCUMENTAÇÃO POLICIAL (12)
- GEOGRAFIA (6)
- IMPRENSA (11)
- PRÁTICAS CARNAVALESCAS (15)
- PROJETOS POLÍTICOS (17)
- RELAÇÕES DE GÊNERO (4)
- RELAÇÕES DE TRABALHO (20)
- RELAÇÕES RACIAIS (3)
- REPRESENTAÇÃO EM IMAGEM (22)
- SUJEITOS (38)

6.8 Correção manual e *autocoding*

Como vimos, embora a codificação seja irrevogavelmente um ato interpretativo – de atribuição de "rótulos" que sintetizam cadeias de sentido – o ATLAS.ti permite, no caso específico de documentos textuais, a codificação automatizada de trechos. Através desta função, denominada de *autocoding*, o programa permite fazermos buscas por palavras-chave – seguidas da codificação do trecho – em todos os documentos de texto (txt, doc, docx, pdf[47] etc.). O usuário pode definir o recorte de documentos que pretende aplicar à codificação automática (um único documento, um grupo ou todos).

É possível ainda utilizar expressões regulares, definir se se deve ignorar capitalização, se a busca deve ocorrer em uma palavra, uma expressão, um texto (ou seja, um trecho qualquer, inclusive uma parte de uma palavra). Outro parâmetro importante é a possibilidade de estabelecer a extensão do trecho a ser codificado: o termo exato, a palavra, a frase, o parágrafo, o capítulo ou o documento inteiro. Por fim, é possível definir se a codificação deve ser confirmada pelo usuário a cada ocorrência.

Uma vez realizada esta codificação automatizada, é possível, da mesma maneira, produzir um documento com todos os trechos codificados. Além de

47. No caso de documento(s) em formato pdf, desde que eles tenham passado por algum procedimento de reconhecimento óptico de caracteres ou OCR.

"ler" os textos – ou, mais adequadamente, processar aquilo que os programadores denominam *strings* – o *autocoding* fornece uma visualização de todas as ocorrências do termo buscado dentro do contexto do documento.

6.9 Memorandos (*memos*)

Etapa fundamental de toda e qualquer investigação científica, a redação de memorandos ou *memos* possui dentro do ATLAS.ti um lugar de destaque. Em uma definição sistemática, os memorandos são "o registro do pesquisador de análises, pensamentos, interpretações, questões e direções para coleta adicional de dados"[48]. O ATLAS.ti possui um gerenciador e editor de *memos* dentro do aplicativo que permite não apenas a busca sistemática por palavras-chave mas, também, o estabelecimento de links com o material analisado. Com isso, a escrita do trabalho científico fica articulada dentro do programa prevenindo erros, esquecimentos e perdas das anotações.

Dois memorandos foram criados nesse projeto, concentrando dois eixos centrais de análise da documentação e que serviram de eixo condutor para a escrita dos argumentos da pesquisa: 1) Relações de Raça e Gênero no Carnaval (reunindo códigos, citações e bibliografias que formam a base da análise sobre *performance* pública da sociedade União das Costureiras); 2) Trajetórias e Redes Sociais no Pós-abolição (contemplando a codificação, citações e bibliografia acerca da trajetória de alguns sujeitos selecionados através da análise das fontes.).

Para exemplificar, vejamos uma rede formada em torno da *memo* Trajetórias e Redes Sociais no Pós-abolição (Figura 6.4).

Nesta rede é possível visualizar as relações familiares em torno de João da Cruz Silva, presidente da associação em 1906 e uma série de códigos relacionados a variados projetos políticos em disputa, assim como elementos referentes às relações raciais. A ferramenta, sendo utilizada como um suporte metodológico sofisticado, torna possível a execução com profundidade do paradigma indiciário, como proposto por Ginzburg, e de uma história social focada nas relações interpessoais.

---

48. CORBIN; STRAUSS, 2015, p. 111.

Figura 6.4 Rede formada a partir do memorando Trajetórias e Redes Sociais no Pós-abolição

SUJEITO::PONCIANO JOSÉ DA SILVA
filho(a)
filho(a)
SUJEITO::NARCISA MARIA JOSÉ DA SILVA::LOCAL DE NASCIMENTO::BAHIA
is a property of
SUJEITO::NARCISA MARIA JOSÉ DA SILVA
cônjuge
SUJEITO::JOÃO DA CRUZ SILVA FREIRE
is a property of
is a property of
is a property of
SUJEITO::JOÃO DA CRUZ SILVA FREIRE::EMPREGO
SUJEITO::JOÃO DA CRUZ SILVA FREIRE::MORADIA
SUJEITO::JOÃO DA CRUZ SILVA FREIRE::LOCAL DE NASCIMENTO::BAHIA
REL_RACIAIS::PARDO
REL_RACIAIS::PRETO
PROJ_POL::JURADO
PRO_POL::ELEIÇÃO
PRO_POL::ELEITOR
PRO_POL::JUIZ DE FATO E VOGAES::EXCLUSÃO DA LISTA
PRO_POL::EDUCAÇÃO::CRIAÇÃO DE ESCOLA PRIMARIA
PRO_POL::PARTIDO POLÍTICO::OPERARIO
TRAJETÓRIAS E REDES SOCIAIS NO PÓS-ABOLIÇÃO
filho(a)
filho(a)
SUJEITO::LEOCÁDIA
is associated with
SUJEITO::JOSE MAGNO DA SILVA FREIRE
SUJEITO::BERNARDA MARIA DO ROZARIO
SUJEITO::MOYSÉS ZACHARIAS DA SILVA

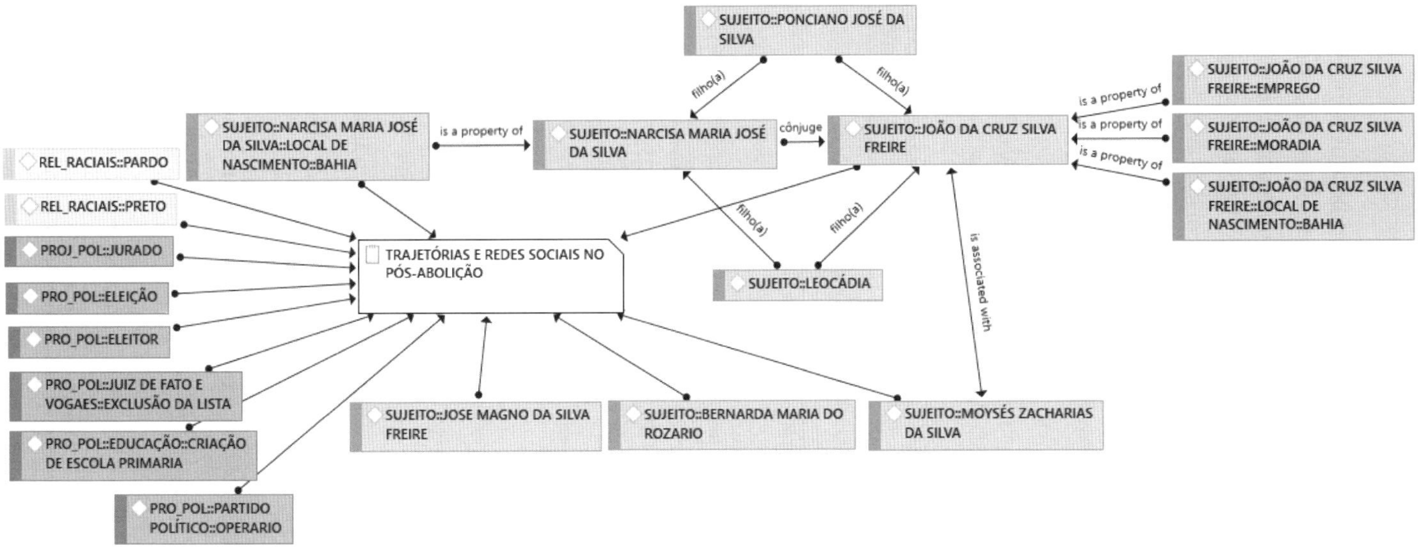

6.10 Redes (*networks*)

Uma vez que os materiais tenham sido lidos e codificados, é possível gerar redes (*networks*) que são representações gráficas das estruturas dos códigos (*codes*), documentos e citações codificadas. As redes constituem mapas mentais que articulam graficamente os elementos do projeto dentro do ATLAS.ti (cf. Figura 6.2, Figura 6.3, Figura 6.4). É possível visualizar todas as citações de um dado documento, como nessa rede construída a partir do documento D. 26 FAMILYSEARCH – Transcrição – Registros Civis – João da Cruz Freitas, contendo as transcrições de registros civis relacionados ao presidente da associação (Figura 6.5).

Figura 6.5 Rede criada a partir do documento FAMILYSEARCH – TRANSCRIÇÃO – REGISTROS CIVIS – JOÃO DA CRUZ FREITAS, contendo todas as suas citações

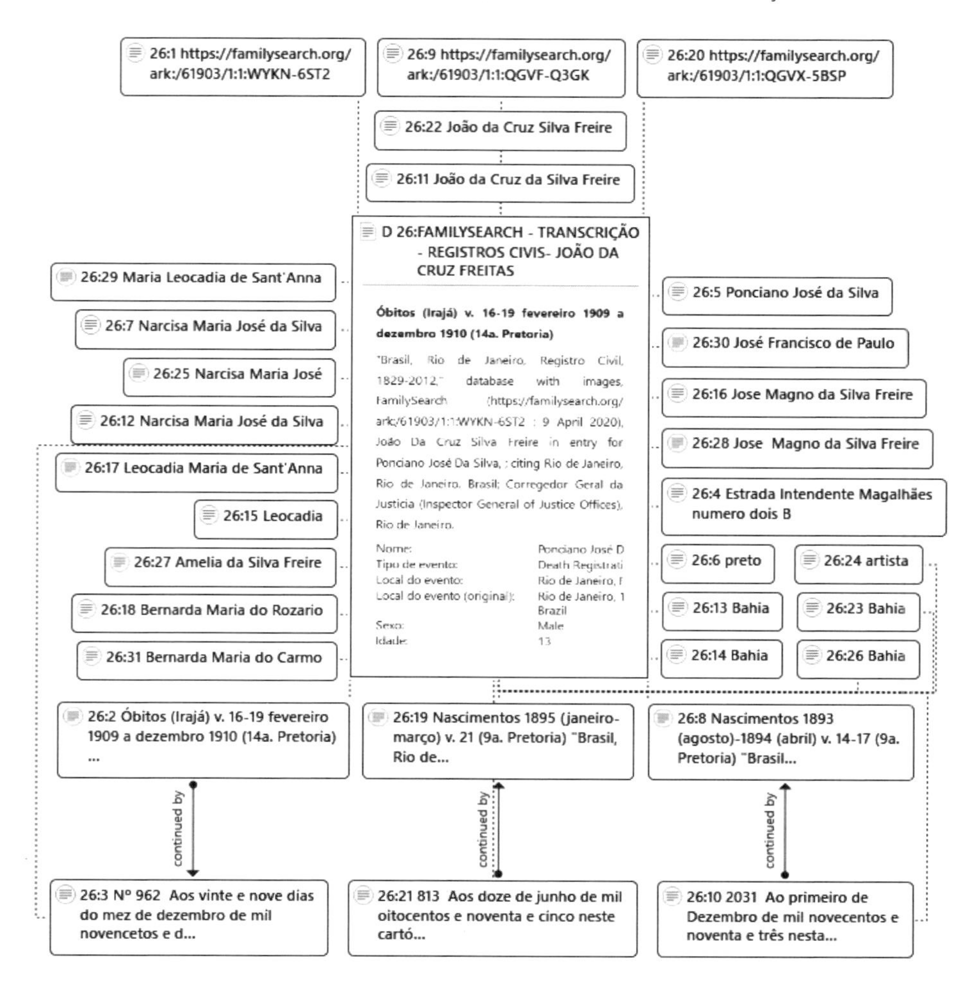

Ou ainda podemos apresentar as relações entre códigos específicos, como no caso da rede construída a partir do código REL_TRA (Figura 6.6).

Figura 6.6 Rede construída a partir do código REL_TRA e as citações relacionadas a cada código

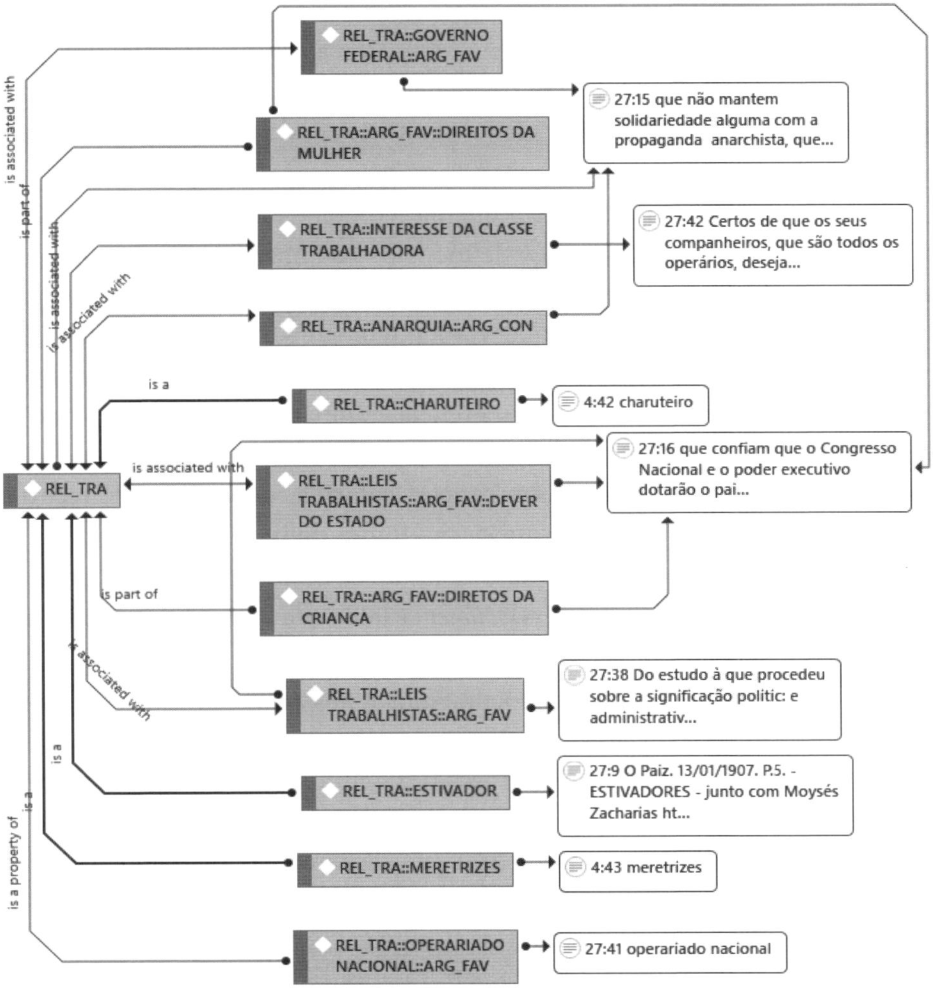
REL_TRA::GOVERNO FEDERAL::ARG_FAV
27:15 que não mantem solidariedade alguma com a propaganda anarchista, que...
REL_TRA::ARG_FAV::DIREITOS DA MULHER
REL_TRA::INTERESSE DA CLASSE TRABALHADORA
27:42 Certos de que os seus companheiros, que são todos os operários, deseja...
REL_TRA::ANARQUIA::ARG_CON
is associated with
is part of
is associated with
is associated with
is a
REL_TRA::CHARUTEIRO
4:42 charuteiro
27:16 que confiam que o Congresso Nacional e o poder executivo dotarão o pai...
REL_TRA
is associated with
REL_TRA::LEIS TRABALHISTAS::ARG_FAV::DEVER DO ESTADO
is part of
REL_TRA::ARG_FAV::DIRETOS DA CRIANÇA
is associated with
REL_TRA::LEIS TRABALHISTAS::ARG_FAV
27:38 Do estudo à que procedeu sobre a significação politic: e administrativ...
is a
REL_TRA::ESTIVADOR
27:9 O Paiz. 13/01/1907. P.5. - ESTIVADORES - junto com Moysés Zacharias ht...
is a
is a property of
REL_TRA::MERETRIZES
4:43 meretrizes
REL_TRA::OPERARIADO NACIONAL::ARG_FAV
27:41 operariado nacional

6.11 Ferramentas de análise

Após o término do processo de codificação é possível utilizar uma ou mais ferramentas de análise do ATLAS.ti para fazermos perguntas aos dados. Nesse momento, tanto estratégias qualitativas, quantitativas ou mistas, como aquelas relacionadas às próprias perguntas da pesquisa indicam qual(is) seria(m) a(s) ferramenta(s) mais indicada(s). Os tipos de dados analisados – texto, áudio, vídeo ou imagem – também sugerem o tipo e o uso de específicas ferramentas de análise. No caso da pesquisa apresentada, nós temos dados mesclados de texto e imagens. Tais dados permitiriam, por exemplo, a geração de listas com a frequência de palavras por documento e/ou a geração de uma nuvem de palavras. A presença, ausência ou frequência de determinados termos em um documento é extremamente útil para a identificação de entidades como sujeitos, locais, temáticas etc.

No que diz respeito ao aspecto qualitativo dos dados, é possível navegar pelos trechos codificados ao longo de todos os documentos. Lendo e fazendo anotações específicas sobre cada citação. Se o objetivo for a comparação, o auxílio dos relatórios é fundamental. A todo momento é possível gerar um documento de texto com a listagem de citações associadas a um ou mais códigos. Isto permite, com velocidade e transparência, comparar codificações, perceber e corrigir nuanças de sentido, divergências e/ou codificações inadequadas. A velha e antiga tarefa de grifos com canetas coloridas e/ou o uso de recortes ganha novo fôlego através da pesquisa com fontes digitais.

Das diversas ferramentas disponíveis, duas delas merecem destaque: a tabela de código-documento (*Code-Documents Table*) e a ferramenta de consulta (*Query Tool*). Vejamo-las com mais detalhes.

Através da tabela de códigos-documentos é possível contrastar documentos através da frequência com que determinados códigos (*codes*) foram usados ao longo dos mesmos. É possível, no caso de documentos ordenados temporalmente, percebermos como determinados temas aparecem com maior ou menor frequência em documentos específicos. É uma ferramenta útil quando cada documento é considerado "um caso"[49] e é preciso fazer comparações entre eles. A partir desta estratégia "quantitativa" é possível investigar qualitativamente determinadas tendências, atores, práticas e assuntos.

49. Para entender melhor esta afirmação, podemos pensar no seguinte exemplo. Se todos os documentos – p. ex., se estivéssemos trabalhando com cartas – estivessem reunidos em um único arquivo, esta ferramenta não seria útil, pois não teríamos que comparar os diferentes documentos/arquivos.

Figura 6.7 Detalhe de resultado de busca com a ferramenta *Query Tool*; captura de tela

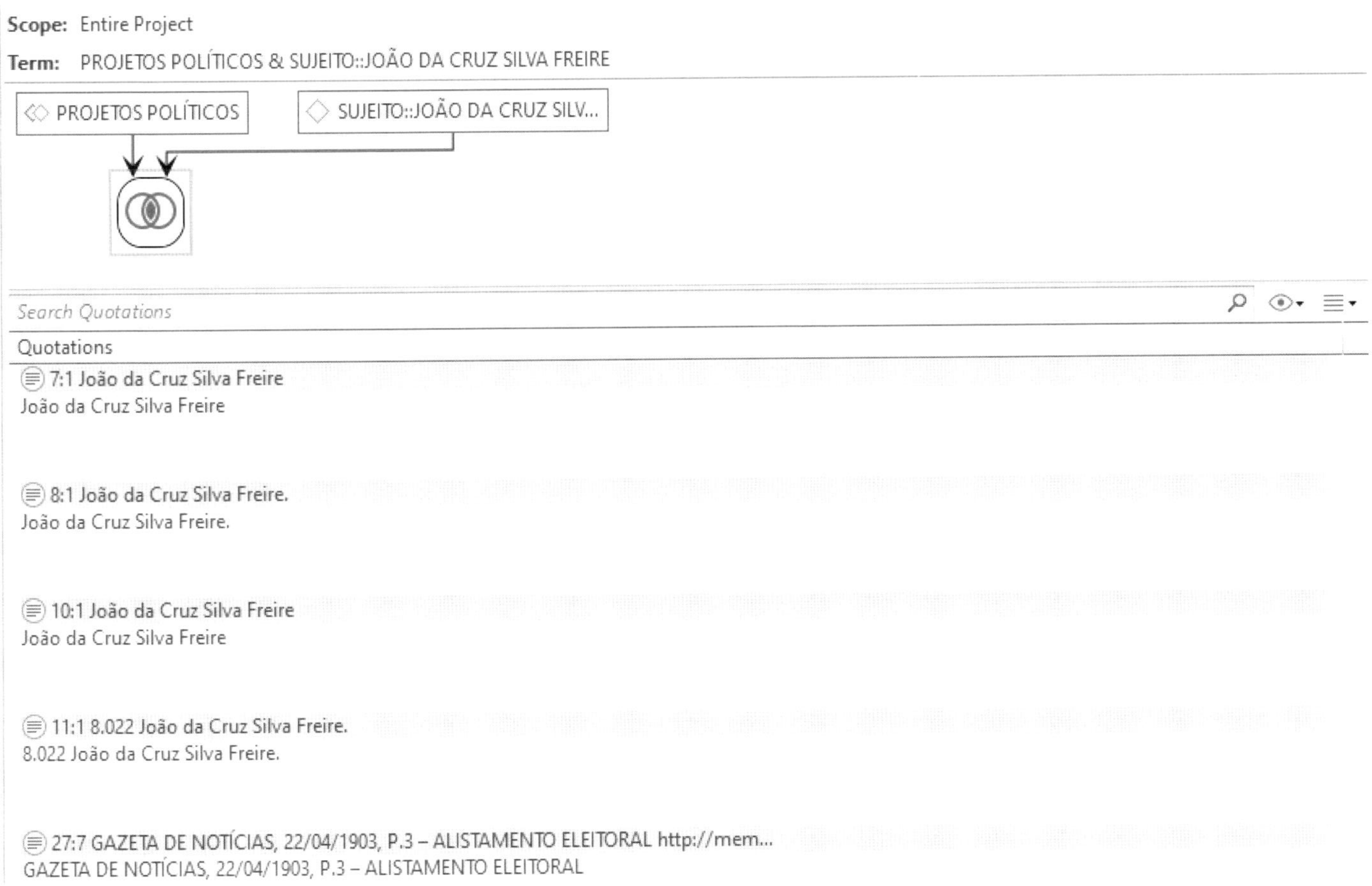

Por fim, existe a ferramenta de consulta (*Query Tool*). O seu objetivo consiste em recuperar trechos codificados através de buscas sistemáticas segundo determinadas características. As buscas estão baseadas em três tipos de operadores: booleanos, proximidade e semânticos[50]. Vamos nos restringir aos operadores de proximidade. Eles são capazes de recuperar a coocorrência de trechos codificados segundo parâmetros, como o nome indica, de proximidade. É possível, por exemplo, recuperar todas as citações em que os códigos do grupo *Projetos Políticos* estejam coocorrendo com o código *João da Cruz Silva Freire*, ou seja, trechos que se interseccionam (Figura 6.7). As diferentes estratégias vão depender, como dissemos, de uma combinação de fatores que envolve desde a estrutura/organização das fontes, passando pelo interesse (qualitativo, quantitativo ou misto) até a expertise do pesquisador em acionar cada uma daquelas ferramentas. Um ponto importante é que a forma de condução da pesquisa passa a depender, progressivamente, da organização, dos limites e possibilidades do *software*. As ferramentas digitais, quais sejam elas, não são anódinas. Ao contrário, elas "reagem" com os dados e/ou fontes, acelerando ou retardando processos, detectando ou invisibilizando dinâmicas. Esta tessitura metodológica não é uma exclusividade das pesquisas auxiliadas por ferramentas digitais. O uso da caneta, do papel e tão somente da boa ou má memória do pesquisador e sua equipe sugerem também vantagens e desvantagens. Em cada caso, digital ou "analógico", é a compreensão de até onde a(s) ferramenta(s) pode(m) levar a imaginação histórica.

No nosso caso, buscando compreender as trajetórias de sujeitos negros no Pós-abolição, foi possível estabelecer conexões entre personagens que sem o uso da ferramenta seria muito mais difícil: encontramos os presidentes de duas associações carnavalescas cariocas estudadas em trabalho anterior, João da Cruz Silva Freire, da União das Costureiras e Moysés Zacarias, dos Caçadores da Montanha, assinando juntos como membros da União dos Estivadores uma carta endereçada ao presidente da República se posicionando sobre uma greve naquele ano de 1907. A ferramenta de busca apresentou a coocorrência desses dois sujeitos no trecho de *O Paiz* de 13 de janeiro de 1907, p. 5 (Figura 6.8).

---

50. Para mais detalhes cf. http://downloads.atlasti.com/docs/manual/atlasti_v8_manual_en.pdf – Acesso em 09/01/2021.

Figura 6.8 Detalhe de resultado de busca com a ferramenta *Query Tool*

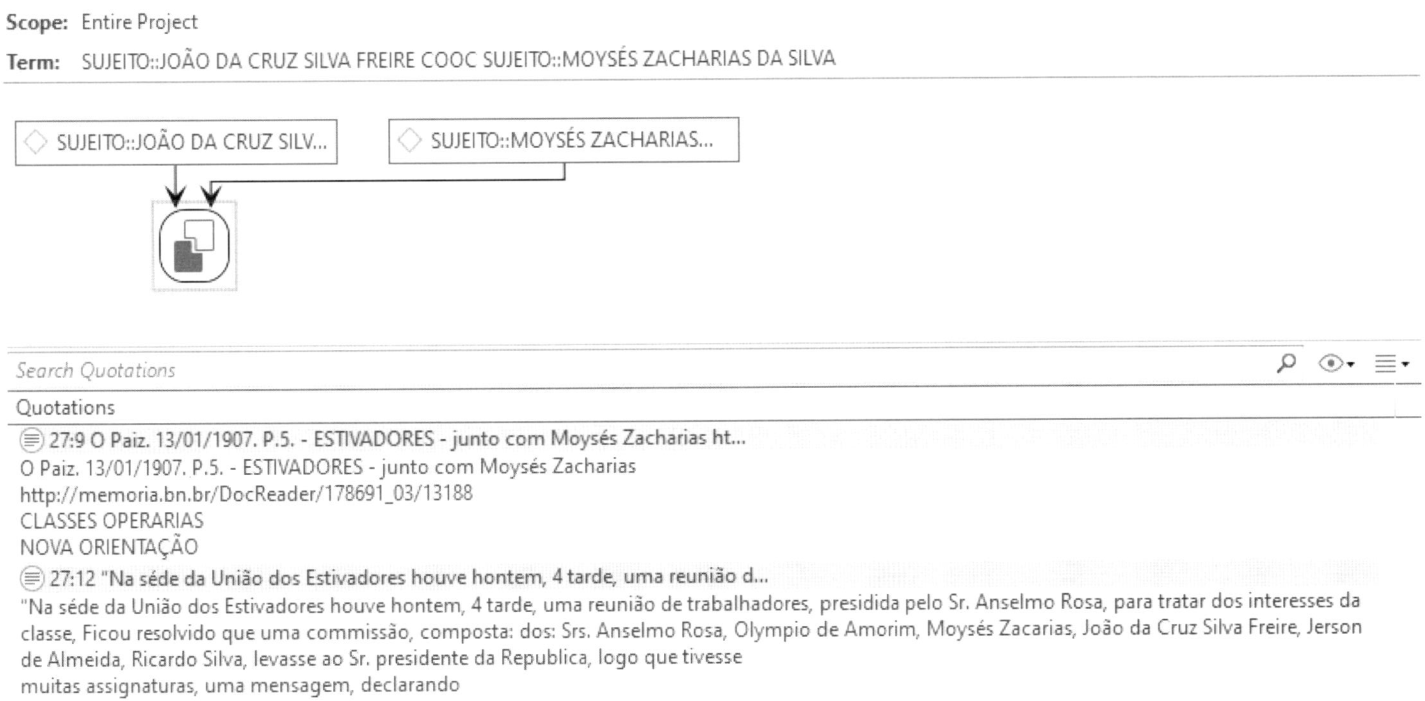

Scope: Entire Project

Term: SUJEITO::JOÃO DA CRUZ SILVA FREIRE COOC SUJEITO::MOYSÉS ZACHARIAS DA SILVA

SUJEITO::JOÃO DA CRUZ SILV...

SUJEITO::MOYSÉS ZACHARIAS...

Search Quotations

Quotations

27:9 O Paiz. 13/01/1907. P.5. - ESTIVADORES - junto com Moysés Zacharias ht...

O Paiz. 13/01/1907. P.5. - ESTIVADORES - junto com Moysés Zacharias
http://memoria.bn.br/DocReader/178691_03/13188
CLASSES OPERARIAS
NOVA ORIENTAÇÃO

27:12 "Na séde da União dos Estivadores houve hontem, 4 tarde, uma reunião d...

"Na séde da União dos Estivadores houve hontem, 4 tarde, uma reunião de trabalhadores, presidida pelo Sr. Anselmo Rosa, para tratar dos interesses da classe, Ficou resolvido que uma commissão, composta: dos: Srs. Anselmo Rosa, Olympio de Amorim, Moysés Zacarias, João da Cruz Silva Freire, Jerson de Almeida, Ricardo Silva, levasse ao Sr. presidente da Republica, logo que tivesse
muitas assignaturas, uma mensagem, declarando

6.12 Considerações finais

A codificação das fontes digitais através do ATLAS.ti nos permite criar relevância e significação em um manancial de informações cada vez maior nessa era digital e das digitalizações. Isso é fundamental para as pesquisas que têm ferramentas de busca por palavras-chave, como é o caso da Hemeroteca Digital Brasileira, pois o volume e fragmentação dos dados obtidos tornam a análise tradicional ou analógica, limitada e arriscada. É cada vez mais difícil fazer visível o corpo documental. Consequentemente a análise e a escrita da História tendem a esbarrar numa interpretação parcial e fragmentada. Esse problema metodológico afeta diretamente as operações mais básicas da historiografia: selecionar a fonte, criticar – interna e externamente – a fonte e interpretar. Como afirma Konopásek[51], através do ATLAS.ti podemos agir transversalmente, por exemplo, construindo conexões entre jornais, leis, artigos científicos, imagens, formando um "texto multivocal", que expressa fisicamente nosso movimento progressivo do contexto e sentidos originais para o argumento histórico.

É nesse sentido que buscamos neste capítulo aliar as reflexões teóricas da História Social e da Micro-história italiana, a perspectiva do conflito e experiência social reconstruída através do método indiciário, com os recursos presentes no ATLAS.ti. Através da codificação, criação de grupos de fontes e códigos, da criação de relações lógicas e conceituais, a criação de redes, geração de relatórios e análises a partir de ferramentas de apoio interpretativo é possível potencializar o trabalho hermenêutico e apontar para novas reflexões sobre o próprio ofício do historiador.

51. KONOPÁSEK, 2007, p. 293.

7

Transformação digital e História: pensar no passado com tecnologias do presente

Danielle Christine Othon Lacerda

7.1 Introdução

Nos últimos anos, significativas mudanças têm moldado a maneira como convivemos em sociedade, como nos relacionamos e desenvolvemos nossas atividades acadêmicas, profissionais e de entretenimento. Da perspectiva baseada no *homo economicus*, observamos com atenção, curiosidade e ressalvas o entranhamento do mundo digital em nosso cotidiano, fazendo emergir um novo sujeito, o *homo digitalis*[1].

A introdução das tecnologias digitais, recursos e mídias tem sido uma realidade inovadora e disruptiva, inicialmente de maneira mais expressiva no ambiente corporativo, palco de discussões e debates sobre os novos modelos de negócio, sobre as maneiras de desenvolver experiências cada vez mais atrativas e personalizadas para o cliente, sobre as inequívocas alterações nas relações de trabalho e as novas configurações das profissões do futuro[2]. Desde que a

---

1. No artigo publicado no jornal de referência português *O Público*, em 18/08/2019, o sociólogo português Elísio Estanque aponta para mudanças comportamentais e psicológicas cada vez mais imprevisíveis. Se, de um lado, acreditava-se na racionalidade do indivíduo, a mercantilização do espaço cibernético restringe a autonomia das pessoas que, apoiadas em uma pretensa individualidade, têm seus gestos e comportamentos vigiados pelas grandes corporações detentoras de sistemas cada vez mais avançados para a construção de gostos e necessidades previamente moldados a novos produtos e serviços. Nesse sentido, o autor entende como *Homo digitalis* "a imersão do indivíduo no mar de fluxos e equipamentos digitais que penetram e dominam a nossa identidade pessoal". Cf. https://www.publico.pt/2019/08/18/tecnologia/opiniao/homo-digitalis-1883167

2. HARARI, 2018.

Condessa Ada Lovelace, filha do polêmico poeta inglês Lord Byron, encantou--se pela beleza da matemática, tornando-se uma grande entusiasta da famosa Máquina Analítica de Charles Babbage, considerada a precursora do computador[3], inumeráveis invenções e inovações tecnológicas abriram caminho para o mundo digital.

A difusão das novas tecnologias digitais amplia, sobremaneira, a eficiência e a velocidade exigidas em um mundo cada vez mais conectado, assim como ressalta dicotomias desafiadoras para a humanidade. O avanço acelerado das inovações tecnológicas dinamiza a economia e impulsiona pequenos empreendimentos, amplia o acesso de pessoas comuns a uma imensa massa de conteúdos e informações, facilita interações e agiliza processos. Por outro lado, a conectividade escancarou problemas não tão explícitos inicialmente, como os riscos de segurança, da privacidade e da perda de dados, ao lado de questões urgentes como as dificuldades de acesso à Internet de qualidade e o "analfabetismo digital" entre a camada marginalizada da sociedade.

Diante desta realidade, no campo da História nota-se uma crescente preocupação associada ao trabalho de pesquisar, examinar e representar o passado por meio dos variados tipos de recursos digitais à disposição no ambiente *on-line*. Neste contexto, quero apontar duas vertentes quanto às inquietações dos historiadores diante da "virada digital", não necessariamente excludentes: a dos historiadores mais preocupados em problematizar e refletir sobre as implicações dos usos das tecnologias digitais que ampliam a capacidade de análise crítica dos historiadores e suas implicações epistemológicas e metodológicas; e daqueles mais interessados em aplicar ferramentas que facilitam e agilizam os processos de capturar, registrar e analisar fontes, que organizam a escrita acadêmica e que possam dar vazão ao conhecimento histórico por meio de uma

3. De acordo com Walter Isaacson, a Máquina Analítica criada em 1834 por Charles Babbage tinha por objetivo realizar operações variadas com base em instruções programadas que combinavam instruções que podiam mudar o "padrão de ação" da máquina. Entusiasmada com o conceito da Máquina Analítica e com o objetivo de promover a inovação de Barbbage, em 1843, Ada Lovelace descreveu em um artigo científico os principais conceitos que, hoje, revelam os princípios do computador que surgiria um século após suas considerações. Ada observou a generalidade da máquina que possibilitava a realização de diferentes tarefas ao ser programada e reprogramada e, de maneira mais expressiva, ela visualizou além do próprio Barbagge de que os algarismos presentes nos cartões perfurados da Máquina Analítica poderiam representar qualquer tipo de informação, superando a função de uma máquina de calcular para vislumbrar uma máquina conceitual com funções muito superiores como a possibilidade de, segundo a Condessa de Lovelace, "compor peças de música elaboradas e científicas de qualquer grau de complexidade" (ISAACSON, 2014, p. 25-45).

variedade ainda maior de plataformas disponíveis *on-line*, como blogs, vlogs, podcasts, exposições *on-line* e redes sociais.

É fato que uma grande maioria de historiadores, sejam aqueles formados numa época ainda analógica, assim como os jovens historiadores "nativos" da era digital, utilize inúmeros recursos tecnológicos em seu cotidiano. Do correio eletrônico às mensagens instantâneas, à busca de documentos históricos em repositórios e plataformas de pesquisa *on-line*, passando pela leitura digital de fontes, livros e artigos científicos ao uso de ferramentas menos ou mais complexas para análise de dados, a transformação digital é uma realidade no âmago das atividades do historiador em resgatar e interpretar o passado.

Recordo, aqui, quando estive às voltas com minha pesquisa de mestrado com o intuito de compreender a apropriação de romances-folhetins franceses pelos leitores do Rio de Janeiro no século XIX. O *corpus* se compôs de maneira bastante fragmentada constituído de anúncios, matérias e críticas em diversos jornais, catálogos de bibliotecas, romances publicados nas páginas dos periódicos e em livro. Ao final da pesquisa, acumulei uma vasta coleção de recortes de periódicos digitalizados, disponibilizados em plataformas *on-line* como a Hemeroteca Digital da Biblioteca Nacional (BN) e a Gallica, da Biblioteca Nacional da França (BNF). Além disso, acumularam-se cópias de obras, iconografias e mapas originais, disponíveis digitalmente em plataformas como Google Books, Arquive.org, Center for Research Librarie (CRL), Biblioteca Digital do Senado Federal, entre outras plataformas confiáveis de obras e documentos digitalizados.

Tudo isso, mesclado com outros registros documentais registrados digitalmente por meio de aplicativo de celular pessoal autorizados *in loco* em bibliotecas e arquivos públicos, fichamentos e breves anotações em aplicativo de notas para aqueles fatídicos momentos em que a memória falha, estão armazenados em uma única plataforma *on-line*, o Evernote, ferramenta digital que facilitou, sobremaneira, a coleta, organização, classificação, anotações e a acessibilidade da informação. Pelo Evernote, tenho acesso a todos os meus registros em qualquer dispositivo, computador, smartphone ou diretamente no site da Web, com a possibilidade de efetuar alterações, incluir novos registros em formatos diversos como notas, lembretes, tabelas, imagem, vídeo, páginas de site e áudio que sincronizam em todos os dispositivos em tempo real. Até o momento, a plataforma supre as minhas necessidades profissionais, o que não implica a contínua busca por novidades tecnológicas que permitam estas e outras funcionalidades.

Entretanto, para chegar ao Evernote foi preciso identificar quais implicações desta escolha tecnológica para o desenvolvimento deste trabalho minucioso de pinçar fontes fragmentadas em documentações diversas, acessar e analisar registros com o objetivo de facilitar e agilizar o processo de pesquisa. No início, o arquivamento desses registros restringia-se aos repositórios do meu computador pessoal, que logo percebi a dificuldade em resgatar as fontes e os fichamentos quando necessário, tendo em vista o acúmulo de pastas e arquivos virtuais criados no HD do computador pessoal, sem contar com os riscos de perder a informação caso houvesse algum problema crítico no hardware.

À medida que a pesquisa avançava, o incremento de registros salvos em anotações no processador de texto Word e, de maneira analógica, em caderno diversos, alertara-me para o risco de omitir importantes informações que poderiam se esconder no emaranhado de registros durante a escrita da dissertação. Em função de meu histórico profissional, por anos gerenciando processos na gestão de grandes empresas, aperfeiçoei meu interesse pela organização, controle e gestão da informação. Assim, comecei a procurar aplicativos que permitissem tanto armazenar registros, em imagem e texto, criar um sistema lógico de classificação, facilitar o processo de busca e que pudesse oferecer um sistema de salvamento seguro.

Para tanto, empreendi a busca por ferramentas digitais alinhadas ao trabalho do historiador. A primeira etapa foi feita por meio da ferramenta de busca do Google com base em palavras-chave relacionadas a relatos de historiadores descrevendo o seu fluxo de trabalho de pesquisa com o objetivo de avaliar o *modus operandi* por meio de tecnologias digitais que também atendessem a minha demanda. Para a minha surpresa, os resultados foram bem reduzidos, restritos a alguns historiadores e pesquisadores norte-americanos e britânicos que compartilhavam o seu método de pesquisa em blogs ou em vídeos no YouTube. Seguindo o caminho dos hiperlinks, encontrei um *post* publicado pelo diretor associado do The Yale-New Haven Teachers Institute, o historiador Michael D. Hattem[4] no blog colaborativo *The Junto* dedicado aos primeiros norte-americanos. Neste *post*, Hattem explica, em detalhes, o *workflow* de seu processo de pesquisa utilizando os aplicativos Pappers e Scrivener.

Com relação às ferramentas utilizadas, o Scriviner foi o que mais me chamou a atenção. O Scriviner é um software dedicado à escrita de textos que

4. O *post* está disponível em https://earlyamericanists.com/2013/06/18/digital-workflow-for-historians/

possui um sistema que permite gerenciar documentos, anotações e metadados, permitindo armazenar imagens, links, arquivos em pdf, mas voltado a escritores. O Scriviner foi a minha primeira incursão longe do processador de texto Word que me forçou a mudar a lógica linear de elaboração de um texto. Após avaliar as funcionalidades do Scriviner para pesquisa e escrita, ainda não era a ferramenta mais adequada para o conteúdo e as necessidades operacionais da minha pesquisa de mestrado.

Em seguida, seguindo a recomendação de pesquisadores no campo da genealogia, o Evernote pareceu ser uma boa opção para facilitar a organização do fluxo de trabalho e mapeamento das genealogias, e optei por testar a ferramenta. O Evernote é uma plataforma *on-line* que funciona em mídias diferentes, conforme a plataforma, via Web, aplicativo para dispositivo portátil e software para *desktop* que atua e sincroniza qualquer alteração em tempo real se estiver *on-line*, com base na tecnologia de nuvem. A proposta do aplicativo é ser um repositório de notas de todos os tipos de mídias, texto, vídeo, áudio, arquivos em pdf, páginas da Web e imagens e que permite criar uma estrutura de organização e classificação personalizada com base em cadernos e etiquetas.

Contudo, uma das funcionalidades que mais atraiu a minha atenção foi, sem dúvida, a busca por palavra-chave em arquivos de texto, tabelas, inclusive em arquivos em formato pdf, uma vez que utiliza a tecnologia OCR (Optical Character Recognition) que permite transformar arquivos do tipo Portable Document Format (pdf) em caracteres reconhecíveis, e agilizando o processo trazem novas potencialidades para a compreensão da fonte digitalizada.

Esta era uma das minhas maiores dificuldades ao armazenar as fontes e anotações no computador quando é preciso resgatar a informação em um volume muito grande de dados. Com o recurso do Evernote, agilizou de maneira exponencial a escrita da dissertação ou de qualquer outro texto que fosse preciso resgatar registros de fontes já pesquisadas.

Até o momento da escrita deste texto, mantenho um total de 1.811 notas categorizadas entre registros de pesquisas de doutorado, mestrado e de outras produções científicas e anotações diversas relacionadas a outros projetos. Este texto também foi escrito, inicialmente, no Evernote, assim como a compilação, armazenamento e análise do material de pesquisa para este texto. A liberdade de escrita em um editor de texto mais simples, sem se preocupar com margens e espaçamentos, permite maior agilidade da escrita, mais liberdade e criatividade, ao fugir da escrita linear[5]. Após a finalização do texto, é só copiar e colar em um editor de texto como o Word para efetuar as configurações necessárias. Além disso, a funcionalidade da tecnologia de Nuvem permite o salvamento automático do texto em desenvolvimento, evitando perder as últimas alterações do que já foi escrito, sendo possível acessar em qualquer tipo de dispositivo.

De maneira complementar, utilizo o aplicativo Mendeley para armazenar as fontes bibliográficas digitais que ficam armazenadas também no repositório virtual desta plataforma e para criar a citação do texto com base no modelo-padrão predefinido desejado. Com este mesmo objetivo, existe ainda o Zotero, software bastante popular no meio acadêmico. No entanto, como diferenciais, o Mendeley permite registrar as anotações de leitura e fichamento do texto, fazer marcações e incluir notas no próprio arquivo de texto em formato pdf, além de ser uma plataforma que atua em tempo real. Da mesma forma que o Evernote, todos os registros ligados ao *login* do usuário são salvos automaticamente e os registros são sincronizados com todas as plataformas *on-line* (desktop, Web e smartphone) pela tecnologia da Nuvem.

Esta incursão sobre o *workflow* de pesquisa que tenho utilizado não resume o ofício do historiador a um agrupamento de ferramentas digitais. Essa busca por um método de coleta, interpretação, registro e escrita implica uma correlação de fatores vinculados à realidade de cada historiador, como o conhecimento e o acesso aos suportes digitais e a devida compreensão da lógica destas ferramentas tecnológicas para que o historiador consiga usufruir dos recursos necessários para a sua pesquisa. Portanto, é preciso estar alerta quanto à naturalização do uso destas ferramentas digitais na pesquisa que, sem uma devida problematização das escolhas instrumentais, terminam por adaptar a pesquisa às tecnologias existentes, enquanto se inverte a essência utilitária de suporte das ferramentas digitais.

Tal fato é uma maneira de ilustrar como o cotidiano do profissional acadêmico está inserido no meio digital, com o uso de recursos básicos como planilhas, processadores de texto, armazenamento na Nuvem, bloco de notas

---

5. Esta percepção quanto à agilidade e liberdade da escrita por meio de editores de texto mais simples também foi observado pelo historiador David Norton e por estudiosos das Humanidades Digitais. Cf. NORTON, D. (Jack). Making Time: Workflow and Learning Outcomes in DH Assignments. In: GOLD, M.K.; KLEIN, L. *Debates in the Digital Humanities*, 2019. Londres: University of Minnesota Press. Disponível em https://dhdebates.gc.cuny.edu/projects/debates-in-the-digital-humanities-2019

na Web, digitalização e aplicativos de mensagens é uma realidade que facilita a atividade de pesquisa, comunicação e escrita acadêmica.

No entanto, existe uma diversidade ainda maior de tecnologias mais robustas para lidar com dados mais complexos como a análise de dados qualitativos e quantitativo e de visualização espacial. Programas e aplicativos computacionais que envolvem as novas tecnologias como Big Data, Data Mining, Machine Learning, Cloud Computer e Inteligência Artificial[6] são realidade no universo das humanidades digitais, principalmente em projetos colaborativos e interdisciplinares. Programas para análise de textos como N-Vivo[7], ATLAS.ti[8] e Google Books N-GramViewer[9], Voyant.tools ou o tradicional Sistema de Informação Geográfica (GIS) vêm ganhando espaço entre os historiadores mais atentos às novidades digitais.

Este universo tecnológico tem provocado curiosidade e despertado questionamentos que movimentam as atuais discussões no campo da História Digital. Até recentemente, havia uma relevante preocupação entre os historiadores mais atentos sobre o necessário debate acerca da introdução das tecnologias digitais na prática do historiador, causado por um certo silêncio inquietante

6. Para ficar mais claro, podemos compreender de forma resumida as novas tecnologias da seguinte forma: (1) o Big Data é formado por ferramentas que lidam com uma imensa e complexa massa de tipos variados de dados produzidas, diariamente, por usuários. (2) O Data Mining ou a mineração de dados é uma das formas de extração e análise de dados do Big Data, identificando relações e reconhecendo padrões que possibilitam ampliar as análises sobre determinado conjunto de dados. (3) Inteligência Artificial é a capacidade de um sistema de armazenar, manipular, adquirir dados para deduzir ou fazer inferências de novos conhecimentos, sendo composta por várias tecnologias como Machine Learning e Big Data. (4) Machine Learning ou Aprendizado de Máquina é uma área da Inteligência Artificial que permite o computador reconhecer e aprender por si mesmo novos padrões de informações com o objetivo de executar uma tarefa. (5) *Cloud Computing* ou Computação nas Nuvens é a possibilidade de acessar aplicações de qualquer lugar a partir da Internet. Para mais detalhes, cf. KHAN, S. et al. *Big Data Computing Using Cloud-Based Technologies: Challenges and Future Perspectives*. Disponível em https://arxiv.org/ftp/arxiv/papers/1712/1712.05233.pdf • *IGTI, os três pilares da inovação: Machine Learning, Big Data e IoT*, 2017. Disponível em: https://www.igti.com.br/blog/os-tres-pilares-da-inovacao-machine-learning-big-data-e-iot/

7. O software N-Vivo tem como funcionalidade analisar informações qualitativas, obtidas em textos, entrevistas, mídia social, imagens, vídeos, áudio com base em métodos qualitativos que permitem análises mais profundas dos dados. Cf. https://www.qsrinternational.com/nvivo-qualitative-data-analysis-software/home

8. O ATLAS.ti é um aplicativo para análise quantitativa para uma grande base de dados textuais, visuais e de áudio que facilita o gerenciamento e a análise sistemática. Cf. https://atlasti.com/product/what-is-atlas-ti/

9. O Google Books N-Gram Viewer é uma ferramenta *on-line* que permite visualizar a ocorrência de determinadas palavras ou frases dentro do *corpus* do Google Books no período selecionado. Cf. https://books.google.com/ngrams/info

que tem provocado a emergência do meio acadêmico em se abrir para discussões sobre as transformações do modo de fazer a História nesta era digital[10].

Não tenho a intenção em assumir um discurso laudatório em favor da tecnologia digital, nem apontar os riscos das inovações tecnológicas para o campo da História como mecanismos de rejeição, até porque neste momento é uma tarefa praticamente impossível afastar-se do universo digital. Os debates da História Digital têm despertado importantes questionamentos e aprofundado sobre as mudanças epistemológicas e os métodos tradicionalmente aplicados pelos historiadores, iluminando as potencialidades e os riscos inerentes ao uso de ferramentas digitais, de maneira a superar as ponderações relacionadas ao uso dos recursos digitais apenas como mais um instrumental de suporte à pesquisa.

Neste sentido, a minha proposta é refletir sobre as implicações provocadas pela introdução das tecnologias digitais na caixa de ferramentas do historiador. A ideia é colocar luz nas questões que envolvem a dimensão instrumental do digital em um ambiente de transformações exponenciais e que têm afetado o *modus operandi* da produção historiográfica. Portanto, é convidativo partir de uma visão geral das tecnologias digitais no contexto da *Web 3.0* para amealhar discussões acerca das formas como estas tecnologias têm provocado na própria construção cognitiva de cada um e como têm provocado mudanças significativas nas práticas dos historiadores na atualidade.

Tendo em vista um provável alargamento deste tema que implicaria abranger as principais atividades do historiador – pesquisa, escrita, ensino, divulgação e preservação –, optei por delimitar esta análise à operação historiográfica relacionada à pesquisa e à escrita da História. Desta forma, o esforço em destrinchar este tema diante das amálgamas do digital no cotidiano do historiador permite uma explosão de possíveis questões que favorecem explorar, a partir do olhar do digital, temáticas ainda inertes no campo da História.

Entre uma série de problemáticas que este tema suscita, a questão principal que conduz este texto é entender como a naturalização do uso das tecnologias digitais afeta a atividade historiográfica na atualidade. Colocamos em pauta o pragmatismo dos historiadores na escolha das ferramentas digitais, diante das facilidades proporcionadas, sem antes problematizar as suas opções e repensar o método, considerando as limitações e as potencialidades para a sua atividade de pesquisa e a construção do discurso histórico. Este texto autoriza refle-

10. Cf. MAYNARD, 2016, p. 103-116. • LUCCHESI, 2017, p. 25-37.

xões, que, mesmo em meio à avalanche do mundo digital em nosso cotidiano, procuram ponderar os necessários cuidados com metodologias e ferramentas digitais no fazer historiográfico.

Para tanto, abordaremos três questões fundamentais para a operação historiográfica na atualidade dominada pelo ambiente tecnológico e digital e que tendem a causar profundos impactos na atividade de pesquisa e escrita da História: o uso de ferramentas de busca de fontes primárias e bibliografias e os impactos na leitura crítica no ambiente digital; as tecnologias digitais e novas perspectivas de análise histórica e, por fim, o fortalecimento do trabalho colaborativo e interdisciplinar impulsionado por projetos em História Digital.

Estas discussões permitem expandir os debates em torno das tecnologias digitais ao perceber que a reflexão acerca da utilização do instrumental digital vai muito além do pragmatismo utilitário como ferramentas facilitadoras da atividade do historiador. Portanto, este debate vincula-se à necessária problematização epistemológica e metodológica com o intuito de iluminar novas reflexões acerca das limitações, desafios e potencialidades das tecnologias digitais para a pesquisa histórica.

7.2 Transformação digital da História

A transformação digital tem se tornado um imperativo em todos os tipos de relações humanas, seja no ambiente profissional, acadêmico e pessoal. Em menor ou maior grau, a maioria das pessoas está inserida no contexto digital, muitas vezes sem ao menos se questionar as razões e implicações que as levaram a substituir certas práticas do cotidiano como fazer uma simples ligação por telefone pelo envio de uma mensagem de voz gravada por meio de um aplicativo de mensagem qualquer. Na atualidade, a Pandemia pelo SARS-CoV-2 impulsionou o sentido de urgência e sobrevivência ao forçar inúmeros pequenos e médios empreendedores e profissionais autônomos, como professores e pesquisadores, a migrarem para o ambiente digital. Muitos dos quais ainda não haviam percebido os avanços exponenciais da Web e das tecnologias digitais, nem compreendido como poderiam agregar valor às suas atividades tradicionais.

Estas mudanças se referem à integração das tecnologias digitais aos mais distintos processos e atividades humanas e que resultam em transformações fundamentais nas formas de interagir, se relacionar e operar atividades que impactam as relações de consumo, de compras, de produção, de análise e de aprendizado. Muito mais do que uma disrupção e inovação tecnológica, a transformação digital, como fenômeno social "total", na abordagem de Marcel Mauss[11], trata das mudanças de paradigmas que afetam as múltiplas instâncias sociais, culturais e de valores. Trata-se ainda da precípua necessidade das pessoas em desenvolverem a capacidade de adaptação e flexibilidade que implica não só impactos relevantes na vida profissional como na vida, em seu sentido mais amplo.

Mais importante do que discutir a velocidade exponencial do desenvolvimento das máquinas, softwares e tecnologias de ponta como Big Data, Machine Learning e Inteligência Artificial, não podemos deixar de destacar como as pessoas estão sendo desafiadas a assumir uma postura cada vez mais ágil, inovadora e empreendedora. Discutir a transformação digital é considerar o ser humano como a chave para movimentar as mudanças nos diferentes níveis dos ecossistemas aos quais está inserido. Neste aspecto, vejo como ponto crucial ressaltar o necessário protagonismo do ser humano diante destas transformações, de forma que as tecnologias sirvam às necessidades das pessoas e não o contrário.

A historiadora Anitta Luchesi[12], que tem se dedicado de modo pioneiro à História Digital, alerta sobre a importância da aproximação do historiador das novas tecnologias, assumindo um papel de protagonista e não só como um usuário comum. Por consequência, nota-se a importância do historiador em entender a lógica que opera aplicativos de programa computacionais, os algoritmos e a linguagem que movimenta o universo tecnológico[13]. O objetivo não é tornar os historiadores programadores de computador, como previa o historiador francês Emmanuel Le Roy Ladurie ao se referir que "o historiador de amanhã será programador ou não será"[14], mas de tomar as rédeas na

---

11. A ideia de "fenômeno social 'total'", desenvolvida pelo sociólogo francês Marcel Mauss, procura esclarecer o conjunto de fatos complexos que impactam uma sociedade de maneira sincrônica em inúmeras áreas ou instituições sociais, econômica, política, religiosa, jurídica, moral, estética, afetando os comportamentos individuais e coletivos. Cf. MAUSS, 2003, p. 187.

12. Entrevista concedida ao Canal História da Ditadura: LUCCHESI, A. *História Digital*, 2017 (25m28s). Disponível em https://www.YouTube.com/watch?v=Q17Gcz5J9So

13. Benjamin Schmidt já havia alertado para a importância dos pesquisadores das ciências humanas em entender como se processam as transformações e reconfigurações que os algoritmos operam. Esta postura ativa permite a humanidade identificar novas maneiras de olhar o seu objeto de pesquisa e ser mais criativa em suas questões. Cf. SCHMIDT, B. Do Digital Humanists Need to Understand Algorithms? In: *Debates in the Digital Humanities*, 2016.

14. Esta afirmativa do historiador francês Emmanuel Le Roy Ladurie que denunciava o seu entusiasmo quanto ao uso dos computadores nas análises quantitativas e seriadas foi publicada no artigo da revista *Le Nouvel Observateur*, 08/05/1968.

modelagem de programas, plataformas e aplicativos portáteis em projetos que envolvam o desenvolvimento de tecnologias digitais, considerando novas problemáticas, novos tipos de dados e métodos de pesquisa histórica, de maneira a ampliar as capacidades analítica e interpretativa dos historiadores.

As drásticas mudanças nas práticas dos historiadores, afetadas pela velocidade exponencial que as tecnologias digitais assumiram nos últimos anos, perturbou, segundo Noiret[15], os tradicionais conceitos e práticas metodológicas no cotidiano dos historiadores. A incorporação do uso do computador e dos smartphones na oficina da História já não reflete o avanço das inovações no campo científico das humanidades. A emblemática assertiva de Ladurie sobre o uso do computador como uma ferramenta essencial ao trabalho do historiador e que marcaria os debates entre críticos e defensores da história quantitativa nas décadas de 1980 e 1990 talvez já não faça mais sentido em tempos da *Web 3.0* e das tecnologias emergentes.

Nesta mesma direção, o fundador e editor do portal Café História, o historiador e jornalista Bruno Leal[16], ressalta que só na década de 1990 o computador viria a migrar de uma simples ferramenta de apoio à pesquisa para assumir um lugar de destaque, juntando as novas tecnologias de comunicação, como a Internet e os dispositivos móveis na década seguinte. É inegável que, na atualidade, temos uma maior variedade de recursos digitais que facilitam a atividade de pesquisa, como buscar e visualizar as fontes, armazenar e extrair os dados qualitativos e quantitativos, analisar as informações, escrever e divulgar os resultados de pesquisa.

De acordo com Fernando Almeida, professor da Faculdade de Engenharia da Universidade O Porto, vivenciamos uma nova transição tecnológica da *Web 3.0* para a *4.0*[17] como a expansão da integração das máquinas e operações mais complexas, dinâmicas e inteligentes. Entender esta mudança de paradigma, que tem por base múltipla as tecnologias e as redes sociais como pontos fulcrais na transformação digital, fundamental para compreender a relação do historiador do presente e do futuro próximo em seu trabalho de pesquisa e escrita historiográfica.

---

15. NOIRET, 2011, p. 235-288. Disponível em http://hdl.handle.net/1814/18074 – Acesso em 08/12/2020.

16. CARVALHO, 2014, p. 165-188.

17. ALMEIDA, F. Concept and Dimensions of Web 4.0. *International Journal of Computers & Technology*, 2017. Disponível em https://rajpub.com/index.php/ijct/article/view/6446

Em 2011, Gallini e Noiret[18] questionavam qual a utilidade da mídia digital e as redes sociais para o ofício do historiador e quais implicações epistêmicas para a construção do conhecimento histórico numa época pautada pela interatividade e participação dos usuários na construção de conteúdo. Desde a época em que Gallini e Noiret apontaram estas questões, a Web já passou por mais de um ciclo de mudanças e, neste momento, encontra-se no início da nova geração. Enquanto ainda nos adaptamos à realidade da *Web 3.0*, diversos autores já reconhecem que vivenciamos uma nova transição ainda em estágio inicial, traduzida pelas "social machines", tecnologias de ponta que devem comandar o processo social de lidar com uma imensa quantidade de dados com apoio da Inteligência Artificial integrados nos mais variados dispositivos e utensílios eletrônicos.

Enquanto a *Web 4.0* ainda não se torna uma realidade no cotidiano da maioria das pessoas, cabe ressaltar que as provocações lançadas por Gallini e Noiret devem extrapolar a problemática da utilidade das ferramentas digitais para refletir sobre "como" o historiador poderá ultrapassar as fronteiras de sua própria "bolha" customizada por algoritmos. No momento atual, os conteúdos que consumimos por meio de buscas *on-line* estão associados ao que se conhece por "web Intelligence" que se traduz em uma experiência pretensamente personalizada pelas preferências e pelo comportamento de cada usuário na Internet[19]. Ou seja, quando realizamos buscas no ciberespaço, recebemos como retorno aquilo que está vinculado às nossas preferências de consumo identificadas por meio de algoritmos e processos de reconhecimento de nossos padrões de comportamento *on-line*.

Mas o quanto deste direcionamento de nossas buscas poderia implicar nosso trabalho de pesquisa histórica? Esta é uma das questões que estão associadas à naturalização do uso das tecnologias digitais no cotidiano. Para ilustrar, vamos imaginar o historiador no início de uma pesquisa. Ao definir o objeto da pesquisa, a primeira etapa é fazer a investigação do tipo exploratória em plataformas de busca, como o Google, para verificar o estado da arte do tema pesquisado. Com efeito, se considerarmos a atuação precisa dos algoritmos do Google, poderemos inferir que os resultados da busca trazem como resultado artigos e livros de autores alinhados à mesma perspectiva teórica de quem faz a pesquisa, criando uma "bolha" sobre o tema pesquisado. Este é um ponto a ser observado com atenção.

---

18. GALLINI; STEFANIA; NOIRET, 2011, p. 16-37.

19. Para mais detalhes sobre as gerações da Web (1.0 a 4.0), cf. ALMEIDA, 2017. Op. cit.

Ora, se o trabalho do historiador se pauta pelo método crítico, é de extrema importância que tenhamos acesso a pesquisas com abordagens diversas de maneira a enriquecer a interpretação. O historiador deve estar atento à necessidade de extrapolar este universo restrito da Web, construído intencionalmente, uma vez que o pensamento crítico se constrói com base no contraditório, aspecto preponderante para a pesquisa científica e à própria história, tal como explica com sucesso Antoine Prost ao deixar claro que a "solidez do texto histórico" depende da análise crítica de suas fontes[20].

Pensando sobre estas e outras questões e considerando o uso das tecnologias digitais e as redes sociais nas atividades tradicionais do historiador, como a pesquisa, a análise crítica, a disseminação do conhecimento, a preservação e o ensino, a História Digital tem suscitado problemáticas e reflexões que devem ir além das discussões semânticas sobre qual prática faz parte da História Digital ou não.

Sem entrar no debate sobre as fronteiras da História Digital em busca de um consenso, concordo em parte com a definição de Douglas Seefeldt e William G. Thomas ao afirmar que a "História Digital pode ser compreendida amplamente como uma abordagem para examinar e representar o passado que funciona com as novas tecnologias de comunicação do computador, da rede da Internet e dos sistemas de software"[21]. Entretanto, o salto quântico das tecnologias digitais providenciou um novo patamar para a produção historiográfica, a possibilidade de realizar análises muito mais complexas e de manipular um conjunto de dados mais robusto por meio das ferramentas digitais mais avançadas, algumas das quais desenvolvidas para os propósitos de pesquisa.

Neste nível, no entendimento de Ashley Bowen, o amadurecimento da História Digital retrata a produção de uma história diferente. Para a historiadora, o uso de ferramentas digitais deve atuar como método e não apenas a disposição de métodos tradicionais da atividade do historiador, como: "escrever para públicos especializados, coletar e anotar fontes, construir exposições e *tours* e explicar as mudanças ao longo do tempo"[22] em plataformas *on-line*.

---

20. PROST, 2008, p. 73.

21. SEEFELDT; THOMAS. *Whats digital history? – Perspectives on History*, mai./2009. Disponível em https://www.historians.org/publications-and-directories/perspectives-on-history/may-2009/what-is-digital-history

22. BOWEN, A.E. *New Angles on Digital History – Perspectives on History*, nov./2020. Disponível em https://www.historians.org/publications-and-directories/perspectives-on-history/january-2021/townhouse-notes-a-false-dichotomy

Para a historiadora, embora seja um fato relevante os impactos que esta migração para o digital tem causado para a divulgação da história, o que falta neste tipo de projeto são novas problemáticas ou novas evidências que suportem os questionamentos históricos.

Stephen Robertson corrobora esta mesma perspectiva sobre a História Digital ao destacar o uso de ferramentas tecnológicas como meio de trazer novas questões e construir novas relações que antes não seriam percebidas por meio da análise tradicional das fontes. Apontando especificamente para o mapeamento digital por meio do software GIS, Robertson afirma que "a visualização desses mapas [por meio do GIS] pode revelar padrões espaciais não evidentes na leitura dos textos, relações que facilitam comparações e suscitam perguntas. As respostas a essas perguntas não estão nos mapas, mas nas fontes das quais são derivadas"[23].

É neste cenário que Anita Lucchesi, interessada pela escrita da história no espaço digital, conclama historiadores e a academia a refletirem sobre questões preponderantes à nova dimensão da atividade historiográfica[24]. De maneira geral, tais problemáticas refletem os desígnios da História Digital em se tornar um espaço de discussões, de debates e reflexões quanto às transformações digitais da operação histórica e sobre as implicações epistemológicas, metodológicas e colaborativas na construção do conhecimento histórico.

No guia elaborado para orientar historiadores a coletar, preservar e representar o passado na Web, Cohen e Rosenzweig salientam a importância em estar ciente das vantagens do digital nas atividades de pesquisa, escrita, representação e ensino do passado, assim como as limitações impostas pela tecnologia no intuito de minimizar as desvantagens e maximizar os benefícios. De um lado, Cohen e Rosenzweig apontam como qualidades das mídias digitais e redes sociais a alta capacidade de armazenamento de dados em espaços reduzidos, a facilidade e agilidade em acessar as informações, a flexibilidade, a diversidade dos tipos de fontes, a facilidade em manipular, a interatividade que permite a participação e colaboração e a hipertextualidade que expande o conhecimento do passado por meio de hiperlinks. Por outro lado, não deixam de ressaltar os perigos do digital no que se refere à informação, à qualidade, à

---

23. STEPHEN; ROBERTSON. *The Differences between Digital Humanities and Digital History*, 2016. Disponível em https://dhdebates.gc.cuny.edu/read/untitled/section/ed4a1145-7044-42e9-a898-5ff8691b6628#ch25

24. LUCCHESI. *Por um debate sobre história e historiografia digital*. Op. cit., 2014, p. 45-57.

durabilidade dos dados, à legibilidade, à passividade e à falta de acessibilidade dos dados[25].

Tais problemáticas não podem escapar ao olhar do historiador, especialmente quando as fontes podem ser registros frágeis e manipuláveis. Notícias falsas, manipulação de informações e imagens não é uma novidade na história. No entanto, a maior problemática recai na dimensão das ações no ambiente digital que repercutem com uma abrangência exponencial. Com o avanço tecnológico, as manipulações de dados e informações são cada vez mais difíceis de identificar, portanto se torna evidente o papel de crítico e questionador do historiador que exige uma capacidade cada vez mais especializada para confrontar os documentos e informações. Esta especialização requer um conhecimento mais apurado das tecnologias digitais, como já destacado anteriormente, de maneira a favorecer o historiador na busca por métodos compatíveis com os novos tipos de fontes digitais, cuja metodologia pode ser desenvolvida em colaboração com especialistas da área de tecnologia. O diálogo torna-se muito mais produtivo quando ambas as partes detêm algum conhecimento sobre os princípios das tecnologias digitais, estabelecendo trocas importantes para o aprendizado contínuo e desenvolvimento da ciência.

De todo modo, observamos aqui uma urgência no aprendizado de novas habilidades que permitam ao historiador se posicionar com mais propriedade no ambiente digital e escolher o seu ferramental tecnológico a partir de uma leitura mais crítica quanto às escolhas metodológicas a serem aplicadas, como veremos a seguir.

7.3 Ferramentas de busca, bibliotecas digitais e os impactos na análise crítica

A narrativa histórica não se escreve a partir de suposições sem que se tenha por base documentos que evidenciem os fatos construídos mediante perguntas e hipóteses dos historiadores. Se qualquer coisa pode se tornar um fato em potencial para qualquer pessoa e em qualquer lugar, nos termos de R.G. Collingwood, em tempos da era digital, este talvez seja um dos maiores desafios aos historiadores do Tempo Presente ao lidar com um imenso volume de dados

25. COHEN; ROSENZWEIG. *Digital History: A Guide to Gathering, Preserving, and Presenting the Past on the Web*, 2005. Disponível em https://chnm.gmu.edu/digitalhistory/index.php – Acesso em 19/12/2020.

de tipologias diversas produzidas na Web, como os documentos *born digital*. No entanto, é importante destacar a outra dimensão do documento digital que é o documento tradicional transformado em digital, como manuscritos, iconografias ou impressos.

Embora Pedro Telles Silveira inscreva o documento digitalizado no mesmo patamar do documento *born digital*, tecnicamente correto ao retratar que ambos documentos caracterizam-se pela linguagem codificada em dígitos binários que precisam da mediação de um sistema computacional e que, portanto, os documentos nascidos digitais e os digitalizados exigem a "mesma operação crítica de validação"[26], quero chamar a atenção para um aspecto que perdemos para o digital, a materialidade do documento.

Nas últimas décadas, acompanhamos os avanços das tecnologias digitais que permitiram a preservação de inúmeros manuscritos e fontes impressas por meio da digitalização. Locais de preservação como bibliotecas, arquivos públicos e privados fizeram um esforço hercúleo nesta migração de parte do acervo para o digital, oportunizando milhares de pessoas que não teriam acesso por barreiras geográficas. A digitalização de livros não é uma iniciativa recente; contudo, os primeiros projetos de grande porte se desenrolaram em meados dos anos de 2000. Exemplo disso é a plataforma Google Books, lançada em 2005 ainda com o nome de Google Print, com o objetivo de digitalizar milhares de livros e criar uma das maiores bibliotecas digitais. O projeto da Google, que Robert Darnton afirmou ser um "monopólio dedicado a conquistar mercados"[27], precisou lidar com questões jurídicas relacionadas a *copyright* e direitos autorais, entretanto conta com a cooperação de diversas bibliotecas no mundo. O Google Books mantém atualmente um acervo de mais de 10 milhões de livros entre obras de domínio público, livres de direitos autorais, como documentos de governo e obras que o próprio autor liberou os direitos autorais, que podem ser baixados gratuitamente em formato pdf[28]. Importante destacar que, além deste acervo, o Google Books conta ainda com amostras e trechos de livros digitalizados que podem ser adquiridos em livrarias ou na própria plataforma de compras da Google.

---

26. SILVEIRA, 2013. Disponível em https://www.lume.ufrgs.br/bitstream/handle/10183/90320/000914881.pdf?sequence=1

27. DARNTON, 2010, p. 10.

28. Dados informados pelo site Google Books. Cf. https://books.google.com/googlebooks/about/free_books.html

A segunda maior biblioteca virtual, logo após a Google Books, é uma iniciativa da organização sem fins lucrativos Internet Archive que tem um propósito ainda mais abrangente por armazenar e disponibilizar, de forma gratuita, milhares de livros, vídeos, softwares, áudio, músicas, documentos, imagens, entre outros formatos que podem ser baixados para o computador ou dispositivo pessoal. Seguindo esta mesma linha, a biblioteca digital Europeana foi criada com o objetivo de compilar e disponibilizar o acervo de bibliotecas, museus, arquivos e instituições culturais europeias no formato digital. Já a Gallica, plataforma digital do acervo da Biblioteca Nacional da França (BNF) criada em 1997, possui mais de 4 milhões de periódicos digitalizados e, aproximadamente, dois milhões e meio de imagens, livros, partituras, vídeos, mapas, áudio e manuscritos[29].

O modelo de biblioteca digital garante maior democratização da informação, que permite o acesso ao conteúdo às pessoas em qualquer lugar do mundo que tenha em mãos um dispositivo com acesso à Internet. Para pesquisadores, a facilidade, agilidade, liberdade e autonomia em acessar o conteúdo em qualquer momento, hora ou lugar, tem sido uma forma de expandir os horizontes da pesquisa, ressaltando questões que antes não seria possível de identificar sem o acesso a determinadas documentações. Mais do que ter acesso a documentações já conhecidas por um grupo de pesquisadores envolvidos com o mesmo tema, é ser capaz de encontrar fontes e informações pouco conhecidas, acessadas ou ignoradas. Com ferramentas de busca cada vez mais sofisticadas, as plataformas das bibliotecas e arquivos digitais são projetadas com base em buscas por "palavra-chave". Com um pouco mais de habilidade em fazer correlações no motor de busca, o historiador pode se surpreender ao encontrar documentos pouco acessados ou desconhecidos disponíveis em sua versão digital em repositórios de bibliotecas virtuais que extrapolam as fronteiras geográficas e campos de pesquisa que, certamente, não seriam acessados por meio de uma pesquisa tradicional.

Este tema já foi discutido com bastante ênfase por Eric Brasil e Leonardo Nascimento ao refletir sobre o uso progressivo das fontes digitais e o quanto as pesquisas em plataformas *on-line* operam mudanças significativas na epistemologia e na metodologia da História. Um dos destaques no estudo dos historiadores refere-se à mudança na materialidade da fonte física transformada em

---

29. Para mais informações, cf. https://archive.org, https://gallica.bnf.fr/ e https://www.europeana.eu/pt

digital. Esta nova materialidade concebida em formato digital apaga ou altera as características que percebemos com nossos sentidos:

> Em outros termos, qualquer tipo de erro, negligência ou até mesmo má-fé no processo computacional pertinente à digitalização será determinante no trabalho historiográfico. Além disso, a rematerialização envolve o desaparecimento parcial ou total de uma considerável gama de propriedades organolépticas (a cor, o brilho, a luz, o odor, a textura, a maciez, o som, o sabor etc.) que, de fato, podem ser determinantes na descrição de determinadas fontes históricas[30].

Estas mutações que interferem não só a construção de sentidos por quem lê afasta a compreensão das práticas, gestos e usos dos sujeitos do passado no manuseio de certos objetos. Este distanciamento do documento físico, caro a muitos historiadores que sentem falta dos cheiros, do tato e do ambiente dos arquivos, lembrando aqui o saboroso ensaio de Arlette Farge, pode refletir em lacunas quanto a análise das mudanças nas práticas culturais e as diferentes modalidades de apropriação dos textos pelos leitores.

A materialidade é um tema caro ao historiador do livro e da leitura Roger Chartier. Para o historiador francês os textos só existem a partir de um suporte que permite a sua leitura e tem participação decisiva na construção de significados. Pautando-se em diversos estudos relacionados à circulação de textos ao longo do tempo e em estudos como o do sociólogo da leitura Don McKenzie, Chartier visualiza as mudanças estruturais dos suportes, como a redução do tamanho da mídia, a migração do livro físico para o digital, as traduções, as mudanças de tipografias e ortografias como mecanismos que interferem na percepção e compreensão do que se lê[31]. Contudo, tal perspectiva de análise pode não ser relevante para historiadores que não estão preocupados como as alterações das dimensões e *layout* dos impressos impactam na percepção dos leitores do passado.

Neste mesmo plano, a questão da materialidade ressalta um outro aspecto ainda bem mais crítico para a pesquisa. Uma das principais atividades de qualquer pesquisador acadêmico é a prática de leitura. A elaboração do quadro teórico e a verificação do estado da arte relacionadas ao seu objeto requerem uma leitura intensiva e aprofundada. Historiadores mantêm uma relação ainda mais

---

30. BRASIL; NASCIMENTO, 2019, p. 196-219. Disponível em http://dx.doi.org/10.1590/S2178-14942020000100011.

31. CHARTIER, 2003.

intensa com o ato de ler, uma vez que se utiliza de fontes textuais na construção de seu discurso histórico. Ainda que tenhamos disponível uma infinidade de tipos de fontes que vão além dos documentos textuais oficiais ou não, das missivas, dos textos literários e jornalísticos, como os textos de blogs, portais de notícias, mensagens em redes sociais e microtextos de plataformas como Twitter, ainda evidenciam o protagonismo da prática de leitura no trabalho do historiador.

O ato de ler não é uma atividade natural ao ser humano. Este fato que aparenta não ter nenhuma relevância precisou de cerca de 6 mil anos para operar profundas transformações nas sociedades letradas. Marianne Wolf, neurocientista cognitiva que se dedica às pesquisas relacionadas à leitura, destaca que estas mudanças implicaram a criação de novas redes de conexão no cérebro e envolvem uma "extraordinária complexidade cerebral"[32] que vai além das habilidades programadas pela genética, como a capacidade de ver e de falar.

O desenvolvimento de uma nova habilidade está associado a uma das capacidades mais surpreendentes do cérebro humano, a neuroplasticidade. O princípio da neuroplasticidade é a disposição do cérebro em ser maleável, permitindo a criação de novas redes neurais e a modificação e reorganização das conexões já existentes. Esta movimentação dos circuitos neurais acontece à medida que aprendemos novas habilidades, sensações e comportamentos e os aplicamos de modo contínuo. Com isso, o cérebro mantém-se em modificação com a criação de novos hábitos, na intenção de evitar desperdício de energia corporal[33]. Um ponto importante desta capacidade do cérebro é que estas remodelações acontecem ao longo da vida e dependem do tipo de experiências sociais e cognitivas de cada indivíduo.

Segundo Wolf, o "cérebro leitor é influenciado por alguns fatores ambientais-chave, a saber: *aquilo que lê* (tanto o sistema de escrita particular como o conteúdo), *como lê* (a mídia particular, p. ex., o impresso ou a tela, seus efeitos sobre o modo de ler) e *como é formado* (método de instrução)"[34]. Os estudos de Wolf reforçam a ideia de que o tipo de mídia que oferece suporte ao texto modifica e organiza os circuitos neurais do cérebro leitor, de modo a beneficiar determinados processos cognitivos.

---

32. WOLF, 2019, p. 14.

33. DEMARIN; MOROVIĆ; BÉNÉ, 2014, p. 209-211. Disponível em https://hrcak.srce.hr/126369.

34. WOLF, 2019, p. 28-29.

A mudança de uma cultura letrada para uma cultura baseada no digital implica determinados prejuízos, resultado de uma assimilação mais superficial e lenta do conteúdo, em grande parte provocado pelas distrações provenientes de outros dispositivos tecnológicos e o excesso de informações que prejudicam a atenção do leitor. Este aspecto é apontado por Wolf como um dos fatores que afetam a "leitura profunda", o tipo de leitura que permite desenvolver o pensamento crítico. Entende-se que o pensamento crítico é resultado das diferentes interpretações do leitor ao fazer associações com o seu "conhecimento de fundo", fundamentado nas diferentes experiências particulares, sendo uma delas a leitura cumulativa ao longo da vida que ajuda a construir valores e a representação de mundo do sujeito.

A pluralidade da leitura, ao permitir diferentes interpretações do texto, garante um conjunto maior de recursos para serem reutilizados na leitura de outros textos. Por outro lado, aqueles leitores que não leram ampla e profundamente, teriam menos recursos para deduzir, conjecturar e fazer inferências, favorecendo um maior potencial para aceitação de informações falsas. Nesta mesma linha de raciocínio, Valdemir Guzzo e Guilherme Guzzo, em um texto bastante esclarecedor sobre o papel do pensamento crítico como instrumento de defesa intelectual, entendem que pensar criticamente é uma maneira de auxiliar as nossas escolhas sobre o que devemos acreditar ou aquilo que devemos rejeitar pela falta ou ineficiência das evidências[35].

O pensamento crítico é fundamental à investigação histórica. A necessária problematização dos fatos e objetos históricos é função *sine qua non* à operação historiográfica. A história-problema opera ainda reflexões acerca do próprio fato histórico que deixa sua característica impositiva e irredutível para ser, ele mesmo, um constructo a partir das escolhas do historiador[36]. A leitura profunda permite ao historiador desenvolver a análise crítica, papel central da construção intelectual do objeto de pesquisa. Tal como afirmam Guy Bourdé

---

35. GUZZO, 2015, p. 64-76. Disponível em http://www.ucs.br/etc./revistas/index.php/conjectura/article/view/2746 – Acesso em 21/10/2020.

36. Esta noção de construção do fato histórico se assenta na ideia de José D'Assunção Barros de que o passado é pensando através da perspectiva do historiador a partir de seu próprio presente. Neste sentido, esta construção é perceptível nas escolhas do historiador, explícitas na definição das bases teóricas, nas fontes e nos métodos. Cf. BARROS, J.d'A. Os Annales e a história-problema – Considerações sobre a importância da noção de "história-problema" para a identidade da Escola dos Annales. *Revista História*, 2012b, p. 305-325.

e Henry Martin ao descreverem as fases das atividades do historiador em compreender o passado:

> Em todas as etapas do trabalho histórico deve existir empenhamento ativo do sujeito conhecedor, que estabelece uma relação entre dois planos de humanidade, o dos homens de outrora e o presente, onde vive, marcado por um esforço de "recuperação desse passado". [...]
>
> Longe de ser simples reprodução do passado é reelaboração deste, porque passa inevitavelmente pela conceitualização. Conhecer historicamente é, com efeito, substituir a um dado bruto um sistema de conceitos elaborados pelo espírito[37].

Um dos pontos críticos que nos levam à reflexão sobre os riscos das dificuldades em desenvolver o pensamento crítico na atualidade é a percepção de que este processo cognitivo se encontra ameaçado pela leitura digital. Estudiosos citados por Marianne Wolf, como Ziming Liu, Anne Mangen e Andrew Pipper têm se detido a pesquisar os efeitos da leitura digital. A conclusão das pesquisas aponta que a leitura no ambiente digital não segue a sequência da estrutura do texto. Os estudos de Liu observaram que o movimento dos olhos denuncia uma leitura em "zigue-zague" para encontrar pontos de atenção, enquanto os estudos de Mangen demonstram a superficialidade da leitura, pulando e fazendo buscas aleatórias. Já Pipper destaca a "dimensão sensorial" do texto impresso em detrimento ao texto digital como um aspecto importante para a sua compreensão[38].

Cabe aqui salientar que as inovações tecnológicas para a leitura de textos digitais têm fornecido o acesso de livros e outros tipos de documentos de qualquer parte do mundo, basta o sujeito estar conectado e *on-line*. Já não é mais necessário possuir "leitores digitais", aparelhos como Kindle ou Kobo. É suficiente possuir um smartphone ou um tablet para operar os aplicativos de leitura apropriados. O leitor tem cada vez mais autonomia para grifar, fazer anotações, criar hiperlinks para outros textos, imprimir e copiar trechos. Os ganhos para pesquisa histórica refletem uma maior abrangência a modos de interpretar o passado de maneira distinta. A acessibilidade, a facilidade e a agilidade provenientes das novas tecnologias possibilitaram o acesso ao pensamento de pesquisadores de diferentes localidades no mundo.

---

37. BOURDÉ; MARTIN, 1983 (Fórum de história).
38. WOLF, 2019, p. 110-111.

7.4 Ferramentas de análise, colaboração e novas perspectivas de interpretação histórica

Em 2012, James Grossman[39], diretor executivo da American Historical Association (AHA), entusiasmava-se com as possibilidades do Big Data no trabalho do historiador. Este tipo de recurso amplifica a capacidade de análise de maneira exponencial, impossível de ser realizado pelo homem. A imensa e complexa massa de dados produzida, diariamente, por bilhões de pessoas em redes sociais, em sites e aplicativos são capazes de oferecer informações valiosas sobre padrões pessoais que permitem fazer previsões comportamentais. Para as empresas, políticos e mídia é um mecanismo poderoso para atender seus objetivos estratégicos. Para os historiadores, Grossman defende que o Big Data é uma oportunidade que amplia um dos muitos campos de atuação do historiador profissional.

Os softwares baseados na tecnologia do Big Data conseguem lidar com dados cada vez mais complexos e não estruturados que necessitam de organização e contextualização para serem capazes de responder a boas perguntas. Neste sentido, Grossman aponta ainda que a habilidade dos historiadores em fazer "boas perguntas", problematizar, analisar evidências e interpretar resultados em forma de narrativa podem beneficiar aqueles que se utilizam do Big Data em suas análises. Grossman vai além e propõe que os programas de pós-graduação explorem iniciativas pautadas em tecnologias como o Big Data em colaboração com outras áreas e que os departamentos de História incentivem e ofereçam este tipo de recursos aos estudantes de graduação para que tenham conhecimentos necessários para as oportunidades do mercado.

Quase uma década depois deste artigo, ainda é conveniente abrir espaço para dialogar sobre os possíveis novos caminhos do historiador recém-formado em uma sociedade impactada pela aceleração das transformações digitais em um mundo volátil, instável, complexo e ambíguo[40]. Este panorama dinâmico exige de todos nós o desenvolvimento da capacidade de adaptação para performar diante de um ambiente em mutação e como é possível notar a minha

---

39. GROSSMAN, J. *Big Data*: uma oportunidade para historiadores? *Perspectivas na História*, mar./2012. Disponível em https://www.historians.org/publications-and-directories/perspectives-on-history/march-2012/big-data-an-opportunity-for-historians

40. Consideramos aqui o conceito Vuca (Volatility, Uncertainty, Complexity, and Ambiguity), concebido pelo US Army, bastante utilizado na década de 1990 e resgatado, mais recentemente, para descrever o cenário dinâmico e acelerado pelas transformações digitais.

inquietação ao longo destas reflexões; e esta é uma perceptiva que o historiador não deveria se isentar. As constantes inovações das tecnologias digitais impulsionam a incorporação de novas práticas e metodologias, possibilitando assim novos cruzamentos que iluminam informações que antes não haviam sido notadas. De passagem, podem surgir novas questões que resultam em diferentes pontos de vista ainda não considerados[41].

Porém, alcançar saltos ainda maiores na pesquisa histórica só seria possível com interesse e curiosidade, típicos do historiador, para se permitir a aprofundar mais nos conhecimentos das atuais tecnologias. Daí a importância do historiador em se aproximar mais de outras áreas ou campos de estudos, como as humanidades digitais, e a necessidade de desenvolver novas habilidades computacionais.

Nos últimos anos, observamos com entusiasmo e certa atenção inúmeros esforços de projetos de pesquisa em história assistidos por diferentes ferramentas digitais. Das análises espaciais com base na tecnologia GIS (Geographic Information System) para mapear, capturar e interpretar dados geográficos, como ArcGIS, CartoDb, MapStory, para ficar em algumas opções, à análise de texto apoiada por softwares de análises de dados qualitativos, como CAQDAS, ATLAS.ti, Iramutech, NVivo, entre outros softwares gratuitos e pagos, são cada vez mais potentes, economizam tempo e possuem uma interface mais agradável trazendo uma melhor experiência para o usuário.

Em fevereiro de 2008, o Center for History and New Media deram início a um importante projeto com o objetivo de avaliar as potencialidades das ferramentas de Data Mining (Mineração de textos, em português) para a análise de documentos digitalizados. Com a justificativa do crescimento de acervos digitalizados de bibliotecas, arquivos e fornecedores de coletâneas digitais, um dos coordenadores do projeto, David Cohen, destacou que os pesquisadores ainda não haviam descoberto meios e métodos para aproveitar um conteúdo tão rico de informações. Portanto, a proposta do projeto era analisar a solução de Data Mining como ferramenta de análise de texto mais sofisticada no desenvolvimento do trabalho dos historiadores[42].

---

41. Sobre esta perspectiva dos avanços na pesquisa com o uso de ferramentas digitais, cf. BRASIL; NASCIMENTO, 2019. • ALVES, 2014, p. 1-12.

42. COHEN, 2008. Disponível em https://dancohenorg.wordpress.com/2008/02/04/enhancing-historical-research-with-text-mining-and-analysis-tools

A Mineração de textos pode facilitar o trabalho de pesquisa em três frentes: na localização de documentos que sejam do interesse do pesquisador disponível na Internet; na extração de informações compiladas desses textos; e realizar análises dos padrões observados nos textos em grande quantidade. Os avanços com as pesquisas que se utilizam das ferramentas de Mineração de textos são notáveis.

Exemplo disto é o site The Old Bailey Proceedings On-line[43] que disponibiliza uma coleção das edições do periódico *Old Bailey Proceedings* que publicava os relatos dos julgamentos de cada sessão do Tribunal Central Criminal da Inglaterra, conhecido como Old Bailey. No site, contam com as edições que restaram de 1674 a 1913, além do periódico *Ordinary of Newgate's Accounts*, semelhante ao anterior datado de 1676 a 1772. O conjunto da documentação permite o acesso a mais de 197.000 julgamentos e detalhes biográficos de aproximadamente 2.500 homens e mulheres executados.

Segundo informações do próprio site, é possível fazer buscas por palavra-chave e pesquisas estruturadas sobre o conteúdo digital que incorpora também imagens, mapas e informações sobre o contexto histórico. Mas o grande diferencial do site é permitir o acesso dos dados *on-line* para projetos digitais. Tendo em vista o grande volume de dados e a complexidade do conteúdo, os dados do Old Bailey estão liberados para serem trabalhados diretamente, o que não seria possível utilizando a ferramenta de busca do site. No próprio site, constam vários projetos digitais que utilizam da base de dados do Old Bailey. Esta facilidade também permite que os historiadores explorem os benefícios da Mineração de textos em uma vasta base de dados capaz de classificar racionalmente, sintetizar e comparar fontes que os historiadores não seriam capazes de fazer, tendo os milhares de volume de dados analisados.

Um dos pontos em consenso entre os estudiosos da História Digital é o caráter interdisciplinar necessário ao desempenho e à efetividade dos projetos que envolvem uma complexidade maior na manipulação de dados e na aplicação de ferramentas digitais para interpretação do passado. Sobre a interdisciplinaridade, o historiador português Daniel Alves repercutiu esta questão ao procurar entender em que medida as metodologias e ferramentas digitais têm contribuído para melhorar a capacidade interpretativa dos historiadores frente a variedade de tecnologias que permitem extrair, analisar e visualizar grandes volumes de dados e textos. Alves considera o trabalho colaborativo como uma

---

43. Disponível em https://www.oldbaileyon-line.org/

das principais mudanças na história que implicaram a aproximação com outras disciplinas[44].

Nesta mesma direção, Lucchesi aponta como ponto central à História Digital a colaboração entre diferentes áreas e ressalta a necessidade do historiador em ter um mínimo de conhecimento sobre as potencialidades das novas ferramentas digitais para a pesquisa e o fortalecimento do diálogo com outras disciplinas. E neste ponto ressalta a importância de ressignificar a atual perspectiva interdisciplinar pautada nas contribuições teóricas e metodológicas de outras áreas para uma atuação mais pragmática em um ambiente de colaboração com outras disciplinas[45].

Isto pode ser visto no projeto colaborativo e interdisciplinar do History-Lab[46] que tem o objetivo de reunir milhares de documentos não classificados do governo estadunidense e fragmentados em inúmeras coleções virtuais em um banco de dados disponibilizado por meio de uma ferramenta Web. O History-Lab exemplifica bem esta atual perspectiva interdisciplinar. Liderado por Matthew Connelly, especialista em História Global, o projeto conta com a participação de acadêmicos e profissionais de diversas áreas, historiadores, estatísticos, *designers*, cientistas da computação e engenheiros no desenvolvimento de ferramentas digitais com base em Inteligência Artificial e Big Data, como o Freedom of Information Archive (FOIArchive) que armazena mais de 3 milhões de registros governamentais norte-americanos sem classificação.

Em artigo recente, Marino, Silveira e Nicodemo[47] chamam a atenção para iniciativas de *crowdsourcing* para preservação e memória de eventos imprevisíveis como o 11 de Setembro e a Pandemia de Covid-19 que prevê o engajamento da comunidade na constituição de acervos e lugares de memória por meio de aplicativos e mídias sociais que coletam testemunhos e arquivos em escala sem precedentes, cuja análise só é possível com Big Data. Os pesquisadores sugerem o desenvolvimento de um projeto com base na plataforma.

Projetos de *crowdsourcing* são bem característicos da *Web 2.0* na esteira das mudanças de uma rede de informações estanque para um espaço participati-

---

44. ALVES, D. *Introduction: digital methods and tools for historical research.* Disponível em https://www.oldbaileyon-line.org/

45. Entrevista concedida ao canal Café História TV, no YouTube. 2015. Disponível em https://www.YouTube.com/watch?v=nUFSKQy4NSo

46. Cf. mais em http://history-lab.org/about

47. MARINO; NICODEMO, 2020, p. 90-103. Disponível em https://seer.ufs.br/index.php/tempo/article/view/14139

vo de trocas e produção de conteúdo pelos próprios usuários. Nesse estágio, observava-se o crescimento de blogs, plataformas colaborativas e das redes sociais. No entanto, com o atual estágio das tecnologias digitais, o *crowdsourcing* é uma maneira de alimentar bancos de dados para que análises complexas por meio de soluções em Big Data, Machine Learninge Data Mining resultem novas maneiras de olhar o passado.

7.5 Considerações finais

É significativo para o ofício do historiador os impactos das transformações digitais. Com a digitalização dos acervos de bibliotecas, arquivos públicos e privados e o crescimento vertiginoso de documentação *born digital* as práticas da pesquisa histórica foram alteradas. A internalização dos usos de tecnologias digitais tem provocado mudanças consideráveis na maneira de pesquisar, extrair informações, fazer sínteses e interpretar o passado.

Para além disso, o avanço acelerado das inovações tecnológicas e a aplicação destas nas pesquisas em humanidades digitais têm impulsionado interesse de parte dos historiadores que perceberam as oportunidades dos recursos digitais mais sofisticados para as suas pesquisas. Esta realidade desafia os historiadores a se tornarem protagonistas nesta "virada digital" ao impor urgência no desenvolvimento de novas capacidades.

Diante disso, centros de pesquisas e instituições internacionais têm promovido cursos de História Digital e cursos mais específicos. Exemplo disso é o curso de verão "Digital History Methods" ministrado pelo historiador Trevor Owens pela American University e que explora o potencial e os impactos dos recursos digitais na teoria e prática da história. O curso trata ainda dos métodos e das ferramentas digitais incentivando o aluno a desenvolver seus próprios projetos em História Digital. Para tanto, o curso conta com o blog "dighist.org"[48] que hospeda os projetos dos alunos. Já o Institute of Historical Research da University of London oferece cursos *on-line* e gratuitos[49], como preservação de dados de pesquisa digital, projeto de bancos de dados para pesquisa histórica, ferramentas e técnicas digitais para historiadores. Até mesmo o site The Old Bailey Proceedings On-line, que já mencionamos, indica o site

48. Disponível em http://www.dighist.org/

49. Disponível em https://www.history.ac.uk/study-training/*on-line*-courses

Programming Historian[50] com uma série de tutorias para a aprendizagem de habilidades em programação para trabalhar com banco de dados. Portanto, a Internet abre inúmeros caminhos possíveis aos historiadores mais atentos às mudanças.

Neste universo das tecnologias digitais há sempre questões a serem consideradas e ressalvas a serem feitas. Nem sempre um software ou aplicativo-padrão terá todas as funcionalidades que atendem em sua plenitude os anseios particulares dos usuários.

Além disso, salientamos ainda que a velocidade com a qual as tecnologias são desenvolvidas e aprimoradas podem trazer alguns prejuízos. Para ilustrar, volto ao Evernote, o aplicativo que utilizo para registrar as minhas pesquisas e escrita acadêmica. A ferramenta passou por sua última atualização no final de 2020. Normalmente, atualizações dos softwares são corriqueiras para correção de problemas ou melhorias no sistema. No caso do Evernote, esta última mudança foi bastante drástica, afetando algumas funcionalidades que deixaram de existir e alterando a lógica de arquivamento. As alterações deveriam afetar de maneira positiva, mas não é o que aconteceu para muitos usuários. Nos fóruns de discussão sobre a ferramenta, muitos usuários se sentiram prejudicados pelas alterações e optaram por continuar com a versão anterior, o que também foi a minha escolha.

Esta é uma situação que irei precisar lidar em algum momento porque, certamente, a versão mais antiga deixará de existir. Este é um caso que pode ser revertido, pelo menos por enquanto; no entanto, é preciso estar atento quando novas versões de softwares não conseguem mais "ler" os dados das versões mais antigas ou quando o próprio software deixa de existir. Aparentemente simples, embora não seja, este é um exemplo das limitações das ferramentas digitais. Imagine deixar de ter acesso a toda sua base de dados e suas análises. Tal fragilidade deve estar no radar de qualquer pessoa que lida com tecnologias digitais, sendo importante manter um plano de contingência para não perder informações cruciais, muitas das quais levam anos de coleta, tratamento e análise.

É diante desta realidade que concordo com Anita Luchesi ao apontar o necessário conhecimento sobre as novas tecnologias como crucial para a atividade do historiador neste momento de virada digital. Não precisaremos ser programadores ou *hackers*[51], mas convém se inserir neste ambiente como co-

50. Disponível em https://programminghistorian.org/

51. MAYNARD, 2016.

nhecedores da linguagem e da lógica digital para atuar de maneira mais participativa no desenvolvimento de novas ferramentas que favoreçam as pesquisas nas ciências humanas, explorar com mais desenvoltura as potencialidades de aplicativos e softwares para os propósitos da pesquisa histórica.

Esta discussão pretendeu contribuir com os debates vinculados aos impactos das tecnologias digitais na atividade do historiador em seu encontro com o passado a partir do olhar do presente. Ao superar a noção das ferramentas digitais como simples instrumentos de suporte à pesquisa, este conjunto de reflexões tenta ir além do pragmatismo utilitário para a atividade do historiador. A transformação digital é uma realidade que afeta nossos comportamentos, nossas práticas e a maneira como percebemos o mundo.

Portanto, cabe ao historiador não se esquivar do conhecimento tecnológico, mas ser, ele mesmo, protagonista nesta transformação digital. O propósito não é ser consumido pelas tecnologias, mas estar consciente das suas limitações e das potencialidades que permitem ampliar o olhar crítico do historiador, cada vez mais conectado com as inovações e as necessidades do presente. A ideia não foi esgotar este tema, mas provocar outras discussões que enriqueçam os debates historiográficos diante das transformações provocadas pela era digital.

Sobre os autores

Danielle Christine Othon Lacerda é mestra e doutoranda em História pelo Programa de Pós-Graduação em História Comparada da Universidade Federal do Rio de Janeiro, financiada pela Capes. É graduada em Administração pela Universidade de Pernambuco (UPE), onde também concluiu o MBA em Planejamento e Gestão Ambiental. É licenciada em História pela Universidade Estácio de Sá e especialista em Gestão Estratégica de Negócios pela HSM University. É professora do curso de licenciatura em História e da graduação em Administração e em Gestão de Recursos Humanos no Centro Universitário Brasileiro (Unibra). Dedica-se a pesquisas relacionadas à História do Livro e das Livrarias, a intersecção entre a História e a Literatura, História Comparada, História Contemporânea e, mais recentemente, História Digital e os impactos na pesquisa histórica e nas práticas de leitura, temáticas relacionadas à Gestão, Liderança, Empreendedorismo e Tecnologia Digital. Idealizadora do blog e do perfil no Instagram @historiadolivro com o objetivo de compartilhar com a comunidade acadêmica conteúdos direcionados aos estudos históricos do livro. Autora de capítulos de livro, entre os quais se destacam *Empreendedorismo: uma discussão de práticas brasileiras* (2019) e *Desafios educacionais: o processo ensino-aprendizagem e as tecnologias digitais* (2020). Membro do Laboratório de Pesquisas em Teoria da História e Interdisciplinaridades (Lapethi), da Associação Brasileira de História Econômica (ABPHE) e da Sociedade dos Oitocentos (SEO).

Débora El-Jaick Andrade é professora-associada da Universidade Federal Fluminense, no curso de Graduação em História, e professora-colaboradora do Programa de Pós-Graduação em História Comparada da Universidade Federal do Rio de Janeiro. É doutora em História pela Universidade Federal Fluminense e graduada em História nesta mesma universidade. Dedica-se a pesquisas na área de Teoria da História, Historiografia, História da Imprensa, História Cultural e História Intelectual. Foi uma das pioneiras, entre historiadores brasileiros, nos estudos sobre o historiador escocês Thomas Carlyle, e desenvolve pesquisas sobre intelectuais diversos dos séculos XIX e XX, dentre os quais Saint-Simon, Bertold Brecht, Walter Benjamin e Guimarães Rosa. Foi fundadora do Lahpoc – Laboratório de História, Política e Cultura.

Eric Brasil é professor no Curso de História e no bacharelado interdisciplinar em humanidades no Instituto de Humanidades e Letras da Unilab (Universidade da Integração Internacional da Lusofonia Afro-brasileira). É doutor e mestre em História pelo Programa de Pós-Graduação em História Social da Universidade Federal Fluminense. Vencedor do Concurso de Monografias Silvio Romero do Iphan em 2011 (1º lugar) e 2020 (2º lugar) com a dissertação de mestrado e a tese de doutorado, respectivamente. Autor do livro *A corte em festa: experiências negras em carnavais do Rio de Janeiro (1879-1888)* (Editora Prismas, 2016). Membro do GT Emancipações e Pós-abolição da Anpuh e pesquisador do Laboratório de Humanidades Digitais da UFBA. Desenvolve pesquisas de História Social da Cultura, especialmente sobre Carnavais, Pós-Abolição e Afro-Américas, e na área das Humanidades Digitais.

Fábio Chang de Almeida é professor na Universidade La Salle e pós-doutorando em História pela Universidade Federal de Juiz de Fora (UFJF). Realizou mestrado e doutorado em História pela Universidade Federal do Rio Grande do Sul (UFRGS). Durante o doutoramento, com financiamento da Capes, realizou pesquisas em Portugal, onde foi investigador-visitante júnior no Instituto de Ciências Sociais da Universidade de Lisboa (ICS-UL). É especialista em História da Alimentação e Patrimônio Cultural pela Universidade de Santa Cruz do Sul (Unisc) e Psicopedagogia e Tecnologias da Informação e Comunicação pela UFRGS. É licenciado em História pela Universidade Luterana do Brasil (Ulbra) e Geografia pela UFRGS. É bacharel em Nutrição, formado pela Faculdade de Medicina da UFRGS e nutricionista clínico inscrito no CRN-2. É pesquisador do Laboratório de História Política e Social (Lahps-UFJF) e investigador associado da Rede Internacional de Investigação "Direitas, História e Memória" (DHM); além de professor de História na Rede Municipal de Porto Alegre desde 2011. Realiza pesquisas nas áreas de História da Imprensa; História da Alimentação; História da Saúde; Nacionalismos; Direita Radical; História e Internet; Teoria e Metodologia da História; Educação.

José D'Assunção Barros é professor-associado na Universidade Federal Rural do Rio de Janeiro (UFRRJ) – nos cursos de Graduação e Pós-Graduação em História – e professor-permanente do Programa de Pós-Graduação em História Comparada da Universidade Federal do Rio de Janeiro (UFRJ). É doutor em História pela Universidade Federal Fluminense (UFF) e graduado em História e em Música pela Universidade Federal do Rio de Janeiro. É autor de 35 livros, entre os quais se destacam *O Campo da História* (2004), *Cidade e História* (2007), *O Projeto de Pesquisa em História* (2005), *Teoria da História*, em cinco volumes (2011), *Fontes Históricas: uma introdução ao seu uso historiográfico* (2019), *Seis Desafios para a Historiografia do Novo Milênio* (2019) e *O Uso dos Conceitos: uma abordagem interdisciplinar* (2021) – todos publicados pela Editora Vozes, sendo que os dois primeiros foram traduzidos no exterior. Publicou cerca de 190 artigos em diversos países (Brasil, Portugal, Colômbia, Chile, México, Canadá, Espanha, Itália, Dinamarca). Dedica-se a pesquisas em Teoria da História, Historiografia, História das Artes, Cinema, Literatura e Música. Desenvolve especialmente pesquisas e reflexões em torno de Interdisciplinaridades, e nos últimos anos tem dedicado especial atenção ao estudo das interfaces da Historiografia com relação a outros campos de saber ou formas expressivas, como o Cinema, Música, Literatura e Mídias diversas, além dos campos de saber já tradicionais, seja no âmbito das próprias ciências humanas, seja no âmbito das demais ciências. Foi o fundador do Lapethi – Laboratório de Pesquisas em Teoria da História e Interdisciplinaridades.

Leonardo Nascimento é doutor em Sociologia pelo Instituto de Estudos Sociais e Políticos – IESP/Uerj (2013). Formado em Química pelo Instituto Federal de Educação, Ciência e Tecnologia da Bahia – IFBA (1997), graduado em Psicologia pela Universidade Federal da Bahia – UFBA (2002), mestre em Sociologia pela Universidade de São Paulo – USP (2007). Entre 2010 e 2011, realizou estágio doutoral na École des Hautes Études em Sciences Sociales (Ehess). Nos últimos anos tem se dedicado totalmente ao estudo das novas tecnologias aplicadas à pesquisa e análise de dados em Ciências Sociais, especialmente com uso de CAQDAS (Computer Assisted/Aided Qualitative Data Analysis). Professor do Bacharelado Interdisciplinar (BI) em Ciência, Tecnologia e Inovação da UFBA e membro permanente do Programa de Pós-Graduação em Ciências Sociais da UFBA (PPGCS/UFBA). Desenvolve pesquisas sobre Sociologia Digital, Mineração de Dados, Ciência Social Computacional e Análise de Mídia. Em 2018, ajudou a criar o Laboratório de Humanidades

Digitais da UFBA, uma convergência de pesquisadores e interesses de pesquisa em torno dos temas da ciência social computacional, humanidades e métodos digitais.

Lucas Tubino Piantá é mestrando na linha de Teoria da História e Historiografia no Programa de Pós-Graduação em História da UFRGS (Universidade Federal do Rio Grande do Sul), com financiamento da Coordenação de Aperfeiçoamento de Pessoal de Nível Superior (Capes); bacharel e licenciado em História pela UFSC (Universidade Federal de Santa Catarina). Dedica-se a pesquisas nas áreas de História Digital, História Pública, História do Tempo Presente, Teoria da História e Historiografia. É um dos fundadores e editores do História na Wiki, projeto de História Pública que se dedica a pensar e atuar nas intersecções entre Wikipédia e historiografia, analisando, debatendo e editando o conteúdo de história na Wikipédia em português. Assina, também ao lado de Pedro Toniazzo Terres, a coluna "Hiperlink: conexões históricas digitais", no site História da Ditadura.

Odir Fontoura é doutor em História pela UFRGS (Universidade Federal do Rio Grande do Sul) e professor-substituto do IFMT (Instituto Federal de Educação do Mato Grosso) – *campus* Alta Floresta. Dedica-se a pesquisas em Idade Média e também investiga as disputas pela História na Internet. No Brasil, é um dos pioneiros em pesquisas utilizando o YouTube como objeto e fonte historiográfica.

Pedro Toniazzo Terres é mestrando pela Unicamp (Universidade Estadual de Campinas); bacharel e licenciado em História pela UFSC (Universidade Federal de Santa Catarina). Dedica-se a pesquisas na área de História Digital, História Contemporânea e Teoria da História. Seus principais interesses de pesquisa estão no estudo das novas mídias e suas relações com a historiografia, tendo já publicado trabalhos sobre a Wikipédia e sobre jogos digitais. É um dos fundadores e participantes do História na Wiki, projeto que se dedica a explorar as relações entre Wikipédia e historiografia. Também é coautor, junto de Lucas Tubino Piantá, da coluna "Hiperlink: conexões históricas digitais" no portal História da Ditadura.

Referências

Bibliografia

ABDALLA, E. Teoria Quântica da Gravitação: Cordas e Teoria M. *Revista Brasileira de Ensino de Física*, vol. 27, n. 1, 2005, p. 147-155. Disponível em www.sbfisica.org.br

ABREU, M.; BIANCHI, G.; PEREIRA, M. Popularizações do passado e historicidades democráticas: escrita colaborativa, performance e práticas do espaço. *Tempo e Argumento*. Florianópolis, vol. 10, n. 24, abr.-jun./2018, p. 279-315.

ALEXA. *Top sites on Brazil*, 2019. Disponível em https://www.alexa.com/topsites/countries/BR – Acesso em 02/02/2019.

ALLCOTT, H.; GENTZKOW, M. Social Media and Fake News in the 2016 Election. *Journal of Economic Perspectives*, 31 (2), 2017. Disponível em doi:10.1257/jep.31.2.211 – Acesso em fev./2021.

ALMEIDA, F. Concept and Dimensions of web 4.0. *International Journal of Computers & Technology*, vol. 16, n. 7, 2017, p. 7.040-7.046. Disponível em https://rajpub.com/index.php/ijct/article/view/6446 – Acesso em 15/12/2020.

ALMEIDA, F.C. *A serpente na rede*: extrema-direita, neofascismo e Internet na Argentina. Dissertação de Mestrado. Porto Alegre: Universidade Federal do Rio Grande do Sul/Instituto de Filosofia e Ciências Humanas/Programa de Pós-Graduação em História, 2008.

ALMEIDA, F.C. O historiador e as fontes digitais: uma visão acerca da Internet como fonte primária para pesquisas históricas. *Revista Aedos*, vol. 3, n. 8, 2011.

ALVES, D. Introduction digital methodsand tools for historical research. *International Journal of Humanities and Arts Computing* 8.1, abr./2014, p. 1-12.

ALVES, P.C.; NASCIMENTO, L.F. *Novas fronteiras metodológicas nas ciências sociais*. Salvador: Edufba, 2018.

ALZAMORA, G. "Redes Sociais". *Enciclopédia Intercom de Comunicação*. São Paulo: Sociedade Brasileira de Estudos Interdisciplinares da Comunicação, 2010, p. 1.047.

ARAUJO, V. O Direito à História: O(a) Historiador(a) como Curador(a) de uma experiência histórica socialmente distribuída. In: GUIMARÃES, G.; BRUNO, L.; PEREZ, R. (orgs.). *Conversas sobre o Brasil* – Ensaios de crítica histórica. Rio de Janeiro: Autografia, 2017, p. 191-216.

ARMITAGE, D.; GULDI, J. *Manifesto pela história*. Belo Horizonte: Autêntica, 2018.

BARROS, D.L.P.; FIORIN, J.L. (orgs.). *Dialogismo, polifonia, Intertextualidade*. São Paulo: EdUSP, 2003.

BARROS, J.D'A. *Teoria da História, vol. I* – Os primeiros paradigmas: positivismo e historicismo. Petrópolis: Vozes, 2011a.

BARROS, J.D'A. *Teoria da História, vol. V* – A Escola dos *Annales* e a Nova História. Petrópolis: Vozes, 2011b.

BARROS, J.D'A. Os *Annales* e a história-problema – Considerações sobre a importância da noção de "história-problema" para a identidade da Escola dos *Annales*. *Revista História: Debates e Tendências*, vol. 12, n. 2, 2012a, p. 305-325.

BARROS, J.D'A. A fonte histórica e seu lugar de produção. *Cad. Pesq. Cdhis*. Uberlândia, vol. 25, n. 2, jul.-dez./2012b.

BARROS, J.D'A. *Os Conceitos* – Seus usos nas ciências humanas. Petrópolis: Vozes, 2015.

BARROS, J.D'A. *Espaço, Tempo, Geografia*. Petrópolis: Vozes, 2017.

BARROS, J.D'A. *Fontes Históricas* – Introdução aos seus usos historiográficos. Petrópolis: Vozes, 2019a.

BARROS, J.D'A. *Seis desafios para a Historiografia no novo milênio*. Petrópolis: Vozes, 2019b.

BARROS, J.D'A. *A Fonte Histórica e seu lugar de produção*. Petrópolis: Vozes, 2020a.

BARROS, J.D'A. Fixos e Fluxos: revisitando um par conceitual. *Cadernos de Geografia* (Revista Colombiana de Geografia), vol. 29, n. 2, 2020b, p. 493-504.

BAUMAN, Z. "A solidão é a grande ameaça". *Fronteiras do Pensamento*. São Paulo, 2011. Disponível em https://www.fronteiras.com/artigos/zygmunt-bauman-la-solidao-e-a-grande-ameaca – Acesso 22/08/2021.

BAUMAN, Z. "As redes sociais são uma armadilha". Entrevista. *El País*, 08/01/2016. Disponível em https://brasil.elpais.com/brasil/2015/12/30/cultura/1451504427_675885.html

BERRY, D. The computational turn: thinking about the digital humanities. *Culture Machine*, vol. 12, 18/02/2011.

BERRY, D.M. *Understanding Digital Humanities*. Londres: Palgrave Macmillan, 2012.

BISPO, L.M.C.; BARROS, K.C. Vídeos do YouTube como recurso didático para o ensino de História. *Atos de Pesquisa em Educação*, vol. 11, n. 3, 2016, p. 858. Disponível em http://proxy.furb.br/ojs/index.php/atosdepesquisa/article/download/4864/3471 – Acesso em 02/01/2019.

BOYD, D.; ELLISON, N. Social Network Sites: Definition, History, and Scholarship. *Journal of Computer-Mediated Communication*, vol. 13, out./2008, p. 210-230.

BRASIL, E. *Carnavais Atlânticos*: Cidadania e Cultura Negra no pós-abolição do Rio de Janeiro, Brasil e Porto de Espanha, Trinidad (1838-1920). Niterói: Universidade Federal Fluminense, 2016.

BRASIL, E.; NASCIMENTO, L.F. História digital: reflexões a partir da Hemeroteca Digital Brasileira e do uso de CAQDAS na reelaboração da pesquisa histórica. *Revista Estudos Históricos*, vol. 33, n. 69, 01/01/2020, p. 196-219.

BRIGGS, A.; BURKE, P. *Uma história social da mídia*. Trad. Maria Carmelita Pádua Dias. 2. ed. Rio de Janeiro: Zahar, 2006.

BRÜGGER, N. *The Archived Web*. Massachusetts/Londres: The MIT Press Cambridge, 2008.

BURKE, P.; BRIGGS, A. *Uma história social da mídia*. 2. ed. Rio de Janeiro: Zahar, 2006.

BURTON, O.V. American Digital History. *Social Science Computer Review*, vol. 23, n. 2, 2005.

CANCLINI, N.G. *Leitores, espectadores e internautas*. São Paulo: Iluminuras, 2008.

CARNIEL, G. *O que é e como funciona o QZone*. Canaltech, 03/03/2021. Disponível em https://canaltech.com.br/redes-sociais/qzone-o-que-e-como-funciona/ – Acesso em 22/08/2021.

CARVALHO, B.L. Faça aqui o seu login: os historiadores, os computadores e as redes sociais online. *Revista História Hoje*, vol. 3, n. 5, 2014, p. 165-188. Disponível em https://rhhj.anpuh.org/RHHJ/article/download/126/100 –Acesso em 15/11/2020.

CASTELLS, M. *A Galáxia Internet*: reflexões sobre a Internet, negócios e a sociedade. Rio de Janeiro: Zahar, 2003.

CASTELLS, M. *A sociedade em rede* – A era da informação: economia, sociedade e cultura. Vol. 1. São Paulo: Paz e Terra, 2007.

CASTELLS, M. *Redes de indignação e esperança*. Rio de Janeiro: Zahar, 2013.

CASTELLS, M. *O poder da comunicação*. Rio de Janeiro: Paz e Terra, 2019.

CERTEAU, M. "A Operação Historiográfica". In: *A Escrita da História*. Rio de Janeiro: Forense Universitária, 1982, p. 65-119 [original: 1974].

CHARMAZ, K. *A construção da Teoria Fundamentada*: guia prático para análise qualitativa. Porto Alegre: Artmed, 2009.

CHARTIER, R. Do códice ao monitor. *Estudos Avançados*. São Paulo: USP, vol. 8, n. 21, 1994.

CHARTIER, R. *A aventura do livro*: do navegador ao leitor. São Paulo: Unesp, 1998.

CHARTIER, R. *Leitura e leitores na França do Antigo Regime*. São Paulo: Unesp, 2003.

CHARTIER, R. *A história ou a leitura do tempo*. Trad. Cristina Antunes. Belo Horizonte: Autêntica, 2009.

CLARKE, I.; GRIEVE, J. Stylistic variation on the Donald Trump Twitter account: A linguistic analysis of tweets. *PLoS ONE*. California, vol. 14, n. 9, 25/09/2019. Disponível em https://doi.org/10.1371/journal.pone.0222062 – Acesso em 22/08/2021.

COELHO, F.; CIPRIANO, C. Redes Sociais, Redes de sociabilidade. *Revista Brasileira de Ciências Sociais*. São Paulo, vol. 29, n. 85. Disponível em https://www.scielo.br/j/rbcsoc/a/k5ykGdRVvtzwfCq9Twh6ZGq/?lang=pt – Acesso em 22/08/2021.

COHEN, D.; ROSENZWEIG, R. *Digital History*: A Guide to Gathering, Preserving, and Presenting the Past on the Web. Filadélfia: University of Pennsylvania Press, 2005. Disponível em https://chnm.gmu.edu/digitalhistory/index.php – Acesso em 19/12/2020.

COLEMAN, J.B. et al. Stewardship of global collective behaviour. *Proceedings of the National Academy of Sciences.*Washington DC, vol. 118, n. 27, 2021, p. 1-10. Disponível em https://www.pnas.org/content/118/27/e2025764118 – Acesso em 22/08/2021.

CONRAD, S. *Whatis global history?* Princeton: Princeton University Press, 2016.

CORBIN, J.M.; STRAUSS, A.L. *Basics of qualitative research*: techniques and procedures for developing grounded theory. 4. ed. Los Angeles: Sage, 2015.

CRUZ, S. et al. (orgs.). *Direita volver* – O retorno da direita e o ciclo político brasileiro. São Paulo: Perseu Abramo, 2015.

CUNHA, M.C.P. *Ecos da Folia*. São Paulo: Companhia das Letras, 2001.

DALLACOSTA, A. Possibilidades educacionais do uso de vídeos anotados no YouTube. In: CONGRESSO DA ASSOCIAÇÃO BRASILEIRA DE EDUCAÇÃO A DISTÂNCIA. *Anais eletrônicos... (Resumos)*. Rio de Janeiro, 2004. Disponível em www.abed.org.br/congresso2010/cd/252010190924.pdf – Acesso em 02/01/2019.

DANAH, M.B.; ELLISON, N.B. Social Network Sites: Definition, History, and Scholarship. *Journal of Computer-Mediated Communication*, vol. 13, 01/10/2007, p. 210-230.

DANESI, M. *Dictionary of media and communications*, 2009.

DARNTON, R. *A questão dos livros*. São Paulo: Companhia das Letras, 2010.

DAVIS, I. *Talis, Web 2.0 and all that*, 04/07/2005. Disponível em http://blog.iandavis.com/2005/07/talis-web-20-and-all-that – Acesso em fev./2021.

DÉBORD, G. *Sociedade do espetáculo*. Rio de Janeiro: Contraponto, 1997. Disponível em www.geocities.com/projetocoletivo pdf [2013].

DELEUZE, G.; GUATTARI, F. *Mil platôs*: capitalismo e esquizofrenia. Vol. 1. Rio de Janeiro: Ed. 34, 1995.

DEMARIN, V.; MOROVIĆ, S.; BÉNÉ, R. Neuroplasticity. *Periodicum Biologorum*, vol. 116, n. 2, 2014, p. 209-211. Disponível em https://hrcak.srce.hr/126369.

DIAMOND, J. *O Terceiro Chimpanzé: a evolução e o futuro do ser humano*. Rio de Janeiro: Record, 2011 [original: 1991].

DOLLAR, C. Tecnologias da informação digitalizada e pesquisa acadêmica nas ciências sociais e humanas: o papel da arquivologia. *Estudos Históricos*. Rio de Janeiro: FGV, vol. 7, n. 13, 1994.

DULCI, T.; QUEIROGA JÚNIOR, T. "Professores-YouTubers": Análise de três canais do *YouTube* voltados para o ensino de história. *Escritas do Tempo*, vol. 1, n. 1, 2019, p. 25.

DUNKER, C. Christian Dunker analisa efeitos das redes sociais no comportamento contemporâneo [Entrevista a Ronaldo Bressane, publicada em *O Estado de S. Paulo*, 03/12/2017]. São Leopoldo: Instituto Humanitas Unisinos, 05/12/2017. Disponível em http://www.ihu.unisinos.br/78-noticias/574336-christian-dunker-analisa-efeitos-das-redes-sociais-no-comportamento-contemporaneo – Acesso em 22/08/2021.

DURANTI, L. Registros documentais contemporâneos como provas de ação. *Estudos Históricos*. Rio de Janeiro: FGV, vol. 7, n. 13, 1994.

EIRAS, B.D. Blogs: mais que uma tecnologia, uma atitude. *Cadernos de Biblioteconomia Arquivística e Documentação*, n. 1. Lisboa: Associação Portuguesa de Bibliotecários, Arquivistas e Documentalistas, 2007.

ESTANQUE, E. Homo digitalis. *Público*, 18, ago./2019. Disponível em https://www.publico.pt/2019/08/18/tecnologia/opiniao/homo-digitalis-1883167 – Acesso em 12/11/2020.

FEITLER, B.; FERLA, L.A.; LIMA, L.F. *Estudos Históricos*. Rio de Janeiro, vol. 33, n. 69, jan.-abr./2020, p. 111-132.

FICKERS, A. Towards a New Digital Historicism? Doing History In The Age Of Abundance. *Journal of European History and Culture*, vol. 1, n. 1, 2012.

FINKIELKRAUT, A. *Internet, el éxtasis inquietante*. Buenos Aires: Libros del Zorzai, 2006.

FONTOURA, O. Narrativas históricas em disputa: um estudo de caso no *YouTube*. *Estudos Históricos*, vol. 33, n. 69, 2020, p. 45-63.

FREUD, S. "Pulsões e destinos das pulsões". In: *Obras Psicológicas de Sigmund Freud*. Vol. I. Rio de Janeiro: Imago, 2002, p. 137-162 [original: 1915].

GALLINI, S.; NOIRET, S. La historia digital em la era del Web 2.0 – Introducción al dossier Historia digital. *Historia Critica*, vol. 43, 2011, p. 16-37. Disponível em http://www.eui.eu/ – Acesso em 21/10/2020.

GICO JÚNIOR, I.T. O documento eletrônico como meio de prova no Brasil. In: BAPTISTA, L.O. (coord.). *Novas fronteiras do Direito na informática e telemática*. São Paulo: Saraiva, 2001.

GINZBURG, C. *Mitos, emblemas e sinais*. São Paulo: Companhia das Letras, 1991 [original: 1989].

GINZBURG, C.; PONI, C. "O nome e o como: troca desigual e mercado historiográfico". In: *A micro-história e outros ensaios*. Lisboa: Difel, 1989, p. 169-178.

GLASER, B.G.; STRAUSS, A.L. *The discovery of grounded theory*: strategies for qualitative research. New Brunswick: Aldine, 2009.

GREENWALD, G. *Sem lugar para se esconder*. Rio de Janeiro: Sextante, 2014.

GRENDI, E. "Microanálise e história social". In: *Exercícios de micro-história*. Rio de Janeiro: FGV, 2009.

GUIMARÃES, Â.M. Internet. In: CAMPELLO, B.; CALDEIRA, P.T. (orgs.). *Introdução às fontes de informação*. 2. ed. Belo Horizonte: Autêntica, 2008.

GUZZO, V.; GUZZO, G.B. O pensamento crítico como ferramenta de defesa intelectual. *Conjectura: filosofia e educação*, vol. 29, n. 1, 2015, p. 64-76. Disponível em http://www.ucs.br/etc/revistas/index.php/conjectura/article/view/2746 – Acesso em 21/10/2020.

HALE, S.A. Multilinguals and Wikipedia editing. *Proceedings of The 2014 Acm Conference On Web Science* – Websci '14, [S.l.], 2014, p. 99-108.

HARARI, Y.N. *Sapiens* – Uma breve história da humanidade. Porto Alegre: LPM, 2015 [original: 2012].

HARARI, Y.N. *21 lições para o século 21*. São Paulo: Companhia das Letras, 2018.

HECHT, B.; GERGLE, D. The tower of Babel meets web 2.0: user-generated content and its applications in a multilingual context. In: *Proceedings of the SIGCHI conference on human factors in computing systems*. ACM, 2010, p. 291-300.

HIRSCHHEIM, R.; PARKS, M.S.; PORRA, J. The Historical Research Method and Information Systems Research. *Journal of the Association for Information Systems*, vol. 15, 2014.

HOBSBAWM, E.J. From Social History to the History of Society. *Daedalus*, vol. 100, n. 1, 1971, p. 20-45.

IASBECK, L.C.A. Os boatos – Além e aquém da notícia: versões não autorizadas da realidade. *Lumina*. Facom/UFJF, vol. 3, n. 2, jul.-dez.2000, p. 11-26. Disponível em https://www.ufjf.br/facom/files/2013/03/R5-Iasbeck-HP.pdf – Acesso em fev./2021.

ISAACSON, W. *Os inovadores*: uma biografia da revolução digital. São Paulo: Companhia das Letras, 2014.

IZADI, E. Facebook may know you better than your friends and family, study finds. *The Washington Post*. Washington DC, 12/01/2015. Disponível em https://www.washingtonpost.com/news/the-intersect/wp/2015/01/12/facebook-may-know-you-better-than-your-friends-and-family-study-finds/

JEMIELNIAK, D. *Common Knowledge?* – An ethnography of wikipedia. Stanford: Stanford University Press, 2014.

KHAN, S. et al. Big Data Computing Using Cloud-Based Technologies: Challengesand Future. *Perspectives* 2020. Disponível em https://arxiv.org/ftp/arxiv/papers/1712/1712.05233.pdf

KONIECZNY, P.; KLEIN, M. Gender gap through time and space: A journey through Wikipedia biographies via the Wikidata Human Gender Indicator. *New Media & Society*, Chicago, vol. 20, n. 12, 2018, p. 4.608-4.633.

KONOPÁSEK, Z. Making Thinking Visible with Atlas.ti: Computer Assisted Qualitative Analysis as Textual Practices. *Historical Social Research / Historische Sozialforschung. Supplement*, n. 19, 2007, p. 276-298.

KOSINSKI, M., STILLWELL, D.; GRAEPEL, T. Private traits and attributes are predictable from digital records of human behaviour. *Procedings of national academy of sciences of the United States of America*. Washington DC, vol. 110, n. 15, 09/04/2013, p. 5.802-5.805. Disponível em https://doi.org/10.1073/pnas.1218772110 – Acesso em 22/08/2021.

KUROSE, J.F.; ROSS, K.W. *Computer networking*: a top-down approach featuring the Internet. 3. ed. Boston: Pearson/Addison Wesley, 2005.

LADURIE, E. "L'historien et l'ordinateur". In: *Le territoire de l'historien*. Paris, 1973, p. 11-14.

LAGE, M. Os softwares tipo CAQDAS e a sua contribuição para a pesquisa qualitativa em educação. *ETD – Educação Temática Digital*, vol. 12, n. 2, 2011, p. 42-58.

LE GOFF, J. *História e memória*. São Paulo: Unesp, 1992.

LEÃO, L. *O labirinto da hipermídia*: arquitetura e navegação no ciberespaço. São Paulo: Fapesp/Iluminuras, 2001.

LEGEWIE, H. ATLAS.ti How it all began (A grandfather s perspective). In: ATLAS.ti User Conference 2013 – Fostering Dialog on Qualitative Methods: proceedings. Anais... Berlim, 2014.

LEVY, S. *Hackers*: Heroes of the computer revolution. Nova York: Penguin Books, 1994.

LÉVY, P. *O que é o virtual?* São Paulo: Ed. 34, 1996.

LÉVY, P. A revolução contemporânea em matéria de comunicação. In: MARTINS, F.M.; SILVA, J.M. (orgs.). *Para navegar no século XXI*: tecnologias do imaginário e cibercultura. Porto Alegre: Sulina/EDIPUCRS, 1999a.

LÉVY, P. *Cibercultura*. São Paulo: Ed. 34, 1999b.

LÉVY, P. *Inteligencia colectiva*: por una antropologia del ciberespacio. Washington, 2004. Disponível em http://inteligenciacolectiva.bvsalud.org – Acesso em fev./2021.

LÉVY, P. Pela ciberdemocracia. In: MORAES, D. (org.). *Por uma outra comunicação*. Rio de Janeiro: Record, 2010.

LI, S.; XU, L.; ZHAO, S. The Internet of things: a survey. *Information Systems Frontiers*, n. 17, 2015.

LOIOLA, D. *Recomendado para você* – O impacto do algoritmo do YouTube na formação de bolhas. Dissertação de mestrado. Belo Horizonte: Universidade Federal de Minas Gerais, 2018.

LUCCHESI, A. A história sem fio: questões para o historiador da Era Google. *Anais do XV Encontro Regional de História da Anpuh-RJ*. Rio de Janeiro: Anpuh, 2012.

LUCCHESI, A. Por um debate sobre história e historiografia digital. *Boletim Historiar*, vol. 02, 2014, p. 45-57. Disponível em https://orbilu.uni.lu/bitstream/10993/31133/1/Lucchesi – 2014 – Por um debate sobre História e Historiografia Digi.pdf – Acesso em 21/10/2020.

LUCCHESI, A. História digital: perspectivas, experiências e tendências. *Revista Observatório*, vol. 2, n. 4, 2017, p. 25-37. Disponível em https://sistemas.uft.edu.br/periodicos/index.php/observatorio/article/view/3946 – Acesso em 25/10/2020.

LU, C.-J.; SHULMAN, S.W. Rigor and flexibility in computer-based qualitative research: Introducing the Coding Analysis Toolkit. *International Journal of Multiple Research Approaches*, vol. 2, n. 1, 01/06/2008, p. 105-117.

LUND, A. *Wikipedia, Work and Capitalism*. Cham: Springer International Publishing, 2017.

MALERBA, J. Acadêmicos na berlinda ou como cada um escreve a História? – Uma reflexão sobre o embate entre historiadores acadêmicos e não acadêmicos no Brasil à luz dos debates sobre Public History. *História da Historiografia: International Journal of Theory and History of Historiography*, vol. 7, n. 15, 2014, p. 27-50.

MALERBA, J. Os historiadores e seus públicos: desafios ao conhecimento histórico na era digital. *Revista Brasileira de História*, 37 (74), 2017, 135-154.

MARINO, I.; SILVEIRA, P.; NICODEMO, T. Arquivo, memória e Big Data: Uma proposta a partir da Covid-19. *Cadernos do Tempo Presente*. São Cristóvão, SE, vol. 11, n. 01, jan.-jun./2020, p. 90-103. Disponível em https://seer.ufs.br/index.php/tempo/article/view/14139 – Acesso em 20/10/2020.

MARQUES, J.B. Trabalhando com a história romana na Wikipédia: uma experiência em conhecimento colaborativo na universidade. *Revista História Hoje*, vol. 3, n. 3, 2013, p. 329-446.

MARQUES, J.B. Representação e visibilidade do mundo antigo na Wikipédia. *Revista do Museu de Arqueologia e Etnologia*. São Paulo, n. 32, nov./2019, p. 2-17.

MARX, K.; ENGELS, F. *Manifesto comunista*. São Paulo: Boitempo, 2010 [original: 1848].

MARTÍNEZ, J.A.S. Cultura visual digital y campos de acción en redes sociales. In WINOCUR, R.; MARTINEZ, J.A.S. *Redes sociodigitales en México*. Mexico, Conaculta/FCE, 2015, p. 164-165.

MATTAR, J. YouTube na educação: o uso de vídeos em EaD. In: *Congresso da Associação Brasileira de Educação a Distância*. São Paulo, 2009. Disponível em http://www.abed.org.br/congresso2009/CD/trabalhos/2462009190733.pdf – Acesso em 02/01/2019.

MATTOS, H. "História Social" In: CARDOSO, C.F.; VAINFAS, R. (orgs.). *Domínios da história*: ensaios de teoria e metodologia. Rio de Janeiro: Campus, 1997.

MAUSS, M. Ensaio sobre a Dádiva – Forma e razão da troca nas sociedades arcaicas. In: *Sociologia e antropologia*. São Paulo: Cosac Naify, 2003.

MAYNARD, D.C.S. A rede ao sul da América: um ensaio sobre a Argentina e a extrema-direita na Internet. *Boletim do Tempo Presente*, n. 04, ago./2013, p. 1-22. Disponível em http://www.seer.ufs.br/index.php/tempopresente – Acesso em 22/08/2021.

MAYNARD, D. Passado Eletrônico: notas sobre história digital. *Revista Acervo*, vol. 29, n. 2, 2016, p. 103-116. Disponível em http://revista.arquivonacional.gov.br/index.php/revistaacervo/article/view/726 – Acesso em 21/10/2020.

MAYNARD, D. Sobre tempos digitais: tempo presente, história e Internet. In: GONÇALVES, J. (org.). *História do tempo presente*: oralidade, memória, mídia. Itajaí: Casa Aberta, 2016, p. 77-100.

MENESES, U.B. Fontes visuais, cultura visual, história visual – Balanço provisório da questão. *Revista Brasileira de História*, vol. 23, n. 45, 2003, p. 11-36.

MILLIGAN, I. *History in the Age of Abundance?* – How the Web Is Transforming Historical Research. Londres: Chicago: McGill-Queen's University Press, 2019.

MUDDE, C. *The far right today*. Cambridge, UK: Polity Press, 2019.

NEGRI, C.; LEMOS, R.; RODRIGUES PINTO, S. "Aconteceu também no Brasil": a captura das redes de esperança pela extrema-direita. *Cahiers des Amériques latines*, 92, 2019.

NOIRET, S. Y a t-il une Histoire Numérique 2.0? In: GENET, J.-P.; ZORZI, A. (eds.). *Les historiens et l'informatique*: Un métier à réinventer. Roma: Ecole Française de Rome, 2011, p. 235-288. Disponível em http://hdl.handle.net/1814/18074 – Acesso em 08/12/2020.

NORTON, D. "Jack". Making Time: Workflow and Learning Outcomes in DH Assignments. In: GOLD, M.K.; KLEIN, L. *Debates in the Digital Humanities*. Londres: University of Minnesota Press, 2019. Disponível em https://dhdebates.gc.cuny.edu/projects/debates-in-the-digital-humanities-2019 – Acesso em 19/11/2020.

O'SULLIVAN, D. *Wikipedia*: a new community of practice? Burlington: Ashgate Publishing Company, 2009.

OLIVEIRA, N. História e Internet: conexões possíveis. *Tempo e Argumento*, vol. 6, n. 12, 2014, p. 43. Disponível em http://www.revistas.udesc.br/index.php/tempo/article/view/2175180306122014023 – Acesso em 02/01/2019.

PAES, M.L. *Arquivo*: teoria e prática. 3. ed. Rio de Janeiro: Fundação Getúlio Vargas, 2004.

PARIS, C. *O animal cultural*. São Carlos: EdUFSCAR, 2002.

PARISER, E. *O filtro invisível*: o que a Internet está escondendo de você. Rio de Janeiro: Zahar, 2012.

PELLEGRINI, D. et al. YouTube: uma nova fonte de discursos. *Biblioteca On-line de Ciências da Comunicação*, vol. 1, n. 1, 2009, p. 1-8. Disponível em http://www.bocc.ubi.pt/pag/bocc-pelegrini-cibercultura.pdf – Acesso em 02/01/2019.

PENTEADO, C.L.C.; LERNER, C. A direita na rede: mobilização online no impeachment de Dilma Rousseff. *Em Debate*: Periódico de Opinião Pública e Conjuntura Política. Belo Horizonte, vol. 10, n. 1, abr./2018, p. 12-24. Disponível em http://opiniaopublica.ufmg.br/site/files/artigo/5A-direita-na-rede-mobilizacao-online-no-impeachment-de-Dilma-Rousseff-Dossie.pdf – Acesso em 22/08/2021.

PEREIRA, M.H.F. Nova direita? – Guerras de memória em tempos de comissão da verdade (2012-2014). *Varia Historia*. Belo Horizonte, vol. 31, n. 57, set.-dez./2015, p. 863-902.

PHILLIPS, M.G. Wikipedia and history: a worthwhile partnership in the digital era? *Rethinking History*, vol. 20, n. 4, 2016, p. 523-543.

PINTO, A. *O conceito de tecnologia*. Rio de Janeiro: Contraponto, 2005.

PROST, A. *Doze lições sobre a história*. Belo Horizonte: Autêntica, 2008.

QUEIROGA JR., T. *YouTube como plataforma para o ensino de história*: na era dos "professores-YouTubers". Trabalho de Conclusão de Curso (Graduação em História). Foz do Iguaçu: Universidade Federal da Integração Latino-Americana, 2018.

QUEROL, R. Zygmunt Bauman: "As redes sociais são uma armadilha". Entrevista. *El País*, 08/01/2016. Disponível em https://brasil.elpais.com/brasil/2015/12/30/cultura/1451504427_675885.html

RECUERO, R. *Redes sociais na Internet*. Porto Alegre: Sulina, 2009.

REES, J. Teaching history with YouTube. *Perspectives on History*: American Historical Association, 2008. Disponível em http://www.historians.org/Perspectives/issues/2008/0805/0805tec2.cfm – Acesso em 13/01/2019.

RICHARDS, T.J.; RICHARDS, L. "Using computers in qualitative research". In: Handbook of qualitative research. Los Angeles: Sage, 1994, p. 445-462.

RIOUFREYT, T. Réanalyser des enquêtes qualitatives à l'aide de CAQDAS. *Bulletin of Sociological Methodology/Bulletin de Méthodologie Sociologique*, vol. 143, n. 1, 01/07/2019.

ROLLAND, D. Internet e história do tempo presente: estratégias de memória e mitologias políticas. *Revista Tempo*. Rio de Janeiro: UFF, n. 16, vol. 8, 2004. Disponível em http://www.redalyc.org/pdf/1670/167017772004.pdf – Acesso em 02/01/2019.

ROMEIN, C.A.; KEMMAN, M.; BIRKHOLZ, J.M.; BAKER, J.; GRUIJTER, M.D.; MEROÑO PEÑUELA, A.; RIES, T.; ROS, R.; SCAGLIOLA, S. State of the Field: Digital History. *History*, vol. 105, n. 365, 2020, p. 291-312.

ROSENZWEIG, R. Scarcity or Abundance? – Preserving the Past in a Digital Era. *The American Historical Review*, vol. 108, n. 3, 01/06/2003, p. 735-762.

ROSENZWEIG, R. Can History Be Open Source? – Wikipedia and the Future of the Past. *Journal of American History*. Bloomington, vol. 93, n. 1, jun./2006, p. 117-146.

ROUSSO, H. O arquivo ou indício de uma falta. *Revista Estudos Históricos*. Rio de Janeiro, n. 17, 1996.

RÜDIGER, F. As redes e a armação: da cultura do narcisismo ao fetichismo tecnológico. In LOPES, M.I. (org.). *Comunicação, cultura e mídias sociais*. São Paulo: ECA-USP, 2015.

RYAN, J. *A history of the Internet and the digital future*. Londres: Reaktion Books, 2010.

SALDANA, J. *The coding manual for qualitative researchers*. Los Angeles: Sage, 2015.

SAMOILENKO, A. et al. Analysing timelines of national histories across Wikipedia editions: A comparative computational approach. In: *Eleventh International AAAI Conference on Web and Social Media*, 2017.

SANTOS, M. *Por uma geografia nova* – Da crítica da geografia a uma geografia crítica. São Paulo: Edusp, 2002 [original: 1978].

SANTOS, M. *O espaço dividido*. São Paulo: Edusp, 2004 [original: 1979].

SANTOS, M. *O espaço do cidadão*. São Paulo: Edusp, 2007 [original: 1987].

SANTOS, M. *Espaço e método*. São Paulo: Edusp, 2008 [original: 1985].

SANTOS, M. *Técnica, espaço, tempo*. São Paulo: Edusp, 2013 [original: 1994].

SARLO, B. *Tempo passado*: cultura da memória e guinada subjetiva. São Paulo: Companhia das Letras, 2007.

SCHMIDT, B.M. Do Digital Humanists Need to Understand Algorithms? In: *Debates in the Digital Humanities*, 2016. Disponível em https://dhdebates.gc.cuny.edu/read/untitled/section/557c453b-4abb-48ce-8c38-a77e24d3f0bd#ch48 – Acesso em 13/10/2020.

SCHREIBMAN, S.; SIEMENS, R.; UNSWORTH, J. *A Companion to Digital Humanities*. [s.l.]: John Wiley & Sons, 2008.

SEEFELDT, D.; THOMAS, W.G. Whatis digital history? *Perspectives on History*, mai./2009. Disponível em https://www.historians.org/publications-and-directories/perspectives-on-history/may-2009/what-is-digital-history – Acesso em 10/12/2020.

SIBILIA, P. *O show do eu* – A intimidade como espetáculo. Rio de Janeiro, Nova Fronteira, 2008.

SILVEIRA, P.T. O gosto do arquivo digital – Documento, arquivo e evento históricos a partir do *September 11th Digital Archive* (2002-2013). 2013. Dissertação de mestrado. UFRS, p. 22. Disponível em https://www.lume.ufrgs.br/bitstream/handle/10183/90320/000914881.pdf?sequence=1 – Acesso em 15/11/2020.

SIRINELLI, J.-F. Os intelectuais. In: REMOND, R. (org.) *Por uma história política*. Rio de Janeiro: UFRJ/FGV, 1996.

STEPHEN, R. The Differences between Digital Humanities and Digital History. In: GOLD, M.K.; KLEIN, L.F. (org.). *Debates in the Digital Humanities*. Mineápolis: University of Minnesota Press, 2016. Disponível em https://dhdebates.gc.cuny.edu/read/untitled/section/ed4a1145-7044-42e9-a898-5ff8691b6628#ch25

SVENSSON, P. Humanities computing as digital humanities. *Defining Digital Humanities*: A Reader, 2013, p. 159-186.

TANDOC JR., E.; LIM, Z.W.; LING, R. Defining "Fake News". *Digital Journalism*, 6 (2), 2018, p. 137-153. Disponível em https://doi.org/10.1080/21670811.2017.1360143 – Acesso em fev./2021.

TERRES, P.T.; PIANTÁ, L.T. Wikipédia: públicos globais, histórias digitais. *Esboços*. Florianópolis, vol. 27, n. 45, mai.-ago./2020, p. 264-285.

THOMPSON, E.P. *A formação da classe operária inglesa*. Rio de Janeiro: Paz e Terra, 2002.

TUFEKC, Z. *Twitter and Tear Gas* – The power and fragility of the networked protest. Londres/New Haven: Yale University Press, 2017.

VAN DIJK, J.A.G.M. Inequalities in the Network Society. In: ORTON-JOHNSON, K.; PRIOR, N. (eds.). *Digital sociology*: critical perspectives. Basingstoke: Palgrave MacMillan, 2013, p. 105-124.

VARELLA, F.; BONALDO, R. Negociando autoridades, construindo saberes – A historiografia digital e colaborativa no projeto Teoria da História na Wikipédia. *Revista Brasileira de História*, vol. 40, n. 85, 2020, p. 147-170.

VERMELHO, S.C.; VELHO, A.P.M.; BERTONCELLO, V. Sobre o conceito de redes sociais e seus pesquisadores. *Educ. Pesq.* São Paulo, vol. 41, n. 4, out.-dez./2015, p. 863-881.

WATSON, J.; HILL, A. *Dictionary of Media and Communication Studies*. Nova York: Bloomsbury Academic, 2012.

WOLF, M. *O cérebro no mundo digital*: os desafios da leitura na nossa era. São Paulo: Contexto, 2019.

WU, T. *Impérios da comunicação* – Do telefone à Internet, da AT&T ao Google. Rio de Janeiro: Zahar, 2012.

WYATT, L. Endless palimpsest: Wikipedia and the future's historian. *Studies in Higher Education*, vol. 45, n. 5, 2020, p. 963-971.

WYNN, J.R. Digital Sociology: Emergent Technologies in the Field and the Classroom. *Sociological Forum*, vol. 24, n. 2, jun./2009, p. 448-456.

YOUYOU, W.; KOSINSKI, M.; STILLWELL, D. Computer-based personality judgments are more accurate than those made by humans. *Procedings of national academy of sciences of the United States of America*. Washington DC, vol. 112, n. 4, 27/01/2015, p. 1.036-1.040. Disponível em https://www.pnas.org/content/pnas/112/4/1036.full.pdf – Acesso em 22/08/2021.

Fontes virtuais e digitais analisadas

A HISTÓRIA DA CONSTRUÇÃO DO CRISTO REDENTOR. Disponível em https://www.YouTube.com/watch?v=zFypvOxfxFY – Acesso em 30/12/2020.

A HISTÓRIA DA PRIMEIRA FAVELA DO BRASIL. *YouTube*. Disponível em https:/www.YouTube.com/watch?v=9fx9p-tvD0s – Acesso em 29/12/2020.

A HISTÓRIA DE SODOMA E GOMORRA. *YouTube*. Disponível em https://www.YouTube.com/watch?v=oXz_wRZQ8E0 – Acesso em 30/12/2020.

A HISTÓRIA DO CRISTIANISMO COMO VOCÊ NUNCA VIU. Episódio 01. *YouTube*. Disponível em https://www.YouTube.com/watch?v=KmpucxGB1jA – Acesso em 30/12/2020.

ALADIM, D. *YouTube*. Disponível em https://www.YouTube.com/user/deboraaladim – Acesso em 02/01/2021.

ALMEIDA, V.R. *YouTube*. Disponível em https://www.YouTube.com/channel/UC4X-fOndiduYa1fyvoHDzCw – Acesso em 29/12/2018.

ALMEIDA, V.R. *YouTube*. Resumão de história da educação brasileira. Disponível em https://www.YouTube.com/watch?v=X3h7ivUveS0 – Acesso em 29/12/2018.

AULALIVRE – Enem 2019 e vestibulares. *YouTube*. Disponível em https://www.YouTube.com/user/aulalivre – Acesso em 29/12/2018.

ARQUEOLOGIA E PRÉ-HISTÓRIA. *YouTube*. Disponível em https://www.YouTube.com/user/arqueologiaemacao – Acesso em 06/01/2021.

BETIM, F. Pressão política de militares no HC de Lula revela como Exército ganha espaço com Temer. *El País*, 10/04/2018. Disponível em https://brasil.elpais.com/brasil/2018/04/04/politica/1522878909_793429.html – Acesso em 22/08/2021.

BRASIL PARALELO. *YouTube*. Disponível em https://www.YouTube.com/channel/UCKDjjeeBmdaiicey2nI-mISw – Acesso em 29/12/2018.

BRASIL PARALELO. *YouTube*. Congresso Brasil Paralelo. Capítulo 2: Terra de Santa Cruz: a história não contada [Oficial]. Disponível em https://www.YouTube.com/watch?v=8CYt95y5fUU – Acesso em 29/12/2018.

BUENAS IDEIAS. *YouTube*. Disponível em https://www.YouTube.com/channel/UCQRPDZMSwXFEDS67uc7kIdg – Acesso em 29/12/2020.

BUENAS IDEIAS. *YouTube*. A história da primeira favela do Brasil. Disponível em https://www.YouTube.com/watch?v=9fx9p-tvD0s – Acesso em 29/12/2018.

BUENAS IDEIAS. *YouTube*. A história por trás de Tiradentes. Disponível em https://www.YouTube.com/watch?v=dKXwQHCDV4Q – Acesso em 29/12/2018.

CANAL DO BRAGA. *YouTube*. Disponível em https://www.YouTube.com/channel/UCFYZhci4X5jP1qtmufe-zT-w – Acesso em 29/12/2018.

CANAL DO BRAGA. *YouTube*. Arcanjo Miguel – A história do arcanjo supremo. Disponível em https://www.YouTube.com/watch?v=Ou-vljzLl3E – Acesso em 29/12/2018.

CANAL DO BRAGA. *YouTube*. Rei Salomão – A história que você não sabia. Disponível em https://www.YouTube.com/watch?v=57WqX5u6abI – Acesso em 29/12/2018.

CANAL DO PIRULA. *YouTube*. Disponível em https://www.YouTube.com/channel/UCdGpd0gNn38UKwonc-Zd9rmA – Acesso em 29/12/2018.

CANAL DO PIRULA. *YouTube*. História da Irlanda (Parte 1). Disponível em https://www.YouTube.com/watch?v=RsdeYV6wvRA – Acesso em 29/12/2018.

CANAL NOSTALGIA. *YouTube*. Disponível em https://www.YouTube.com/user/fecastanhari – Acesso em 29/12/2018.

CANAL NOSTALGIA. *YouTube*. Adolf Hitler/História. Disponível em https://www.YouTube.com/watch?v=-d3r70E6Dvfs – Acesso em 16/12/2019.

CANAL NOSTALGIA. *YouTube*. Guerra Fria: EUA vs. URSS/Nostalgia História. Disponível em https://www.YouTube.com/watch?v=6Gi4_GJXO4I – Acesso em 29/12/2018.

CANAL NOSTALGIA. *YouTube*. Os mistérios do antigo Egito – Nostalgia História. Disponível em https://www.YouTube.com/watch?v=ebm-fLo9-NA – Acesso em 29/12/2020.

CANAL NOSTALGIA. *YouTube*. Regime/Ditadura Militar. Disponível em https://www.YouTube.com/watch?-v=CRbZwM7fjYM – Acesso em 29/12/2018.

CANAL NOSTALGIA. *YouTube*. Segunda Guerra Mundial – Nostalgia História. Disponível em https://www.YouTube.com/watch?v=TV4Vzda09Ck&t=2197s – Acesso em 29/12/2018.

CANAL NOSTALGIA. *YouTube*. Segunda Guerra Mundial – Nostalgia História. Disponível em https://www.YouTube.com/watch?v=TV4Vzda09Ck – Acesso em 29/12/2020.

CANAL NOSTALGIA. *YouTube*. 500 anos em 1 Hora/História do Brasil. Disponível em https://www.YouTube.com/watch?v=q7E4XrfGGnE – Acesso em 29/12/2018.

CARVALHO, O. *YouTube*. "História do Brasil – Daniel Mota". Disponível em https://www.YouTube.com/watch?v=bZz4G3EChGo – Acesso em 29/12/2018.

COLECIONADORES DE HISTÓRIA. *YouTube*. Disponível em https://www.YouTube.com/channel/UCpkMKpy_G-F5mquJenedeZg – Acesso em 07/01/2021.

DARK DOCUMENTÁRIOS. *YouTube*. Gigantes do Brasil – Nossa história [documentário completo dublado]. Disponível em https://www.YouTube.com/watch?v=iF71SKa3m5g – Acesso em 29/12/2018.

DE PLAY em play. *Think with Google* (2017). Disponível em https://www.thinkwithgoogle.com/intl/pt-br/YouTubeinsights/2017/de-play-em-play/ – Acesso em 02/02/2019.

DESCOBERTAS INCRÍVEIS QUE MUDARAM A HISTÓRIA. *YouTube*. Disponível em https://www.YouTube.com/watch?v=ZGyBpEFtP54 – Acesso em 30/12/2020.

DEZ DE HISTÓRIA. *YouTube*. Disponível em https://www.YouTube.com/channel/UCxnq8mfKzOdLvjYcHFcm0wQ – Acesso em 02/01/2021.

DOCUMENTÁRIOS BÍBLICOS. *YouTube*. A história dos cristãos e da Bíblia. Disponível em https://www.YouTube.com/watch?v=-C7daakc3Wk – Acesso em 29/12/2018.

DYLSON. *YouTube*. Disponível em https://www.YouTube.com/channel/UCtYLrxplikxcqfeaWv8rEkw – Acesso em 29/12/2018.

DYLSON. *YouTube*. A história do Brasil por Bóris Fausto. Disponível em https://www.YouTube.com/watch?-v=pSyE82yRaKU – Acesso em 29/12/2018.

EDITORAS LX. In: Outreach Dashboard. São Francisco: Wikimedia Foundation, 08/01/2021. Disponível em https://outreachdashboard.wmflabs.org/courses/Wiki_Editoras_Lx/Lisbon_Penhasco_8M_ArtAndFeminism_2020/home – Acesso em 08/01/2021.

EDUCABAHIA. *YouTube*. Disponível em https://www.YouTube.com/user/educabahia – Acesso em 29/12/2018.

EDUCABAHIA. *YouTube*. Aula 04: História – História do Brasil. Disponível em https://www.YouTube.com/watch?v=hq2_3UU4ChQ – Acesso em 29/12/2018.

ESCOLA DO DISCÍPULO. *YouTube*. Disponível em https://www.YouTube.com/channel/UCXDIsJpQCOi88jpt_AUGWbg – Acesso em 30/12/2020.

ETHIOPIAN HISTORIOGRAPHY. In: WIKIPÉDIA: the free encyclopedia. São Francisco, CA: Wikimedia Foundation, 26/09/2019. Disponível em https://en.wikipedia.org/w/index.php?title=Ethiopian_historiography&oldid=916877092 – Acesso em 01/11/2019.

EVIDÊNCIAS NT. *YouTube*. Disponível em https://www.YouTube.com/user/NTEvidencias – Acesso em 29/12/2018.

FATOS DESCONHECIDOS. *YouTube*. Disponível em https://www.YouTube.com/user/fatosdesconhecidos – Acesso em 30/12/2020.

FATOS DESCONHECIDOS. *YouTube*. 7 mentiras mais bem-sucedidas da história. Disponível em https://www.YouTube.com/watch?v=hHATqQlT0EU – Acesso em 29/12/2018.

FATOS DESCONHECIDOS. *YouTube*. 5 coisas que seu professor de História escondeu de você. Disponível em https://www.YouTube.com/watch?v=7jm9ZdPCciQ – Acesso em 29/12/2018.

FELIPE DIDEUS. *YouTube*. O dia que me tiraram do Terça Livre. Disponível em https://www.YouTube.com/watch?v=S2jLD-YFbTk – Acesso em 06/01/2021.

FICKERS, A. Towards A New Digital Historicism? Doing History in the Age of Abundance. *Journal of European History and Culture*, vol. 1, n. 1, 2012.

FONTOURA, O. Narrativas históricas em disputa – Um estudo de caso no *YouTube*. *Estudos Históricos*, vol. 33, n. 69, 2020, p. 45-63.

GODOY, J.D. Twitter suspende permanentemente a conta de Trump. *El País*, 08/01/2021. Disponível em https://brasil.elpais.com/tecnologia/2021-01-09/twitter-suspende-permanentemente-a-conta-de-trump.html – Acesso em 22/08/2021.

GRAGNANI, J. Exclusivo: investigação revela exército de perfis falsos usados para influenciar eleições no Brasil. *BBC News Brasil*. Londres, 08/12/2017. Disponível em https://www.bbc.com/portuguese/brasil-42172146 – Acesso em 22/08/2021.

HISTÓRIA CHICO HITS. *YouTube*. Disponível em https://www.YouTube.com/user/hitsdoChico – Acesso em 05/01/2021.

HISTÓRIA DA ECONOMIA BRASILEIRA – A história contada por quem a fez. *YouTube*. Disponível em https://www.YouTube.com/watch?v=nhazwo2WFmQ – Acesso em 29/12/2018.

HISTÓRIA DA MÚSICA BRASILEIRA. *YouTube*. Disponível em https://www.YouTube.com/user/HistoriadaMB – Acesso em 07/01/2021.

HISTÓRIA E TU. *YouTube*. Disponível em https://www.YouTube.com/channel/UCaC3mNKKYcuAtaSuCUzU5VA – Acesso em 30/12/2020.

HISTÓRIA ONLINE. *YouTube*. Disponível em https://www.YouTube.com/user/rods32 – Acesso em 02/01/2021.

HISTÓRIA REVISTA. *YouTube*. Disponível em https://www.YouTube.com/user/historiarevista – Acesso em 05/01/2021.

HISTORIAÇÃO HUMANAS (Prof. Jener Cristiano). *YouTube*. Disponível em https://www.YouTube.com/user/jener32 – Acesso em 02/01/2021.

HISTORY OF WIKIPEDIA. In: WIKIPÉDIA: the free encyclopedia. São Francisco, CA: Wikimedia Foundation, 26/10/2019. Disponível em https://en.wikipedia.org/w/index.php?title=History_of_Wikipédia&oldid=923165954 – Acesso em 30/10/2019.

HOJE NA HISTÓRIA MUNDIAL. *YouTube*. Disponível em https://www.YouTube.com/channel/UCKu06MmGX1oGwf2j-s2ls9g – Acesso em 06/01/2021.

INVENÇÕES NA HISTÓRIA. *YouTube*. Disponível em https://www.YouTube.com/channel/UCfBeGUOYM23ZQnepxtRqDYw – Acesso em 05/01/2021.

JULIÃO, H. *Relatório da ONU indica intensa desigualdade no acesso à Internet no mundo*, 21/01/2020. Disponível em https://teletime.com.br/21/01/2020/relatorio-da-onu-indica-intensa-desigualdade-no-acesso-a-Internet-no-mundo/ – Acesso em 22/08/2021.

KUGEL, S. Web Site Born in U.S. Finds Fans in Brazil. *The New York Times*. Nova York, 10/04/2006. Disponível em https://www.nytimes.com/2006/04/10/technology/a-web-site-born-in-us-finds-fans-in-brazil.html – Acesso em 22/08/2021.

LEITURA ObrigaHISTÓRIA. *YouTube*. Disponível em https://www.YouTube.com/channel/UCtMjnvODdK-1Gwy8psW3dzrg – Acesso em 29/12/2018.

LEITURA ObrigaHISTÓRIA. *YouTube*. Como se definem direita e esquerda? Disponível em https://www.YouTube.com/watch?v=PAqZbDPXkXA – Acesso em 29/12/2018.

LEONARDO ARAÚJO. *YouTube*. Guia politicamente incorreto da História do Brasil. Disponível em https://www.YouTube.com/watch?v=ECLGx2etUjY – Acesso em 29/12/2018.

LISBOA, A. Cientistas acreditam que redes sociais podem ser a ruína da humanidade. *Canaltech*, 2021. Disponível em https://canaltech.com.br/redes-sociais/cientistas-acreditam-que-redes-sociais-podem-ser-a-ruina-da-humanidade-188531/ – Acesso em 22/08/2021.

LULA, E. "A guerra das *fake news*". *Jornal do Brasil*, 19/10/2018, p. 3. Disponível em https://www.jb.com.br/pais/eleicoes_2018/2018/10/948764-apos-denuncia-sobre-acao-de-empresas-no-whatsapp-pt-vai-a-justica-contra-campanha-de-bolsonaro.html – Acesso em 04/03/2019.

MESTRES DA HISTÓRIA. *YouTube*. Disponível em https://www.YouTube.com/user/acmforevis – Acesso em 02/01/2021.

MILITARY DICTATORSHIP IN BRAZIL. In: WIKIPÉDIA: the free encyclopedia. São Francisco, CA: Wikimedia Foundation, 06/10/2019. Disponível em https://en.wikipedia.org/w/index.php?title=Military_dictatorship_in_Brazil&oldid=920034107 – Acesso em 28/10/2019.

MISTÉRIOS DO MUNDO. *YouTube*. Disponível em https://www.YouTube.com/channel/UCtmBoasiD85ET6GeHJjaFvg – Acesso em 29/12/2020.

MULHERES NA HISTÓRIA *YouTube*. #64: Joana de Castela, a trágica vida de uma rainha "louca". Disponível em https://www.YouTube.com/watch?v=ikHTIr1vFoA – Acesso em 30/12/2020.

MULHERES NA HISTÓRIA. *YouTube*. #66: Princesa Diana, a princesa do povo. Disponível em https://www.YouTube.com/watch?v=CWrW6apwe8w – Acesso em 30/12/2020.

MULHERES NA HISTÓRIA. *YouTube*. #68: Vitória do Reino Unido, a rainha que marcou uma era. Disponível em https://www.YouTube.com/watch?v=A6ccVEIa A2k – Acesso em 30/12/2020.

MUNDO DESCONHECIDO. *YouTube*. Anglo-saxões: o exército mais temido da história. Disponível em https://www.YouTube.com/watch?v=8yiIqiBoO6g – Acesso em 29/12/2018.

MUNDO DESCONHECIDO. *YouTube*. Descobertas arqueológicas que contradizem a história. Disponível em https://www.YouTube.com/watch?v=xNJWU00swfU – Acesso em 29/12/2018.

MUNDO PROIBIDO. *YouTube*. Disponível em https://www.YouTube.com/channel/UCkQl2mHENJrc-qL0KOHmCcZg – Acesso em 29/12/2018.

MUNDO PROIBIDO. *YouTube*. Compilado: O Livro de Enoque e a História proibida pela Bíblia. Disponível em https://www.YouTube.com/watch?v=DjUtVaiE05Y – Acesso em 29/12/2018.

NERDOLOGIA. *YouTube*. Disponível em https://www.YouTube.com/user/nerdolo gia – Acesso em 18/02/2019.

NERDOLOGIA. *YouTube*. Imprimindo História – Nerdologia. Disponível em https://www.YouTube.com/watch?v=2xSRTAxcYTY – Acesso em 29/12/2018.

NERDOLOGIA. *YouTube*. História das moedas. Disponível em https://www.YouTube.com/watch?-v=Popa7dOjOMU – Acesso em 29/12/2018.

NERDOLOGIA. *YouTube*. História do voto no Brasil. Disponível em https://www.YouTube.com/wat-ch?v=dC7nQEKHn8E – Acesso em 29/12/2018.

NOVAESCOLA. *YouTube*. Disponível em https://www.YouTube.com/user/revista novaescola – Acesso em 29/12/2018.

8 EXPLOSÕES QUE ENTRARAM PARA A HISTÓRIA. *YouTube*. Disponível em https://www.YouTube.com/watch?v=MtJwZNF2doI – Acesso em 29/12/2020.

O HINO DO RIO GRANDE DO SUL. *YouTube*. Disponível em https://www.YouTube.com/watch?v=45ZvdWelE9w& – Acesso em 12/01/2021 [trecho 24:42-24:48].

O LADO ESCURO. *YouTube*. Disponível em https://www.YouTube.com/channel/UC91_O_pb5tpi9B-VWKo7rcBg – Acesso em 29/12/2018.

O LADO ESCURO. *YouTube*. Lúcifer: a história de satanás. Disponível em https://www.YouTube.com/watch?v=Ew9ImhyH1bI – Acesso em 29/12/2018.

O PIOR ANO DA HISTÓRIA PARA ESTAR VIVO. *YouTube*. Disponível em https://www.YouTube.com/watch?v=mWGwvnfCzRc – Acesso em 30/12/2020.

OS AUTORES. *YouTube*. Desconstruindo Paulo Freire. Disponível em https://historiaexpressa.com.br/desconstruindo-paulo-freire-livro/ – Acesso em 02/01/2019.

POLICY GUIDELINES. In: Nupedia, 03/07/2001. Disponível em https://web.archive.org/web/20030703105812/http://Nupédia.com/policy.shtml#international – Acesso em 15/10/2019.

PREPARACAODIGITAL. *YouTube*. Disponível em https://www.YouTube.com/user/PreparacaoDigital – Acesso em 29/12/2018.

PREPARACAODIGITAL. *YouTube*. Aula 04: História do Brasil – República oligárquica brasileira. Disponível em https://www.YouTube.com/watch?v=bUok7FvZGzU – Acesso em 29/12/2018.

PREPARACAODIGITAL. *YouTube*. Aula 06: História do Brasil – Era Vargas. Disponível em https://www.YouTube.com/watch?v=xGqwVhyG84U – Acesso em 29/12/2018.

PRÓ UNIVERSIDADE Online. *YouTube*. Disponível em https://www.YouTube.com/user/CursoLutherKing – Acesso em 29/12/2018.

RAGNAR LODBROK. As verdadeiras histórias e lendas que cercam este Viking – História medieval. *YouTube*. Disponível em https://www.YouTube.com/watch?v=y2Ke5n8TgnI& – Acesso em 06/01/2021.

RAMOS, A. Programa Tocando o Oculto. *YouTube*. História oculta de Jesus Cristo. Disponível em https://www.YouTube.com/watch?v=b-jwur2jv9M – Acesso em 29/12/2018.

REIS I, R. *YouTube*. A história do mundo em duas horas. Disponível em https://www.YouTube.com/watch?v=eGlDxp4TNWk – Acesso em 29/12/2018.

REIS I, R. *YouTube*. A história do mundo em duas horas – Conhecimento. Disponível em https://www.YouTube.com/watch?v=ODtzh_lMBKQ – Acesso em 29/12/2018.

ROMANI, B. Lucro do Facebook aumenta 58% em 2020, mas empresa se prepara para ano difícil. *Terra*, 27/01/2021. Disponível em https://www.terra.com.br/noticias/tecnologia/lucro-do-facebook-aumenta-58-em-2020-mas-empresa-se-prepara-para-ano-dificil,d46a37ef62123250df2f2cb780d7ebcdztij6xk6.html – Acesso em 22/08/2021.

SANTOS, A. Só não aprende quem não quer. *YouTube*. A história dos judeus completa – Dr. Rodrigo Silva. Disponível em https://www.YouTube.com/watch?v=-PtXgOkrLQI – Acesso em 29/12/2018.

SE LIGA NESSA HISTÓRIA. *YouTube*. Disponível em https://www.YouTube.com/user/seliganessahistoria1 – Acesso em 29/12/2018.

SENHOR DA HISTÓRIA. *YouTube*. Disponível em https://www.YouTube.com/channel/UCa4OGcd393jpwXkYW5I2xuA – Acesso em 02/01/2021.

SELOS DE AUTENTICIDADE NOS CANAIS. *Ajuda do YouTube*. Disponível em https://support.google.com/YouTube/answer/3046484?hl=pt-BR – Acesso em 07/01/2021.

SERMÕES INTELIGENTES. *YouTube*. A história de Sansão. Disponível em https://www.YouTube.com/watch?-v=MrsUqkASoVY – Acesso em 29/12/2018.

SILVA, D.V. Brasil é o 4º país com mais usuários no Facebook na quarentena. *Tecmundo*. 27/05/2020. Disponível em https://www.tecmundo.com.br/redes-sociais/153570-brasil-4-pais-usuarios-facebook-quarentena.htm – Acesso em 22/08/2021.

TALK: MILITARY DICTATORSHIP IN BRAZIL. In: WIKIPÉDIA: the free encyclopedia. São Francisco, CA: Wikimedia Foundation, 25/11/2018. Disponível em https://en.wikipedia.org/w/index.php?title=Talk:Military_dictatorship_in_Brazil&oldid=870481949 – Acesso em 28/11/2019.

TEMPO HISTÓRIA. *YouTube*. Disponível em https://www.YouTube.com/user/TempoeHistoria – Acesso em 06/01/2021.

TESLA ultrapassa Facebook em valor de mercado. *Terra*, 08/01/2021. Disponível em https://www.terra.com.br/noticias/tecnologia/tesla-ultrapassa-facebook-em-valor-de-mercado,192d7b0deebb9e04545d6262388c53c2fsby2j5r.html – Acesso em 22/08/2021.

TVBRASIL. *YouTube*. Disponível em https://www.YouTube.com/user/tvbrasil – Acesso em 29/12/2018.

UNIVESP. *YouTube*. Disponível em https://www.YouTube.com/user/univesptv – Acesso em 29/12/2018.

USER: "Pericles of Athens". In: WIKIPÉDIA: the free encyclopedia. São Francisco, CA: Wikimedia Foundation, 29/08/2019. Disponível em https://en.wikipedia.org/w/index.php?title=User:PericlesofAthens&oldid=913063133 – Acesso em 01/11/2019.

VASCONCELLOS, C.E. Alibaba é multada por monopólio na China, e o TikTok pode ser o próximo. *Consumidor Moderno*, 13/04/2021. Disponível em https://www.consumidormoderno.com.br/2021/04/13/alibaba-multada-china-tik-tok-proximo/ – Acesso em 22/08/2021.

VITÓRIO, T. Zuckerberg pode ter plantado a discórdia entre Trump e TikTok. *Exame*, 24/08/2020. Disponível em https://exame.com/tecnologia/zuckerberg-pode-ter-plantado-a-discordia-entre-trump-e-tiktok/ – Acesso em 22/08/2021.

VITORIO, T. Facebook fica mais perto de 3 bilhões de usuários ativos e receita cresce em 2020. *Exame*, 27/01/2021. Disponível em https://exame.com/tecnologia/facebook-fica-mais-perto-de-3-bilhoes-de-usuarios-ativos-e-receita-cresce-em-2020/ – Acesso em 22/08/2021.

WAMSLEY, L. Library of Congress Will No Longer Archive Every Tweet. *The two ways*, 2017. Disponível em https://www.npr.org/sections/thetwo-way/2017/12/26/573609499/library-of-congress-will-no-longer-archive-every-tweet – Acesso em 22/08/2021.

WIKIMEDIA. *Wikipédia Editors Study*: Results from the Editor Survey, April 2011. São Francisco, CA: Wikimedia Foundation, 04/10/2016. Disponível em https://meta.wikimedia.org/w/index.php?title=Editor_Survey_2011/Executive_Summary&oldid=15958069 – Acesso em 21/10/2019.

WIKIPEDIA: FEATURED ARTICLE CANDIDATES. In: WIKIPEDIA: the free encyclopedia. São Francisco, CA: Wikimedia Foundation, 03/02/2019.

WIKIPEDIA: FEATURED ARTICLE CANDIDATES / ETHIOPIAN HISTORIOGRAPHY. In: WIKIPEDIA: the free encyclopedia. São Francisco, CA: Wikimedia Foundation, 11/10/2017. Disponível em https://en.wikipedia.org/w/index.php?title=Wikipedia:Featured_article_candidates/Ethiopian_historiography/archive1&oldid=804921806 – Acesso em 01/11/2019.

WIKIPÉDIA: CINCO PILARES. In: WIKIPÉDIA: a enciclopédia livre. São Francisco, CA: Wikimedia Foundation, 29/04/2019. Disponível em https://pt.wikipedia.org/wiki/Wikip%C3%A9dia:Cinco_pilares – Acesso em 30/10/2019.

WIKIPÉDIA: ESCOLHA DO ARTIGO EM DESTAQUE. In: WIKIPÉDIA: a enciclopédia livre. São Francisco, CA: Wikimedia Foundation, 12/01/2019. Disponível em https://pt.wikipedia.org/w/index.php?title=Wikip%C3%A9dia:Escolha_do_artigo_em_destaque&oldid=54032583 – Acesso em 03/02/2019.

WIKIPÉDIA: GLAM. In: WIKIPÉDIA: a enciclopédia livre. São Francisco, CA: Wikimedia Foundation, 06/03/2019. Disponível em https://pt.wikipedia.org/w/index.php?title=Wikip%C3%A9dia:GLAM&oldid=54439891 – Acesso em 08/01/2021.

WIKIPÉDIA: GLAM/ARQUIVO NACIONAL. In: WIKIPÉDIA: a enciclopédia livre. São Francisco, CA: Wikimedia Foundation, 17/11/2020. Disponível em https://pt.wikipedia.org/w/index.php?title=Wikip%C3%A9dia:GLAM/Arquivo_Nacional&oldid=59819611 – Acesso em 08/01/2021.

WIKIPÉDIA: NADA DE PESQUISA INÉDITA. In: WIKIPÉDIA: a enciclopédia livre. São Francisco, CA: Wikimedia Foundation, 12/10/2019. Disponível em https://pt.wikipedia.org/w/index.php?title=Wikip%C3%A9dia:Nada_de_pesquisa_in%C3%A9dita&oldid=56453784 – Acesso em 30/10/2019.

WIKIPÉDIA É UMA FONTE TERCIÁRIA. In: WIKIPÉDIA: a enciclopédia livre. São Francisco, CA: Wikimedia Foundation, 16/01/2019. Disponível em https://pt.wikipedia.org/w/index.php?title=Wikip%C3%A9dia:A_Wikip%C3%A9dia_%C3%A9_uma_fonte_terci%C3%A1ria&oldid=54063117 – Acesso em 29/10/2019.

YUGE, C. Quase metade do planeta está nas redes sociais: 3,5 bilhões de usuários. *Tecmundo*, 17/07/2019. Disponível em https://www.tecmundo.com.br/redes-sociais/143899-metade-planeta-usa-rede-sociais-3-5-bilhoes-usuarios.htm – Acesso em 22/08/2021.

Índice onomástico

Índice remissivo

Índice geral

Vozes de Bolso

EDITORA VOZES LTDA.
Rua Frei Luís, 100 – Centro – Cep 25689-900 – Petrópolis, RJ
Tel.: (24) 2233-9000 – E-mail: vendas@vozes.com.br